1インチの攻防

上

1インチの攻防 上

NATO拡大とポスト冷戦秩序の構築

M.E.サロッティ〈著〉

岩間陽子／細谷雄一／板橋拓己〈監訳〉

〈訳〉
山本 健
妹尾哲志
堀田 主
青野利彦
小川浩之
齋藤嘉臣
倉科一希
小林弘幸
立石洋子
合六 強

岩 波 書 店

NOT ONE INCH
America, Russia, and the Making of Post-Cold War Stalemate

by Mary Elise Sarotte

First published 2021 by Yale University Press, New Haven.
This Japanese edition published 2024
by Iwanami Shoten, Publishers, Tokyo
by arrangement with The Wylie Agency (UK) Ltd., London

大西洋をまたぐ私の家族、
マルク、シルヴィア、ティム・ジョニ・シェフラー、
クラウス＝ディーター、いまは亡きリタ・ヴルフに。
そして、マークに。

思慮ある者は過去によって新しい出来事を判断する

——ソポクレス『オイディプス王』九一六行目

日本語版への序文

二〇二二年にウクライナへの全面侵攻を開始するはるか前から、ロシアのウラジーミル・プーチン大統領が、ほんの些細な理由のために——記念日や自らの誕生日を「祝う」ためというのも含めて——、物理的にもオンラインでも、暴力を振るうことに夢中になっていたのは明らかだった。人権活動家でジャーナリストのアンナ・ポリトコフスカヤは、二〇〇六年一〇月七日のプーチンの誕生日に、食料品を自宅に持ち帰るところを至近距離で銃殺された。その一〇年後の二〇一六年一〇月七日のプーチンの誕生日には、ヒラリー・クリントンのアメリカ大統領選挙キャンペーンから電子メールがハッキングされて流出した。ソ連崩壊から二五周年のこの年に、ドナルド・トランプを勝たせるためにアメリカ大統領選挙にサイバー介入したのである。そして、証拠が無いので推測の域を出ないが、ロシアとイランのコネクションを通じて、モスクワは二〇二三年一〇月七日のハマスによるイスラエル攻撃に影響を与えたのではないだろうか。

プーチンがこれらの策動を自ら命令しているのか、それとも単に、重要な日のための貢物としてサイバー攻撃と物理的攻撃の双方を望んでいることを部下に知らせているだけなのか、私とてその証拠があるわけではない。いずれにせよ、この行動パターンは大小さまざまな帰結をもたらした。私が二〇二一年末に本書の英語版を出版することになったのも、その小さな帰結のひとつだ。

このときまでに私は、西側とモスクワとの関係に関する史料の機密解除を求める闘いに、それまでの二〇年間の大半を費やしてきた。何年も拒否され続けてうんざりしていたが、史料にアクセスするための私の努力は徐々に実を結び始めた——最も特筆すべきは、二〇一八年、アメリカ大統領ビル・クリントンとロシア大統領ボリス・エリツィンとの会談記録のほぼすべての公開を求めた私の不服申し立てが受理されたことだった。

机の上やパソコンのなかに機密解除された文書の山が増えるにつれ、私はいつ研究成果を公刊すべきだろうかと考え始めた。主要な記念日を暴力で飾るプーチンの習慣を考えると、ソ連崩壊とその厄介な帰結から三〇周年となる二〇二一年から二二年を、彼が見逃すことはありえないと私は思った。

とりわけプーチンが嫌悪していたのは、一九九一年一二月一日の住民投票で正式なものとなった、ソ連からのウクライナの離脱であった。彼がキーウを三日で陥落させようとすることまでは予測できなかったが、私は三〇周年の記念日のあたりに、モスクワがウクライナに対して何らかの暴力を振るうだろうということを確信するようになった。そのため私は、本書の英語版を二〇二一年一二月に合衆国で、二〇二二年二月にイギリスで出版することを約束した。

最終稿の提出は二〇二一年の夏の終わりだった。しかし、この本が刷り上がるまでには時間がかかるため、私はもっと早く警鐘を鳴らす方法を探した。私は複数の新聞編集者に、「致命的な離婚記念日」というタイトルの論説を送付した。その論説は、ソ連の解体と、モスクワの統制からのウクライナの離脱にプーチンが執着していることを強調したものであり、オチは次のようなものだった。プーチンは「泥沼の別れから三〇年が経ってもいまだに諦めがつかず、頑固に妻は自分のものだと思い込んで取り戻そうと躍起になっている夫のように振る舞っている。プーチンは自分の帝国を取り戻したがっているのだ」。

警鐘を鳴らそうとした私の試みは失敗に終わった。編集者たちはみな、過剰に心配性なだけの論説だと思い、却下したのである。結局、断られるのにうんざりして、私はもう論説を送るのを止めた。そして、二〇二二年二月二四日の恐ろしい出来事がやってきた。

あの日もそれ以後もずっと、言語道断のロシアの行動に対してウクライナの人びとが取った行動に関して、私は心の底から尊敬の念を抱いている。ウクライナ人、そしてとりわけその指導者であるヴォロディミル・ゼレンスキーは、圧倒的な逆境に直面しても、驚くべき勇気と抵抗力を示したし、いまも示し続けている。これらの悲劇的な出来事の最も重要な帰結は、ウクライナの人たちが経験したものであった。しかし、二〇二二年二月二四日のあまり重要とは言えない帰結のひとつは、突如として私のメールボックスが満杯になり、いまさらのように編集者たちが、私の論説を掲載したいと言ってきたことである。また、光栄なことに、日本を含む複数の国で本書を出版したいという依頼を受けることになった。

＊

この日本語版を出版するにあたり、本文に大幅な変更を加えることは避けた。本書の価値が、二〇二〇二二年二月以降に急いで作られたものではないことにあるからだ。そうではなく、この研究は数十年にわたる歴史調査の成果である。私は、一〇〇件以上のインタビューをこなしただけでなく、複数の国で、出所が確かで質の高い、さまざまな言語の一次資料にあたるアーカイブ調査を遂行した。その結果である本書は、現在に至る系譜のようなものである。「思慮ある者は過去によって現在を判断する」のであるならば、本書は、私たちがどのようにして現在にまで至ったのかを、詳細かつニュアンスに富んだかたちで理解する助けとなるだろう。

したがって、本書の真の価値は、著者としての私の強みや弱みではなく――その点については読者のみなさまがまもなくご自身で判断されるであろう――、本書を生み出すのに用いられた手法自体にあろう。この研究は、現在の世界を理解するために、歴史学的な方法論がきわめて大きな価値をもつことを示していると、私は信じている。言い換えれば、本書は、歴史学的な手法が現在の危機の起源を認識するのに役立つという一例である。詳細で正確な歴史叙述は、正確に未来を予測することまではできないとしても、重要な変化が地平線に現れるや否や、それらを指摘するための力にはなるのである。

そうした歴史叙述は、悲劇的や暴力的なものも含む、予見可能なさまざまな結果にわれわれが備えることも可能にする。ここでは具体例をひとつだけ挙げよう。本書は、一九九〇年代のＮＡＴＯ拡大の結果、ウクライナがどれほど不安定な状況に放置されたかを明らかにしている。そうした状況は、武力によってヨーロッパの国境を変更する醜悪な慣行を二一世紀の初頭に再開するというプーチンの決断と結びついて、ウクライナに少しでも関心をもっていれば、どんな国家や国際組織でも気づいたであろう脆弱さを露呈させた。本書が提示した証拠が示すように、そうした脆弱性はすでに一九九〇年代には政治指導者たちに十分に認識されていた――けれども悲劇的なことに、そうした認識は、現在の災厄を回避できたかもしれないような政策には結びつかなかったのである。

そして、本書の価値が紛争前に刊行されたところにあるとするならば、この新たな序文の価値は、二〇二二年二月の侵略後における本書の知見の意義を述べる機会を私に与えてくれるところにある。まだ二〇二二年の悲劇の全容を把握するには時期尚早だが、この新たな序文で、本書の主要な議論を要約し、その意義を今回の侵略に照らして評価することで、本文への一種の序曲を提供したいと思う。

二〇二二年二月の侵略以来、私の時間の多くは、複数のタイムゾーンにまたがる無数のブリーフィングルームや会議室で、まさにそうした要約と評価を繰り返すことに費やされてきた。これらの部屋は、チームズ(Teams)やズーム(Zoom)を使ったオンラインのものだったり、人が密になった大きな講堂だったりした。なかには政府が用意した、「ロシアから守られた」(と思いたい)携帯電話使用禁止の小さな部屋もあった。たしかに、これらの部屋での私の経験は、ウクライナ人の経験と比べれば、取るに足らないものである。筆舌に尽くし難い暴力に直面しながらも、勇敢に行動し続けるウクライナ人の姿には敬服するばかりだ。とはいえ、二〇二二年の侵略以来、私が経験してきた終わりなきブリーフィングと講演も、それはそれで私の人生をシュールレアルなものにしてきた。

突如として、誰もが冷戦後のソ連の解体やNATO拡大の始まりといった歴史の精確な説明を聴きたがった――まさに本書で描かれた出来事である。なぜなら、プーチンが現在進行中の自らの蛮行を正当化するために、これらの出来事を利用しているからだ。私が訪れる場は目まぐるしく変わるけれども、質問はほとんど変わらない。いまプーチンが武器にしようとしている一九九〇年代の歴史について史料は何を語っているのか、というものだ。私の詳細な回答と証拠は本書のなかにあるが、政府高官、軍当局者、銀行家、学生、講演参加者、あるいは私の意見を求める聴衆の方がたへの私の回答を、この序文で要約する価値はあるだろう。

ポスト冷戦期にNATOは拡大しないという考え（つまり、ベルリンの壁崩壊後にNATOの東方拡大にブレーキをかけるという構想）は、一九九〇年のドイツ統一へとつながる外交交渉のなかで、仮定的な(speculative)かたちで浮上した。史料が示すのは――最後のソ連の指導者であるミハイル・ゴルバチョフがのちに主張したこととは異なり――、アメリカのジェームズ・ベーカー国務長官と西ドイツのハンス＝ディートリヒ・ゲンシャー外相が、互いに、そしてゴルバチョフを含む多くの指導者たちと、NATO不拡大の合意の可能性について、仮定的な構想として議論していたということである。しかしながら、一九九〇年二月、ベーカーの上司であり長年の友人だったジョージ・H・W・ブッシュが、ベーカーにそうした議論を止めるように言い渡した。ブッシュは、NATOが将来的に東方へ拡大しないことを約束するといった仮定の考えは、不必要で賢明ではないと考えたのである。

ブッシュに従ったベーカーは、西ドイツ外務省にもそうした表現は止めるべきだと伝えた。しかし、そのメッセージにもかかわらず、ゲンシャーはNATO不拡大というアイデアを存続させた。ゲンシャーは、ドイツが統一されれば、NATOは拡大を止めるか、あるいは完全に「解消する」ことになると示唆し続けたのである。ソ連との交渉にあたってゲンシャーの考えを繰り返す下級の外交官たちもいた――その多くは西ドイツの外交官だったが、西ドイツだけだったわけではない。ある者はこれがまだ上が望んでいる政策だという誤った確信から、またある者は交渉に都合がよいという理由から、そうしたようだ。しかし、いずれにせよそうした考えは、もはや自国のトップリーダーの考えを代弁してはいなかった。

ゲンシャーの頑なな態度は、西ドイツ首相ヘルムート・コール——彼もまた、不拡大の約束は望ましくないとブッシュに説得されていた——とのあいだにも、西ドイツとその同盟国とのあいだにも、内部衝突を引き起こした。勝負は一九九〇年九月のモスクワにまで持ち越され、この時点でもまだ、ドイツ統一に関する最終規定の文言は、栄えある調印式典のために政治指導者たちが到着していたにもかかわらず、決まっていなかったのである。

イギリス、フランス、アメリカの代表は、一九九〇年九月一二日のデッドラインを前にモスクワで昼も夜もなく働き、最終規定が次の三つの目標を達成するよう主張した。(1)NATOが〔集団防衛を保証する〕第五条を東ドイツ領域まで、すなわちかつての冷戦の前線を越えて東方に拡張することを明示的に許可すること、(2)ソ連軍が撤退すれば、ドイツ軍もそれ以外の軍隊も、いずれもその線を越えられるようにすること、(3)将来的な東方への拡大を明示的に禁ずることなく、前述の二つの目標を達成すること、である。

ゲンシャーは、東西間の平和がもたらされたにもかかわらず、西側はあまりにも多くのことを要求していると考えていた。彼は、これらの要求が自国の統一を、最終段階で不必要に危険に晒していると思った。ゲンシャーは、ソ連側のみとの緊急会談のために何度も姿を消すようになった。西側の同盟諸国は突如として待ちぼうけを食らうことになり、いったいゲンシャーは誰の味方なのかと訝《いぶか》しみ、彼の故郷が東ドイツにあることから、なりふり構わずドイツ統一に突き進んでいるのではないかと疑ったりすることになった。

結局、真夜中にゲンシャーがベーカーのホテルに押しかけ、国務省のスタッフに長官を叩き起こすよう要求するという劇的な一幕を経て、何とか結局は打開された。二人は条約に「付属議定書(agreed minute)」を挿入することで合意した。この議定書は、外国(つまりドイツ以外)のNATO軍は、配備(deployment)と呼ばれない限り、かつての冷戦の前線を越えて、東ドイツへ移動することができると定めたものである。何をもって配備とするのかは、統一ドイツ政府の裁量にゆだねることになった。

すべての側がこの文言で合意した。モスクワの代表が条約〔ドイツ統一に関する最終規定条約、「2+4」条約ともいう〕に署名し、その後ソ連は批准もした。ソ連の指導者たちは、条約への署名および批准と引き換えに、交渉中に約束された財政支援を手中にした。これで一件落着かと思われたけれども、不拡大の約束に関する以前の仮定的な発言の記憶は、一九九〇年代の残りの期間(そしてその後も)、西側とロシアとの関係を悩ませ続けることになる。

一九九一年一二月二五日にソ連が予期せぬかたちで崩壊し、一群の後継諸国が驚くべき速さで出現したことで、新たな不確実性が加わった。この争いのなかで、NATO加盟国と(消滅したソ連の後継国としての)ロシアは重要な点で合意した。一九九〇年の最終規定条約はもっぱらドイツにのみ適用されるという点である。しかし問題は、それが何を意味するのかについて意見が一致しなかったことである。

ＮＡＴＯの同盟国は、ドイツより東側にある諸国への拡大を許容するものとして協定を理解していた。というのも、この協定は、北大西洋条約〔ワシントン条約〕第五条と外国の軍隊がかつての冷戦の前線を越えて東へ移動することを許容する前例を作っていたからである。加えて、この協定は、さらなる拡大を排除するものではなく、モスクワによって署名も批准もされていたからである。対照的にロシアは、ドイツより東側へのＮＡＴＯの拡大を禁止するものとしてこの条約を理解していた。それはおおよそ次の二つの要因のためであった。第一は、一九九〇年の交渉のなかで、そうした禁止に関する仮定的な発言がなされていたことである。第二は、条約上の文言が旧東ドイツ領域におけるＮＡＴＯの限定的な活動を明示的に許容しており、他国についてはそうした文言が存在しないことの含意であった。

ＮＡＴＯの中・東欧への拡大に対するロシアの抵抗を減らすために、何度も喧々諤々の論争が繰り返された。その結果が、一九九七年のＮＡＴＯ・ロシア基本議定書である。この合意により、西側は、ロシアとの関係をこれ以上損なうことなく拡大を継続できるように、ロシアの懸念を十分に和らげようと試みた。しかし、エリツィンがこの文書に、もともともっていなかった力を付与し始めたことで、この文書さえもさらなる争いの種となってしまったのである。

署名した直後にエリツィンは、この基本議定書は、ＮＡＴＯが中・東欧におけるかつてのワルシャワ条約機構の軍事インフラ(military infrastructure)を使用することを禁じていると発表した——実際には禁じられてなどいなかったのだが。また、この新たな論争に加えて、一九九九年のＮＡＴＯのコソヴォ介入——これにはエリート層だけでなく一般のロシア人も多くが反対した——をめぐる軋轢は、西側とロシアの関係をさらに悪化させた。こうした絶え間ない争いは、エリツィンとビル・クリントン米大統領との関係も蝕んだ。この二人の関係は、最初は快活で和気あいあいとしたものだったが、次第に反目しあうようになり、さらにそれをアルコールが悪化させた。エリツィンは一九九九年一二月三一日に突如辞任し、プーチンを大統領代行にすると決めた。

政権を握ったとき、プーチンは過去の出来事を直ちに批判し始めたわけではなかった。しかし、プーチンが権力の座にあった二〇年のあいだに暴力の行使をどんどん厭わなくなるにつれて、その暴力を正当化する根拠として過去の出来事の有用性はますます増していった。NATOへの不満は、二〇〇七年のミュンヘン安全保障会議での講演、二〇一四年のクリミア併合についての演説、そしてウクライナへの全面侵攻に先立つ二〇二一年の宣言に盛り込まれたのである。

二〇二一年一二月、プーチンは、一九九〇年代におけるNATO拡大の歴史から特定の戦いを「再戦」させようとまでした。しかも、今回はロシアを勝利させようとするかたちで。プーチンはワシントンとNATOに二つの「条約草案」を送付したのだが、それは、丸呑みして署名するか、さもなければウクライナに侵攻するというもので、実質的には二つの最後通牒だった。二〇二一年一二月一七日にNATOに送付された「条約」のなかで、プーチンはとりわけ、NATOの軍隊を一九九七年五月二七日の位置にまで戻すように主張した。基本議定書の調印日の位置にまで戻せという意味である。言い換えれば、プーチンは、エリツィンの誤った主張——一九九七年の議定書は、NATO軍がかつてのワルシャワ条約機構の軍事インフラを包摂することを禁じている——を遡及的に実現しようとしているのである。これは、次はロシアを勝たせようと、いまプーチンが「再戦」を望んでいる多くの歴史的な(本書で詳述される)対立のひとつに過ぎない。プーチンはパンデミックの大半を、ポスト冷戦とソ連の歴史について考え、文書のコピーを求めてアーキヴィストを悩ませることに費やしたようだ。そして、いまや自らが歴史的な誤りと考えている多くのものを正そうとしている。

プーチンが執着している出来事の数々は、不可解なミステリーではない。それどころか、いまやそれに関する無数の証拠は――多くは私を含む研究者たちの尽力による機密解除の結果として――公開されており、また多くの生き証人もいる。そうした証拠があるからこそ、歴史を武器化しようとするプーチンの試みを単純に受け入れるのではなく、真摯に、歴史学的な方法で、これらの近年の出来事に取り組むことができるのである。ある意味で、本書の意義は一種の武装解除だ。プーチンが歪曲された歴史を武器化しようとしているのであれば、その歪曲を正すことは、プーチンから武器を取り上げるための、ささやかだけれども達成可能な方法なのである。

別の言い方をすれば、侵攻以来、本書は、プーチンが言語道断の暴力を正当化するために利用している歴史について、真摯で正確な説明をしたものとして重要な意味をもつようになった。日本の読者が、本書を読むために費やす時間を価値あるものと思ってくれるよう願っている。

二〇二四年二月

M・E・サロッティ

目次

第二部　天候回復　一九九三―九四年

〈下 巻〉

凡例

一、本書は、M. E. Sarotte, *Not One Inch: America, Russia, and the Making of Post-Cold War Stalemate* (Yale University Press, 2021) の前半部の全訳である。著者による「日本語版への序文」を付した。

一、原文のイタリック体は、強調の場合は傍点を付し、書名・新聞名・雑誌名の場合は『 』で示した。英語以外の外国語を示すイタリック体は、特にそれを明示しなかった。

一、原文の太字部分は太字とし、下線は傍線とした。

一、文中の（ ）および［ ］は原文のままである。〔 〕は訳者による補足である。

一、原文の〝 〟は「 」とした。原文では一次資料からの引用と二次資料などからの引用を区別する引用符を用いているが、本訳書では区別しなかった。

一、原文の方針に従い、ソ連からのウクライナ独立以前は「キエフ」、独立以後は「キーウ」の表記を用いた。

一、文中の引用箇所のうち、邦訳のあるものは既訳を参照したものもあるが、原則として訳者による訳文である。

一、上・下巻を通じた索引を下巻にまとめた。索引の項目は原書を参考にしつつ、独自に選定した。

KGB	国家保安委員会(ソ連)
MAP	加盟行動計画(NATO)
MIRV	複数個別誘導再突入体
NAC	北大西洋理事会(NATO)
NACC	北大西洋協力理事会(NATO)
NATO	北大西洋条約機構
NIC	国家情報会議(アメリカ)
NIS	旧ソ連新独立国
NPT	核兵器不拡散条約
NSC	国家安全保障会議(アメリカ)
OECD	経済協力開発機構
OSCE	欧州安全保障協力機構
OSD	国防長官官房(アメリカ)
PfP	平和のためのパートナーシップ
PJC	常設合同理事会(NATO)
SACEUR	欧州連合軍最高司令官(NATO)
SED	社会主義統一党(東ドイツ)
SFOR	平和安定化部隊
SHAPE	欧州連合軍最高司令部
SNF	短距離核戦力
SNOG	上院NATOオブザーバー・グループ(アメリカ)
SPD	社会民主党(ドイツ)
START	戦略兵器削減条約
SVR	対外情報庁(ロシア)
THAAD	終末高高度防衛ミサイル
UN	国際連合(国連)
UNPROFOR	国連保護軍
UNSC	国連安全保障理事会
WEU	西欧同盟
WTO	世界貿易機関

略語一覧

ABM	弾道弾迎撃ミサイル
ACTORDs	行動命令
BALTBAT	バルト大隊
CDU	キリスト教民主同盟(ドイツ)
CEE	中・東欧
CFE	欧州通常戦力
CIA	中央情報局(アメリカ)
CIS	独立国家共同体
CJTF	共同統合任務部隊
CNN	ケーブル・ニュース・ネットワーク
CSCE	欧州安全保障協力会議
CTBT	包括的核実験禁止条約
CTR	協力的脅威削減(計画)
EAPC	欧州・大西洋パートナーシップ理事会
EC	欧州共同体
EU	欧州連合
FDP	自由民主党(ドイツ)
FSB	連邦保安庁(ロシア)
FSU	旧ソ連邦
FYROM	マケドニア・旧ユーゴスラヴィア共和国
G7	グループ・オブ・セブン
G8	グループ・オブ・エイト
GRU	ロシア連邦軍参謀本部情報総局
IAEA	国際原子力機関
ICBM	大陸間弾道ミサイル
IFOR	平和履行部隊
IMF	国際通貨基金
INF	中距離核戦力
JCS	統合参謀本部(アメリカ)
KFOR	コソヴォ治安維持部隊

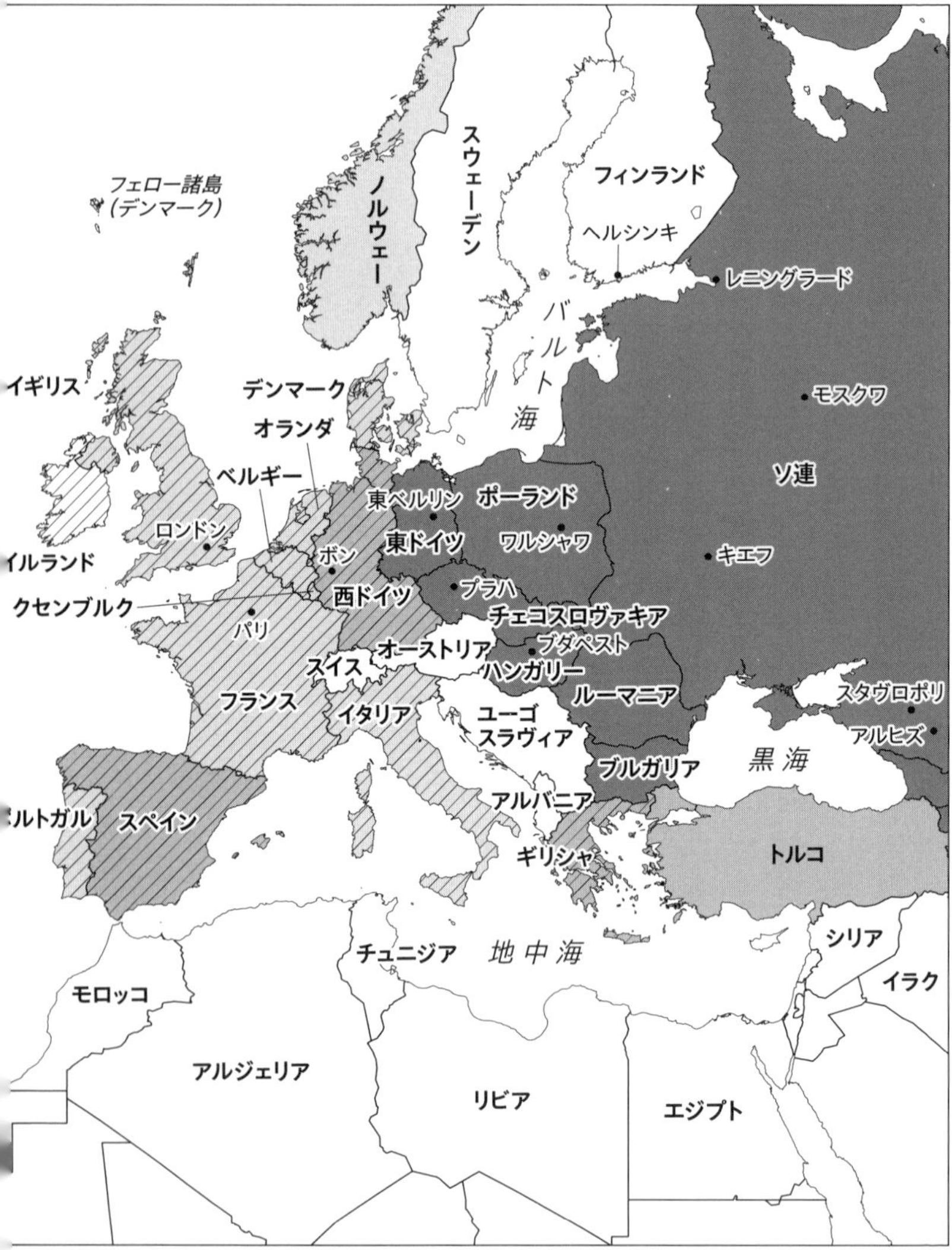

1989年時点のNATOとワルシャワ条約機構

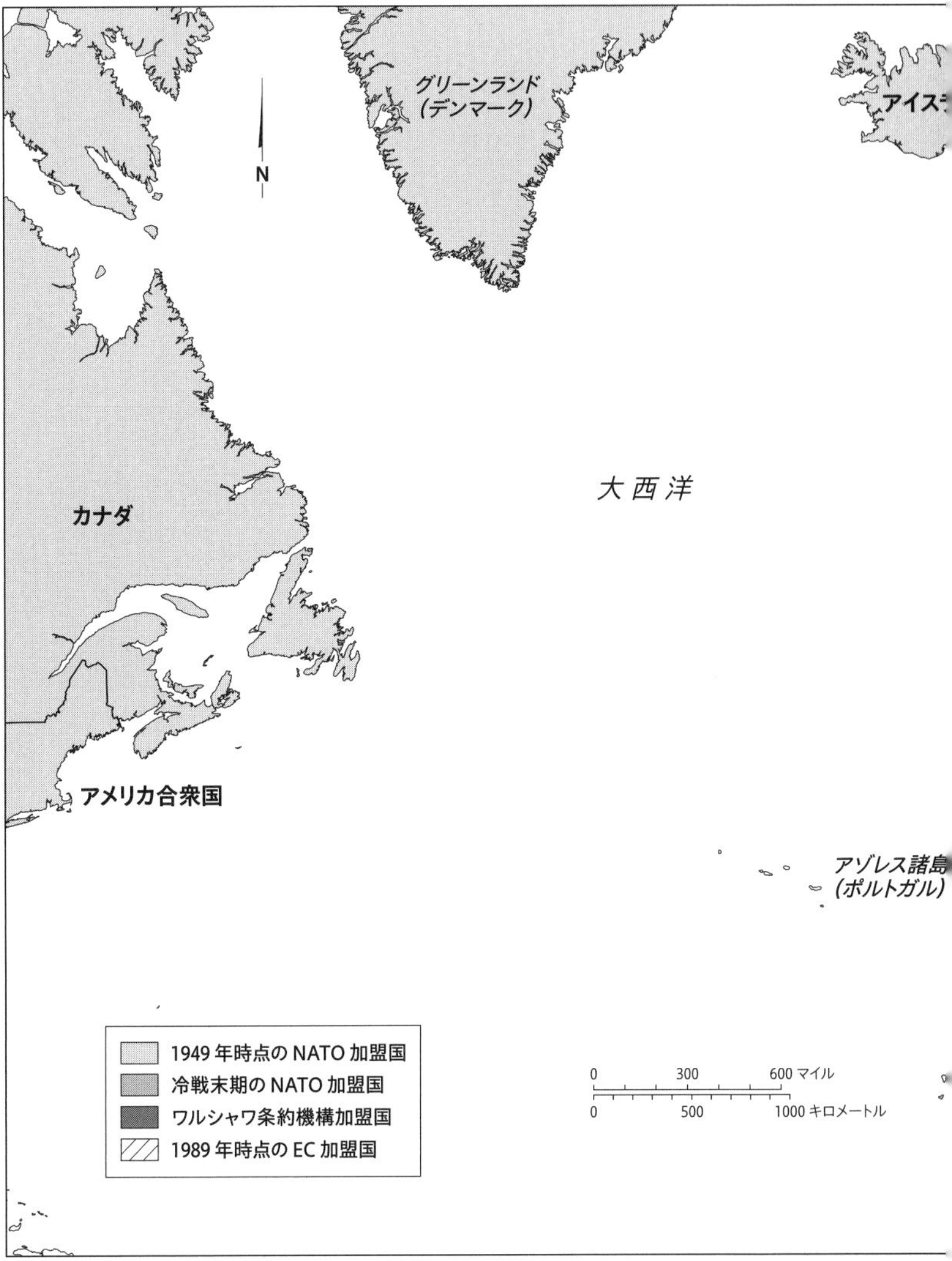
グリーンランド
（デンマーク）
アイスラ
N
大西洋
カナダ
アメリカ合衆国
アゾレス諸島
（ポルトガル）
1949年時点のNATO加盟国
冷戦末期のNATO加盟国
ワルシャワ条約機構加盟国
1989年時点のEC加盟国
0
300
600 マイル
0
500
1000 キロメートル

序章

排除されていく選択肢

深遠な真理の証は、その否定もまたひとつの深遠な真理だということである。

——マックス・デルブリュック

1インチたりとも(Not one inch)。一九九〇年二月にアメリカの国務長官ジェームズ・ベーカーがソ連の指導者ミハイル・ゴルバチョフに語ったこの言葉によって、冷戦後のヨーロッパの将来をめぐる闘いは決定的な局面を迎えた。一九八九年一一月九日に「ベルリンの壁」が崩壊した頃には、中央ヨーロッパに対するモスクワの統率力は決定的に弱体化していた。しかし、第二次世界大戦でソ連がナチに勝利したおかげで、数十年後もまだモスクワは、東ドイツに数十万人規模の軍隊を駐留させ、それを維持する法的権利も保持していた。この軍事力および法的権利を放棄するようゴルバチョフを説得するために、ベーカーは仮定の取引として次のように述べたのである。あなたがドイツで掌握している部分〔東ドイツ〕を手放せば、われわれはNATOが「現在の位置から1インチたりとも東へ移動

しない」ことに合意するとしたらいかがでしょうか、と。(1)

このやりとりをめぐって、直ちに——まずは水面下で、それから公の場でも——論争が勃発した。しかし、より重要なのは、続く一〇年でこの「Not one inch」という三つの単語から成る言い回しが新たな意味を帯び、広範にわたって影響を及ぼしたことである。ゴルバチョフは実際に東ドイツを手放したのだが、ワシントンは途中で考えを変え、とりわけ一九九一年一二月のソ連崩壊後に自らの選択を再検討した。アメリカは、自分たちが大勝利以上の勝利を収めることができると悟ったのである。NATOはその領域の拡大禁止を1インチたりとも受け入れる必要はない。アメリカは、新規加盟を熱望する諸国の多くに道を拓くよう、同盟を導くことができるのだった。そして、一九九〇年代に実際にアメリカはそのように行動し、一九九九年三月一二日までにNATOは中・東欧を超えて、ポーランド・ロシア間の国境にまで拡大した〔チェコ、ハンガリー、ポーランドへの拡大〕。しかし、その年の一二月三一日、ウラジーミル・プーチンがモスクワで権力の頂点に立った。NATOが拡大を続けるにつれて、これ以上1インチたりともNATOの加盟領域が拡大することのないよう、プーチンは最終的に暴力を行使することを決断した。こうして1インチをめぐる争いは手詰まりに陥ったのである。

「ベルリンの壁」の崩壊からプーチンが台頭するまでのあいだに、NATOの将来をめぐるモスクワとワシントンの反目は、ポスト冷戦の政治秩序を構築するにあたって中心的な問題となった——そして、ポスト冷戦の政治秩序は以前の冷戦の政治秩序とよく似たものとなり、バンクーバーからウラジオストクまでの協調という希望は失われた。その経緯と理由を明らかにするため、本書は、一九九〇年代の無秩序で予測し難い状況を背景とした、ロシアとアメリカの対立を検討する。この一〇年にはいろいろなことが起こった。驚くべきことに、突如として帝国が崩壊し、ユーラシアに多くの国家が誕生した。先見の明がある指導者たちが出現し、そのうち何人かは監獄から大統領にまで昇りつめ、ノーベル賞を獲得して世界中から称賛される者もいた。民主化、軍縮、市場経済、そしてリベラルな国際秩序の理念を実現しうる領域が再定義された――しかしまたこの一〇年は、権威主義、脱民主化、民族浄化が新たに発現する扉も開いたのである。(2)

荒々しい一九九〇年代の歴史をひとつの物語として語るのは、困難だが必要なことだ。ひとつのストーリーがなければ、一連のアクター、構想、舞台のリストの最初から最後まで辿り着ける可能性はゼロに近くなる。本書はＮＡＴＯ拡大をめぐる闘いを主題とする。本書が語るのは、同盟それ自体のストーリーではなく、その中・東欧への拡大の開始をめぐる一〇年にわたる争いに際して米ロの指導者たちが下した戦略的選択のストーリーであり、それらの選択がこんにちの世界に次第に重みを増していくストーリーである。本書はまず、分断ドイツの将来をめぐる一九八九年の争いに焦点を絞ることから始める――それはワシントンにとって、大西洋同盟（ＮＡＴＯ）を維持するための闘いに直ちに転じた。次いで視野を広げて、本書は、いかにしてアメリカの成功がヨーロッパの新興民主主義国の勇気ある指導者たちに好機を作り出したか、しかしまたいかにして西側と旧ソ連構成共和国との関係にとって――とりわけ、あるアメリカの国防長官が印象深く表現したように、核の二日酔い（nuclear hangover）を癒そうとする西側の尽力にとって――挑戦となったかを検討する。そして本書は、さらに視野を広げ、いかにして拡大のやり方が二一世紀の大西洋関係にとって選択肢の喪失をもたらしたのかを示そう。(3)

全体を通して本書は、いかにして、そしてなぜアメリカの大統領ジョージ・H・W・ブッシュとビル・クリントンが——ヨーロッパの同時代人であるトニー・ブレア、ジャック・シラク、ヴァーツラフ・ハヴェル、ヘルムート・コール、ジョン・メージャー、フランソワ・ミッテラン、ゲアハルト・シュレーダー、マーガレット・サッチャー、レフ・ワレサ〔ヴァウェンサ〕、さらにはバルト諸国の指導者たちやNATO事務総長のマンフレート・ヴェルナーおよびハビエル・ソラナらとともに——、ついには加盟国が三〇か国に達するような同盟の拡大に乗り出したのかを問う。この拡大の遂行は、アメリカの戦略家たちにとっては素晴らしい成功を象徴していた。それは、ポスト冷戦期に生まれた新興民主主義国の多く(すべてではないが)が、安全保障面で東西間のグレーゾーンで暮らすことから救済した。ワシントンの助力によって、一億を超える中・東欧の人びとが、NATOの加盟国になりたいという彼らの努力を認められ、報われたのである。そして、その拡大により、NATOはバルカンでの血腥《ちなまぐさ》い紛争を鎮めるのに貢献したのである。

こんにち、NATOは北米からアイスランド、グリーンランド、イギリス、ヨーロッパ、そしてバルト諸国にまで広がり、一〇億人近くをカバーするにいたっている。そのすべての加盟国は、いわゆる北大西洋条約第五条の保証を有している。それは、「一又は二以上の締約国に対する武力攻撃は……全締約国に対する攻撃とみなす」という、同盟の設立条約に定められた約束である。この保証を得ているがゆえに、同盟の新規加盟国は実際に大規模な武力攻撃を免れているのであり、旧ソ連の国境の向こう側で戦闘が始まったときもそうであった。アメリカの軍事力とその抑止力が同盟の強さの基礎であり続けているのである。[4]

しかし、成功には代償が伴った。一〇億人の安全を保証するというのは小さなことではない。一九九〇年代、二人のアメリカ大統領は、第五条の東方拡大を達成することに集中するあまり、その目的を達成するやり方がもたらす帰結を十分に考慮しなかった。ブッシュ大統領は、ワシントンはNATOの将来についてモスクワと妥協したらどうかという考えに対して、「冗談じゃない(to hell with that)」と返した。クリントン大統領は、ロシアは「買収」できると確信していた。パートナーシップという形式は、〔第五条の拡大に代わる〕拡大方法の有望なオルタナティブであり、ヨーロッパに新たな線を引くことを避けられたかもしれない。しかし、このパートナーシップというオルタナティブは、非妥協的な反対に屈することになる。⑤こうした強硬な姿勢はたしかに結果を出した。しかしそれは、米ロの協力関係を継続させ、対立が再燃する可能性を減じ、長期的にはよりワシントンの利益に資するような選択肢の存在を霞《かす》ませてしまったのである。

換言すれば、NATOの拡大は、一九九〇年代の諸課題や、中・東欧の新興民主主義国の懇願への対応としては正当化できるものだった。問題は、い、か、に、してそれがなされたかだった。一九八九年の「ベルリンの壁」崩壊は、短期間ではあるが、新しい協調的なポスト冷戦秩序を創出する可能性を生み出した。しかし一〇年後、NATOとNATO非加盟のヨーロッパ諸国とのあいだの境界は明確に区切られた前線のままであり、ウクライナや他の旧ソ連諸国はグレーゾーンのなかで窮状にあり、核の競争が再開し、協調への当初の期待は遠のいてしまった――こうした結果の一因となったのが、拡大のやり方であった。

　一九九〇年代を通じてアメリカの指導者たちは、二つの優先事項のあいだに緊張関係があるということに向き合わねばならなかった。それに鑑みれば、結果について意見が分かれているのも驚きではないだろう。バルト諸国やウクライナのような旧ソ連構成諸国を含む中・東欧の広範な地域が、モスクワへの影響を気にすることなく、ようやく自らの運命を決められるようにするか。それとも、とりわけ核軍縮のために、ロシアの新しく脆弱な民主制との協力関係を推進するか[6]。ワシントンにとっての難問は、この二つの目標のうちどちらを優先すべきかを判別することだった。正答はどちらもだった。

　ノーベル賞を受賞した科学者マックス・デルブリュックが記しているように、単純で正しい言明の否定は、誤った言明である。しかし、「深遠な真理の証は、その否定もまたひとつの深遠な真理だということである」。光は粒子である／光は波動である、というように。この洞察を地政学的な言葉に置き換えれば、冷戦終焉後のアメリカが直面した二つの説得力ある真実、ないし二つの戦略的要請のあいだの緊張関係が説明されよう。すなわち、アメリカ政府にとって最優先事項は、かつてモスクワによって支配されていた人びととの関係であるべきだ／アメリカ政府にとって最優先事項は、ロシア政府との関係であるべきだ。この二つの真実のあいだの緊張関係である[7]。

　このような二つの重大な要請のあいだで選択を迫られた場合、賢明な行動は、決断を急ぐのを避けることである――そして、そうするための最良の方法は、性急に問題を取り上げるのを避けることである。賢明な行動と最善のタイミングを見極めるのが、トップレベルで国政に携わる者の仕事である。実際に一九九〇年代初頭のワシントンでは、そう振る舞った者もいたのである。

ブッシュ政権の国務省内の戦略家たち、そして何よりクリントン政権内の国防総省の戦略家たちは、二つの戦略的要請をそれぞれ正当に評価し、最終決断を下すタイミングについてワシントンに時間的余裕を与えるような諸政策を生み出した。彼らは、ヨーロッパ諸国にも旧ソ連構成諸国にも同等に開かれた、漸進的な安全保障パートナーシップを構築するという戦略を実行し、それは最終的には「平和のためのパートナーシップ（PfP）」として具体化された。このパートナーシップを通して、NATOに加盟する可能性がある諸国は、西側と協働する経験を得て、やがて完全な第五条の保証を獲得することができるとされた。こうした広く適用可能で漸進的なアプローチをとっていれば、ワシントンがポスト冷戦のヨーロッパで新たな境界線を引く必要もなければ、ウクライナや他の多くの旧ソ連構成共和国を放置する必要もなかった。それはまた、中・東欧の新しい民主的秩序が定着するのを助けたかもしれない。なぜなら、その後の出来事が示したのは、希望する諸機構へのメンバーシップを漸進的に獲得する見込み――メンバーシップそのものではなく――こそが、改革を最も効果的に定着させるということだったからだ[8]。

しかし、ワシントンは、賢明な方策を見つけはしたのだが、問題を取り上げるのが性急すぎた――そして、アメリカのそうした決断は、最終的に致命的なかたちでロシア自身の悲劇的な選択と結びついてしまった。ボリス・エリツィン大統領が一九九三年末および九四年にモスクワとチェチェンで自らに反対する者たちを鎮圧するのに流血も辞さない決断をし、またロシアの有権者たちが一九九三年一二月の議会選挙で改革に反対する過激主義者たちを勝たせてしまうと〔ウラジーミル・ジリノフスキーを党首とする極右のロシア自由民主党がロシア連邦議会で第一党となった〕、モスクワとかつてモスクワが支配していた諸国民の双方を含むパートナーシップというビジョンが生き残るのは、よりいっそう厳しくなってしまった。ロシアにおける市場経済への移行に伴った激しいインフレは、希望が失われる感覚を強めただけだった。バルカンでの流血は、ヨーロッパ安全保障に関するあらゆる問題の緊急性を高めるとともに、いかにして暴力に対処するかをめぐる、ワシントンとモスクワとのあいだの新たな摩擦を生み出した。同様にアメリカにおける国内政治の展開――なかでも一九九四年の中間選挙における共和党の驚異的な勝利――は外交政策にも影響を与え、クリントンは同盟の拡大に関して、それまでとは異なった、より対決的な戦略に向かうことになった。

アメリカの国家安全保障会議（NSC）と国務省の有能なメンバーたちは、以上の出来事、そして完全な第五条の保証を求める中・東欧諸国の切迫した訴えを利用して、ポスト冷戦の地政学的秩序を構築するにあたってペンタゴン〔国防総省〕を出し抜いた。軍の計画立案者たちは、「ベルリンの壁」崩壊直後の数年間は政策形成において驚くほど小さな役割しか果たせず――ブッシュ政権下のペンタゴンは、意見は求められるものの、実際の「インプット」はなかったと不満を漏らしている――、クリントン政権下でも結局は再びバックシートに追いやられていった[9]。アメリカでより強硬な拡大を主張する論者たちは、中・東欧があまりにも多くの歴史的過ちに苦しみ、あまりにも長く西側に加わるのを待たされていると強調することで、NATO拡大のやり方を転換させた。彼らは同盟に、多くの国を漸進的に加盟させる代わりに、少数の国に完全な第五条の保証を拡張させたのである。彼らの動機は称賛されるべきかもしれないが、その拡大のやり方は、タイミングを早めるとともに、かつてのソヴィエト・ブロック諸国のうち、第五条を獲得できた諸国とそうでない諸国とのあいだに新たな線を引くことになった。その帰結のひとつは、ポスト冷戦期における偶発事態を管理するためのアメリカの選択肢――すなわち、ジョージアやウクライナのような国々と多様な関係を築くことによって管理するという選択肢――が、まさにロシアでプーチンが台頭するなか、劇的に狭められていったことである。

当時、何人かの識者が、あまりにも早く問題を取り上げたことに伴うコストを認識していた。かつての駐モスクワ米大使であり、一九四〇年代にアメリカの封じ込め戦略を考案したジョージ・ケナンは、ポスト冷戦期のNATO拡大が均衡を崩すものであり、モスクワとの新たな協力関係を守ることから懸け離れていると論じた。[10] ベーカーでさえ、のちに回顧録のなかで「あらゆる業績はその成功のなかに将来の問題の種を宿している」と認めている。[11] そしてその種は、世界の二大核保有国であり続けている米ロの関係に根を下ろした。

冷戦が終わったにもかかわらず、この二国は、世界にある核弾頭の九〇パーセント以上を依然として保有し、地球上のほぼすべての生物を殺傷する能力をもっている。この脅威に鑑みれば、一九九〇年代における米ロ関係の悪化が現代のきわめて重要なストーリーであることが理解できるだろう。それは、両国間の永続的な協力関係を構築する最良のチャンスを駄目にしたからである。冷戦は短命の出来事ではなく、だからこそ雪解けは貴重だ。[12] しかし、どちらの国も、九〇年代における雪解けを最大限に活用することはできなかった。核対立の脅威から思いがけず解放されたにもかかわらず、彼らはその解放を手放してしまったのである。

この重要な一〇年間に米ロが下した決断の影響は広範囲に及ぶものであった。包括的な戦略核軍縮のための機会の窓が、核時代が始まって以来最も開かれていたのだが、急速に閉ざされてしまった。本書で示すように、一九九〇年代末までには、複数の情報機関が核競争の再開を報告している。その後まもなく、とりわけ苦労の末に得られた軍備管理協定がずたずたにされていくなかで、他の競争も生じてきた。現在、そうした軍備管理協定をほぼまったく欠いた世界のなかで、米ロは核戦力だけでなく通常戦力の役割も再評価し始めている。近年のヨーロッパでは、ポスト冷戦期におけるアメリカの戦力削減の流れも、ロシア軍の東方シフトの流れも、どちらも逆転している。(13) 緊張の高まりにより、軍事的な安全保障だけでなく、経済安全保障の問題も浮上してきた。歴史家のアダム・トゥーズが述べるように、ロシアの新たな攻勢は、ポスト冷戦期における「貿易と安全保障政策の明白なつながりの否認」が重大な過ちであったことを明らかにし、それは「プーチンのロシアの復活」によって完全に露わになった。GDPはスペインを少し上回る程度にもかかわらず、いちど協調の精神が死んでしまうと、ロシアは「西アジアと中東の地政学的バランスを覆すためにその軍事アセットを」行使し始め、世界中の政府と企業を傷つけるためにサイバー能力をふるい始めた。(14)

こうした深刻な帰結を考えると、その根本的な原因を理解することが不可欠である。あれほど期待された時代のあとに、なぜモスクワとワシントンの関係はここまで悪化してしまったのか。一九九〇年代にロシアとアメリカは一時的にせよ親密だっただけに、この悪化はなおさら驚くべきことだ。その親密さは、たとえば一九九一年にベーカーが最も重要な国家機密を尋ねたときのエリツィンの反応に表れている。このときベーカーは、モスクワの核攻撃の開始方法の詳細を尋ねたのだが、このロシアの指導者は快く情報を提供したのである。それは、ベーカーのご機嫌を取り、ゴルバチョフとの権力闘争においてアメリカの支援を得たかったこともあるだろうが、信頼の表れでもあっただろう。モスクワとワシントンは、核拡散に対抗するため、短期間ではあるが、異例の協力を始めた。一九九七年にエリツィンがクリントンに「われわれはつねにボタンに指を添えていなければならないが、これを止めたらどうだろう?」と求めたとき、アメリカ大統領は「そうだな、われわれが次の四年間で正しいことをすれば、この問題についてそれほど考える必要はなくなるかもしれない」と答えたのである。これは親密さを示すもうひとつの例である。

しかしながら、一九九〇年代の末までには、信頼はほとんど消え失せていた。プーチンは、クリントンや、ロシア問題に関する米大統領のトップ・アドバイザーであるストローブ・タルボットとの気乗りのしない会談において、ほとんど何も漏らさなかった。核の機密を共有する代わりに、プーチンは、ロシアの力が減退したことによる不愉快な帰結を説明した。かつてのソ連の領域では、いまやテロリストたちが刎ね落とした人質の首でサッカーをしているというのだ。プーチンがクリントンに核の発射手順を明かしてくれると考えるのは馬鹿げたことであった。

何が起こったのか。この巨大な問いを、より扱いやすい問いに分解してみよう。なぜアメリカは冷戦後にNATOを拡大することを決断したのか、そのアメリカの決断はロシアの当時の選択といかに相互作用していたのか、そして米ロ関係の致命的な悪化をもたらしたのは、この相互作用だったのか。彼らが下した決断に代わる、実現可能なオルタナティブは存在したのか。実際に生じた拡大のコストはどのようなもので、それは冷戦と新型コロナウイルス感染症に挟まれた時代をいかに形成したのか。そして最後に——現在の関心に基づいた視線で書かれている以上、あらゆる歴史は究極的には現代史であるというイタリアの哲学者ベネデット・クローチェを念頭に置きつつ、もしわれわれが時間の地平を広げるならば――、こうした歴史を知ることで、より良い未来を創るために必要な努力をどのように導き出すことができるだろうか⑮。

これらの問いについては本論の叙述のなかで、そして結論で詳細な答えが与えられるが、ここであらかじめ議論の骨子を示しておく価値はあるだろう。NATO拡大については、それ自体が米ロ関係の悪化の原因だったというわけではない。大きな出来事は複数の理由によって起こる。歴史が単一の原因で動くことは、もしあったとしても稀である。アメリカとロシアの選択は相互に影響を与え合いながら、時を経て累積され、それぞれの国の国内政治と絡みながら、崩壊をもたらした。誤解も一定の役割を果たした。元アメリカ大使のアレクサンダー・ヴァーシュボウとダニエル・フリードは、「ブッシュ政権もクリントン政権も、ソ連崩壊後のロシアについて、いくつかの基本的前提を誤解していた」と書いている。中・東欧の解放が、モスクワの立場からは帝国の崩壊のように見えていたということを、両政権は理解しそこなったのである⑯。

しかし、ロシアの若く脆弱な民主政が最も友人を必要としていたときに、むしろNATOの拡大によって負担を増大させたという現実を避けて通るのは難しい。一九九七年にタルボットはシラクに「ロシア側はしくじったのです」と述べた。「失礼なことを言うつもりはありませんが」、「大きな戦争に負けたことのない」どんな国よりも、ロシアは「国内秩序、対外関係、イデオロギーの面において急激な変化に直面し、歴史上最も巨大なトラウマを負うという経験をしたのです」とタルボットは続けている。その結果、歴史家のマーガレット・マクミランが書いているように、ベルリンの壁とソ連の双方が崩壊したのち、「世界は岐路に立たされ」、経済面だけでなく安全保障の面でも「未来がいかに進むべきかをめぐるビジョンの競合」が生じたのである。NATOの拡大は、未来をめぐるさまざまなビジョンの競合において主役となった。[17]NATO拡大のストーリーとモスクワの苦悩の現代というストーリーが絡み合う一方で、両核超大国が協調を続ける最良のチャンスは逸され、ポスト冷戦の貴重な楽観主義の契機が失われたのである。

私はその楽観主義のいくらかを、若きアメリカ人留学生として一九八九年の西ベルリンでじかに体験した。それ以来ずっと、私は自分が傍観者として目撃した出来事の政治的遺産を理解しようと努めてきた。けれども、私、あるいはやはりトップレベルの政策決定に直接関わっていない誰かが、NATO拡大のストーリーを知っていると主張することは、いかにして可能だろうか。その答えは、政府や国家の指導者たち、彼らのアドバイザー、同僚、各国の議会、そして諸国民のあいだの相互作用が文書の山として積みあがっていることにある。ただし、それらはたいてい機密扱いのままであった。しかし、ベルリンの壁が崩壊すると、ワルシャワ条約諸国が自らの文書を保持し機密を隠しておく能力も崩れ去った。私は一九九〇年代にそうした資料の調査を始め、とりわけ東ドイツの秘密警察であるシュタージ〔国家保安省の略称〕のファイルを最も調べた。また、私はインタビューも開始し、冷戦とその現代への遺産に関する一連の書籍や論文となるもの――たとえば『崩壊――予期せぬベルリンの壁開放』や『一九八九――ポスト冷戦のヨーロッパを創出する闘い』といった本――を書き始めた。[18]

二〇〇〇年代には、私は――たいていはまだ機密扱いだった――西側の文書を機密解除・公開させ、閲覧する努力を始めた。ある意味で、私は六か国の機密解除に基づいて自分自身のアーカイブを創っていた。と同時に、私は規則通りに公開された文書や、他の研究者が機密解除した資料を利用した。[19]その過程には多くの年月を要した。それは、多くの行くべき場所があったからであり、多くの人びとや機関に対して、私を資料にアクセスさせるよう説得せねばならなかったからである。通常の開示請求(requests)が却下されると、不服申し立て(appeals)が必要となり、さらに多くの年月がかかった。そうした証拠に基づく私の研究が、本書での分析を生み出した。物語にのみ関心のある読者は、巻末の注にある参照資料を見なくとも、本文を理解することは可能である。さらに証拠まで知りたい読者は、注を利用されたい。

いくつかの調査上の突破口や史料公開については、ここで記しておくべきだろう。二〇〇七年にジェームズ・ベーカーは寛大にも、彼がプリンストン大学に寄贈していた文書コレクションの閲覧を私に許可してくれた。そこには、一九九〇年のモスクワでの重要な諸会談に関する文書も含まれている。[20]二〇〇八年には、ジョージ・H・W・ブッシュ大統領図書館の勤勉なスタッフが、私が無数の資料のハードコピーを請求し、整理するのを助けてくれ、私だけでなく他の研究者にとっても新しい道を切り開いてくれた。[21]ドイツ外務省の記録については、二〇〇五年に閲覧を請求したときは却下されたが、ヨシュカ・フィッシャー元ドイツ外相らが同省に再考を促してくれ、二〇〇九年には閲覧することができた。[22]二〇一四年にNATOは「NATOの情報公開に関する指令」の実施を決定し、私がブリュッセルのスタッフの手を借りて同盟のアーカイブをこじ開ける手がかりを与えてくれた。[23]しかしながら、おそらく最も巨大な挑戦は、クリントンがエリツィンと会談した記録の機密解除だった。それは、二〇一五年および一六年に最初の請求が却下されてから不服申し立てまでに三年を要した。だが、情報の透明性に尽力するアーキビストたちの助けを得て、ウィリアム・J・クリントン大統領図書館に対する私の不服申し立てが二〇一八年に最終的に受理され、（プーチンに言及したものも含む）貴重な資料コレクションをもたらした。あまりに貴重だったため、ロシアのドミトリー・ペスコフ大統領報道官が、クリントン大統領図書館が「現職の政治家に関する文書」――つまるところ彼のボスに関する文書――を公開したことに抗議したほどだった㉔。

しかし、すべてが書き留められているわけではない。私は、インタビューを通して記憶を共有することを承諾してくれた一〇〇人以上もの方がたから多大な恩恵を受けた。彼らの名前は参照文献一覧に記してあるが、彼らに心から感謝したい。人間の記憶力の限界――当たり前だが数十年前に発した言葉を正確に思い出すのは難しい――から、私は可能であればつねにインタビューと文書館史料を比較した。それらが一致しなかったときは、当該時期に作成された文書史料の方を採用した。言い換えれば、私は本書で証拠の優先順位に従ったのである。出来事が起こったときに作成され、それ以来しっかりと保存された資料――歴史家が一次資料と呼ぶもの――は、数年後ないし数十年後になされたコメントやインタビューよりも証拠としての価値が高い。さらに、NATO拡大という論争的なトピックに関する発言について、可能な限り最も正確な記録を提供しようとしたため、本書における引用は、インタビューや証拠に関する私の記憶からのものではなく、もっぱら印刷物ないし記録物からの引用とする。加えて私は、一次資料からの引用と、それ以外からの引用（つまり引用からの引用）を区別した。前者については本文ではダブルクォーテーションで示し、後者についてはダブルクォーテーションの後にシングルクォーテーションで示した〔この訳書では区別していない〕。全ての典拠は注に記してある。

全体としてみると、これらの資料は過去に関する豊かな像を提供してくれる。歴史家のジョン・ルイス・ギャディスは次のように書いている。「出来事を直接経験することは、必ずしもその出来事を理解する最良の道ではない。なぜなら、あなたの視野はあなた自身の直接的な感覚を超えるものではないからだ」。出来事の当事者は、当然のことながら、大勢のなかのひとりとして、その日の圧力のなかで、その現場にいる。私はひとりの傍観者として出来事のうちいくつかを体験したけれども、イェール大学で歴史学の博士課程を修了して初めて、私は自分がどれほど出来事を捉えそこなっていたかを認識した。歴史家は、はるかに距離をとった見物人のような者である。細部においては劣っていても、視座においては卓越している。ギャディスが述べるように、「過去の歴史家は、広大な地平をもっているという単純な事実のために、現在の当事者よりもはるかに賢明である」。(25)

当事者の関与が後世の歴史的評価にとって問題的にさえなりうることは、NATO拡大をめぐる闘いを開始した二人の男、すなわちゴルバチョフとベーカーによる／に関する発言に明らかである。二〇一四年にゴルバチョフは、ベーカーが同盟不拡大を彼に約束したか否かをめぐる激しい発言で話題となった。彼の見解は重要である。なぜなら一九八九年、ゴルバチョフは、ボロボロになったソ連の権力を支えるために武力を行使するようなことはせず、その後に続くすべてのことへの扉を開いたのだから。ゴルバチョフはその自制によって、正当にもノーベル平和賞を獲得した――しかしその自制はまた、大西洋同盟が冷戦のラインを越えて東方に拡大し始めたのち、彼の権力失墜にも与《あずか》ったのである。

二〇一四年に拡大について問われ、かつてのソ連の指導者は弁明的になった。彼はインタビュアーに対して、NATO拡大は、自分の在職中に一度も話題にのぼらなかったのだから、自分の過ちではないと述べた。「「NATO拡大」という話題はまったく議論されず、当時は持ち出されもしなかった」。三人称で自らに言及し、彼の後継者たちを非難しながら、ゴルバチョフはインタビュアーに何を書くべきか指南した。「ゴルバチョフや当時のソ連当局を、西側によって丸め込まれたナイーブな人びとと描かないでくれ。ナイーブさがあったとしたなら、それはもっと後のことであり、この問題が議題となったときである」。そして念のため、彼はこう繰り返した。「東欧諸国のどこもこの問題を取り上げなかったし、それは一九九一年にワルシャワ条約機構が解体した後でさえそうであった」し、「西側の指導者たちもそれを取り上げなかった[26]」。NATO拡大は彼が権力から離れた後に問題となった――あるいは、もし彼の在任中に取り上げられたとしても、それは中・東欧ではなく、東ドイツ領域にのみ関わることであったというゴルバチョフの主張を、多くの識者たちが、しばしば一語一句そのままに、無批判に繰り返した[27]。しかしソ連の指導者の主張は、彼自身の記録と一致しない。たとえば、一九九〇年五月の文書記録には次のようにある。「私［ゴルバチョフ］はベーカーにこう述べた。貴方がたが、東欧諸国の多くの代表者たちがワルシャワ条約から脱退してその後にNATOに加盟しようとしているのに対して好意的な態度をとっていることに、私たちは気付いています[28]」。

他の世界の指導者たちの記録も、同様のストーリーを語っている――それも一九九〇年より前に、である。ベルリンの壁崩壊からちょうど二週間後の一九八九年一一月二四日までには、ブッシュ大統領はすでにヨーロッパ全体の将来について戦略的に考え始めていた。その日、彼はサッチャー英首相に次のように述べている。「東ドイツを締め出そう。東欧諸国がワルシャワ条約から脱退しようとしたらどうなるだろうか。NATOはとどまらねばならない」。換言すれば、東欧諸国がモスクワとの不本意な軍事同盟であるワルシャワ条約から脱退することを考えているとしたら、明らかな問題は彼らが脱退した後に何をするかだと、ブッシュは直観的に感じていた。サッチャーは、「ワルシャワ条約を……維持すること」――のちに彼女はそれを「ゴルバチョフのための無花果《いちじく》の葉」と呼んだ――が最も理に適っていると考えたが、ブッシュはそれで納得しなかった(29)。

代わりに、一九九〇年二月二日から四日まで、米国務省と西ドイツ側のカウンターパートである外務省、そして西ドイツ首相府とのあいだで、「東欧」のためのNATOの「領域的な適用範囲」という問題――明らかにモスクワが反対する展開――が提起されるかという点を検討するやり取りがあった。二月六日には、西ドイツとイギリスの外相が、ゴルバチョフが「ハンガリーは〔同盟に〕参加すべきではない」と明確に主張するかどうかについて議論していた。ベーカーは、ゴルバチョフとの会談の前日の二月八日、チェコスロヴァキアの指導者たちとNATOについて議論し、「NATO内でドイツ統一を管理することは、これら中欧諸国にとってとても重要だろう」とブッシュに報告していた。二月二〇日から二七日にかけて、アメリカの国務副長官が（中欧地域のなかでも）ハンガリーとポーランドを訪問し、いかにして「新しいNATOが中・東欧のために政治的な傘を提供できるか」について、ハンガリーの外相と議論していた。三月三日、チェコスロヴァキア外相がブリュッセルのNATO本部を訪問した。三月一二日、ベーカーの配下たちが早くも中・東欧における同盟の潜在的な役割に関する評価を作成していた。三月一七日までには、チェコスロヴァキア、ハンガリー、ポーランドが、

NATOが冷戦ラインを越えて東方に動くことに反対したモスクワを批判していた。三月二一日、ポーランドの外相もNATO本部を訪問した。その夏と秋のあいだ、同様に多くの中・東欧の指導者たちがNATO本部を訪問するか、あるいはNATO事務総長を招待した。[30] 一九九一年にブッシュは、NATOがバルト諸国とのつながりを創る方法についてヴェルナーと検討さえしていた。

さらに、これらの同盟への関心のサインは、同様に欧州共同体(EC)への関心のサインと並行していた。たとえばハンガリーの欧州評議会への公式の加盟申請は、ベルリンの壁崩壊からちょうど一週間後の一九八九年一一月一六日に送付されている。また、ハンガリーや他の改革志向のワルシャワ条約加盟国は、一九八九年に西ドイツに対して、彼らがまだワルシャワ条約から脱退しようとしない(同様にECに加盟しようとしない)主たる理由は戦術的なものだと伝えている。なぜなら彼らは、ワルシャワ条約の存続がゴルバチョフにとって「実存的な問題」だと知っており、早々に彼の立場を傷つけたくなかったからである。もし彼らがワルシャワ条約から脱退してしまうとゴルバチョフの権力失墜につながり、彼を継ぐ反動主義者たちが、「中・東欧全体の改革プロセス」を終わらせ、中・東欧に対するモスクワの支配を再び主張しかねないと予想された。にもかかわらず、ワルシャワ条約の終焉は間近に迫っており、将来の選択肢の検討は始まっていた。[31] 端的に言えば、よく引用されるゴルバチョフの言明とは異なり、ECやNATOのような西側の諸機構を舞台とした中・東欧の将来をめぐる闘いはベルリンの壁の崩壊とともに始まっていたのである。

ゴルバチョフと同様、ベーカーも職を離れることを強いられたが、彼もまた、自らの在任中の言動に関する物語を形成することに大いに尽力した。一九九二年の大統領選挙でのブッシュの敗北後、べーカーは私生活に戻り、研究者やライターから成るチームを雇って、回顧録の執筆を手伝わせた。そのチームのひとりアンドリュー・カーペンデールは、国務省でベーカーとともに働き、彼のチーフ・スピーチライターとなり、当時の劇的な出来事にも直接参与した、ベーカーの賛美者であった。しかしベーカーが、彼のチームが作成した回顧録の草稿の多くの文章、とりわけ一九九〇年から九一年に関わる部分を削除したり書き直したとき、カーペンデールは一九九五年一月二三日付の書簡のなかで自分のボスを責めざるをえなかった。「貴方が加えた実質的な変更のいくつかについて、私は強い反対の意を表明します」と。彼はベーカーに警告した。「『ニューヨーク・タイムズ・ブックレビュー』紙の巻頭書評に次のように記されていても、貴方ひとりで責任を負わねばならなくなるでしょう。「活き活きとした読み応えのある回顧録のなかで、著者であるジェームズ・A・ベーカーⅢ世は、ワシントンで権力の座にあった一二年余りで彼が成功したことを、またうまくやり遂げた。すなわち、自分の成功を美化し、いかなる失敗も否認し、真実を避けて通ることである[32]」」。

カーペンデールの予言は正確だった。九か月後、『ニューヨーク・タイムズ』紙の評者は、「今週のメッセージで都合のいい話をすることで有名だった男が、今度は自らに都合のいい歴史的なイメージを作り上げている」と書評を結んだ[33]。かつてウィンストン・チャーチル英首相は、好都合なイメージを歴史にとどめるために自分でできる方策は「自分で歴史を書くこと」であると述べており、ゴルバチョフとベーカーはこれに心から同意したようだ[34]。政治的なアクターが自らの物語を語りたがるのは理解できるが、歴史は、とりわけ彼らの行為の帰結が広範囲に影響を及ぼす場合、自叙伝以上のものである必要がある。できる限りすべての資料をおさえ、ポスト冷戦期のNATO拡大の始まりを冷静に吟味すれば、大きな見返りが得られるだろう。われわれは、いかにしてその成功や失敗がこんにちの大西洋世界の困難な時代を用意したかを知ることになる――そしてわれわれは、いかにして不確実な未来に備えるかについての知恵を得るのだ。

この歴史は複雑かもしれないが、本書の物語の組み立てはシンプルである。本書は、三部構成でNATOの変化の一〇年を辿る。各部は、最も関連する歴史的な諸事件をひとつの分析的な物語のなかに落とし込んでいる。

一九八九年から九二年までの期間を扱った第一部は、ベルリンの壁崩壊と新興民主主義国の登場で幕を開ける。それは、たいていの世界では喜ばしいことであったが、第二次世界大戦での勝利が自らに中・東欧を支配する永続的な権利をもたらしたと信じていたプーチンやソ連の指導者たちにとっては恐怖だった。当時の西ドイツ首相コールは、西側の指導者たちにいかに行動すべきかアドバイスするとき、つねにある比喩を用いた。嵐が来る前に収穫せよ、と。コールの言わんとするところは、モスクワの強硬派がゴルバチョフに対する抵抗を開始する前に、西側は一九九〇年中に冷戦で得た収穫物を急いで確保しなければならないということだった。そうした考えに従い、ブッシュとコールはドイツ統一とともに、冷戦時の東ドイツとの境界線を越えたNATOの拡大をわずか三二九日〔壁崩壊からドイツ統一までの期間〕でやってのけた。その後まもなく、まさにコールが予言したように、モスクワで権力闘争が実際に勃発した。しかし嵐は、コールの予想よりも強いものだった。クーデターの試みとその顚末は、ゴルバチョフだけでなく、一九九一年末まではソヴィエト国家全体を吹き飛ばしたのである。これは、大西洋同盟がさらに東方に拡大する機会を創出した――と同時に、かつてのソ連の核兵器が複数の未知の手にわたるという、新しい劇的なリスクをもたらした。そして、まさにワシントンがこれらの挑戦を克服しようとしているとき、アメリカの有権者たちは一九九二年にブッシュ政権をお払い箱にし、若きアーカンソー州知事を地政学的な難問に取り組まねばならない地位につけたのである。

一九九三年から九四年までの期間を扱った第二部は、嵐が過ぎ去った後の米ロ関係の晴れ間とそれが有していた可能性を探求する。モスクワの激動にもかかわらず、コールが恐れた、反動主義者たちが主導権を奪取するようなことはなかった。代わりに、意外なことに、協調への貴重な第二のチャンスが訪れた。権力が、改革の実行と西側との協調に意欲をもった指導者に移ったのだ。エリツィンは、一九九三年にクリントンとの友好的な関係を速やかに築いた。「ボリスとビル」は、米ロの指導者間ではかつてないほど緊密な関係を育み、クリントンは現在にいたるまで最もモスクワを訪問したアメリカ大統領となった。この良好な関係を守ろうとして、かつまた中・東欧諸国のNATO加盟へのアピールとバルカンでの流血事態に対応しようとして、クリントンは、全ヨーロッパのための漸進的なパートナーシップ計画に飛びついた。この計画の大部分は、ポーランド生まれの統合参謀本部(JCS)議長であるジョン・シャリカシュヴィリが作成したものだった。しかし、一九九三年末から九四年の一連の出来事――エリツィンがモスクワとチェチェンで敵対者に武力を用いるという悲劇、米共和党の復活、ワシントンのインサイダーたちによる巧みな策動――は、パートナーシップという解決法をクリントンに放棄させたのである。

一九九五年から九九年までの期間を扱った第三部は、クリントンがNATO拡大についてより積極的なスタンスをとっていく様を述べる。「ボリスとビル」の関係は、コソヴォでの軍事行動をめぐるエリツィンのアルコールを燃料にした激しい非難と、クリントンによる非妥協的態度によって、ばらばらになった。その間、中・東欧諸国は、自らのNATO加盟へのカウントダウンが始まり、当然のごとく感激していた。西欧諸国は、ロシアがEUに加わることはないと密かに結論を下した。そして、クリントンが、ホワイトハウスの実習生だったモニカ・ルインスキーとの性的関係を暴露され、職に留まれるかどうかという問題に突如直面したとき(ちょうどプーチンがロシアで権力の階段を上っているころに大きく報道された)、米ロ関係に霜が降りた。モスクワとワシントンは冷戦後の雪解けのなかで持続的な協調関係を創り出すのに失敗し、一九九〇年にコールが恐れたように、ロシアの反動勢力が、結局勝利したのである。

終章では物語から離れ、三部それぞれで述べたように、現職のアメリカ大統領がいかにしてNATOの将来について後戻りできない決断をしてきたか、そしてそれらの決断がどのようにロシア側の選択と相互作用していたかを吟味する。本質を言えば、アメリカの指導者が「ラチェット」――一方向にしか動くことを許さない工具――を回すような政策を決定し、ロシアがそれに反応した。それぞれのラチェットの回転が他の複数の可能性を排除し、後戻りしたり、違う進路を選択したりすることを不可能にした。決定が累積すれば、影響も増大していく。最初に、ドイツ統一に関するより大きな目標の一部として、ブッシュは、冷戦ラインを越えて第五条を拡張することができる大西洋同盟というもの以外の、ポスト冷戦の大西洋安全保障に関するすべての選択肢を排除した。次に、クリントンが、拡大を達成するひとつの手段として、自らの政権が作り出した漸進的なパートナーシップという選択肢を排除した。最後に、クリントンが、新しい同盟国の位置や数、加盟のペース、加盟で享受できる恩恵、これらを限定するような選択肢を排除した。アメリカ大統領によるこれらのラチェットの回転が、大西洋同盟にきわめて大きな影響を及ぼした。NATOはそれぞれ独自の思惑をもつ多くの国を含んでいるけれども、アメリカの軍事的な優越ゆえに、NATOの第五条による保証が問題となったときに重要なのは、結局はアメリカの考えである。そのことは現在と同様に一九九〇年代にも妥当した。そしてこれらのラチェットの回転は永続的なインパクトをもったのである——とりわけそれらに拘束された後続のアメリカの政策立案者たちは、大西洋の安全保障を構築したり、ポスト・ソヴィエト国家と向き合うにあたって、もはやすべての選択肢が揃っている状態で仕事を始めることができなかった。

最後に本書は、これらの出来事が現在にもたらした遺産を考察する。中・東欧諸国はNATOの同盟国となったが、同盟への加盟が、彼らが苦労して手に入れた民主主義を自動的に定着させるわけではないことが分かった。一九九〇年代にワシントンはNATOをめぐるモスクワとの戦いに勝利したが、アメリカによる拡大のやり方は、長期的にはロシアに関する選択肢を喪失する結果となった。ヨーロッパでの理想的な展開は、ロシアと西側とのあいだの対立ではなく、永続的な協調を築く原動力を創出することだった。第二次世界大戦後、アメリカはかつての敵を長期的な味方に変えるために彼らと協働した経験があるのだから、そうした成果の前例はあったのである。喜ばしく平和的な冷戦の終焉ののち、課題はそうした業績を再演することであった[35]。しかしその代わりに、ワシントンとモスクワの指導者たちは、勝利の目前で行き詰ってしまったのである。
アメリカの選択は、ゴルバチョフとエリツィンの悲劇的な失敗と結びつき、ポスト冷戦における協調の可能性を減じ、米ロ関係をひどく停滞した時代へと追いやってしまった。協調の精神を取り戻すような注目すべきエピソードはいくつか存在したが――たとえば二〇〇一年九月一一日の同時多発テロ後にモスクワが表明したアメリカへの共感や、二〇一〇年の核に関する合意〔新戦略兵器削減条約〕の署名――、全体的なトレンドは下降した。そして、二〇一四年のウクライナ侵攻で米ロ関係は恐ろしいほどまでに落ち込み、プーチンがアメリカのビジネス、諸機関、選挙に対して大規模なサイバー侵入をおこなった二〇一六年から二一年のあいだ（現在のところ）はどん底となった[36]。

この歴史はプーチンで終わるのだが、始まりもまたプーチンである。一九八九年のプーチンは、分断ドイツで壁が開き、西側が東へ動くのを慄《おのの》きながら眺めていた歴史の端役であった。そして一九九九年に、プーチンはエリツィンが自ら選んだ後継者となった。その間の一〇年、プーチンは帰国して自らの地歩を占めるべく奮闘しており、国際舞台からは――秘密警察出身にふさわしい振る舞いだが――ほとんど消えていた。しかし、ロシアが帝国を喪失し、国際的立場も失ったことに対する彼の憤懣は途切れることはなかったし、かかる感情は、居場所を失ったソ連国家への奉仕者たちのあいだで広く共有されていた。そうした者たちのなかでプーチンが国家指導者として再登場したことは驚くべきことかもしれないが、ロシアの改革が経済的混乱をもたらすや否や、そうした考えをもった誰かが権力を真剣に追求するようになるのは驚くべきことではない。そして、実際にプーチンが頂点に昇りつめることが明らかになったとき、彼は速やかに格別に大きな役割を担おうとした。彼は一九九〇年代の歴史を利用することで自らの憤懣を発散することを選び、九〇年代にNATOが「われわれの国境線まで軍事インフラを」配備する決断をしたのを引き合いに出して、新たな流血事態や西側との競合を正当化したのである。(37)

これらの出来事がこんにちの世界にもつ重要性に鑑みれば、いまこそ、利用できるすべての歴史資料を使って一九九〇年代の展開を真剣に検討すべきだろう。九〇年代の始まりには、より良い未来が、可能だというだけでなく、実現しそうに見えた。そこからわれわれがいかにして現在の地点にまで至ったかを理解するために、われわれは過去によって新たな時代を評価しなければならない。

第一部

収穫と嵐

一八八九―九二年

第一章　二つのドレスデンの夜

一九八九年一二月のある夜、ドレスデンでウラジーミル・プーチン中佐は、ソヴィエトの権威、自分の同僚たち、そして自分自身を守るために必要なことは何でもすると決意した。他の誰もそれをやってくれそうになかった。[1] ベルリンの壁が開き、東ドイツの体制は崩壊のさなかにあった。秘密警察として協力関係にあったシュタージの支部が近くにあったが、非暴力的なデモに参加していた群衆たちがそこに押し寄せ、まさに体制を圧倒したのと同じように、守衛たちを圧倒していた。暴力によってではなく、信念と圧倒的な数によってである。そして、二〇名ほどのデモ参加者が角を曲がり、アンゲーリカ通りにある、驚くほど質素なＫＧＢ（ソ連国家保安委員会）の支部にたどりついた。一二月五日、プーチンはその場で最も高位の将校だった。

自分や何人かの当直の身の安全よりも、プーチンには心配なことがあった。「私たちはその建物に文書を保管していた」と、のちに彼は認めている。それらの文書は次の情報を含んでいたという。ＫＧＢや協力者のために数十億ドイツ・マルクを準備していたダミー会社。相対的に劣った東側の産業を利するための、西側のハイテク産業に対するスパイ活動。暗殺を計画する場としてドレスデンという閑静な地を利用した、テロ組織ドイツ赤軍派とのコンタクト。プーチンはまた、「主たる敵」であるＮＡＴＯに対する自らの活動を守ろうとした。[2]

武力による支援を求めて、プーチンは、ドレスデンに駐留しているソ連軍にいた同僚に電話をかけた。しかし、電話に出た者は、モスクワからの明確な許可がなければプーチンの要請には応えられないと告げ、さらに「モスクワは沈黙している」と付け加えた。プーチンは自力で何とかしようと決めた。彼は正門前に集まったデモ隊の小集団の方へ――ある目撃者がのちに述べるところでは――ゆっくりと静かに歩いて行った。[3] しばらくのあいだ、彼はただデモ隊を睨みつけていた。そして、短い会話を交わしたのち――デモの参加者たちは彼の流暢なドイツ語に驚いた――、もし侵入してくれば、君たちは撃たれることになるだろうと告げた。

二〇名ほどのデモ参加者は戸惑い、ぶつぶつ不平を漏らしつつ、シュタージ支部に戻ることを決めた。プーチンは建物に戻り、仲間とともに「すべてを破壊し」、「焼却炉が破裂する」まで「昼夜の別なく文書を」燃やした。プーチン自身の説明によれば、「モスクワは沈黙している」という言葉は、長いあいだ彼をとらえて離さなかった。のちに彼が述べるように、彼の祖国は、沈黙するのではなく、自らを守るべきだったのだ。「もしソ連がこれほど性急に東欧から撤退しなければ、われわれは多くの問題を抱えずに済んだものを」。プーチンは、権力が麻痺した状態を避ける必要があるという、以後揺らがぬ確信をこのとき築いたのである。ロシアの大統領に就任した年に、プーチンは次のように述べている。「このような状況で有効なことはただひとつ、攻勢を続けることだ。まず攻撃すること、それも敵が立ち上がれなくなるくらい強く攻撃することだ[4]」。

若きKGB将校がこうした認識に到達していたとき、各国の舵取りを担う有力者たちも闘いに備えていた。ソ連が撤退することで生じた権力の真空をいかに埋めるかという、リスクの高いゲームが始まった。まもなくその舞台は、東ドイツの街頭から、最も壮麗な権力のホールへと移った。舞台が上品なものになっても、闘争の激しさは劣らなかった。ベルリンの壁の開放は、冷戦秩序の終焉を告げ、別の、しかしまだ誰も知らない秩序の始まりを告げた。NATOの将来を含むあらゆることが、俎上に載っていた。モスクワは、再統一の承認と引き換えにドイツのNATO脱退を要求しかねなかった。これは、四〇年にわたって大西洋世界の重要な礎石であったNATOにとって、おそらく致命的となる展開であった。

NATO創設をめぐる闘い

NATOが長期にわたって存続したことで、最初にこの同盟を創設するか否かをめぐる闘いがいかに激しいものであったかが、いまでは見えにくくなっている。一九四九年四月四日、ホワイトハウス近くのコンスティテューション・アヴェニューにある壮麗な新古典主義様式のボールルーム(舞踊室)でのワシントン条約の調印によって、NATOは誕生した。ハリー・トルーマン大統領は、「侵略および侵略の恐れに対する盾」となる新しい同盟を求める短い演説をした。その後、出席者たちは近くのウィラード・ホテルのバーでバーボンを分かち合った。しかし、ロンドンにいたイギリス人政治家〔労働党の無任所大臣〕のヒュー・ドルトンは、とても祝う気持ちになれなかった。彼は苦い満足感とともに、「それはヨーロッパへのアメリカ（およびカナダ）の決定的な関与だ」と日記に記している。その同盟は「われわれがなしうる最良のものだ――そして、その種のものできわめて良いものだ――この不幸な状況では」と。(5)

不幸の始まりは、第二次世界大戦後の調和の希望が破壊されたことにあった。戦闘は終わったけれども、ヨーロッパは瓦礫の山となり、飢餓と病が蔓延し、戦後の影響圏の分割をめぐるモスクワとの緊張が新たな脅威を生み出していた。アメリカを勝利に導いたフランクリン・D・ローズヴェルト大統領は、ヨーロッパにおける永続的な平和とソ連との永続的な平和の双方を望みながら、自国の勝利を見届けることなく死んだ。ローズヴェルトは、モスクワに重要な地位を提供することで、持続的な戦後秩序を構築しようとした。(6) しかし、この目的を達成するためのローズヴェルトの戦略的知見は、副大統領のトルーマンには伝えられず、前者が世を去った一九四五年四月一二日にほとんど消え失せてしまった。トルーマンは、突如として世界秩序を建て直すべく苦闘していた国の指導者となったことに当惑し、前任者の意図していたことを理解しようと、急いでローズヴェルトのアドバイザーたちから情報を得ようとした。そのなかにはモスクワとの協調を勧める者もいれば、そうでない者もいたが、次第にトルーマンは後者のグループに引っ張られるようになった。彼らはトルーマンの経験不足を好機と見なし、ローズヴェルトが追求していたものよりも強硬な路線を押し通そうとしたのである。(7)中・東欧諸国の独立性を押し潰そうとするソ連の動きがどんどん攻撃的になってくると、ワシントンでは、先の戦争は何とか終わったけれども、もうひとつの冷戦なるものが始まったという感覚が強まった。モスクワが、チャーチルが言うところの鉄のカーテンをヨーロッパに下ろし始めたとき、暫定的なものとされていた占領下ドイツの分割線は、次第に半永久的なものとなっていった。前線には新しい国家も生まれた。ドイツ連邦共和国、または西ドイツである。[8]

また、モスクワとの緊張の高まりにより、一九四七年六月にジョージ・マーシャル国務長官によって提案されたヨーロッパへの寛大な経済支援計画にもともと乗り気ではなかった米議会が、一九四八年にそれを承認するにいたった。しかしながら、イギリス外相アーネスト・ベヴィンは、経済支援だけでは不十分で、軍事的な力も必要だと感じていた。すでにベヴィンは最初の一歩として、イギリス、フランス、ベネルクス諸国（ベルギー、オランダ、ルクセンブルク）から構成される新たな西欧連合を求めていた。ソ連がチェコスロヴァキア政府を事実上乗っ取った直後に、ベヴィンの構想は、一九四八年三月一七日のブリュッセル条約として実現した。[9]だが、彼のさらなる望みは、大西洋を横断する組織であった。

ブリュッセル条約に対して米議会は、ヴァンデンバーグ決議という慎重だが友好的なやり方で対応した。この決議の名前はミシガン出身の上院議員アーサー・ヴァンデンバーグからとられたものだが、彼は、じきに国務長官になるディーン・アチソンの言では、「激しい言葉の雨」を降らせる「ハリケーン」のような男だった。またヴァンデンバーグは、「しばしば問題を理解する前に、あるいは問題が生じてすぐに憤慨できるという稀な能力」をもっていた。この才能は、ヴァンデンバーグとその同志の政治家たちが、ブリュッセル同盟を拡大してそれにアメリカを加盟させるというアイデアに懐疑的だった多数派の考えを変えさせようと奮闘していたときに役立った。ヴァンデンバーグたちは上院を説得して、一九四八年六月一一日の決議を通過させた。それは、細部を論じずに、またその年の選挙まで何も起こらないという条件のもとで、アメリカと「地域的および他の集団的取極(regional and other collective arrangements)」との「連合(association)」に扉を開くものだった[10]。

さらにソ連の誤算が、ベヴィンやヴァンデンバーグの目標を前進させた。ヴァンデンバーグ決議が通過してから二週間後、モスクワはベルリン封鎖を開始し、それは一九四八年から四九年にかけてのベルリン空輸を招いた。ソ連の封鎖は重大な戦略の誤りだった。それは、ヨーロッパへのアメリカの関与を再軍事化することに反対していたアメリカ人を減らすことで、初期冷戦の軌道を大きく変えたのである[11]。

しかしながら、同盟が具体化したとき、その支持者たちは、国内外にいた同盟に懐疑的な者たちと闘わねばならなかった。たとえば、モスクワと積極的に戦うよりも、封じ込めという戦略を提案したアメリカの外交官ジョージ・ケナンは驚愕していた。彼は経済的なアプローチを好み、それはマーシャル・プランに具現化された。確かにケナンは、荒廃したヨーロッパ諸国が保護を懇願していることに同情していた。ワシントンにとって、ソ連との緊張が高まっているときに、戦禍を被った諸国に向かって「自らの軍事的無力さという深淵をのぞき込む」ことを止めるように言うのは難しかった[12]。しかしケナンは、長期的なコストが高すぎると感じていたため、恒久的な同盟には反対した。そうした同盟は、辛抱強い確固たる封じ込め政策という究極的な目標を損なってしまうとケナンは感じていた。ケナンの政策は、経済的・政治的な手法で、国内の権威主義とグローバルな戦争という二つの危険を避けながら、互いの相違を調停する交渉が可能になるまで、モスクワの思考の変化を促すというものだった。モスクワに対抗する永続的な同盟は、そうした目標を達成する役には立たず、むしろ妨げになるだろう——とりわけ、NATOが大西洋沿岸の諸国を超えて加盟国を受け入れ始めれば、それを止める明白なポイントはヨーロッパに存在しないからである。ケナンの見解では、そうした同盟は、短期的には望ましいことも理解できるが、結局は緊張を高め、ソ連との紛争を平和的に解決するためのアメリカの選択肢を減らしてしまうものだった。一方、フランスの外交官たちも独自の懸念を抱いていた。彼らは同盟のメンバーシップが厳密に限定されることを望んだのである。しかしアメリカは、大西洋の「飛び石」——アゾレス諸島、グリーンランド、アイスランド——とスカンジナビア諸国を加えるため、広く手を伸ばすことを主張した。これらの諸国は、加盟に関心を寄せたものの、隣人であるソ連を挑発することは避けねばならないと心得ており、スカンジナビア防衛連合といった類のものを考えていた。

そうした防衛連合をめぐる交渉が挫折した後、妥協として、デンマーク、アイスランド、ノルウェーがNATOの加盟国となったが、核弾頭、基地、自国領域内での軍事行動を制限ないし拒否することとなった[13]。一九四九年四月、NATO設立をめぐる闘いは、その支持者たちの成功で終わった。上院は八二対一三でワシントン条約を批准した。

紙の上では、その条約が与える保証は圧倒的に強力なものだった。なかでも最も強力な第五条は、他の加盟国の領土に対する攻撃を自国に対する攻撃とみなすよう加盟国に要求していた[14]。また、加盟国の指導者ないし代表から構成され、事務総長を議長とする北大西洋理事会（NAC）が最高意思決定機関として設立された。しかしこの同盟は、成立してから最初の一四か月はこけおどしのままだった。当初はNATOの文民的な部門も軍事的な部門もそれほど発展していなかった。終戦以来、西欧諸国の軍隊の相当部分は動員解除されていた。対照的に東欧にはソ連軍が一七五個師団おり、戦闘は停止したにもかかわらず、さまざまな状態で待機していた。[15]

NATOが真剣に軍事的な準備を開始するには、三つの驚愕的な事件が必要であった。すなわち、一九四九年八月の予想以上に早かったソ連の核実験成功、同年一〇月の中国における共産党の勝利、そして最も重要な、一九五〇年六月の北朝鮮による韓国侵攻である。[16]最初の二つは共産主義のパワーの増大を示す出来事であり、三つ目の朝鮮戦争は危険な先例と見なされた。共産主義者たちが核兵器を備え、中国を掌握し、韓国に侵攻したのならば、彼らが西ドイツも奪取しようとしているに違いないと考えられたのは当然の成り行きだった。

こうしてパニックが起こり、それは将来にまで影響を及ぼす帰結を伴った。ヨーロッパでは、欧州経済共同体のような多国間組織の擁護者にとっての追い風となった。ワシントンでは、封じ込め政策の大規模な軍事化および核化を求めた強硬な政策文書〔NSC-68〕の支持者たちの勝利を意味した。そして、新しい大西洋同盟では、そのパニックが、NATOがO〔organization〕となること、すなわち北大西洋条約の軍事機構化を促したのである。[17]

一九五〇年九月九日にトルーマンは、再びヨーロッパに相当数の地上兵力を送ったことを公表した。その兵力はNATOの統合軍事機構に服するが、そのトップである欧州連合軍最高司令官（SACEUR）はアメリカの将軍だった――初代最高司令官にはドワイト・D・アイゼンハワーが就いた。オハイオ州選出の上院議員ロバート・タフトらは、同盟によって巻き込まれることに反対し続け、こうした展開に抗おうとしたが、無駄だった。一九五一年四月の上院の決議により、法的な問題は解決された。[18]

この時点でＮＡＴＯは機構化に乗り出し、欧州連合軍最高司令部（ＳＨＡＰＥ）という軍司令部を設立した。初代事務総長にはイギリスのイズメイ卿が就任し、事務総長を支えるための常設の文民の事務局が設置された。同盟の構造は一九五二年二月のリスボンでの会合でより明瞭なものとなった。とりわけこの会合は責任分担に関する「リスボン目標」を定めたが、それは数十年にわたる論争の発端となるものだった[19]。

また、同盟は拡大を開始し、ギリシャとトルコが一九五二年に加盟国となった[20]。しかしながら大問題は、西ドイツをどうするかだった。ＮＡＴＯがソ連の侵攻への対処を真剣に考えるなら、この分断国家の西半分を強化し加盟させる必要性はあまりにも明らかだった。とはいえ、ナチの記憶が焼き付いている西ドイツの近隣諸国の感情に鑑みると、ドイツ人に再び銃をとらせることは一筋縄ではいかなかった。

そして、ここでも朝鮮が決定的なインパクトを与えた。朝鮮戦争によって、ドイツの占領国や隣国は、過去の敵よりも将来の敵を懸念するようになった。彼らはしぶしぶ西ドイツを同盟国に加えることに同意したが、そのやり方は複雑なものだった。一九五〇年一〇月、フランスの首相ルネ・プレヴァンが国民議会で欧州防衛共同体の設立を提案し、加盟国共通の予算によって賄われ、超国家的（スープラナショナル）な機関に服する欧州軍の創設を求めた。この計画は米欧の指導者から支持を得て、ドイツの部隊をそうした欧州軍の一部にするはずであったが、最終的にはフランス国民議会がこの構想を拒否したのである[21]。

再調整の末、一九五四年にＮＡＴＯ諸国は異なる戦略をとることに決めた。まず同盟国は、もともと（英仏とベネルクス三国の）五か国から構成されていたブリュッセル条約を西欧同盟（ＷＥＵ）に改組し、それに西ドイツ（およびイタリア）を加盟させた。そのうえで西ドイツをＮＡＴＯに招いたが、西ドイツを占領する諸国（米英仏）は「外国軍の駐留に関する協定」も求めた。この一九五四年一〇月二三日の協定の主たる目的は、西側諸国がかつての占領地区に無期限で軍隊を駐留させる権利を留保することだった。さらに西ドイツは、自国の領土内で「ＡＢＣ」（核、生物、化学）兵器の生産を放棄せねばならなかった。[22]

さらに、分断都市ベルリンは、別のカテゴリーにとどまらねばならなかった。そこでは、一九四五年以来の対立にもかかわらず、いまだに米英仏がソ連と占領の権限を共有していた。分断されたベルリンを囲むソ連占領地区をモスクワがドイツ民主共和国（東ドイツ）とした一九四九年以降も、占領権限の共有は継続していた。民主共和国という新しい公式名称にもかかわらず、東ドイツはまったく非民主的で、ソ連の統制に縛り付けられていた。

こうした取り決めのもと、一九五五年に西ドイツはＮＡＴＯに加盟した。[23] それに対抗してモスクワは同年、中・東欧諸国をワルシャワ条約という軍事同盟に加盟させた。ヨーロッパの分断は恒久的になったように思えた。

冷戦の対立が続くにつれ、分断されたヨーロッパ人たち、とりわけ分断されたドイツ人たちは、次第に互いに敵となった。境界線の要塞化と戦闘計画は複雑で致命的なものとなった。アメリカの戦略航空軍団（Strategic Air Command）は一九五〇年代に核兵器の目標リストを作成していたが、それには東ベルリンに九一か所の爆心地、すなわち核兵器によって消滅させられる候補地が記載されていた。

デンマーク
バルト海
北海
N
シュレースヴィヒ＝
ホルシュタイン
ハンブルク
ブレーメン
ニーダーザクセン
ドイツ民主共和国
オーデル川
ポーランド
東ベルリン
西ベルリン
オランダ
ヴェーザー川
ノルトライン＝
ヴェストファーレン
エルベ川
ナイセ川
ライン川
ライプツィヒ
ケルン
ドイツ連邦共和国
ボン
ドレスデン
ベルギー
ヘッセン
フランクフルト
マイン川
ラインラント＝
プファルツ
プラハ
チェコスロヴァキア
ザールラント
ルクセンブルク
バイエルン
バーデン＝
ヴュルテンベルク
フランス
ドナウ川
ライン川
ミュンヘン
オーストリア
スイス
ボーデン湖
首都
州都
それ以外の都市
0 50 100 マイル
0 50 100 150 キロメートル

冷戦期の東西ドイツ

およそ一〇〇の火球がすぐ近くで発生することが西ベルリンにいかなる結果をもたらすか、戦略航空軍団が研究したかどうかは定かではない[24]。司令部は実際には決してそれらの目標を爆撃しないだろうと冷静に考えられていたか、あるいは遺憾だが必要な被害として考えられていたのか、そのどちらかだろう。ベルリン、ドイツ、そしてヨーロッパを走る分断線はいまや冷戦の最前線となり、それゆえに司令部も戦略を練らねばならなかったのである。

その間、東欧諸国の体制は、住民が西側に逃げるのを防ぐために手を尽くし、国境を要塞化し、外だけでなく国内にも武器を向けた。東ドイツの体制は、自国民を抑圧する政府を最もよく象徴するシンボルを生み出した。一九六一年、政治的な自由とより良い生活を求めて西側に逃げようとする多くの市民の流出を止めるために、一〇〇マイルのコンクリートの壁で西ベルリンを囲い込んだのである。ドイツとベルリンの分断も恒久的なものになったように思えた――一九八九年にそれがまた突如として流動化するまでは。

ソ連の権力が壊れ始めると、ＮＡＴＯが初期の数十年で展開してきたやり方が新たな重要性を帯びるようになった。それまでに西ドイツはきわめて多くの西側の軍隊と兵器――とりわけ米軍と核兵器――を受け入れてきたので、それらを削減しようと西ドイツが試みた場合、在欧米軍だけでなく同盟全体を深刻に傷つける恐れがあった。それゆえワシントンは、一九八〇年代初頭の西ドイツにおける大規模な反核抗議運動に不安を抱いた[25]。しかしそれ以上に、ドイツが突如として統一し、中立を宣言し、あらゆる外国の軍隊や兵器の撤退を要求するという考えは、桁外れに困難な問題を突きつけるものだった。

ワルシャワ条約を去る

一九八九年の過程で、いかにしてヨーロッパでソ連の権力が瓦解し、ドイツの統一と中立の可能性という亡霊が登場するにいたったのか。最初の重要なステップは、ドイツではなく、ハンガリーで踏み出された。ハンガリーの改革派の指導者たちが、ワルシャワ条約機構の強硬派の同盟国に逆らって、西側と協調する意向を示したのである。とはいえ、ブダペスト〔ハンガリー政府〕も、何人かの先駆者の存在なくしては、これほど果敢な行動に出ることはなかっただろう——なかでも最も重要なのが、一九八五年に権力を握った改革志向のソ連の指導者、ミハイル・ゴルバチョフである。

一九三一年生まれのゴルバチョフは、第二次世界大戦だけでなく、スターリン時代のパージに自分の家族が苦しんだという、痛ましい子供時代の記憶をもっていた。祖父のひとりは拷問を受け、もうひとりの祖父は処刑されている。新しいソ連の指導者は、一九七〇年代のデタントや、イタリアなどでの社会主義政党ないし共産党の成功に刺激を受けながら、より良い未来を期待した。「人民はより良い生活を享受する権利をもつ——このことがつねに私の頭のなかにあった」と、ゴルバチョフは回顧録で書いている。彼の楽観主義と新思考への呼びかけは、ワルシャワ条約機構の改革者たちを鼓舞した。とりわけ、長らく弾圧されてきたポーランドの「連帯」運動が、ワルシャワで連立政権への参加に成功した。[26]

一九八三年にノーベル平和賞を受賞したレフ・ワレサに代表される、ポーランドの反体制派の指導者たちの勇気は、他の活動家たちを勇気づけた。ワレサは、幾度も自宅軟禁や勾留の目に遭いながらも、抑圧の暗黒時代を通して「連帯」と呼ばれた独立系労組を指導したことから、その賞を受賞した。そして、ついにはポーランドの大統領にまで上りつめたのである。一九八〇年代を通して、ワレサの例は他の活動家たちを勇気づけた。そうした者たちのなかには、ハンガリーのヴィクトル・オルバーンがいた。オルバーンが最初に世界の注目を集めたのは、一九八九年六月一六日、ブダペストの英雄広場での情熱的な演説だった。それは記憶に残る出来事である。一九五六年にソ連の侵攻に反対するハンガリー人の抵抗を支持したことで処刑され、合同墓地に葬られていたイムレ・ナジ元首相の再埋葬式が執り行われ、それを目撃しようと数十万の人びとが集まるなかでの、力強い演説だった。青年民主同盟〔フィデス〕というグループのスポークスマンだったオルバーンは、感傷的な再埋葬式を利用して、駐留しているソ連軍の完全撤退を要求した。[27]彼は当時まだ二〇代だったけれども、この演説は一躍彼を有名にし、首相府への軌道に乗せたのである。

当時のハンガリー首相であるミクローシュ・ネーメトも好機をつかんでいたが、こちらは密室でだった。一九八九年三月に彼はゴルバチョフに次のように伝えている。「われわれは決断しました――ハンガリーの西部国境と南部国境にある電気および技術による防護柵を完全に除去することを」。つまり、ネーメトは鉄のカーテンに穴をあけようとしていたのである。[28]

ネーメトの東ドイツ側のカウンターパートであるエーリヒ・ホーネッカーは、ハンガリーの動きを深く憂慮していた。何かが変わらなければ、ハンガリーは「ブルジョワ陣営に流されてしまう」とホーネッカーは確信していた。しかし、一九八九年七月七日から八日にかけて開催されたワルシャワ条約機構のブカレスト・サミットで明らかになったように、冷戦の拘束から抜け出すことを望んでいるのはハンガリーだけではなかった。ゴルバチョフの部下のひとりが記したように、そのサミットは「埋葬式と呼ぶべきものだった」。そのときまでに東ドイツ市民は、ネーメトの国境開放政策が自分たちにも適用されることを望み、ハンガリーに押しかけていた。しかし、実務上それはできなかった。ハンガリーは、東ドイツ市民が東側ブロックから脱出することを妨げるよう、協定によって義務付けられていたからである。(29) もしハンガリー政府がこの協定を無視して国境を開放した場合、それは事実上、ワルシャワ条約機構を去り、冷戦における陣営を変えることを意味した。

一九八九年の晩夏、ハンガリー国境に押しかけた東ドイツ市民の数も、協定を破るようネーメトにかけられた圧力も、日に日に高まっていった。ネーメトはきわめて賢明で、もし自分が大勝負に出るならば、代わりに自国への西側の支援を得るべきだと承知していた――しかしまた、そうした支援がワシントンからは得られないであろうことも十分に理解していた。新たにアメリカの大統領となったジョージ・H・W・ブッシュは、危険な地政学的賭けに出るよりも、慎重であることを好んだからである。

ブッシュはその夏の展開を複雑な感情とともに見ていた。たしかに、敵側の同盟内の不和は、もちろん歓迎すべきことだった。しかし他方でブッシュは、ゴルバチョフの劇的な転換に対しては、彼の前任者であるロナルド・レーガンが示したものよりも、より抑制的な対応を好んだのである。ブッシュは、テキサスの成功したビジネスマンとして競争好きではあったけれども、もともとはニューイングランド育ちで、コネチカット州出身の上院議員の息子であり、アンドーバー〔フィリップス・アカデミー〕、次いでイェール大学に学んでいる。政治家になるや、彼は中道右派の政治家一族の御曹司としてこの経歴を活かすことを選び、外交政策に関しては、レーガンが採用したものよりも、注意深いアプローチに傾斜した。

前任者と同じ政党〔共和党〕出身の大統領となったけれども、ブッシュが就任して最初にしたことのひとつは、それまでの国家安全保障戦略のレビューと再検討の実施だった。[30] 彼はまた、古い友人であり、ヒューストン・カントリー・クラブでのかつてのテニスのダブルスのパートナーであり、レーガン政権の首席補佐官および財務長官だったジェームズ・ベーカーに、国務長官に就任するよう依頼した。さらにブッシュは、国家安全保障問題担当の補佐官に、退役した空軍の将校で、リチャード・ニクソンとヘンリー・キッシンジャーのアドバイザーだったブレント・スコウクロフトを選んだ。[31] 気質の上で、この二人の男は互いでバランスがとれていた。ベーカーが行動に突き進むタイプである一方で、スコウクロフトはあらゆる帰結を慎重に考慮するタイプだった。しかし、この二人のアドバイザーは、情報を共有するグループを狭い範囲にとどめておく必要性については一致していた。スコウクロフトの副官であるロバート・ゲーツの言によれば、ブッシュ時代の本当に重要な決定は、「ブッシュ、ベーカー、スコウクロフト、そして協働するそれぞれのインナーサークル」のあいだで下されていたという。[32] 妻が長期にわたる病だったため、スコウクロフトは昼はホワイトハウスで働き、夜は介護に従事していたので、ブッシュはとりわけスコウクロフトを気遣った。[33]

ブッシュ大統領がポーランドやハンガリーは西側からの「白紙小切手を期待する」べきではなく、「自ら努力せねばならない」と述べたとき、ベーカーやスコウクロフトや彼らのチームがブッシュに同意したのは驚くべきことではなかった。[34] また、一九八九年九月二一日にベーカーは、ソ連外相エドウアルド・シェワルナゼに「われわれは物事を荒立たせたり騒がせたりすることを望んでいません」と述べている。その代わりワシントンは、「ポーランドとハンガリーが自分たちの経済をより自由な市場システムの方向に向かうことを支援したい」とした。ブッシュ政権は、反転を引き起こさぬよう、より緩慢なペースでの変化を模索していたのである。アメリカがもっと攻撃的に状況を利用できることを認識していたシェワルナゼは、そうした保証を評価しつつ、「合理的な提案」で返答した。「NATOもワルシャワ条約も解散しましょう。どちらの同盟国も解放しましょう。NATOが存在するならば、ワルシャワ条約も存在します」。ベーカーは、シェワルナゼがその調子で続けることを促さず、それについて何も発言しなかった。しかしそれは、NATOの将来について深刻な問題が浮上しているという警告だった[35]。

こうしたアメリカの用心深い態度は、モスクワでは歓迎されたが、ハンガリーの駐西ドイツ大使が不満を述べたように、ブダペストでは歓迎されなかった。ネーメト首相は、一か八かで西ドイツの首相ヘルムート・コールに直接接触することを決心した。ブッシュと同じように、コールはキリスト教民主同盟(CDU)という中道右派の政党の指導者だった。他方でブッシュとは異なり、コールは冷戦の最前線で分断された国民の西半分の指導者であり、それゆえにブッシュとは異なる優先順位をもっていた。もうひとつのブッシュとの違いは、コールが一九八九年までに、すでに七年も首相の座にあったことである。党内外で彼に対する批判は高まっていたけれども、一九八九年の劇的な展開が期せずして変化の可能性を創り出したとき、コールの経験値は彼にリスクをとる大胆さを与えた。事態は流動的となり、一九八九年八月一八日には西ドイツ外務省は、ハンガリーがワルシャワ条約を離脱することまで計算に入れていた。西ドイツ外務省によれば、ハンガリーが離脱した場合、それは「モスクワの痛覚の閾値を超え」、寛大に見えるゴルバチョフのもとでさえ、劇的な反動を引き起こし、予測不能な帰結をもたらすとされた。ハンガリーだけでなく、ヨーロッパ全体が「危険な状態にある」というのだ㊱。

ネーメトはコールに向かって、もし西側の誰かが網を支えてくれるのなら、自分は飛び込む用意があるとシグナルを送った。好機を感じ取ったコールは、一九八九年八月二五日に自分とネーメトと西ドイツ外相ハンス＝ディートリヒ・ゲンシャーから成る秘密会談をアレンジした。コールは、詮索好きの目を逃れるために、西ドイツの首都ボンではなく、政府が所有する歴史遺産であるギムニヒ城にネーメトを招待した。そこでネーメトは、コールとゲンシャーに向かって、ワシントンからの支援が熱心ではないことに不満を述べた。ネーメトが見るところ、ブッシュが最も重視しているのは「性急な展開」を避けることであり、革命的な変化を支援することではなかった㊲。

対照的に、ネーメトは急いで取引を求めていた。彼が提供できるのは、自国の国境であり、その向こう側に囚われている膨大な数の東ドイツ人であった。そして、彼が必要としているのは、お金と支援だった。彼は自国の経済危機と膨大な債務を訴えた。のちにある歴史家は、当時のハンガリーの債務を東欧でひとり当たり最も高いと見積もっている。また、ネーメトは、東ドイツ人に対して、彼らが望んでいること、すなわち西側へ行く自由を与える用意があった。彼らは西ドイツの法律によって自動的に市民権を得られる。それゆえ、彼らが欲したのは誰かが外に出してくれることであり、その誰かにネーメトはなろうとしたのである。これを聞いたコールは、目から涙が湧き出たとのちに自ら回想している[38]。分断されていたドイツ人を再びひとつにすることは長らく不可能な夢のようだったが、いまや可能になりつつあったのである。それを理解したコールは、ドイツの銀行家とコンタクトを取り、自らの支援の意思を示した。

それはネーメトが必要としていたセーフティネットであった。八月三一日にネーメトは、東ドイツの統治者たちに向かって、もし旅行と移住の自由を認めないならば——彼らはそうするつもりはなかったのだが——、ハンガリーは協定の義務を破り、出国を望むすべての者に自国の国境を開放すると、外相を通じて伝えた[39]。ネーメトは国境開放の実施を九月一一日まで遅らせ、その日の深夜に——モスクワの承認を得ずに——ゲートを開けた[40]。開放を遅らせたのは、明らかにコールのためであった。マーガレット・サッチャー英首相の言葉を借りれば、コールは「指の先まで政治家」であり、彼はこの国境開放のニュースが九月半ばのCDU党大会——そこでコールは自らに対する造反に直面していた——で歓迎すべき爆弾として炸裂することを認識していたのだ[41]。対照的に、明らかにソ連の指導者は事前に相談を受けていなかった。フランスの外交官の言によれば、ゴルバチョフは国境開放に「青信号」を与えていなかった[42]。

喜びに満ちて涙ぐみながらオーストリア＝ハンガリー間の国境を越える東ドイツ人の波がテレビで放送され、ワルシャワ条約内の亀裂が万人に明らかになった。西ドイツ外務省は、国境開放後の二か月で、約五万人の難民がハンガリー経由で西側に流れ込んだと見積もっている[43]。コールのアドバイザーは「これほど大きな難民の波は計算していなかった」と私的に記している[44]。のちに西ドイツ外務省は、難民の劇的な急増を、「政治的・精神的な帰結」をもたらす、続くすべての出来事の「触媒要因」

と呼んでいる[45]。

コールは「この人道的で寛大な行為」についてネーメトに心から感謝し、次のように書いている。「われわれは忘れないでしょう。貴方は素晴らしいやり方で、ご自分の言葉を守られたのです」。コールは、ハンガリーが五億ドイツ・マルクの融資を受けられるよう融通した。また、これはめったにない名誉なのだが、コールはネーメトを自宅へ招き、ハンガリーへのソ連のエネルギー輸送が止まったらどう対応するか協議した[46]。

大胆になったハンガリーは、一九八九年一一月一六日に欧州評議会への加盟を公式に申請し、同様にポーランドやユーゴスラヴィアの指導者たちもハンガリーに倣うことを示唆した。ストラスブールの会合で公式に加盟を申請して拍手喝采を浴びたハンガリーの外相は、自国がワルシャワ条約に加盟していることが不利にならないように求めた[47]。ハンガリーがワルシャワ条約を完全に去ると表明しない理由は、西ドイツ側の機密扱いの評価に従えば、ゴルバチョフを危機に陥れる可能性があるからだとされた。事が順調に進む限り、ブダペストは、ソ連の反動主義者たちがゴルバチョフを打倒してしまう危険を冒したくなかった[48]。

ハンガリーの動きを見たソ連アナリストたちは、もしワルシャワ条約諸国がソ連軍に自国の領域から出ていくよう要求すれば――あるいは、さらに悪いことに、バルト諸国がソ連からの分離を要求すれば――何が起こるのかを推測し始めた。モスクワ駐在の西ドイツ大使は、「ワルシャワ条約の代替探し」はすでに始まっていると自国に報告している。ひとつのアイデアは、ワルシャワ条約とNATOを合併して、より大きなひとつの汎ヨーロッパ的な体制にするというものだった。おそらくそうした考えの発露として、一九八九年一二月一九日にシェワルナゼは、ソ連の外相として初めてブリュッセルのNATO事務局を訪問した。シェワルナゼにとって喜ばしいことに、NATOの職員たちがビルのエントランスに集まり、歩いてくるシェワルナゼを拍手喝采で迎えた(49)。

このようにハンガリーは、ベルリンの壁が開く前に、すでにワルシャワ条約から飛び出していた。ネーメトがあけた鉄のカーテンの穴は、ワルシャワ条約の水位より下にあいた穴でもあった。強硬派が体制を牛耳っている国は、自国民のハンガリーへの旅行の自由を妨げることで、慌ててその亀裂を塞ごうとした。しかし、不満を抱いた東欧の人びとの逃げ場としてのハンガリーを閉ざすことは、自国の国境内での抗議を強める結果にしかならなかった。そして、そのことはとりわけ東ドイツに当てはまった。一一月までにデモの波は東ドイツ政府を屈服させていた――政府はベルリンの壁に最後までしがみついていたが。スコウクロフトは、この混乱の結果として「東ドイツで将来起こりうることに関する計画」を策定するよう部下に命じた。スコウクロフトの部下であるロバート・ブラックウィル〔NSC上級部長、ヨーロッパ・ソ連問題担当〕は一一月七日に次のように書いている。「東ドイツの将来は分断されているドイツの将来であり、分断ドイツの将来は分断されているヨーロッパの将来である。われわれの国家安全保障にとって、米ソの戦略的関係を守ることが最も重要なことである(50)」。

この実存的な脅威に直面して、東ドイツの独裁者たちは、無傷のベルリンの壁こそが最も価値のある財産だと理解していた。ベルリンの壁は、東ドイツを出血死から守るだけでなく、財政的なライフラインも提供していた。東ドイツ政府は、壁を越える「旅行者や訪問者の往来」に「寛大な」機会を与えるのと引き換えに、喫緊に必要な西側からの財政支援を確保しようとした[51]。言い換えれば、東ドイツは、定期的な資金注入のために、断続的で限定的な壁の開放を売っていたのである。東ドイツの体制は、壁の開放を厳格に統制し続けることを計画しており、それは「国家安全保障」上の理由――この国の指導者たちが、多くの東ドイツ人が国を去るのを防ぐために長く使ってきたのと同じ不純な理由――から、きわめて限定的なままであった。しかし、取り返しのつかないかたちで無能を晒すことで、この体制は、将来的に旅行の機会を広げようとする試みを無に帰した。一九八九年一一月九日、不運な政治局員が新しい政策の提案を告知したとき、それは体制が壁の開放を宣言したかのように聞こえたのである。

騒乱の年がもたらした性急な雰囲気のなかで、このミスは、壁の崩壊を引き起こす爆発へとつながった。その夜に最初は数千、そして数万、さらに数十万の人びとが〔東西ベルリン間の〕境界付近に集まり、それは溢れ、検問所を越えていった。指示を受けていない国境警備員たちが大きなうねりに屈することを決めたとき、この夜は群衆たちにとって歓喜の夜となったのである[52]。

何が起きたかを知るやいなや、ゴルバチョフは、ワシントン、ロンドン、パリ、ボンに向けて、「予測不可能な結果をもたらす混乱した状況」を恐れているという警告のメッセージを伝えた。この怯えたメッセージから、スコウクロフトは、ベルリンの壁の開放がゴルバチョフの自信を打ち砕いたのだと認識した。スコウクロフトの見方では、ゴルバチョフは「壁が崩落するまで、東欧で起きていたこと」を「慈悲深く、あるいは少なくとも無関心に眺めていた」。しかし「いまや彼は恐れている[53]」。また、ゴルバチョフは、双方の軍事ブロックを解散するという、シェワルナゼがベーカーに示した観測気球をひっこめた。いまやゴルバチョフは、「ワルシャワ条約とNATOを解体するという問題を提起する」のは賢明ではないと感じるようになったのである。(54)

そのころロンドンでは、ソ連の外交官たちが、ゴルバチョフの要領を得ない嘆願をサッチャーに手交する前に、その英訳文を懸命に校正していた。それには「私は口頭でコール首相にメッセージを伝えたところですが、その内容は貴方にも打ち明けておく必要があると考えました」として、ゴルバチョフが「不安定化をもたらすような状況の悪化を防ぐために、コール首相に必要かつ喫緊の措置をとるよう訴えた」ことが記されていた。そして、ゴルバチョフの嘆願の要点は、コールが劇的なことを何もしないように圧力をかけるため、「遅滞のない」四大国間の協議を要求するというものだった。(55)モスクワ駐在のイギリス大使ロドリク・ブレイスウェイト卿は、この不安に満ちた嘆願について、ゴルバチョフの「問題はいまや、彼が解き放った力をコントロールすることなのだ」とコメントし、そうしたコントロールをいかにして取り戻すかについて、「ロシア人が分かっているとは思えない」と付け加えている。(56)スコウクロフトと同様、ブレイスウェイトも、このソ連の指導者の「狼狽した」メッセージが「彼の現実上の無力さを示している」のではないかと懸念した。(57)

一方でサッチャーは、ボンの様子を映したテレビを観て、ゴルバチョフとはまた別の懸念を抱いた。彼女のスタッフの言によれば、サッチャーは「西ドイツの連邦議会で、ベルリンの壁開放に関するニュースが入ってきたとき、議員たちが立ち上がって「すべてに優るドイツ（*Deutschland über alles*）」を歌ったのを観て戦慄した」という。(58)サッチャーは、ドイツ国歌の歌詞が第二次世界大戦後に変わったことを知らなかったか、興味がなかったのだろう〔「すべてに優るドイツ」というフレーズが入った「ドイツの歌」の一番は第二次世界大戦後に禁止され、国歌としては三番が歌われていた)。彼女の思い込みとは異なり、西ドイツ連邦議会の議員たちは、ナチ時代に使われていた歌詞を復活させたわけではない。しかし、ハンガリーがワルシャワ条約を放棄し、ベルリンの壁が崩壊し、西ドイツ人が——よもやテレビで——「すべてに優るドイツ」を歌う——サッチャーの考えでは、ありえないことが始まっていた[59]。

NATO脱退と非核化

主要なプレーヤーはみな、自らの利益を守るため、ベルリンの壁が崩壊したあとの最良の動きはどんなものか、さらにはどこで誰と動くべきかを見極める必要があると認識していた。フォーラムとその参加者の選別は、結果に決定的な影響を与えるに違いなかった。容赦ないハンターで競争好きとして知られるベーカーは、この点を誰よりも理解していた。彼の妻がジャーナリストに述べたように、ベーカーは「罪悪感で時間を浪費する」ようなことはなかった。「実際、彼はそれに少しも時間を割かなかった」。のちにベーカー自身、「私は殺すのが好きだったものだ」と述べている。ベーカーの回顧録には、彼がとりわけ楽しんで殺した動物の詳細なリストが記されている。「クーズー、インパラ、リーチュエ、セーブルアンテロープ、シタツンガ[60]」。

来たるべきドイツをめぐる大勝負では、最初の一歩を正しく踏み出すことが決定的に重要だと、ベーカーは直観的に悟っていた。のちに彼は次のように書いている。「いかなる複雑な交渉も、実際には一連なりの別々の問題の集積である」。そして、「最初の問題」をいかにして解決するかが、「単一の問題を超えて結果を左右する」。彼の最初の挑戦は、「多くの浅知恵でできたフォーラム」の台頭を妨げ、ワシントンにとって正しいフォーラムを確保することだった。彼の理想の交渉条件は一対一だったが、これほど多くのプレーヤーがいると、それは難しかった。

ブッシュとベーカーは、ベルリンの壁崩壊の帰結をより危険なものにする議論を素早く抑え込めるフォーラムを探していた。不確かな状態が長引けば長引くほど、それまで確固たるものに見えていたヨーロッパ秩序の諸原則も疑念に晒されるだろう。まさにヨーロッパでは、多くの冷戦期の協定が誓ったように、その国境線が本当に確定されたものであるのかどうかが試されようとしていた。西ドイツの近隣諸国は、ドイツ人が、長らく公言してきたように、自らのナショナル・アイデンティティをヨーロッパという共同体のなかに進んで包摂させるのか、それとも、かつてのナショナリスト的な路線に回帰して、ＥＣを危機に晒そうとするのか、見極めようとしていた。そして、ワルシャワ条約のみならず、ＮＡＴＯの将来も問題となってきた。主たる敵を失えば、同盟がその存在を正当化するのはより難しくなるだろう。ＮＡＴＯは生き残るために「再創設（re-founding）」を必要とするのだろうか。

フォーラムと戦略を確定するにあたって、ブッシュは、「ベルリンの壁の上でポーズをとる」ようなことをして、おおっぴらにゴルバチョフの不安を煽ったりはしないと決意した。代わりにブッシュは、密室で策動しようとした[61]。とはいえ、密室といっても、いったいどういう部屋にするのか――第二次世界大戦の講和会議ができる大きなホールか。停戦から数十年が経っても、そうした条約の交渉は行われてこなかった。長きにわたってソ連とかつての同盟国が敵対関係にあったからである。スコウクロフトは、モスクワが「事態を減速させるため」に、ほぼ間違いなく「講和条約」のための会議を「提案する」だろうと考えた。そうした講和会議は、前進を妨げる障害物となってくれるからである。一九四五年までにナチ・ドイツは一一〇か国以上と戦争状態にあった。[62] 一九八九年の諸事件の後に、これらすべての国が一堂に会することはありそうになかったが、どの国を呼ばないか、そしてどの国の賠償要求を聞き届けるかを交渉するプロセスは論争を引き起こし、時間も長くかかると予想された。こうしてゴルバチョフは時間を稼ぐことができる。

西ドイツのゲンシャー外相は、別の理由からも講和会議方式に公に反対した。たとえ西ドイツ人が現代のナチの役回りを避けることができたとしても、自分たちは子供用のテーブルに座り（脇役に留まり）、大国がドイツの運命を決めるようなことがあってはならなかった。[63] 西ドイツ外務省内での議論はさらに率直だった。ドイツが講和会議に参加するよう圧力をかけられることを恐れ、法律の専門家たちが、そうした講和条約が不要である理由の長いリストを作成していたのである。[64] ゲンシャーの部下のひとりも、講和条約という考えを退け、「アメリカも、ヤルタはもはや過去のことだという事実に慣れねばならない！」と記している。[65] 超大国は、かつて首脳会談でしたように、ヨーロッパの将来を一方的に決める（dictate）ことはもはやできないのだ。

ブッシュは、しばしばそうしてきたように、ＮＡＴＯの同盟国カナダの首相であり、友人でもあるブライアン・マルルーニーにアドバイスを求めた。一二月初頭にマルタでゴルバチョフと会談する予定だったブッシュは、最近ソ連を訪問してゴルバチョフと面会したマルルーニーに、詳細な様子を尋ねたのである。[66] マルルーニーは次のように話した。彼の一行は「商店で何も見つけられなかった。

……レニングラードで毛皮の帽子も見つけられなかった」。「カーペット店にカーペットはなかったし、靴もなかった。ゴルバチョフでさえ、厄介な時代だし、圧力は高まっていると述べた」。また、マルルーニーは、「ポーランドとハンガリーの中立化、および彼らのワルシャワ条約からの離脱」という話題を取り上げたという。マルルーニーは、そうした考えは「明らかに「不可能だ」」と感じていた[67]。それに対しゴルバチョフは、「同盟に変化があるべきではない」と述べている。ブッシュの国家安全保障会議（NSC）の補佐官のひとりであるロバート・ハッチングスは、マルルーニーの話によって、彼や同僚たちは米ソ首脳会談の成果の期待値を下げたと回想している[68]。もしアメリカが望むようなかたちでのNATOやドイツの将来について問うても、まだゴルバチョフ側に回答を示す気がないのであれば、まずは厄介な問題は問わないのがベストだと考えられた。

そのころコールは、彼とゴルバチョフが設定していた秘密のバックチャネルから突如放たれた問題に直面していた。コールの国家安全保障問題担当補佐官に相当するホルスト・テルチクが、西ドイツ側のチャネルを個人で管理していた[69]。モスクワ側の担当は、共産党中央委員会国際部長として影響力をもつヴァレンティン・ファリンだった[70]。ファリンの部署は、党の外国工作のための多大な資金をコントロールしていた。あるジャーナリストによると、ソ連の崩壊後、一九八九年一二月五日付で、表向きは政党活動のために、ファリンに二二〇〇万ドルの送金があったことを示す受領書が発見された——おそらくは多くの送金のうちの単なるひとつにすぎないものだが[71]。

一一月二一日、ファリンの代理としてニコライ・ポルトゥガロフが、二部構成の手書きの文書を携えてテルチクのオフィスを訪れた。内々の説明では、第一部は公式、第二部は非公式のものとのことだった[72]。前者については、ゴルバチョフから直接送られたものだとポルトゥガロフはテルチクに説明した。それには、事態が「危険で望ましくない方向」へと動いていることをモスクワは懸念しているという趣旨の、ごく一般的な文言が書かれていた[73]。非公式の文書のほうが、より驚くべきものだった。それは、「純粋に仮説として」ではあるが、ボンが「統一ないし再統一問題を実際の政治課題として取り上げるつもりがある」かどうかを吟味するものだった。そして、もし統一問題が浮上するならば、「ドイツ国家の将来的な同盟帰属」について考慮し、「パリ諸条約およびローマ条約」にある「脱退条項」も検討する必要があるとしていた[74]。

これらの条約への言及にテルチクはぞっとした。ローマ条約はECの基本条約であり、パリ諸協定は西ドイツがNATOに加盟するための法的根拠であった（三八頁参照）。「脱退条項」とは、同盟からの離脱を望むNATO加盟国は、加盟して二〇年後に脱退できるという事実（北大西洋条約第一三条）への言及だった[75]。一九五五年に加盟しているので、西ドイツは脱退の資格を得て久しかった。全体として見れば、非公式のほうの文書は、仮定を装いつつも、ソ連の最後通牒であった。すなわち、もしドイツ統一を望むならば、ECからもNATOからも去らねばならない、と。

非公式の文書は、たとえ西ドイツが完全な統一未満の何かを望んだとしても、代価を要求していた。より緩やかな「ドイツ国家連合」でも、東であれ西であれ「ドイツの全土に外国の核が配備されないこと」にドイツが同意した場合にのみ、モスクワは許容可能だとしていた。それが「不可欠な条件（Conditio sine qua non）」なのである。すなわち、それなしではソ連は国家連合にでさえ反対するということだ。

モスクワで枢要な地位にある誰かが、どこに圧力をかければ痛いか熟知していたのだ。世論調査では、八四パーセントの西ドイツ人が自国を完全に非核化したいと思っており——とくにこの国にある核兵器のすべてが外国によってコントロールされていたため——、それゆえ西ドイツ人の多数派が、核兵器と統一の取引を望むというだけでなく、喜んでそうするのではないかと予想できた。[76] コールがのちに回想するように、テルチクもコールも、もしモスクワが「NATO脱退および中立化を引き換えにした迅速な再統一」を提案してきたら、「東ドイツでも西ドイツでも世論の広範な支持」があるだろうと承知していた。[77] これはあまりに見え透いた切り札だったので、最後通牒の存在を知らなくとも、ロンドンはそうした何かが早晩出てくるに違いないと予期していた。英外務省はサッチャーに次のように忠告している。「もしロシア人が、ドイツの非核化がドイツ統一に関する彼らの要求の本当のボトム・ラインだと明確にしてきたら、ドイツ世論の大部分はそれに好意を示すでしょう」。[78]

非公式の覚書は、「この問題はお互い内密に検討するのが賢明」だろうと結論していた。[79] 要点は明確である。われわれと取引しろ、彼らとはするな、ということだ。覚書は西ドイツをその同盟国から引き剝がし、ボンとモスクワの二国間関係を、ドイツの将来を決めるフォーラムにしようという試みだった。一九二二年に西側諸国に衝撃を与えた独ロ間のラパッロ条約の亡霊が現れたのである。

衝撃を受けたテルチクは、この非公式の文書が本当にトップレベルによる意見交換なのか——本物のバックチャネルから届いてはいた——、あるいはゴルバチョフが与り知らぬ、誰か下位の、おそらくはファリン自身による策略なのか、迅速に判断しようとした。[80] ある報告によれば、ファリンは三日後に東ベルリンのソ連大使館を極秘訪問し、そこで同じ要求、すなわち統一ドイツのNATO脱退を要求していた[81]。テルチクは、覚書を誰が書いたにせよ、深刻な脅威と受け止めねばならないと結論づけた。結果、非公式の覚書の著者は不明のままであったが、そのインパクトは大きなものとなった[82]。テルチクは直ちにコールに知らせ、その知らせはコールにも大きな影響を与えた。サッチャーと同様、コールもまた、「ありえないことが起こり始めている」と感じたのである[83]。

その後ベーカー国務長官に会ったとき、コールは、もしドイツが統一を望むのなら「ＮＡＴＯから脱退せよ」というのがモスクワの要望だと内密に知らせた。その要求によってコールは、「ある朝起きると、ゴルバチョフがそうした提案を」世界全体に対して「示しているのを見る」ことを深く憂慮するようになったという。ベーカーは、その最後通牒がトップレベルの承認を得ていることを示唆しながら、「実際にゴルバチョフは、アメリカでの会談のなかで、似たような考えを提起していました」と返答した。これらの展開を知ったブラックウィルは、毎朝起きるたびに、ゴルバチョフが統一とＮＡＴＯ脱退および非核化との取引を公にするのではないかと恐れていた、とのちに回顧している[84]。

コールは、まず先に自らの計画を突きつけることに決めた。ソ連が要求を公にするのを防ぐことはできないだろうが、コールは、彼らがそうする前に、可能な限り多くの事実をその場で創り出すことを期した。すでに一九八九年一一月二八日に西ドイツの議会で演説することが決まっていたコールは、ドイツ国家連合を要求するためにそのイベントを利用することに決めた[85]。そうした国家連合を完成させるには何年もかかると考えられたため、可能な限り早く始めることが不可欠だった。

ブッシュは、このサプライズについてショートノーティスの予告を受け取った数少ない人物のひとりだった。それ以外の世界の人びとはコールの「一〇項目」についてテレビで知ることになり、それは同盟国にも敵国にも隣国にも同様に大きな憤慨を引き起こした。ゴルバチョフとシェワルナゼは激怒し、コールをアドルフ・ヒトラーに準えた。[86] コールは後悔しておらず、のちにベーカーに向かって、「もしわたしが一〇項目を提示していなかったら」、ソ連の最後通牒に不意打ちを食らわされていただろうと打ち明けている。少なくとも、いまやコールはスタートを切って走り出したのである。

しかし、コールの性急な演説は代価を伴った。事前にボンから直接聞くのではなく、ニュースで一〇項目計画を知らされたフランス大統領フランソワ・ミッテランは傷つき、いかにコールが不意を突いたか、ゴルバチョフと相憐れんだ。[87] ダメージを償うため、続く数週間、コールはミッテランに対してより融和的になった。その数週間は、ECの歴史のなかでも決定的な意味をもった。欧州共通通貨をはじめ統合の次のステップに関する重大な決定がなされ、一九八九年一二月八・九日のストラスブールECサミットで承認されたのである。[88]

また、東欧の大変動が、鉄のカーテンを越えたECの役割という課題を提起した——見通しはきわめて困難だったが。あるアナリストがのちに述べたように、ECは「真剣なビジネスであるため、政治的安定化のための媒体となることは」望んでいなかった。ECのメンバーシップには「お金が関わる！」というのだ。ポーランドは農業およびその他の支援を必要とさえするかもしれない。「久しいあいだ、［NATOが］ワルシャワを守るために闘って死ぬ誓いを与えるよりも、ポーランドにフランスでトマトを売らせる方が政治的に難しかった」のである。[89]

しかし、いかにECが事態の進展の減速を望んだとしても、議論は沸騰しており、未来をめぐる問いかけを止めることはできなかった。一九八九年一二月にはすでにオーストリア人たちが、東欧諸国の野心がオーストリアのEC加盟の見通しに有する意味を懸念していた。オーストリア外相アロイス・モックは、オーストリアは「他の加盟候補と比較して扱われる」べきではないので、オーストリアを「東欧諸国と同じカテゴリーに」位置づけないよう、英外相ダグラス・ハードに警告している。それに対してハードは、「オーストリアがハンガリーやポーランドと同時に言及されることはありえないでしょう」とモックを安心させた[90]。アメリカの国務副長官ローレンス・イーグルバーガーは、一九九〇年初頭にオーストリアを訪問した際、オーストリア人たちが「EC加盟の可能性に執着するあまり、東欧の「溜まり場」としてのより大きな役割については考えたがっていない」と述べている[91]。

ワシントンもまた、少なくとも事前に警告を受けていたにもかかわらず、コールの一〇項目計画にあまり満足していなかった。ベーカーは、統一ドイツのNATO加盟継続が、アメリカが望む四つの条件——外交的に「原則(principles)」と呼ばれた——のうちのひとつだと端的に告知した[92]。同様にボンのなかにも憤りは存在した。ボンのアメリカ大使館も記すように、コールは「ゲンシャーや他の主要政党の指導者にも自らの演説について明かして」さえいなかったからである[93]。

コールがこの決定的な瞬間に外相に何も知らせなかったというのは、ドイツ政治の二人の巨人の複雑な関係の表れだった。コール政権を支える議会多数派は、CDUとそのバイエルンの姉妹小政党であるCSU、そしてゲンシャーの所属する自由民主党(FDP)から構成されていたので、コールがゲンシャーと離れることは難しかった。このようにゲンシャーは、外相というだけでなく、キングメーカーでもあった。しかしながら、ゲンシャーのほうはコールに執着していなかった。ゲンシャーや同党の自由主義者たちは、かつて実際にそうしたように、自らの意思で連立相手を中道左派政党に切り替えることができたからである。[94] ゲンシャーを退任させることもできなければ、彼をさほど信用してもいなかったので、コールは、外交政策の最も重要な局面については、信頼する側近のテルチクを通して対処することを好んだ。結果としてゲンシャーはテルチクに不満を抱くことになり、それは別の問題をもたらした――しかし、それについてコールは、そのコストに見合うだけの価値があると感じていたのである。[95]

コールとテルチクがソ連の潜在的な最後通牒を受け流すためにボンで精を出していたとき、ブッシュはマルタでのゴルバチョフとの首脳会談に向けて準備をしていた。理屈で言えば、ワシントンはこのサミットを、いま起きていることに関して重大な決定を下すフォーラムにする機会を手にしえたはずである。しかしながら、ワシントンとモスクワがヨーロッパ人の頭越しにヨーロッパとその軍事同盟の運命を決めるいかなる試みも、第二次世界大戦の終末期に同じことをしたヤルタ首脳会談の記憶を直ちに呼び起こしてしまう。また、ブッシュのアドバイザーたちは、ゴルバチョフの明白な憤りと立場の弱さに鑑みると、いまは彼と新しい重要なイニシアティブを推し進める時機ではないと忠告した。彼らは、マルタ会談ではより限定された目標を追求することに決めたのである。[96] 国家安全保障会議のスタッフは、現実主義的でより控え目な目標について、「いずれにせよわれわれがやるであろう防衛予算の削減のためにソ連から何かを得ること」だと説明した。[97]

一九八九年一二月二・三日に開催されたマルタ会談自体は、壮観と拍子抜けの奇妙な混合だった。視覚的には、あらゆる劇的な要素を備えていた。外国の港に停泊する米ソの軍艦の威容、会談のために小さなボートで往来する代表団、ジャーナリストたちの群れ、そして壮大な嵐が背景だった。また、ベルリンの壁が崩壊してから初めての米ソの指導者による対面の会談であり、重要な出来事であることには間違いなかった。

しかし、扉の内側での出来事は、それほど注目すべきものとならなかった。のちにスコウクロフトはマルタ会談を次のようにまとめている。「要は、二人の指導者がリラックスした雰囲気のなかで座って喋り、お互いを測る機会だった。……その程度のものだった」[98]。ブッシュ大統領は、「私は、私たちがここで交渉するのを企図していません」と述べることで、マルタを決定のフォーラムと見なしていないということをゴルバチョフにはっきりと示した。代わりに、「関心をもつさまざまなトピックを概観していく」だけでいいというのである[99]。一方ゴルバチョフは、より実質的な議論をしようと試みた。かつて自らがレーガンにした提案を繰り返すかたちで、ゴルバチョフは、あらゆる戦術核兵器の撤廃と、ベーカーのメモによれば、「船上のあらゆる核」の撤廃を提案した。ブッシュはそれらの提案に耳を傾けつつも、慎重なアプローチから離れることはなかった[100]。

荒天と高波によって二人の指導者が乗る戦艦のあいだで安全な往来が不可能になったとき、打開の機会はさらに閉ざされていった。ブッシュが休憩のために自艦のベルナップに戻ると主張したとき、ゴルバチョフは苛立った。ゴルバチョフは、嵐が強まって、ブッシュが会談に戻れなくなるだろうと予言したのだが、彼は正しかった。さらに嵐によって、ベルナップでのソ連代表団とのディナーのために用意された一流の食事は、アメリカ代表団と船員たちに提供されるだけで終わってしまった[101]。

マルタを発ち、ＮＡＴＯサミットを翌日に控えたブッシュは、ブリュッセルへの途上、西ドイツ首相コールとディナーをともにした。これもまた、ベルリンの壁が崩壊してから初めての対面の会合だった。マルタ会談とは対照的に、こちらでは二人の指導者が、ドイツが抱える課題について、長時間にわたって自由に語り合った。コールは、人間性（ヒューマニティ）の洪水がベルリンの壁の穴を貫いたのには、二つの長期的な理由があると考えた。第一はNATOの決意である。同盟がワルシャワ条約に対抗して統一戦線を組んだため、「ゴルバチョフは軍備競争で負けつつあること、そして経済状況が次第に悪化していることを認識した」。第二はヨーロッパ統合である。「東欧にとって、ドアの外側に立ち続けることは耐えられなかったのだ[102]」。

数年後、スコウクロフトは、ベルリンの壁崩壊後のアメリカの戦略の展開における重要なモーメントとして、続くNATOサミットよりも、ブッシュとコールのディナーを想起している[103]。スコウクロフトによれば、コールが「ドイツ統一への彼の希望を述べる」と、ブッシュは「いいですとも。私も貴方とまったく同じ考えです」と返した。ブッシュは「彼に白紙委任状を与えた。私にとってそれはドイツ統一への決定的な一歩だった」と、スコウクロフトは自らの驚きを回想している。共著の回顧録では、ブッシュとスコウクロフトは、ブッシュがコールに「青信号」を与えた瞬間としてそのディナーを挙げている[104]。スマートな動きであった。ブッシュは、ドイツ統一は避けられないのだから、この問題については正しい側につくべきだと正しく感じ取っており、コールがモスクワと融和してNATOを弱めたり放棄しようとしたりする徴候を見逃さないようにすべきだと考えたのである。

コールは、自らが構想した国家連合を創り出すには多くの年月を必要とすると考えていた。対照的にヘンリー・キッシンジャーは、一九八九年一一月二九日のテレビ・インタビューで、ドイツはわずか二年以内で統一するかもしれないと示唆していた。このキッシンジャーの時期設定に対して、コールは性急で危険だと批判した。コールは、「静かな発展の期間」が必要だと信じており、事を急ぐ「圧力のもとにある」とは感じていなかった。一方ブッシュは、西ドイツとの密接なパートナーシップを示すことによって、ドイツ統一にかかる数年ないし数十年にわたってアメリカの利益を守るべく地歩を固めていた(105)。

ソ連の最後通牒を一時的にでも妨げ、騒乱にもうんざりしていたコールは、休暇による中断を切望した。しかし一九八九年には、もうひとつ重大な展開が待ち構えていた。年末にコールは東ドイツを訪問したのだが——ベルリンの壁が崩壊してから初めての訪問だった——、そこで彼は自分が目撃したものに圧倒されたのである。

コールは、一二月一九日の夜にドレスデンで公開演説をすることに同意した。プーチンがデモ参加者を退けてからちょうど二週間後である。若きKGB将校が、焼却炉にファイルを放り込む手を止め、放送されているコールの演説に耳を傾けた、あるいは実際に演説会場に居合わせたというのは、ありえるし、実にありそうなことだ。のちにプーチンは、東ドイツ革命のあいだ、「群衆のなかに立ち、何が起こるか見ていた」と認めている。おそらく同じことをコールの演説のときにもしていただろう。それはプーチンが勤務していた支部から遠くない、野外で行われていたのだから。

もしプーチンがその場にいたとしたら、彼はコールの人生の転機となるイベントを目撃していたことになる。統一を望む声の大きさは、コールの想像をはるかに超えていた。シュプレヒコールをあげるドレスデンの群衆は、西ドイツ国旗の海となっていた。その多くは、同配色の東ドイツ国旗の中心にある「ハンマーとコンパス」を切り取った即席のものだった。胸が一杯になったコールは、歓喜に満ちたドレスデンの聴衆に向けて、自分の目標は「われら民族の統一」だと告げた[106]。群衆はコールを「彼らの救世主」のように讃えたと、東ドイツ駐在のイギリス大使は自国に打電している[107]。のちにコールは、ドイツ統一への道の途上で経験した多くの予期せぬ劇的な出来事のなかでも、このドレスデンでの出来事を「私の決定的な瞬間」だと想起している[108]。

二人の男――ひとりは八〇〇〇万人のドイツ人の統一を追求し、もうひとりは没落するソ連国家とその秘密警察の下っ端役人――はともに、一九八九年一二月にドレスデンで転機となる夜を経験した。その後の彼らの行動は、将来に大きな影響を及ぼすことになる。もっとも、若い男のほうが世界の舞台で主役級の役割を演じ始めるには、あと一〇年待たねばならないが。対照的にコールは、まったく待つ必要がないことを認識した。統一には数年も要せず、また暫定的な国家連合での権力分担といった面倒なことも必要としなかった。コールは直ちに政治的な収穫を得ることができた。東ドイツの体制は崩壊のさなかにあり、群衆は歓呼していた。統一の好機はいまだった。自分は急いでいないとアメリカの大統領に告げたばかりだというのに、突如として彼は急ぎ始めたのである。

第二章　冗談じゃない

ドイツの統一が地平線の向こうに見えてきた。二つのドイツのあいだにあった冷戦の分断線が消えようとしていた。NATOも同じく消え去るかどうかは、まだ分からなかった。国境の要塞が取り壊されるのだから、もはや西ドイツ政府はNATOを必要としなくなるだろう。それならば、もう不要となった同盟と民族の統一とを取引し、東側の近隣諸国と新たな関係を切り結んでもよいのではないか――ソ連政府がそう論じたとしても、十分説得力があっただろう。ベルリンの壁が崩壊する以前ですら、ソ連の指導者ミハイル・ゴルバチョフは、ヨーロッパ共通の家を構築するのだと話していた。その中身は曖昧だったが、彼が心に描いていたのは、大西洋からウラル山脈まで伸びる、あるいは太平洋まで届く汎ヨーロッパ的組織だったと思われる。それに対してジョージ・H・W・ブッシュ大統領は、明確な目的を持っていた。NATOを維持し、〔集団防衛を定めた北大西洋条約〕第五条の適用範囲を統一ドイツ東部の新たな領土に広げることで、将来における同国のNATO帰属を確保することである。ドイツとNATOの関係をモスクワが決めるかもしれない、という考えに対するブッシュの答えははっきりしていた――「冗談じゃない」。

しかし最も重要だったのは、ブッシュの望みでもゴルバチョフの望みでもなく、ヘルムート・コール首相が何を望むかであった。コールが自国の統一を望んでいるのは明らかだった。その代わり、彼が何を諦めるつもりがあるかが問題だった。その答え次第で、コールはアメリカとロシアのあいだのバランスを変えることになる。コールの力の源泉は、NATOにとってのドイツの重要性だった。ドイツ領に配備されていた軍隊と核兵器の数を考えれば分かるように——分断ドイツは、一九九〇年まで地球上で一平方マイルあたりの核兵器の密度が他のどこよりも高かった——、ドイツ統一の代償として、これらの兵器を領土の一部あるいは全土から撤退させるとコールが決断すれば、単にNATOの存続のみならず、西側防衛や米欧関係全般に及ぶ深刻な結果をもたらすだろう(1)。

ドイツを統一したいというコールの目的と、NATOを維持したいというブッシュの目的は、現実には切り離し可能だった。これがアメリカにとっての不都合な真実だった。ドイツ統一のために、冷戦の分断線を越えてNATOを拡大することを犠牲にする、あるいは統一ドイツをNATOに帰属させることとすらしないということを、コール首相がモスクワと取引するというシナリオは現実にありえた。コールとゴルバチョフは、アメリカに居場所を与えない形でヨーロッパの政治的秩序を作り変えることができた。国家安全保障問題担当大統領補佐官のブレント・スコウクロフトは、のちに次のことを認めている。「私にとっての悪夢は」、コールが「拒否できない提案、つまりは、中立がドイツ再統一の交換条件であるという提案をゴルバチョフがコールに持ちかけること」だった。そのような取引が何をもたらすかは、アメリカ側には始めから分かりきっていた。ジェームズ・ベーカー国務長官の最側近であったロバート・ゼーリック〔国務省参事官〕はきっぱりと述べている。「もしドイツがソ連とのあいだでドイツ統一の詳細を取引すれば、「NATOはゴミ箱行きだ[2]」。

この現実の意味は、ソ連の力は一九九〇年には下り坂であったにもかかわらず、第二次世界大戦以来、ドイツに対して法的権限や軍事的プレゼンスを維持していたおかげで、ソ連は依然として既存の西ヨーロッパの安全保障や米欧関係を揺るがすことができる能力を保持しているということであった。これに加えて、統一前の両ドイツ世論は、外国の核兵器が自国内にあることに反発していたため、ゴルバチョフはその気になれば影響力を行使できてしまうのだった。何といっても一九九〇年は西ドイツの国政選挙の年であったため、コールも国民感情にとりわけ敏感であった。もしコールが選挙を前にして、ドイツ統一を達成するために進んでその対価を払おうとするようになれば、深刻な結果がもたらされかねなかった[3]。それゆえブッシュと彼の政権チームは、一九九〇年二月の初めにコールから、モスクワを訪問して二国間で交渉することに同意したと、事後的に、そして間接的に聞かされたとき驚愕した。アメリカ政府には寝耳に水であった。これが試合開始の合図だった。

ロスト・イン・トランスレーション

スコウクロフトが最も信頼を寄せていたNSC〔国家安全保障会議〕内の部下のひとりロバート・ブラックウィルは、一九九〇年にはゼーリックとほぼ毎朝打ち合わせをした。ベーカーはゼーリックを、彼の「右腕」として、そして「知恵袋《セカンド・ブレーン》」として重用していた。この部下に唯一欠点があるとすれば、「頭が良すぎる」ことだと考えていたからだった。ブラックウィルとゼーリックの朝の話し合いは、どうしたらブッシュの目的をかなえられるだろう、ＮＡＴＯの将来にできるだけ制約を課さないような形でＮＡＴＯ内でのドイツ統一を前に進めるために、いまわれわれができることは何だろう、という趣旨の話から始まるのが常だった④。

実質的に発言権を持つ人数をできる限り少なくする必要があることは、二人にとって、そして二人の上司《ボス》たちにとって、明白だった。ベーカーがイギリス外相のダグラス・ハードに説明したように、彼らは「きわめて少人数で」戦略を立てていた⑤。イギリス、フランス、そして東ドイツは、意見を聞いてもらう権利をまちがいなく持っていた。ブッシュ大統領の望み、すなわち「ＮＡＴＯは存続しなければならない」という点を確実にしつつ、これら関係国を含める必要性と、できるだけ少人数でやることとのあいだでどう折り合いを付けるのか、それが難題だった⑥。

最初の一歩として、統一ドイツ全域をＮＡＴＯに留める、あるいはＮＡＴＯの一部分とする見返りとして、ゴルバチョフが何を求めているかを確かめることが何より重要だった。問題は、明らかにゴルバチョフ自身が何を望んでいるのか分かっていないことだった。西ドイツ政府もアメリカ政府も、ゴルバチョフの優柔不断さに気づいていた⑦。ドイツの将来についての決定をどう下すのかについて、彼が当面推し進めようとしていた考えは、四大国でもっと色々すれば良いというものに過ぎなかった。しかし、イギリス政府は同調したものの、西ドイツもアメリカも、そのソ連の方針には反対だった⑧。

ゴルバチョフの方も、特に東欧のソ連の同盟国のなかで高まる反発に対処しなければならなかった。すでに一九九〇年一月一二日の時点で、西ドイツ外務省の専門家らが分かっていたのは、ゴルバチョフがどのように現在の大きな「ワルシャワ条約機構の変化（崩壊？）」に対処しようとするかを分析する必要があるということであった。彼らの結論は、次のようなものだった。ソ連政府は、「古いワルシャワ条約体制の「解体段階」を先回りして素早く対処」したいと思っているが、どうしたらよいのかについて「確固たる構想」を持ち合わせているわけではない⑨。

同じ頃、アメリカの国家情報会議（NIC）は、同じ問題を独自に調査し、こう結論づけていた。ワルシャワ条約機構は、すでに事実上の機能不全に陥っている。もはやモスクワは、やりたいことがあっても同盟国を頼ることはできず、それどころかソ連軍の駐留を引き続き認めてもらうことすら難しそうである⑩。これは、すぐに公に確かめられた。ゴルバチョフは改革の一環として、ソ連軍が一九五六年と一九六八年に、それぞれハンガリーとチェコスロヴァキアに武力介入したことは誤りであったと少し前に認めていた。ソ連軍の駐留は、これらの介入から始まり、その後も続いていたのだから、その介入が誤りだったとするならば、ソ連軍がまだそこにいることの根拠は失われてしまうのだった。当然ながら、ハンガリー政府とチェコスロヴァキア政府は、ソ連軍を撤退させるよう圧力をかけた。一九九〇年一月二三日には、ハンガリー首相のミクローシュ・ネーメトが自国からのソ連軍の撤退を発表し、チェコスロヴァキアもそれに続いた。まもなく、両国からのソ連軍の撤収計画が進められた。ワルシャワ条約機構は、紙の上ではまだ崩壊していなかったが、実質的には解体へと進んでいたのだった⑪。

さらに悪いことに、西ドイツ駐在のソ連大使ユーリイ・クヴィチンスキは、ワルシャワ条約機構が最終的に解体することになるタイミングが、ソ連政府ではなく、西ドイツ政府の手中にあるのではないかと疑っていた。クヴィチンスキは、本国政府に次のように助言したという。明らかにコールと東欧諸国との関係が良好であるため、コールは特段の努力をしなくとも、いつでも望むときに「最短でワルシャワ条約機構の崩壊を引き起こす」ために「ハンガリーやポーランド、そしてチェコスロヴァキアの助力」を得られるだろう[12]。

ソ連政府にとって事態はきわめて悪い方向へと進んでいた。ゴルバチョフの補佐官らは、ソ連による秩序が国外でも国内でも崩壊しようとしているときに、何をぐずぐずしているのかと不平をこぼし始めた。経済の悪化が、一九九〇年の冬には、ソ連中で悲劇を生んでいた。一九八九年の末には、西側の銀行がソ連への短期貸し出しを停止していた。そのため、商品を輸入する余裕がますますなくなっていた。ソ連外相エドゥアルド・シェワルナゼは、ベーカーには融資の問題を持ちかけ、コールに対しては、恥を忍んで食料援助を依頼していた[13]。それに対してコール首相は、二億二〇〇〇万ドイツ・マルク相当の食糧を補助金付きで売却することを承認した[14]。だが、そのような支援にもかかわらず、国内の不満は頂点に達し、スト決行が目前に迫ったため、ゴルバチョフは国内問題に専念すべく、外国での予定をすべてキャンセルすると発表した[15]。

事態はどんどん悪化し、一月末にゴルバチョフは、戦略を立てるため側近たちを集めた。ブッシュと同じく彼も、本当の政策決定を行う関係者を小規模なものにしておくことを好んだ。彼は、通常の軍事的、制度的、そして共産党内の序列を考慮せず、信頼の置ける一握りの側近だけと協議した。共産党内のドイツの専門家であったヴァレンティン・ファリンは、一九九〇年が進むにつれて次第に自分が排除されていっていると感じていた。彼は、排他的な側近たちだけで取り扱われた諸問題のことを、のちに皮肉を込めて「ゴルバチョフの聖域」と呼んだ[16]。

ゴルバチョフの安全保障問題担当補佐官だったアナトリー・チェルニャーエフは、一月のブレインストーミング会合の直後、読みづらい殴り書きのメモを作成した。そのメモによると、KGBのトップであったウラジーミル・クリュチコフは、もはや運命は不可避であるとして、「ドイツの再統一を受け入れるよう、わが国民を徐々に教育する必要がある」と述べたという。これに対してゴルバチョフは、まだ影響力を使い果たしたわけではないと主張した。ソ連は、ドイツ占領四大国の一国としての法的権利を依然として有しており、ドイツには軍と兵器を配備しているのだから、それを無視することはできないだろう。「最も重要なことは、統一ドイツがNATOに加わるなどという期待を誰にも抱かせてはならないということだ」。幸いなことに「わが軍の存在が、それを許さないだろう」、とゴルバチョフは発言した(17)。

問題は、四大国の政策決定メカニズムを設置しようとしてうまくいかなかったのであるから、今後どのように進めていくかだ、と彼は続けた。チェルニャーエフは、二つのドイツを含めた六か国での交渉を検討してはどうかと提案した。ゴルバチョフの方は、コールをモスクワに招待する頃合いであると感じていた。一九八九年一一月以降、さまざまなことがあったが、彼はコールとは一度も面と向かって会談していなかった。いまやコールとの取引は避けられなかった。というのも、もはや「東ドイツには何の力もない」からだった。むろんゴルバチョフは、表向きは東ドイツの指導者ハンス・モドロウと話を続けるつもりであり、コールの訪問と釣り合いがとれているように見せるためモドロウをモスクワへ招待してもいた。だが、「われわれは西ドイツを通じてのみ、統一への過程に影響を与えることができる」との考えをはっきりさせていた。

政治局の一員で首相を務めていたニコライ・ルイシコフはゴルバチョフを支持し、「東ドイツを維持することはもはや不可能」だから、「いまや問題はすべて戦術レベルにある」と発言した。ベルリンの壁はなくなり、東ドイツ経済は破綻しつつあり、「国家制度もまたすべて崩壊しつつある」。もっぱら西ドイツとの交渉に精力を集中させることは理にかなっている、と彼は同意した。[18] ゴルバチョフは、自分たちには、駆け引きをする時間が幾ばくかあると論じた。なぜなら、「経済的には、ドイツが東ドイツを呑み込むまで数年かかるので」、ゴルバチョフとその側近らは少なくとも「その数年間、自分たちの手を打つ時間が」あるからだった。どのような手を打つのかが難問だった。[19] この会合は、戦略面では大した成果はもたらせなかった。唯一ゴルバチョフが思いつくことができたのは、先延ばしすることだった。現時点で、「最も重要なことは、このプロセスを引き延ばすことである」、というのが彼の結論だった。[20]

何とも取り留めのない「聖域」での議論ではあったが、それは予期せぬ影響をもたらした。ゴルバチョフは、渋々ながらドイツ統一を認めつつも、統一ドイツがNATOから切り離されること、そして統一プロセスができる限り引き延ばされることを期待していた。しかし、これが翻訳の過程でゆがめられてしまい、さまざまな思わぬ結果をもたらすことになったのである。律儀にも一月三〇日にモドロウがモスクワまでやってきた際に、ゴルバチョフは詰めかけたメディアに対して、「ドイツ人がひとつになること」[21]は「もはや疑いありません」と述べた。それは、「聖域」内の理解と合致しているもののはずだった。だが翌日、西ドイツ外務省のソ連専門家のひとりであったクラウス・ノイベルトは、上司に喜びを爆発させた覚書を送った。彼は歓喜し、ハンス＝ディートリヒ・ゲンシャー外相に、ゴルバチョフが「ドイツ統一への明確かつ無条件のコミットメント」を行ったと述べた。ノイベルトは、こうも付言している。ソ連がドイツ統一への賛成に投じた「一票」は、「まさにその明快さゆえに驚き」であった――実際には投票もなかったし、明確な結論など出てもいなかったのであるが㉒。重要な会議の結論について異なる認識が持たれ、深刻な影響を政策にもたらすことはちょくちょくあるのだが、ノイベルトの覚書は、まさにその一例であった。

ノイベルトが誇張した説明は、すぐさまゲンシャー外相に影響を及ぼした。ゲンシャーは、すでに一九八九年一二月に、「大西洋からウラル山脈までの平和的秩序」という考えこそが「最終的にうまくいく構想」であると考えている、と他のNATO外相らに対して発言し始めていた㉓。また、一九九〇年一月には、所属する党の同僚たちに対しても、統一ドイツにおけるNATOの将来の役割に制限をかけることや、あるいはNATOを何らかのヨーロッパの集団安全保障体制へ統合することすら、ソ連政府に対する程よい譲歩になる、とほのめかしていた㉔。ゲンシャーは、自らの過去に衝き動かされているところがあった。彼は、一九二七年にハレで生まれた。この街は結局、鉄のカーテンの向こう側に留まることとなった。ゲンシャーは、東ドイツに住むすべての人びとにとっての「新たな始まり」を可能にするため、「自分はどこから来て、どんな責任を負っているのかを決して忘れない」と誓っていたのだった㉕。

ノイベルトが、ゴルバチョフはドイツ統一に「一票を入れる」と伝えた日、ゲンシャーはどうやら自分がどうやってこの約束を守るつもりなのか、公にするときが来たと確信したようだった。一九九〇年一月三一日にトゥツィングで行った演説のなかで、彼は西ドイツの同盟国に対して、ドイツ再統一を実現するため、ソ連政府に対して寛大な態度を取るよう勧めた。トゥツィングは、一九六〇年代、ソ連陣営に接近する必要性について西ドイツの指導者らが歴史的演説を行った場所であった。ゲンシャーは、「ワルシャワ条約機構に何が起ころうとも、NATOの領域が東方へと拡大することはない、すなわち、ソ連国境に近づくことはない」と、NATOが言明することを求めたのであった[26]。

この演説のことを聞いて、ゼーリックは、ゲンシャーが前のめりになって、ドイツのNATO帰属自体を公に否定しなかったことにとりあえず安堵した。だが、ゲンシャーの言葉は、ワシントンの最上層部を苛立たせた。ゲンシャー外相が「ドイツ再統一に関する四大国の役割をこれ見よがしに迂回」しようとしていることは、とりわけ「厄介」だと、ブッシュとスコウクロフトは見ていた[27]。スコウクロフトの部下だったブラックウィルとロバート・ハッチングスは、ゲンシャーがこういう発言を公にするかもしれないことを、事前に上司に警告していた。同月初頭にゲンシャーが同じようなことを私的な場で語っていたのを、彼らは耳にしていたからだった。彼らの結論は、突如としてドイツ人たちが、「空白となっていたドイツとヨーロッパの将来についての構想を埋めようと急ぎ始めた」というものだった。ブラックウィルとハッチングスは、次のように進言した。アメリカはすぐに行動する必要がある。というのも、「〔ドイツ統一の〕プロセスを制御するわれわれの力が急速に失われていっている」からだった。さらに追い打ちをかけるように、最近〔ハンガリー首相の〕ネーメトが、ますます前のめりになり、単にドイツ東部だけでなく、統一ドイツ全土を完全なる非武装地帯にするよう訴えていた。ネーメトには、東欧においてソ連軍の役割を存続させることになる「どんな正統性」をも認めたくないという願望があると、ブッシュと側近たちは推測していた。つまり、もしアメリカ軍が撤退すれば、ソ連軍もまた留まり続ける正統性を失うということであった[28]。

おそらくネーメトは、自国の領土にソ連軍が駐留し続けることを恐れていたのだろう。モスクワはそのときまでにハンガリーとチェコスロヴァキアの両国から軍を撤収させると約束していたが、実際の撤退は時間がかかり、そして暴力的であった。アメリカの外交官のひとりは、それを「めちゃくちゃだ」と表現した。ソ連軍は兵舎をたたき壊し、電話線を引きちぎり、事前に知らせることなく爆発物を仕掛け、「貯蔵燃料の垂れ流しを含め、環境を「ぐしゃぐしゃ」」にしていった[29]。ソ連軍はまた、「戦車を含め」、所持していた兵器を闇市場に売り始めた[30]。ネーメトは、ソ連軍を追い出すため極端な手法に頼ろうとしているようだった。だが、ブッシュも彼の補佐官らも、ドイツを非核化するのみならず、完全に非軍事化するという考えに惹きつけられることはなかった。

自分の考えが翻訳でゆがめられて《ロスト・イン・トランスレーション》しまうかもしれないと感じたゲンシャーは、自身で説明するため時間を作り、一九九〇年二月二日に電撃的に訪米した。ゲンシャーは回顧録で、彼が行ったワシントンへの旅行のなかで最も短かったが、最も重要な訪問だったと述べている[31]。ワシントンに着くやいなや、ゲンシャーはドイツ統一の代償として、ドイツ東部をＮＡＴＯから除外するという考えに傾いていると繰り返すのみならず、中・東欧諸国の問題をも持ち出した。「ソ連に対して、ＮＡＴＯが拡大して東ドイツの領域をカバーすることもなければ、さらには、東欧のどの場所をも含めることはないと保証する必要」がある、と彼はベーカーに述べた。そして会談後の共同記者会見の場で、この点を繰り返したのだった[32]。

ゲンシャーとベーカーの二人は、イギリス、フランス、東ドイツ、そしてソ連の懸念にも対処する必要があった。[33] ゲンシャーは、すでにベーカーの側近らが西ドイツ側と議論し始めていた構想を支持すると述べた。それは、ゴルバチョフの聖域において検討されたものと同じだった。すなわち、六か国すべてを含む交渉である。ただし、その会合を「2＋4」協議と呼ぶのであれば、つまり、二つのドイツの重要性を示すため、「2」を前に出すのであれば、という条件で賛成するとした。[34] ゲンシャーもコールも、戦勝四大国が彼らをあからさまに見下すような構造は望まなかった。

ベーカーの側近らは、そのような協議枠組みによって、六か国すべてが望み通りテーブルに着くことができるだけでなく、西ドイツをはじめ、どの国も個別に合意を結べないようにすることができるという利点があると考えていた。[35] 事態は急速に展開しつつあり、西側が何らかのメカニズムを必要としていることは明白だった。一九四五年からのソ連の権利を終わらせると同時に、残っている英仏の法的権利にも対処する必要があった。そのうえ、急激にスピードが上がっている日々の外交活動を何とか制御する必要もあった。それゆえ、「2＋4」の枠組みは、必要なすべての条件を満たしていると思われたのだった。ゲンシャーはさらに、三五か国による欧州安全保障協力会議（CSCE）が強化され、六か国以外の国に意見を述べる場を提供する必要があると付言した。彼が自ら米大統領に対してこれらの考えをまとめて伝える機会が与えられたとき、ブッシュはそれに「祝福を与えた」とされている。[36]

意見の一致をみたように見えたが、ゲンシャーがワシントンを離れると、ベーカーは念のため万全の準備を行った。彼はボン駐在のアメリカ大使ヴァーノン・ウォルターズに対して、コールの安全保障問題に関するアドバイザーで彼の右腕であったホルスト・テルチクに、ゲンシャーの電撃訪問の際になされた会話の内容を直接伝えるよう訓令した。コール首相に、ワシントンでの会談内容を確実に伝えたいと思っていたが、ゲンシャー自身がそうしてくれるかどうか確信が持てなかったからである。[37]一九九〇年二月四日、ウォルターズは指示されたように、テルチクに概要を伝えた。[38]総合的に判断すると、ゲンシャーの電撃訪問とその後の一連のやりとりは、ヨーロッパの将来構想の問題が新たな段階に入ったことを示していた。それらは、次のことを意味していた。すなわち、遅くとも二月四日までに、アメリカ政府と西ドイツ政府のなかの一握りの政策決定者たちは、ゲンシャーがNATOの将来の枠組みを描いていること、そしてその構想には、東ドイツとの関係だけでなく、中・東欧諸国との関係も含まれているということを、知っていたのである。

テルチクは、アメリカ側からの注意喚起に感謝した。ゲンシャーの方は、首相府が独自の外交政策を是が非でも遂行しようとしていることにひどく憤っていた。それゆえゲンシャーは、国外で彼が話した内容についてコールにいちいち報告しなかった。テルチクは時折外務省に直接連絡して、海外でのゲンシャー外相の会談記録を見せるよう要求してみたのだが、結局断られるだけだった。西ドイツ政府内における首相府と外務省のあいだのこのような意思疎通の欠落については、ベーカーのみならずNSCも重々承知していた。NSCの方は、西ドイツ政府との重要な情報伝達は、首相府と外務省の両方に二重で行うことで確実なものになるよう対応した。もっとも、「コールとゲンシャーに別々に合意を取り付けなければならないことには、いつもうんざりさせられていた」と、のちにハッチングスは回顧している。

二つの経路から西ドイツに接近する必要があったことで、当時、国務省とNSCとのあいだでときに摩擦が生じた。というのも、NSCの方がテルチクを通すことでゲンシャーの裏をかこうとしたからである。これに対して国務省側は、外務大臣は正式に任命されたものであり、また特に西ドイツの国内政治において力を持っていたため、ゲンシャーを迂回するのは賢明ではないと見なしていた。だが西ドイツ政府内の意思疎通の欠陥という問題はアメリカ政府にとって、そのデメリットを補うメリットがあった。ハッチングスがのちに回顧するように、「コールとゲンシャーが互いに相手のことを知っている以上に、時にはわれわれの方が彼らがそれぞれどのような立場だったのかをつかんでいた」のである。[39] この奇妙な状況と複雑さを一言で捉えるものとしてよく使われるようになったのが「ゲンシャリズム」という言葉であった。もともとはアメリカ政府内において、ソ連政府に対して過剰に配慮する政策のことを指す言葉であった。だがそれは、新たに使い勝手の良い言葉になったようであった。[40]

ボンに戻った後、イギリス外相と会談した際に、またしてもこのゲンシャーの寛容な立場が示されることになった。ゲンシャーはハード英外相に、次のように明言した。「ＮＡＴＯの拡大を望まないと述べた」ことは、「東ドイツ以外の他の国々についても当てはまります」。ゲンシャーはこう感じていた。「ロシアには何らかの保証がなければなりません。たとえば、もしポーランド政府がいつの日かワルシャワ条約機構から脱退したとしても、その後ＮＡＴＯには加盟しないといった保証です」。[41]
それゆえ、「ＮＡＴＯにはその領域を東方へと拡大する意図はない」ということを、大西洋同盟が明確にすることがきわめて重要であった。ゲンシャーはさらに、そのような安心感をもたらす効果を期待して、何らかの公式見解を出すことを望んでいた。それは、「東ドイツのみに関するものでなく、

〔東欧〕全般を対象にした形で〔NATO不拡大に〕言及がなされなければなりません。たとえば、もしハンガリーにおいて政権交代が起こっても、同国は西側同盟の一員に加わることはない、という安全がソ連には必要なのです[42]」。

ハードは同意し、この問題はできる限り早急に、まさにNATOのなかで議論すべきだと語った。イギリスが非常に不満だったことのひとつは、ドイツが他国にほとんど何も情報を与えないまま先走っているということであった。それゆえイギリス政府は、協議する機会が与えられることを歓迎すると述べたのである[43]。ゲンシャーは、そのような協議は「いますぐに」始められるべきであり、「ポーランド、チェコスロヴァキア、ハンガリー、そして東ドイツにおける事態の展開」を考慮に入れるべきであることを示唆した。ゲンシャーは彼が直面している問題をこうまとめた。「われわれはNATOの領域が拡大するのを望まないが、われわれがNATOから脱退することも望まない」。「東西二つの同盟がどちらも、共通のヨーロッパ安全保障の構造の一部とならなければならない」というのがゲンシャーが考える解決策だった[44]。

「1インチたりとも東へ移動しない」

ゲンシャーがベーカーやハードと考えを共有したのは、彼らを説得するためだけでなく、モスクワでの独ソ首脳会談の準備のためでもあった。ゴルバチョフが「聖域」における協議のなかで示唆したように、彼はコール西ドイツ首相をモスクワへ招待していた。コールとゲンシャーはともに、二月一

○日の土曜日に現地に到着予定だった[45]。

ソ連の連絡官がコール訪ソの日付を漏らした際、ブッシュとその側近らはそれを信じられなかった。その連絡官の方は、西ドイツ側がアメリカ政府に打診済みであると考えていたのは明らかだった。コールはアメリカ政府に彼の手の内を見せると約束していたが、これは彼が明かしてなかった重要な手札だった。ここでも何か翻訳の勘違い《ロスト・イン・トランスレーション》があったのだろうか。コールがアメリカ政府に知らせなかったことは、彼が西ドイツのＮＡＴＯへの関与を検討し直している兆候だったのだろうか[46]。

二月三日に行われたミュンヘン安全保障会議で、スコウクロフトは、直接話をするためにテルチクを脇に連れて行き、アメリカ政府はコールのモスクワ訪問計画を知ったと伝えて彼を「まごつかせた」。そして、「コールがソ連に行く目的は何だ」と詰め寄った。コールはドイツ統一を加速させたいと望んでいる、とテルチクは答えた。そして、「もし地上配備型の核兵器（ランス短距離弾道ミサイルと核砲弾）がドイツ領から全廃されるなら、ゴルバチョフはＮＡＴＯ内での統一ドイツを受け入れるかもしれない」と、ドイツ政府が耳にしていることを付言した。「これは西側にとって悪くない取引になるでしょう」、というのがテルチクの考えだった。彼はまた、ベーカーが二月七日から長いモスクワ訪問を計画していることを知っているとも付け加えた。テルチクはスコウクロフトに、「コールがゴルバチョフに会う前に、ジム（・ベーカー）のソ連側との会談内容を西ドイツ首相に伝える方法を模索」できないか尋ねた。そうすれば、西ドイツ側は何が起こるかについて密かに知ることができ、アメリカ政府もまた、独ソ間の二国間交渉の直前に西ドイツ側の考えを知る機会が得られるだろう[47]。

スコウクロフトは、コールがゴルバチョフと会談する直前に、ベーカーに同行することになっていたNSCの副補佐官ロバート・ゲーツが情報を西ドイツ首相に伝えるよう計らうことに同意した。このことを知ったため、ベーカーはその伝達メンバーにゼーリックも加えたとされる。ベーカーは、ゲーツのようなNSCの人間が単独で外交的接触を進めることを嫌っていた。ベーカーは折に触れスコウクロフトに対して、ロナルド・レーガンが大統領だったとき、NSCが過剰に介入したため、結局はイラン・コントラ事件のような失態を演じ、悲惨な目に遭ったのだと繰り返し語った㊽。

スコウクロフトは、二月四日にこれらの事態の展開をすべてブッシュ大統領に報告しながら、ドイツにある口実を与えることに決めた。彼は大統領に、コールとテルチクが極度の緊張に晒されていたことで、連絡がうまくいっていなかったのかもしれないと示唆した。コールもテルチクも、ドイツのなかの分断線が消え去ることを喜んではいた。だが、東側の人びとが大挙して西側へと流入したことがきわめて深刻な問題を引き起こしていた。東ドイツの政治体制が崩壊しつつあるなかで、国家による中央集権的経済体制もまた崩壊へと向かっていた。病院や他の国家機関は機能しなくなっていた。ソ連軍はまだ駐留し続けており、ソ連軍との摩擦が起こる可能性が高まっていた。スコウクロフトはミュンヘンでの短い滞在から、分断ドイツは「圧力鍋のようなものだ」との印象を強くしていた。「この数か月のあいだ、蓋が吹き飛ばないようにしておくことは、われわれにとって、そしてコールにとって至難の業となる」というのが、スコウクロフトの考えだった㊾。

同じ頃ゲンシャーは、モスクワに行く前に、自らのポスト冷戦ビジョンへの支持を可能な限り集めようと動き続けていた。そして、ソ連へ出発するあいだに最後の駄目押しをした。二月九日のある会議での発言で、彼はもう一度、こう繰り返したのである。「ワルシャワ条約機構のなかで何が起ころうとも、NATOの領域が東へと拡大すること、つまりは、ソ連国境に近づくことはありません」[50]。彼は西ドイツ外務省の自分の部下に、二つの陣営が対峙しているヨーロッパの安全保障構造に代わる構想を案出するよう命じていた。西ドイツ外務省の分析官のひとりは、「ワルシャワ条約機構の崩壊が予見される状況において」、西側は陣営思考という時代遅れの考えを乗り越えなければならないと論じていた。将来のヨーロッパ安全保障にとってより良い選択肢のひとつはCSCEを制度化し拡大することである、というのが外務省の提案だった[51]。

しかしながら、ゲンシャーの部下全員がこの考えに賛同していたわけではなかった。部下のひとりはゲンシャーの言動をどうにかしようと決意した。モスクワ駐在の西ドイツの外交官であったヨアヒム・フォン・アルニムは、ゲンシャーがNATOの将来を疑問視していることに対して強く反発した。そして、もっと悪いことに、ゲンシャー外相が事を急ぎすぎていると彼は考えていた[52]。ソ連はドイツ統一にはっきりと賛成票を投じていると誤って報告したノイベルトと違い、フォン・アルニムは、二月七日、「ドイツ問題」は決着が付いたどころか、ソ連政府内で「重大な論争点」であり続けていると本国に打電した。つまり、ゲンシャーが打ち上げている類いの譲歩は時期尚早だとしたのである[53]。

フォン・アルニムはひどく怒っており、「ゲンシャーの危険な考え」に立ち向かうために、ゲンシャーに黙って、彼の天敵テルチクに接近するという大胆な行動を取った。フォン・アルニムはテルチクに、NATOを制約するといったことを考慮する必要はなく、ゲンシャーがそのようなことをするのを止めるべきだと進言した。フォン・アルニムは、解体しつつあるソ連に駐在しているという有利な立場から、ドイツ統一を成し遂げるためのより容易な方法を知っていた。「われわれは自らの手で、統一を買うことができます。要するに、お金でということです。安全保障政策の領域で譲歩する必要は、おそらくないでしょう[54]」。

この情報はテルチクにとって歓迎すべきものであった。彼はフォン・アルニムに感謝するとともに、コールともその情報を共有したとされる[55]。これはまさに、首相府が取り組んでいる難題の核心であった。内部文書によると首相府は、ドイツを従来の安全保障上のコミットメントから切り離すというコストを払ってドイツ統一を成し遂げるべきか、払うとすればどれほどのコストなのか、という難問中の難問に集中的に取り組んでいた[56]。一九八九年一二月にコールがドレスデンを訪問して以来、西ドイツ政府は、（イギリスの史料の言葉を使えば）「全速力で」、「年末までに国際的な場でドイツ統一条約の概要を作ってしまおうとしていた」ため、払うべきコストは何かという問題は喫緊の課題となっていたのであった[57]。再統一しても、ＮＡＴＯの将来の自由やその核兵器を犠牲にしなくても良いかもしれないということをモスクワ駐在の外交官から直接聞くことができて、テルチクはありがたく感じていた。彼は二月初頭、コールにこう助言した。「ヨーロッパにおけるアメリカの軍事的プレゼンス、そして特にその核兵器による保護は、予見できる将来において必要不可欠であり続けます[58]」。

アメリカ政府内に話を戻すと、ブッシュとスコウクロフトは――地政学的な大事件を遠くから見物するという慣れない役割を演じており――、コールがモスクワを訪問した際に何が起こるのかを推測するほかなかった。コール首相の到着の瞬間からはじまるその訪問のあらゆる点が、死活的に重要だった。コールは二月一〇日のモスクワ到着を、ベーカーと彼の一団が出発した後まで遅らせることを決めた。これによって、テルチクが要望していたように米ソ会談の内容をブリーフすることはできなくなってしまったが、それでもベーカーは彼のモスクワ訪問の要旨を文書にして（ただし、彼が信頼する部下のゼーリックとデニス・ロス〔国務省政策企画室長〕がまとめたものを）コールに残しておくことに同意した。[59]

ブラックウィルは、ベーカーとコールのモスクワ訪問を、「大一番《ビッグ・ゲーム》の始まり」と呼んだ。彼は、「ゴルバチョフがコールに、ドイツ統一に関して譲れない一線を示す可能性はかなりあるだろう」と先見の明をもって予測した。問題は、その最低ラインが、NATOが冷戦の境界線の背後に留まらなければならないことを意味するのか、あるいは、より悪いことに、全ドイツが中立国となり西へと後退しなければならなくなるのか、であった。ゴルバチョフがドイツの中立とNATOからの脱退をあからさまに要求することはないだろうと、ブラックウィルは考えていた。より良いゲームのやり方は、名目上統一ドイツをNATO内に留めることを認めるが、ノルウェーとアイスランドが四〇年前のNATO創設時に加盟条件として課すことができた先例にならって、ドイツからすべての外国軍と核兵器をそぎ落とすことを要求するというものだった。[60] もしゴルバチョフが、統一ドイツの代償として、全ドイツにこの特別にあつらえられた地位を与えるよう求めたら、「そのような取引は、多くのドイツ人にとって非常に魅力的なものに映るだろうし、わが国の議員のなかにもそう感じるものが出てくるだろう」とブラックウィルは予想していた。しかしながら、アメリカ政府にとって、そのような結果になることはまったく受け入れがたかった。というのも、それによって、「アメリカを戦後ヨーロッパの主要国たらしめてきた一番の財産」である軍隊と兵器を「失うことになる」からだった。[61]

このように複数の選択肢が検討されていたとき、元々CDU所属の西ドイツの政治家でNATOの事務総長になっていたマンフレート・ヴェルナーが、ハンブルクでの演説のなかで、NATOに関する持論を展開した。ドイツ国内政治におけるヴェルナーのキャリアは行き詰まっていた。彼が国防相だった際に、ドイツ連邦軍の将軍がホモセクシュアルであるとの疑惑が持ち上がり、当時それが安全保障上のリスクであるとされたことから、そのスキャンダルに巻き込まれてしまったからである。だがいまや、NATO事務総長としてヴェルナーは政治的な復活を果たしていた。彼はアメリカ政府内、とりわけブッシュとスコウクロフトから尊敬と信頼を勝ち取っていた。ドイツ統一後にNATOが東方へと移動した際に、「東ドイツの領域に特別な軍事的地位」を与えるようヴェルナーが提案すると、それを聞いたブッシュとスコウクロフトは、それが大一番に勝利する戦略となる可能性を見て取った。[62]問題は、ブッシュもスコウクロフトも、モスクワに行く予定がなかったことだった。そして、ベーカーは別のアメリカの戦略構想を携えてモスクワ行きの飛行機に乗るところだった。

ベーカーが降り立ったのは、激しくもだえ苦しむ国だった。[63]一九九〇年前半までに、さらなる民主化と地方分権を求め、二五万人がモスクワで抗議の声を上げていた。ソ連は、まさに解体しつつあるように見えた。[64]このような状況下でベーカーは、シェワルナゼ外相と長時間にわたる協議を開始した。彼らは「2＋4」の枠組みについて議論し、ドイツ統一問題を取り扱う上で、こちらの方が、「ドイツ人が受け入れようとしない」四大国での管理よりも好ましいとした。彼らはまた、NATOが軍事組織ではなく、より政治的な組織になる可能性についても話し合った。ベーカーは、譲歩を仮定のかたちの質問で提示してみることにした。「ドイツ東部にNATO軍は駐留しないことを保証するというような結論」がありうるのでしょうか。「実際のところ、NATO軍の駐留を全面的に禁止するということも考えられるでしょうかね」[65]。ベーカーが手書きで記録したこの協議のメモには、要点の隣に次のように星印やビックリマークをつけられていた。「最終結果――統一ドイツは、（★政〔治組織に〕）変容したNATOにつなぎ止められる――★その管〔轄〕は、★東方には移動しない！[66]」。

その後ベーカーは、二月九日に直接ゴルバチョフと会談した[67]。ベーカーは、統一ドイツとNATOの関係という、この誰もが避けてきた重要問題に単刀直入に入っていった。彼は中立については反対であると論じ、もしNATOの核戦力をすべて撤去してしまえば、ドイツは「独自の核兵器の潜在力を構築する」決定を下すかもしれないと警告した。ベーカーはおそらく、ソ連政府が拒否反応を示すことを知っていたからこそ、そのような見通しについて言及したのだろう。

そしてベーカーは、シェワルナゼとの対話でも提示した重要な考えを、疑問文の形で繰り返した。それによって彼は、そうなるとは夢にも思わずに、その後数十年続くことになる論争に火を付けることになった。「あなたにとって、独立し、米軍が駐留しない、NATOの外にある統一ドイツが望ましいですか。それとも、NATOの管轄が現在の位置から1インチたりとも東へ移動しないという約束のもとで、NATOに結びつけられた統一ドイツのほうが望ましいですか？」ゴルバチョフは、「NATOの領域」が少しでも拡大することは受け入れがたいと答えた。そして、ゴルバチョフによると、ベーカーはこう答えた。「われわれの見解は一致していますね[68]」。

この後数十年間、モスクワのさまざまな指導者たちは、このやり取りを、冷戦の東方の境界を越えてNATOが拡大することを禁ずる合意であったと指摘し続けることになる[69]。それに対してベーカーとその側近、そして彼の立場を支持する者たちは、それは仮定に基づく発言であり、のちに書面で合意されたものは何もないことが、ベーカー長官が多くの潜在的選択肢のなかのひとつを試してみただけだったことを示している、と主張した。ゴルバチョフとの会談が終わったすぐ後になされたベーカーの記者会見は、さらに混乱を招くものだった。反抗的な西ドイツの外交官フォン・アルニムは急ぎその記者会見に参加したが、NATOの「管轄」は東へは移動しません」とのベーカーの発言を聞いて、ただただ「ゾッとさせられた[70]」。

聞きたくないことを聞かされたのは、フォン・アルニムだけではなかった。ベーカーに同行したゲーツも同じく、KGB議長のクリュチコフと話した際に、同様に不快な思いをする羽目になった[71]。二人の会談のなかで、ゲーツはベーカーが語ったことの多くを繰り返し、クリュチコフに、次の考えについてどう思うか尋ねた。「NATO軍は、現在の場所よりもさらに東へと動くことはない、というのはどうでしょうか？　われわれには、それは妥当な提案のように思えるのですが」。クリュチコフは、ソ連は「統一ドイツがNATOのなかに留まることについて「まったく熱意を感じない」」と答えた。そして「急ぐ必要はまったくありません」と、さらに検討する時間を求めていることを示唆した[72]。

ゲーツが驚いたことに、KGB議長はゴルバチョフを糾弾し始めた。彼は後日、こう回想している。「クリュチコフはゴルバチョフを見限っていたようであった。彼は、ペレストロイカをひどい失策だと断言したのである」。これまで見られなかったこのような態度は、「重要であり危険ですらある展開」を示すものだった。ゲーツ副補佐官は、クリュチコフが「アメリカの高官との会談で、あけすけにゴルバチョフに異を唱えている」ことにとりわけ驚いた。のちにゲーツは、「私は、彼とはもう会わないことに決めた」と述懐している[73]。

アメリカ代表団が出発の準備をするなか、ベーカーは合意していた通り、コールのために、会談内容の重要な点をすべて記した極秘の要約を部下に起草させた[74]。その要旨には、彼がゴルバチョフにぶつけた質問が繰り返されていた。すなわち、もしNATOが東方へ1インチも移動しないのであれば、ソ連政府は統一ドイツを受け入れるのかという質問である。ベーカーによると、ゴルバチョフの答えは、「NATOの領域の拡大は、どのようなものであれ受け入れがたい」だった。しかしベーカーの考えでは、ゴルバチョフが「頑なではなく」、コールがゴルバチョフと話した後に、「中身を比べてみる」のを楽しみにしていると告げた[75]。

モスクワ訪問の直前、コールは、交渉相手のソ連の態度を和らげるいくつもの賢い手を打っていた。テルチクはメディアへの説明で、計算ずくで、東ドイツが破産の瀬戸際にあるとの情報を漏らした。わずか数日で、東ドイツは債権者への支払いができなくなるところだった。このニュースはメディアで大々的に取り上げられ、すでに衰弱していたモドロウ政権をさらに弱体化させた。東ドイツに経済的破滅の日が迫っているという見出しは、コールの到着に合わせてモスクワに届き、大胆な措置が必要であるとするコールの言い分を強化した[76]。これに加えてコールは、一九九〇年二月八日、ソ連政府より一月に要請があった緊急食糧援助を公式に承認した。食糧援助の約束は効果的であり、コールのソ連訪問をスムーズなものにしたのだった[77]。

コールは明らかに気前が良くなっていたが、ブッシュとスコウクロフトは彼がそれ以上モスクワに対して何かを与えることを望まなかった。彼らはまた、ベーカーが発した仮定としての質問内容がホワイトハウスに届いた際にも、不安をかき立てられた。NSC内ではすぐさま、ベーカーがあまりに前のめりになっているとの懸念が高まった。フォン・アルニムと同じく、NSCもまた、ソ連政府の側から要求がなされる前に、NATOの将来について譲歩を行う必要はないと見ていた。ベーカーはまだ、ホワイトハウスにとって好ましい路線を「自分自身のもの」にしていないというのがNSCの懸念であり、せめてコールに対しては、ゴルバチョフと話をする前に、確実にメッセージを伝えたいと望んだ。(78) そのためにブッシュは、ホワイトハウスのスタッフが作成した緊急メッセージに署名し、コールに送付した。結果的にコールは、アメリカ政府の最高レベルから、一つではなく二つのメッセージを受け取ることになった。すなわち、ベーカーの極秘要旨と、それとは内容にずれがあるブッシュのメッセージの二つである。ベーカーと異なり、ブッシュは「現在は東ドイツの領域である部分に特別な軍事的地位」を与える考えだった。つまりは、ヴェルナーの構想と同じであった。

ベーカーとNSCのメッセージのあいだの文言の違いはわずかであったが、実のところ、その違いは重大だった。ベーカーは、NATOが東方へ1インチたりとも移動しないと語った。ブッシュの方は、NATOが冷戦の分断線を越えて東へ何インチも移動する際は、ささやかな譲歩を行うと語っていたのである。(79) 大統領の案がもしうまくいけば、重要な先例になるのだった。相矛盾する二つの手紙を検討し、コールはどちらの立場をゴルバチョフに示すのか決断しなければならなかった。彼は重大な選択をした。コールは、ドイツ統一という彼の目標を達成する上で最善となる言葉を使ったのだった。

青信号点灯

コール一行が空港からモスクワ市街へ移動するあいだ、フォン・アルニムを含む西ドイツ大使館のスタッフは、大クレムリン宮殿でのゴルバチョフの出迎えを見るために集合した。クレムリンは、かつての皇帝たちの壮麗な住居であり、もともと皇帝ニコライ一世の命によって建造されたものだった。人混みのなかに立ちながらフォン・アルニムは、巨大なレーニンの肖像を背景に、豪奢な階段をゴルバチョフが下りてきてドイツ訪問団に挨拶するのを眺めていた。彼の出迎えは威厳に満ちたものであった。だがフォン・アルニムは、ゴルバチョフが心許なさそうに感じた。「彼は明らかに風邪を引いており」、いつものような「自信やカリスマを発していなかった」。その後コールとゴルバチョフは、チェルニャーエフ、テルチク、そして通訳のみが同席する協議のため姿を消した。その間ゲンシャーとシェワルナゼは、彼らだけで小規模の協議をするために立ち去った。残されたフォン・アルニムと残りのドイツ一行は手持ちぶさたで、全員が出席する後の協議まで待たされることとなった。[80]

いったん重要関係者とだけになると、コールは、ボンを出発する前に自党の党員に語ったやり方で、つまり「何が起ころうとも、われわれはわが民族の統一を望むのだ」との姿勢で振る舞った。コールは党員たちに対して、それを実現するため持てる力をすべて使うと約束していた。そしていまや、ドイツの統一を貫徹するつもりだった。そうすることが、アメリカ大統領から直接送られた書簡を無視することになるとしても。[81] ブッシュの書簡の文言を使う代わりに、コール首相は、ＮＡＴＯの将来について、ゴルバチョフに対して彼の同意を得るために最も効果的な言葉を、つまりはベーカーが用いたのとよく似た言い回しを使った。「当然ながら、NATOはその領域を現在の東ドイツの領域に拡大することはできないでしょう」[82]。ヴェルナーの構想、すなわち、NATOのなかで東ドイツの領域に特別の地位を与えるという形でNATOの領域を東方に拡大するという構想をブッシュは支持していたが、コールがそれを取り上げることはなかったのである。

法的には、コールにもゴルバチョフにも、NATOの将来の範囲を定める権限はなかった。他のNATO加盟国と協議する必要がある問題だったはずなのだが、それにもかかわらずコールは、西ドイツの立場が受け入れられるかのように話した。コールがゴルバチョフと話しているときに、ゲンシャーの方もシェワルナゼに同様のことを語っていた。首脳会談と並行して行われていたソ連外相との会談で、ゲンシャーは、「われわれにとって、それははっきりとしています。NATOは東へと拡大することはないでしょう」と述べていたのだった[83]。

コールはゴルバチョフに対して、一九九〇年三月一八日に予定されていた東ドイツの選挙（初の自由選挙）が実施される前に経済通貨同盟の創設に踏み出すことで、できる限り早急に二つのドイツが統一されることを望んでいると付言した。当初ゴルバチョフは、数か月前には、コールが統一までに数年はかかると話していたではないかと述べて抵抗を示した。コールは転向の理由を説明すべく、ドレスデンでの生まれ変わるような思いをした体験のことを語った。東ドイツの人びとがドイツ統一という希望をはっきりと示したことで、彼はいまや迅速に動かねばならなくなったのであった[84]。

ゴルバチョフの態度は変わらなかった。逆に、ドイツが非同盟国になるというのはどうかと尋ねた[85]。どうすればゴルバチョフを動かせるかと模索するなかで、突如としてコールに素晴らしい交渉の手法がひらめいた。以前ゴルバチョフは、将来どうするかについて「西ドイツと東ドイツのドイツ人は自分たち自身で決定しなければなりません」と一応は述べていた。この発言は、ドイツ統一への糸口となりうる。これぞ求めていたものだとコールは気付いた。この言葉を思い出しながらコールは、次の文言はゴルバチョフの言葉を言い換えたものだが正しいかどうか尋ねた。われわれは、「ドイツ統一に関する決定は、いまやドイツ人自身が決定しなければならない問題であるという点で一致している」のでしょうか。この質問がどこに向かうのかはっきりしなかったため、ゴルバチョフは言葉を濁しつつ、しかし次のように認めた。「首相が述べられたことはすべて」、自分の発言に「非常に近いです[86]」。

その近さは、コールにとって十分だった。「いまやドイツ人自身で決めなければならない」という文言は、無条件でドイツ統一への青信号を点したものだと言ってしまうことができる。コールはそう確信した[87]。対価を提供するタイミングが来たと感じたコールは、ゴルバチョフが西ドイツに財政支援を頼ることができると明言した。ドイツ経済はきわめて健全な状態だった。「過去八年間は戦後最も良い期間でした」。それゆえ、西ドイツとソ連が「もっと一緒にやることができる」というのは「自然なこと」だった[88]。

コールとゴルバチョフの会談は、その後すぐ終了した。ゴルバチョフの方から、このやりとりの内容をはっきりさせようと試みられたりすることはなく、また、この内容の重要性を彼が気づいている様子もなかった。このことで、結果が変わることはなかった。ゴルバチョフは、ドイツ統一の問題はドイツ人のみで決定されるべきであると譲歩したのだが、その引き換えに、口頭でも書面でも、NATO

やあるいは他の諸問題に関する重要な譲歩を確かなものにするようなことはなかったのである。[89] ゴルバチョフは、コール自身がNATOの将来について宣言する権限を持ち合わせているかどうか疑っていたのかもしれない。それは、その後のより重要な交渉のなかで決められることになると考えていたのかもしれない。また、ゴルバチョフが、彼の発言をコールがすぐさま利用すると想定していなかったことは明らかである。コールの方はすでにアメリカから青信号を受け取っていた。いまや彼は、モスクワでの首脳会談を、ソ連がドイツ統一に青信号を点灯したものとして演出しようと急いだ。

コールとゴルバチョフは、より大人数の合同協議に参加するため、フォン・アルニムを含む他の代表団らと合流した。協議が始まるやいなやコールは、いましがたゴルバチョフと合意した点を繰り返した。ドイツ人が「統一されたひとつの国家に住むこと」を望むかどうかは「ドイツ人の問題であり、自分たち自身で決めなければならない問題である」。そう「ゴルバチョフ書記長が確信していること」に、コールは感謝の意を伝えたのである。[90] それが青信号に限りなく近いことを、信号の色が変わってしまう前にできる限り多くの人びとに伝えなければならなかった。このコールの発言は、その後長らく続くその努力の出発点だった。

協議が終わったとき、部屋から出て行く一団のなかで、フォン・アルニムは、短いあいだであったが、コールとゲンシャーの側にいることに気がついた。フォン・アルニムは、次の総選挙はドイツ統一の後に行われるだろうと、彼らが話しているのを耳にした。彼は後日、日記に「そのことがほとんど信じられなかった」と書いている。彼は、何か重要なことが起こったに違いないと悟り、そして「彼らが交渉の国内政治に与える結果についてすぐさま目を向けるというその冷血さに驚愕した」のだった。さらなる驚きがあった。フォン・アルニムがもっと驚嘆したのは、通常はソ連の上層部のみが利用するクレムリンのゲートを、コールが出て行く際に彼の運転手が利用する許可を得ていたことであった。コールが車を止め、西側のマスコミ関係者やカメラマンに囲まれながら車から降りたとき、フォン・アルニムはコールの行動が天才的だと気づいた。マスコミ関係者は明らかに、コールの登場をどこで待てばよいか前もって情報を知らされていた。「赤の広場の雪のなか、大きく開かれたクレムリンの巨大な門の前で微笑む巨漢の写真ほど絵になるものはなかっただろう(91)」。

コールは、すぐさま記者会見を開くことで、さらなる政治的才覚を発揮した。記者会見は翌日に予定されていたのだが、急遽、それでは遅すぎるということになった。すぐに青信号のことをテレビで伝える必要があった。記者会見を始めるためにコールとゲンシャーが席に座っていたとき、ライバルである二人が普段と違って楽しそうな雰囲気で静かに話している声をスイッチが入っていたマイクが拾っていた。ゲンシャーはコールに、握手をしていいかとたずねた。敬意を示す印だった。コールは大きく微笑みながら、それを受け入れ、「いまこそ、われわれは本気で酔っ払わないといけませんな」と付け加えた。その後テレビの視聴者は、コールが次のように高らかに述べるのを見た。今日は「ドイツにとって素晴らしい日」となりました。というのも、ひとつの国家にともに住むことを望むかどうかを決める「権利はひとえにドイツの人びとの手にある」ことをゴルバチョフが認めたからです(92)。数年後のことだが、ゲンシャーは回顧録のなかで、何が起こったのかを理解していないように見える「メディア関係者の顔に信じられないと書いてある」のが読み取れたと詳述している(93)。

しかしながら、視聴者のなかにはその発表をちゃんと理解している者がいた。そこには、ブッシュとスコウクロフトが含まれていた。彼らは、その記者会見をしっかりとフォローしていた。おそらく彼らは、「権利はひとえに」という言葉を聞いたとき、ドイツにおける四大国の法的地位が継続しているることをコールは忘れてしまったのではないかといぶかっただろう。(94) そして、アメリカ人が懸念を抱く一方、モスクワのファリンの方は愕然としていた。彼は回顧録にこう書き記している。「二月一〇日、ドイツの統一は、すでに事実上成し遂げられたものであるかのように発表された」。さらに悪いことに、「何の条件も付けられることなく、外交面との関連について明確にされることもなかった」。ゴルバチョフは、コールがそれほど早く動くとは思っておらず、そのためドイツがNATOから脱退するなどの統一の条件をはっきりさせる機会を逸してしまったのだろうと想像し、ファリンは背筋が寒くなった。「この失態は、われわれに跳ね返ってくることになるだろう」。そう結論づけた。(95)

シェワルナゼも同じく、ゴルバチョフが彼に何も言わずにそのような大幅な譲歩を行ったことにショックを受けていた。ショックだったのには多くの理由があったが、それが問題含みだった理由のひとつが、ある注目を浴びていた会議に出席するため、シェワルナゼ外相が近々オタワへ出発予定だったことにある。その会議は、提案されていた「オープン・スカイ」協定のためのものであった。この協定では、NATOとワルシャワ条約機構が、査察のために互いの領土の上空を飛行機で飛ぶことを認めることになっていた。ドイツ統一に関係する主要国の外相がすべてこのカナダでの会議に参加することになっていたので、シェワルナゼは当地にいるあいだに、他の外相たちにゴルバチョフが行った譲歩について説明しなければならなくなった。シェワルナゼは困惑し、側近に対して、コールはゴルバチョフが慌てて口にした発言を利用しようとしているのかもしれないとの推測を口にしていた。(96)

そのすぐ後にハード英外相はシェワルナゼと会ったのだが、彼によると、実際に何が起こっていたにせよ、二月一〇日の出来事は、シェワルナゼを「憂鬱で万事休すというムード」に陥らせていた。ゲンシャーまでもがモスクワにおける出来事をドイツ統一への「青信号」であると述べ始めたとき、シェワルナゼの気分はさらに悪化したと推測される[97]。

これに対してドイツ人たちは、二月一〇日〔の独ソ首脳会談〕を無事に終え酒宴を始めた際に、これ以上ないほど喜びに浸った。ゲンシャーは、モスクワの西ドイツ大使館員とともにウィスキーを探しに出かけた。ゲンシャーは喜びのあまり、反抗的な部下であったフォン・アルニムに対してすら優しい言葉をかけた。ウィスキーのグラス越しに彼をじっと見ながら、ゲンシャーはこう語ったという――「君は正しかった」。ドイツ統一の青信号を得るため、安全保障面で大きな譲歩をする必要はなかった。実際、ゲンシャーは、「ゴルバチョフが条件を付けることなく統一に実質的に同意する」とは、未だにほとんど信じられなかった。ゲンシャーは、まるでドイツ統一問題にすでに決着が付いて、いまや、それが実際にどのような結果をもたらすのかについて検討する段階が来ているかのように話した[98]。

同じ頃、コールとその側近らはビールを飲んでいた[99]。コールは、まだやることがあると感じていた。未来への扉は開かれた。そしてコールは、扉が開かれているあいだに、最もうまくそこを通り抜けるやり方を探す必要があった。コールは回顧録でこう述懐している。彼はとても興奮していたため、二月のモスクワで、真夜中だったにもかかわらず長い散歩に出かけ、赤の広場を通り抜けながら考え、そして眠りにつけるよう気持ちを落ち着かせようとした[100]。

眠れぬ晩を過ごしたのはコールだけではなかった。ウィスキーを飲みながら良い気分に浸っていたにもかかわらず、西ドイツ大使館の館員たちは、ソ連側が翌朝日を覚まし、前日に起こったことを否定しようとするかもしれないと心配した。翌日の朝早く、フォン・アルニムは、ソ連の報道社タス通信が独ソ首脳会談をどのように報じているのか急ぎ確認した。彼は、非常に大きな安堵の波に包まれるのを感じた。タス通信が次のように伝えているのを読んで、「有頂天」にさえなった。「ドイツ民族の統一の問題は、ドイツ人自身によってのみ決定されるべきである」[101]。西ドイツ外務省はのちに、ソ連の交渉相手が不信感を募らせ、西ドイツ政府を牽制しようとしたとき、この報道発表を引用することになるのである[102]。

しかしながら、フォン・アルニムは、東ドイツの指導者（まもなく前指導者となる）モドロウとゴルバチョフとのあいだで交わされた翌日の会話を耳にしていたら、それほど有頂天にはなれなかっただろう。コールとゲンシャーが青信号について誇らしげに話しているときにすら、ゴルバチョフは、「統一ドイツがNATO内に留まること」は「われわれには受け入れがたい」と繰り返し述べていた。ゴルバチョフはコールが前日行ったことに失望し、モドロウに対して、「総合的に見ると、コールの振る舞いは傲慢だったと感じている」と不平を漏らした[103]。そして、タス通信の当初の公表とは対照的に、その後のソ連の他のメディア——依然として党の指導者らによって支配されており、それゆえ彼らの心の内を大まかに図る指標であった——では、コールの訪ソについて、それが「特に見栄えのするものではなかった」と報じた。西ドイツ大使館は、そのような表現がコールを貶めるものであるのか、あるいは純粋に国内向けのものなのか、それともその両方なのかどうかと思案した。西ドイツ大使館は、こう推測した。ソ連指導部は、「国内政治的理由から、コールの訪問中に大きな進展があったことによる影響について、一般大衆があまり早く気づかない方がありがたいのだろう[104]」。

しかし、青信号を赤色に戻すには遅すぎた。コールはその言葉を公にし、いまや誰もが軌道修正を行っていた。ロンドンではすでにマーガレット・サッチャー首相が、次に何が起こるのかと推測し始めていた。二月一〇日に彼女は、ドイツは統一してＮＡＴＯに留まるが、ＮＡＴＯは「旧東ドイツに、ドイツ人以外の部隊を展開しないと誓約する」という取引になるだろうと予測した。統一後、ドイツの首都は統一されたベルリンに移されるだろう。そのことは、ＮＡＴＯの主要同盟国の席が「軍事的プレゼンスのない地域」に割り当てられることになり、それゆえ、運任せということになりかねないことを意味した[105]。しかし、それに対してイギリス政府ができることはほとんどなかった。のちにハード外相は次のように回顧している。「ゲンシャーとコールが鍵だった。彼らが、大きな流れを決めたのだ。まさにね。……別に彼らは、互いをそれほど信じていたわけではない。しかし彼らが大きな流れを決め、われわれはそれに従わざるをえなかった[106]」。ゴルバチョフはただ、そのような流れが作られることを傍観していた。スコウクロフトの部下だったコンドリーザ・ライスとフィリップ・ゼリコウは、のちにこう述べている。「仮面は剝がれ落ちた。アメリカ人とドイツ人は、ゴルバチョフが彼らの構想に断固として反対するつもりはない、あるいはできないのかもしれないと、考えるようになった。ゴルバチョフは、彼らがそう考えながらモスクワを去ることを許してしまった。実際その通りだった[107]」。

電光石火の外遊

このモスクワでの勝利の直後、コールはそれがもたらした結果に向き合わねばならなかった。コールは、ゴルバチョフと会談した後、すぐにブッシュに電話をしなかった。しかしコールは、じきにブッシュと対面することになっていた。そして、ゴルバチョフの仮面が剝がれたのを見て、スコウクロフトと彼の部下たちは、以前考えていたよりも強くゴルバチョフに圧力をかけられるとの確信を強めていた。いまやスコウクロフトは、論争の的になっていた「2＋4」という枠組みが必要かどうか疑うようになっていた。それどころか彼は、それが悪影響をもたらすかもしれないと考えるようになっていた。

しかしスコウクロフトが、二月の前半に、「2＋4」についてベーカーに連絡を取るのは難しかった。というのも、ベーカーがいつも移動中だったからである。他の精力的な国務長官と比べても、ベーカーの出張日程の過密さは際立っていた。同じひとつの旅程のなかで、モスクワでの最高指導者との三日間の交渉を含め、彼は三つのワルシャワ条約機構諸国（チェコスロヴァキア、ブルガリア、ルーマニア）への画期的な訪問を行い、その後、ワシントンには立ち寄らず、カナダのオタワへ向かった。NATOとワルシャワ条約機構の二三か国の外相が集う「オープン・スカイ」会議に出席するためであった。回顧録でベーカーが述べているように、そこではこの領空開放協定が主要議題ということにはなっていたが、「オタワでのゲームは、ドイツ統一問題が中心であることがはっきりとしてきた。誰もがそれに参加したがっていた[108]」。

ベーカーと他の外相らは、オタワ会議の脇で、電光石火の外交活動を精力的に行った。ベーカーとシェワルナゼは一日に五回もの会談を行った。またシェワルナゼの方は、ゲンシャーと三回の会談を持ち、脇で英外相ハード、仏外相ローラン・デュマ、そしてポーランド外相のクシシュトフ・スクビシェフスキとも会談した。(109) ベーカーは、「２＋４」という構想をできる限り迅速に実現したいと思っていた。というのも、いまや彼はその実現が目標として不可欠だとみなしていたからである。ゴルバチョフはモスクワでは、このことにはっきりとは同意しなかったが、拒否もしなかった。そしてベーカーは、キープレーヤーである六か国がすべて同じ場所で同じ時に集うという僥倖を見逃すべきではないと考えていたのだった。

しかしながら、ベーカーの外交努力は、参加できなかったオタワの外交官らを相当いらだたせた。ゲンシャーが火に油を注ぐこともあった。イタリア外相ジャンニ・デ・ミケリスがあれこれ聞いてきた際に、他の外相らが集まっている面前でゲンシャーが、「あなたはゲームの参加者ではない」ときつく言い放ったときのことである。(110) だがオタワにおいて、ドイツ再統一の計画から除外されて最も怒り心頭だったのは、ポーランドの外交官らであった。かつて統一されていたドイツにどんな目に遭わされたかを思えば、彼らの怒りも当然だった。しかし、駐ワルシャワ西ドイツ大使は、それを「ヒステリー」と呼んで一蹴したのだった。(111)

ベーカーは鍛え上げられた粘り強い交渉者であり、怯むことはなかった。関係する六か国が同じ場所にいるあいだに、その六か国のみを「２＋４」協議に囲い込もうと、彼は精力的に動いた。ベーカーは、シェワルナゼを説き伏せた。シェワルナゼはオタワで、「いまいましい状況におかれてしまった」と、側近に心情を吐露している。西側諸国の外相らは、「ドイツの統一を、まるでそれが既成事実であるかのように話して」おり、それに対してシェワルナゼができることはほとんど何もないかのようであった。(112) 意気消沈したシェワルナゼは、周囲からの圧力に屈して、「2＋4」のみならず、軍備管理に関するアメリカの要求をも受け入れた。一九九〇年一月三一日に行った一般教書演説のなかで、ブッシュ大統領は、米ソ両政府が、ヨーロッパ中部に駐留させている膨大な軍隊を双方がそれぞれ一九万五〇〇〇人規模にまで削減することを提唱していた。ここに至ってシェワルナゼは、ゴルバチョフがこれに応じるだろうと示唆した。ベーカーはほとんど信じられなかった。シェワルナゼの表明は、「第二次世界大戦後初めて、モスクワがヨーロッパにおける軍隊をアメリカよりも少なくしようとしている」ことを意味したからである。

シェワルナゼは「2＋4」と軍備縮小に同意した。だがベーカーと側近らは、その同意が失われてしまうかもしれないと考え、まだオタワにいるあいだに、すぐにでも「それを確実なものにするために動くべきである」と決断した。「少しでも遅れれば、モスクワやロンドン、パリ、その他各国の首都で、反対が湧き上がることを許してしまう」。ベーカーはそれを分かっていた。イタリアやポーランドといった、オタワで除外された国々については言うまでもなかった。(113) ベーカーの努力は、しかし、もう少しで水泡に帰すところだった。ソ連政府のなかで反対の声があったからではない。コールとゲンシャーのあいだの不信が原因だった。ブッシュはベーカーに、一度ならず二度までも、いま進行していることをコールが承認しているかどうか直接確認するまで待つよう指示した。

ベーカーは、何か別の動きがあるのではないかと疑った。スコウクロフトは、ベーカーが「2＋

4」を固定化しようと「あまりに早く動きすぎている」と述べ、オタワでの進展のスピードを落とさせようと介入したとされる。しかしベーカーはスコウクロフトに、「手遅れです。……全員がこれに同意しています」と述べ、方針を変えるのを拒否した。⑭ 国家安全保障問題担当大統領補佐官のスコウクロフトをかわしたベーカーだったが、突如、ブッシュ大統領自身から少し止まるように連絡が入った。ベーカーは、結局はその背後にスコウクロフトがいるのだと感じた。

大統領の言うように唐突なやり方でブレーキをかければ、猛烈な勢いで進んでいた交渉が頓挫してしまう恐れがあった。だがブッシュは粘り、コールに二度電話をかけた。コールは、ソ連政府が出した青信号が変わってしまう前に、できる限り早く既成事実として「2＋4」の場を設定することが重要であるとの立場をはっきりさせた。⑮ ついにブッシュは、ベーカーに話を前に進めるよう伝えた。その後ベーカーは、急ぎ設定した記者会見を通じて、六か国の外相全員で、世界に向けて「2＋4」を立ち上げると発表したのだった。⑯

ホスト国のカナダは、このような重要な発表が、自国の首都において、自国が加わらない形でなされたことを目の当たりにして驚愕した。⑰ カナダ首相のブライアン・マルルーニーは、自国での会議がどのように乗っ取られてしまったのかについて、友人であるブッシュに対して激しく抗議した。彼はとりわけ、「ゲンシャーが最も尊大な態度でオタワにやってきた」ことに気を悪くしていた。ゲンシャーはオタワにて、「大国《ビッグ・ボーイズ》がこの問題を解決することになります」と宣言して乗り込んでいた。そして、その大国にカナダは含まれていないことも明らかにした。マルルーニーは、その傲慢さに怒り心頭だった。「この野郎。ヨーロッパで死んでいったカナダ兵たちのことを考えて見ろ」。まったくゲンシャーは、いったい自分を何様だと思っているんだ[118]。

激怒したのはマルルーニーだけではなかった。オタワでの長い一日の終わりに、ベーカーは、もう一度ホワイトハウスに電話することを求めた。今回は彼とブッシュの二人きりで話せるようにし、ブッシュがブレーキをかけようとしたことについて自分がどう思っているかを伝えた。「今日はいい日だった。実際、これは歴史的偉業だった。でも、はっきり言って、君はそれをほとんど台無しにするところだった。もし君が、もう一度僕をこんな状況に陥らせたら、新しい国務長官を探さなければならなくなるよ[119]」。

スコウクロフトの副官ゲーツはのちに、「ベーカーは本当に厄介な人だった」と述べている。ベーカーがいかにメディアや交渉相手の「あしらい方、そして操り方」を知らないかは、「ほとんど信じられないほどだった」。ゲーツは、「彼がいつもわれわれの敵でないことを喜んでいた」。ときに彼とベーカーとのあいだには深刻な摩擦があり、ゲーツは次のように不満を述べていた。ベーカーは「大統領から、自分が大統領に与えているよりもより多くの忠誠心を求めた」。そして彼は「めったに表には出さないが、ひどい癇癪持ちだった」と。ベーカーはオタワでこの性格を表に出し、それによって「２＋４」の立ち上げにこぎ着けたのだった。いまやスコウクロフトと彼の側近は、できる限り「２＋４」を骨抜きにすることを誓っていた[120]。

スコウクロフトらは、ブラックウィルとライスがまとめた「２＋４」に関する長い「告訴状」を大統領に提出した。「２＋４」のような場は不必要であり、それはソ連に、ドイツ統一にこれ見よがしに反対するための「劇場」を提供してしまうだろう。「２＋４」は、「イギリスとフランスが、……ドイツ統一のペースを落とさせたり、その形を変えてしまうのを」許すことになるだろう。一九九〇年三月一八日に予定されている東ドイツの総選挙の結果、平和主義の左派系政府が権力についてしまうかもしれず、その東ドイツが「2＋4」の場を利用して、ワルシャワ条約機構とNATOの両方を非難し、統一ドイツは中立国になるべきだと要求するかもしれない。そしてホワイトハウスは、これらの厄介事に直面し、国益を守るのが困難だろう。というのも、「2＋4」の枠組みがまもなく始動し始めることをホワイトハウスは認識しておらず、「ほとんど準備ができていなかった」からであった。[121]

そして最後に、ライスは次の点を指摘した。ディック・チェイニー国防長官とコリン・パウエル統合参謀本部議長がどちらも、「国防省の意見を聞かずに、六か国が合意形成の交渉をすることに困惑している。ドイツの対外安全保障に関する議論は、NATOと、ひいてはアメリカの防衛戦略の中核に関わるものであるという点は、正鵠を射た指摘であるからだ」[122]。チェイニーとパウエルは、ブッシュ、ベーカー、そしてスコウクロフトが政策決定を最小限の人数で行いたいと考えたことの犠牲になっており、協議からずっと排除されていた。国防総省の意見を聞かずに物事が進んでいった結果のひとつが、冷戦後のNATO拡大に関する初期の決定に、軍部の計画立案者や幕僚たちの意見が驚くほど反映されていなかったことである。チェイニーはのちに、国防総省がドイツ統一の政策決定に果たした役割が限定的だったことについて、「国防総省は脇役で、深く関わっていなかった」と書いている[123]。

ベーカーと側近らは、長旅と一連の外交交渉を電光石火のごとく終えてようやくワシントンに戻ると、上述のあらゆる不平不満に直面することとなった。ベーカーは態度を変化させた。おそらく彼は、少なくともそれらのいくつかは正しいと判断した――あるいはブッシュ大統領がそう判断せよと彼に言った――のだろう。特に重要なのが、ベーカーが「1インチたりとも東へ移動しない」というフレーズを使わなくなったことである。それに代わって彼は、ブッシュの意向に従うことにした。ソ連の面子を保つための補償として東ドイツに特別の地位を与えるが、NATOは冷戦の分断線を越えて東方へ拡大するとの立場をベーカーは明確にしたのである。ソ連政府がそれに気づくのにはいささか時間がかかった。

しかしベーカーと側近らは、「2＋4」については一歩も引かなかった。二月一六日にホワイトハウスへ呼ばれたときに彼らが準備した覚書は、それを示している。「2＋4」の反対派は誤解している、彼らはそれが「議論の場」を提供するだけで「決定の場」ではないということを分かっていないのだ、とベーカーは論じた。言い換えれば、「2＋4」は、他の関係国に拒否権を与えることなく、それらの国々がどうしても感じるだろう不安に対処するためのものであった。「二でも四でも一六でも三五でも」うまくいかない――つまり二つのドイツ間でも、戦勝四大国間でも、NATOでもCSCEでもドイツ統一問題にはうまく対処できないのだから、「2＋4」が相対的にはマシだということであった。「ソ連にはソ連の国益が何かを表明し、国内においてその結果を正当化する必要があり」、「2＋4」は「おそらく、その過程で必要なぎりぎり最小限のもの」だった。(124) ゼーリックは、「2＋4」によってソ連政府がドイツ統一を妨害することを可能にしてしまうとする批判に反論し、上司のベーカーを援護した。彼の指摘はこうである。「東ドイツにおける三八万人のソ連軍のプレゼンスは、〔ドイツ統一を〕妨害するのに十分な手段を提供している」のだから、それと比べれば、討論クラブがひとつ増えることはそれほど重要ではないと[125]。そしてもうひとつ、次のような利益があった。「それは、わが国の利益を損ないかねない、ドイツとソ連の二国だけの取引を阻止できる」。そのような協定を阻止するためにも、「ブッシュはコールに対して、独ソ会談が近いといったことを」、ドイツ人からではなく、「モスクワからまた聞かされるようなことはないでしょうな、と釘を刺しておくべき」だとゼーリックは考えていた[126]。ベーカーは、「2＋4」が結局はアメリカ政府の目的全般に貢献することになると思っていた。「2＋4」の利点リストに、彼はこう記していた。「こんなにわれわれに有利でおいしい買収劇は、前代未聞だぞ！（東ドイツを買い取ってしまうだけでなく、ソ連も買収することになるのだ）[127]」。

ＮＳＣは渋々と、これらの議論を受け入れていった。とりわけ、そのスタッフの多くが、「2＋4」によって、コールとゴルバチョフの秘密取引を阻止できると考えたからだった。ライスはこう述べている。コールを「ＮＡＴＯの連携の繭」のなかに入れてしまうことが必要だった。そうすれば、「モスクワとの直接取引をするためには、西ドイツ政府は、同盟国にはあることを、ソ連には別のことを告げるという、露骨な二重外交をしなければならなくなる」のだった[128]。何よりも、「ゴルバチョフがコールに対して、『二つにひとつです――ドイツがＮＡＴＯのなかでより劣った地位を受け入れるのでなければ、ソ連はドイツ統一を阻止するためにあらゆる手段を講じるつもりです』」と正面から告げるような「運命の日」は、何としても避けなければならなかった。

キャンプ・デーヴィッド

結局、NSCも国務省も自らの勝利を主張できた。NSCの方は、NATOの将来に関する議論について望むもの、つまりは、NATOを東方拡大する際の「特別な軍事的地位」というフレーズの使用を勝ち取った。国務省の方は、「2＋4」を手に入れた。両者はついに、「2＋4」を実際の意思決定の場にはしないという共通の目的を持つことになった。その目的のために、NSCと国務省のあいだで合意点に関する文書が回覧された。重要部分には線が引かれていた。「一般的に、「2＋4」の場では多くの論点について意見交換できるが、そこで重要な決定がなされることはほとんどない」。そして、特定の話題は「2＋4」では決して取り上げない。「「2＋4」の場で議論されない問題」には以下のものが含まれる。米軍がドイツに駐留する諸条件、「NATOの核態勢、そしてSNF（短距離核戦力）交渉の状況」である。これらの問題は、「特に米・西ドイツ」二国間交渉の場を含む、より適切な場においてのみ取り上げられなければならない。[129] 西ドイツ政府に対応する上で、「わが方の重要目的は、統一ドイツがNATOの加盟国に留まること」をコールに「確約させることであった」。というのも、「ヨーロッパに信頼の置ける核抑止力を維持するために、ドイツが加盟国であり続けること、そしてアメリカの核配備について何らかの形で合意がなされることが必要である」からであった。[130]

それでも、不信感は国務省とNSCのあいだでくすぶり続けた。ブラックウィルはスコウクロフトに、ベーカー、ロス、そしてゼーリックが主人公の役を演じたいという誘惑に駆られるかもしれませんと忠告した。つまり、ベーカーらがオタワでやったように、彼らがまた単独行動をするかもしれないということであった。「思うに、ベーカー国務長官と彼の側近たちは、「2＋4」閣僚会議において将来のヨーロッパの安全保障構造について交渉したいという誘惑に抵抗し難いと感じているでしょう」とブラックウィルは記している。NSCは、そのようなことが起こらないよう、目を光らせておく必要があった[131]。

疑惑と闘っていたのは、ベーカーだけではなかった。ベーカーがモスクワとオタワの両方で厳しい最高レベルでの交渉を行い、疲労困憊して帰国すると、まず閣内の同僚との、次にヨーロッパの外相たちとの諍いが待っていた。ゲンシャーも同じような目に遭っていた。一九九〇年二月一四日の西ドイツ政府内の閣議で、ゲンシャー外相は、国防大臣のゲアハルト・シュトルテンベルクと論争になった。シュトルテンベルクは、アメリカのNSCに負けず劣らず、NATOの将来について譲歩するという考えが気に入らなかった。おそらくゲンシャーは、ソ連政府が何とか青信号を黄色か赤に変えようとしていることに気づいていた。それゆえゲンシャーは依然として、もし西ドイツ政府が何ら譲歩しなかった場合、ソ連は最後にはドイツ統一に躊躇するかもしれないと懸念していた。シュトルテンベルクはひるむことなく、一九九〇年二月一七日の主要紙に反対論を掲載した。その記事のせいで、ゲンシャーも反論を公にせざるをえなくなった[132]。二月一九日にコールが介入して休戦させる必要を感じるほどまでに、醜いやり取りが表沙汰になっていた。

NATOは、まもなく旧東ドイツ領となると期待されている部分に「ひとつの部隊も、あるいは組織も」移動させることはないとの、ゴルバチョフに言った通りの内容の声明をコールは発表した。その点を強調するため、コールは、ゲンシャーとシュトルテンベルクの二人がこの見解に同意していると公に述べるよう主張し、彼らは従った[133]。その後ゲンシャーは、二月二日に、他のヨーロッパの指導者たちとの会議の場でも同じことを重ねて強調した。ゲンシャーは改めて、「NATOが既存の領域を超えて拡大することはない」と繰り返したのである。そしてその後、彼はもう一度、東ドイツと中・東欧のどちらもが、その禁止事項に含まれることをはっきりさせた。ゲンシャーは、こう述べた。この問題は、「東ドイツの領土に関して重要というだけではありません。ハンガリー外相〔ジュラ・〕ホルンの昨日の発言がそれを示しています[134]」。ホルンは公然と、ハンガリーのNATOへの統合の可能性を示唆していた。ゲンシャーはそれにひどく狼狽していた。さらに悪いことに、ホルンはその考えを、東欧にまで足を伸ばし出張していたローレンス・イーグルバーガー米国務副長官に対して直接提示していた。イーグルバーガーは、すぐさまベーカーに、東欧諸国は「ワルシャワ条約機構の解体」の可能性を考えており、ホルンは「新しいNATOが、中央ヨーロッパに政治的傘を提供できる」ことを期待していると伝えた[135]。

ベーカーと異なり、ゲンシャーの論争は大大的に公衆の面前で繰り広げられたため、アメリカ政府はその展開をリアルタイムで知ることができた。無論、この様子が気に入るはずなどなかった。ブッシュは、そのような見解はもはや受け入れがたいということを、コールに個人的に伝える必要があると決心した。しかし、コールは外国の首脳であるから、ブッシュが単純に彼に命令できるわけではない。その代わり彼は、賢明にもお世辞と説得という戦略をとった。ブッシュは、二月二四・二五日に、冬の週末を快適に過ごすべく、コールをキャンプ・デーヴィッドに招待することに決めた。そのような栄誉がドイツ首相にかつて与えられたことはなかった[136]。いつものブッシュの集まりと比べても、それは非常に少人数の会合になりそうだった。米独両首脳は、本当に信頼する側近のみを招いた。ベーカー、ブラックウィル、スコウクロフト、そしてテルチク、くわえて信用のおける記録係だけだった。というのも、明らかにこの会合は最も重要な決定を下すことになるはずだったからだ。

おそらく、ゲンシャーを呼ばなくて良かった。その会合で取り上げられる予定の政治議題は彼のお気に召さなかっただろう。スコウクロフトが大統領に太字で事前説明したように、ゲンシャーの譲歩案に反対すべく、コールに気合いを入れる必要があった。コールの「心情は正しいところにある」ことははっきりしているが、同じく、「彼はドイツを統一した首相になりたい」ことも、そして「それ以外のことは彼にとって二の次で、交渉の余地がある」ことも明らかだった。もし彼が、「[仏大統領シャルル・]ド・ゴール時代のフランスのようにＮＡＴＯの統合軍事機構から脱退し、緩い形でのＮＡＴＯへの参加を選べば、ＮＡＴＯは実効性のある安全保障組織として終わりを迎えることになってしまう」。だからこそ、「**安全保障問題の譲れない一線**」について「**コールと腹を割って、忌憚なく話をする時である**」。

キャンプ・デーヴィッドにおいて、ブッシュはコールといくつかの目的を成し遂げる必要があった。まず、彼とコールは、「**ドイツのＮＡＴＯ加盟のあり方を弱めようとするソ連の力を最低限のものにするために**」、「２＋４」協議の運び方をどうするかについて合意しなければならなかった。次に、「ドイツはＮＡＴＯの支軸である」ため、アメリカ政府はコールから、「ＮＡＴＯにおいてドイツの役割は不可欠であり、どのような形であれ、それが弱められることを認めるつもりはない」という確約を得る必要があった。ゲンシャーと幾人かの「首相府の補佐官らも、ＮＡＴＯとワルシャワ条約機構の両方を解体し、より緩やかで、牙のない、全ヨーロッパ的な安全保障機構で代替させることを検討している」ことを踏まえたとき、この確約はまったくもってきわめて重要だった。ＮＡＴＯ解体とまでいかないやり方であっても、もしＮＡＴＯがドイツ領から核抑止力を引き揚げねばならなくなったら、ひどいことになりかねなかった。当然、議会議員らはこう言ってくるだろう。大統領はなぜ、何十万人もの米兵から核による防衛を取り上げるのかと。これらの米兵は、彼らの有権者でもあるのだと。これを避けるため、ブッシュは、「ドイツ連邦共和国は、軍事機構を含めてＮＡＴＯの完全な加盟国であり」、また「ドイツ領にアメリカの核兵器が継続配備される」とする「根本的な約束」を得る必要があった[137]。

一九九〇年二月二四日土曜日の朝、ブッシュは、コールがアメリカに向かっているあいだの時間を、サッチャー英首相を含む他国の指導者らと情報を共有する機会として利用した。ブッシュは、午前八時一分に彼女に電話した。そして長いやり取りを始める際に、コールがゲンシャー抜きでこちらに到着するのだが、それは、ブッシュが採り上げたい諸問題が「デリケート」なものだからだと説明した[138]。

ブッシュは、チェコスロヴァキア大統領のヴァーツラフ・ハヴェルが、「すべてのソ連軍と米軍をヨーロッパから」追い出そうとしていると不満を述べた。ポーランド大統領のレフ・ワレサと同じく、ハヴェルもまたきわめて世界中から尊敬を受けている人物だった。彼は一九八九年にチェコスロヴァキアで革命が起こり大統領に就任する前まで、自らの信念を理由に投獄されていた。ブッシュがサッチャーに電話する二日前、彼は米国議会の上下両院合同会合で演説し、一七回ものスタンディング・オベーションを受けていた。ハヴェルの人気によって、他の者もハヴェルの立場に感化されるかもしれない。ブッシュはそう懸念した。サッチャーは、ハヴェルが「まったく間違っており」、彼が誤って米ソ両軍を同等のものとして扱っていると同意した。そして彼女は、米軍はソ連と異なり、防衛的な立場を維持しているのだという点でブッシュと合意したのだった。[139]

二人は次に、ポーランドについて話した。ブッシュは、ポーランド首相のタデウシュ・マゾヴィエツキが「ソ連が留まることを望んでいる」ことに驚いたと打ち明けた。サッチャーも、マゾヴィエツキには「ソ連が留まり続けることを受け入れる準備がはっきりとある」ことを認めた。なぜなら、まさにポーランドが「オーデル・ナイセ線」〔ポーランド西部国境〕、とりわけ、もしドイツが再統一した場合その不可侵性がどうなるかを「気にかけている」からであった。それを聞いたブッシュは残念に思い、彼は「ソ連軍がそこに留まるのは受け入れがたい」と応えた。いまやブッシュは、誰はばかることなく、ソ連軍が、分断ドイツのみならず、ポーランドにおいても駐留し続けないことが好ましいと表明するようになっていた。ブッシュはサッチャーに、マゾヴィエツキの考えは、「〔独・ポ間の〕国境線について懸念があったとしても、ポーランド国民の支持を長期的には」維持できないだろうと語った。米軍が留まっても、ソ連軍は撤退すべきである。彼はそう思っていた。ブッシュはまた、「われわれの核兵器をヨーロッパに維持し続けるべきだと考えて」いた。

ブッシュは話題を「2＋4」へと移し、その役割を制限することを望むと述べた。「モスクワは、ドイツの国内政治を利用して、何とかしてコールに圧力をかけ、緩い形でのドイツとNATOの関係を受け入れさせようとする場として「2＋4」を利用しようとするだろうが、それはNATOの終わりを告げることになるだろう」からだった。[140]サッチャーは、「2＋4」は「大きな問題を取り扱う」

べきだと反論した[141]。「2＋4」は、拒否権とまでいかなくともイギリスが席をひとつ占めることのできる場であることを考えれば、彼女の反応は驚くに当たらなかった。だが、ブッシュが納得することはなかった[142]。

同日、ブッシュ大統領は、コール一行を迎え入れ、ヘリコプターでキャンプ・デーヴィッドまで同伴させるため、ベーカーをダレス空港へ派遣した。ベーカーは、キャンプ・デーヴィッドでのカジュアルなドレスコードに合わせて、カウボーイブーツに赤のフランネル・シャツという出で立ちで迎えた。ブッシュとスコウクロフトは、これとは別にメリーランドへ向かった[143]。その間にブッシュはどうにか、NATO事務総長ヴェルナーと会談する時間をひねり出した。ヴェルナーは、ソ連政府に妥協的態度をとるゲンシャーに強く反対する、いまひとりの人物だった[144]。

「たったひとつの決定的な問題」とは、「ドイツは中立国となるのか」、あるいはNATOに帰属するのかということだ、とヴェルナーは論じた。「この問題への答えが、今後数十年にわたるヨーロッパの歴史を決定づけるだろう」と彼は考えていた[145]。もし統一ドイツがNATOのなかにいなければ、それはヨーロッパの中央に座する、中立で危険な巨人となるだろう。「当面は核兵器を保有しないだろうが、中立ドイツは核兵器をほしがるかもしれない」。ヴェルナーはそう考えていた。彼は自分の母国について話しているにもかかわらず、こう付言した。「私はそのような見通しを恐れています」。ナチ・ドイツは、独自核を保有する国になり損なった。統一ドイツが核保有国にならないために、「われわれは、古典的なドイツの誘惑、すなわち行動の自由を得て、東西どちらとも取引するようになるのを避けなければなりません[146]」。

ブッシュは、ヴェルナーの主張に関してドイツの東側の国々は何を考えているのかとたずねた。ヴェルナーは、こう答えた。「東欧諸国は、自分たちがどこに位置づけられるのか思案しています。彼らが、ヨーロッパの残りの部分に統合されるのか、あるいは西側に統合されるのだろうかと」。「ドイツの一部を非軍事化するという考えは馬鹿げています」とも彼は付け加えた。ブッシュは、その言わんとすることを理解しつつ、「われわれには、ゴルバチョフに売り込みを図らなければいけないことがありますな」と同意した。ヴェルナーは、心配していなかった。「ゴルバチョフに強い手札はありません。彼は、西側主導のドイツ統一を阻止できません」[147]。

そうこうするうちに、ベーカーとドイツ一行が到着した。ブッシュはキャンプのゴルフ・カートを自ら操縦して、コール夫妻をゲストハウスまで送り届けた。彼はコールに、寒さ対策としてフード付き防寒具を貸そうとした。だが、コールの腹はブッシュが思っていたよりも遥かに大きかったため、前のジッパーを引き揚げるのは絶望的だった。テルチクは、キャンプ・デーヴィッドの静養地の広さに圧倒された。そこは五八エーカーの広さを誇り、テニスコートや温水プール、ボーリング場、そして訪問者が滞在するための数多くの建物があった。冷たい風が激しく木々を揺らし、建物のなかにいてもその音が聞こえるほどだったが、それでもテルチクは、真冬の土曜の午後に、暖炉の前に一団が集まったとき、温かで友好的な雰囲気が生まれたのを感じたと追想している[148]。

訪問者は全員、暖炉の前でブッシュ大統領と一緒に撮った写真を受け取った。ブッシュは、テルチクにネクタイを外すよう自ら声をかけた。バーバラ・ブッシュはもっと劇的な行動にでた。大きなはさみを使って、ブラックウィルのネクタイを半分にちょん切ったのである。このネクタイねたは、ブッシュ夫人とブラックウィルのあいだの定番のジョークだった。彼はバーバラが、そのネクタイが大嫌いなことを知っていたので、彼女を挑発するため、彼女が参加する時には、いつもわざとそれを締めていた。そのことをブッシュ夫人も知っていて、はさみと、そしてブラックウィルが代わりに着けられるようもっと良いネクタイのプレゼントを準備していたのだった。

話はすぐに真剣なものになった。コールは、「おそらく東欧諸国は、一九九〇年代の内にＥＣの加盟国になるでしょう」との見通しを示した。その後ドイツは、地理的に、ヨーロッパの東の端ではなく、その中心に位置することになり、「経済的には一番になるでしょう」。ドイツのそのような将来の位置と重要性に鑑みれば、「他の人びとは、ドイツ人こそが、最もヨーロッパ的なヨーロッパ人であると考えなければならなくなります」。東ドイツは崩壊しつつあった。「それは巨人のように見えましたが、中身がありませんでした」。国家連合《コンフェデレーション》のための一〇項目案は、すでに「過去のものになりました」。通貨同盟の迅速な実現を含む劇的な行動が必要だった。確かに、著名な経済学者「マーティ・フェルドシュタインは、われわれがとち狂っていると言っています」。けれども、「教科書は役に立ちません。教科書は、このような問題への答えを持ち合わせていないのです」。コールはまた、ドイツ国民に忌み嫌われている短距離核ミサイルの近代化計画についてブッシュにたずねた。ブッシュは、その計画は「とっくに終わっています」と述べ、彼を安心させた。(149)

次いでブッシュ大統領は、ポーランドがソ連軍の駐留に関心を示しているのは、既存の東ドイツ・ポーランド国境がドイツ統一後も永続するということを、コールが公式に保障しないからではないかとたずねた。別の言い方をすれば、ポーランドは、第二次世界大戦終結時にポーランドに与えられた領土を、統一ドイツが取り戻そうとすることをひどく恐れているため、それを阻止する手段としてソ連軍の駐留を望んでいるのではないか。ポーランドは恐れる必要はない、とコールは答えた。その国境線は、紛れもなく恒久的なものであった。問題は、そのことをはっきりと口にすることの政治的な影響だった。第二次世界大戦の最中、そして戦後にその領域から避難した、あるいは立ち去ることを余儀なくされた古い世代のドイツ人の有権者たちにとって、それは琴線に触れる問題だった。[150] その多くは、CDUへ投票する人たちだった。彼らにとってベルリンの壁が開いたことは、東側にあったかつての自分の家族の土地を取り戻す機会が訪れたことを意味した。コールは、選挙の年に、彼らの支持を失いたくはなかった。西ドイツ外務省はすでに、ドイツ人から何百もの怒りの手紙を受け取っていた。それらは、なぜ政府が領土を回復する努力を行わないのかとたずねていた。手紙の主たちは、彼らにその土地の権利があると考えていたのである。彼らのひとりは、こう提案していた。東ドイツ・ポーランド国境は、「ハンス＝ディートリヒ・ゲンシャー線」と改名すべきである。そうすることで、「誰がわれわれの故郷をジャガイモ袋のように売り渡したのか、後世の人びとがつねに思い出すことができるようになるでしょう[151]」。

ブッシュは話を前に進めることにし、ついでに、オタワにおいてゲンシャーがイタリア人を侮辱したことに落胆したと言及した。コールは、ゲンシャーの作った亀裂は「まったくもって余計なもの」であり、彼のおかげで、イタリアや他のヨーロッパ諸国との関係に「名人級の蘇生術」を施さなければならないだろうと同意した。だが、サッチャーは例外であり、コールに彼女をなだめるつもりはなかった。「彼女に対しては何もできません。私は彼女を理解できません。[英]帝国はドイツと戦って没落しました。彼女はイギリスが莫大な犠牲を払ったと考えています。そして、またもやドイツがやってきたと思っているのです」。ブッシュはこう答えた。それでも、サッチャーを輪のなかに留めておくことは重要であると。「今日、私はマーガレット〔・サッチャー〕に電話しました。彼女の言い分を聞くためだけにです。そのために一時間かけました」。この答えは役に立たなかった。コールは、サッチャーを信頼するなどという考えに同意しなかった。

しかしながら、ＮＡＴＯについては話す必要があり、コールはそれを避けることはできなかった。ブッシュは、「２＋４」の場が扱う領域を最小限にすべきというＮＳＣの考えをコールに打ち明けることで、この問題を切り出した。「私は、ドイツがＮＡＴＯの完全なメンバーであり続けるという問題を「２＋４」が取り扱うのを見たくはありません」とブッシュは述べた。というのも、何よりも「ドイツがＮＡＴＯに完全に加盟していることが、ヨーロッパに米軍を維持する能力と結びついている」からである。「このことは理解してもらわなければなりません」。理解するどころか、それを歓迎している、とコールは語った。「私は、米軍のプレゼンスのみならず、アメリカがヨーロッパにいることを望みます。私は、「要塞ヨーロッパ」という考えをなくしてしまいたい。何百という手順を踏む必要があるだろうが、われわれは「要塞ヨーロッパ」を不可能なものにしなければなりません」。ブッシュはその返事を聞いて喜び、この機会を捉えて、譲れない一線について話を進めた。「ソ連は、ドイツとＮＡＴＯの関係に命令する立場にはありません。私が懸念しているのは、ドイツがＮＡＴＯに留まってはならないといった類の話です。冗談じゃない！」[152]。

強硬路線が必要です、とブッシュは続けた。なぜなら、「勝っているのはわれわれであり、彼らではない。敗北に捕らわれているソ連に、最後の瞬間に勝利を摑ませるわけにはいかない」からであった。コールは、ドイツのＮＡＴＯからの撤退というソ連の要求は、ソ連の交渉の立場を良くするための単なる「ポーカー」戦術かもしれないと答えた。そのゲームは、「カネの問題として決着がつく」かもしれない。「彼らはお金を必要としているのです」。問題はその額だった。ブッシュはあからさまに、こう指摘した。「あなた方は、大きな財布を持っています」[153]。ブッシュは、ローストビーフの夕食を食べながら、ドイツに関する自説を推し続けた。食後には映画を見ることになった。

しかし、このようにもてなされても、コールはいくつかの厄介な観測気球を上げることを止めなかったという。たとえば、フランス方式で統一ドイツがＮＡＴＯに帰属するという考えである。おそらくそれは、東ドイツの領土に軍隊や軍事組織を移すことを禁ずることになり、まさにスコウクロフトが恐れたことだった。彼がよく知っていたように、フランスはＮＡＴＯの原加盟国だったにもかかわらず、アメリカ政府と何度も対立したあげく、一九六〇年代にド・ゴールがフランスをＮＡＴＯの統合軍事機構から脱退させていた。それが具体的に何をもたらしたかというと、名目上はＮＡＴＯの加盟国であり続けたが、フランスはＮＡＴＯの日々の軍事活動に参加することを実質的に停止したのである[154]。確かに、いざ戦争になった場合には、フランス軍が他の同盟国に合流するという期待を維持することはできた。だが、フランス政府は、重要な軍事作戦計画の作成過程に参加することもなければ、フランス軍を日常的にＮＡＴＯの活動に参加させることもなかった。そしてフランス政府は、核兵器に関する意思決定は、自国の手中に留まり続けなければならないと主張したのだった[155]。さらに悪いことに、フランス政府は遠い昔にアメリカ軍をフランス領内から追い出していた。これをドイツに当てはめた場合、ブッシュが受け入れられるようなモデルではなかったのである。
コールは、ＮＡＴＯに完全に留まることに同意しなければならなかった。そしてブッシュは、それを明白な形で約束することを求めた。[156]コールはすぐには返事をせず、その代わり、一晩考えることはできるかとたずねた。ブラックウィルは、アメリカ側がみな驚き、この先延ばしについて懸念したことを覚えている。しかしブッシュは、コールが一晩寝て、日曜の朝に返答することを認めた。まもなく、時差ぼけのドイツ人たちは各々の寝室に消えていった。ドイツ人では記録係がただひとり残り、チャールトン・ヘストンとクリスチャン・ベールが演じる映画『宝島』を最後まで鑑賞したのだった。[157]
翌朝早く、米独両国代表団はともに教会の礼拝に参列することになっていた。このときまでにブラックウィルは、テルチクと緊密な関係を築いていた。礼拝が始まる直前、ブラックウィルは彼に近づき、コールはブッシュに同意することにしたかどうかたずねた。コールは同意する――テルチクはそう答えた。ブラックウィルは安堵し、すぐさまこのニュースを礼拝開始直前に、ブッシュに伝えた。ブッシュは、ブラックウィルが教会での礼拝をずっと気楽なものにしてくれたと述べ、感謝した。[158]
テルチクの方からも要請があった。「ＮＡＴＯと旧東ドイツ領に関して言及する際に、われわれは「管轄」という用語を用いるべきではありません」。この用語は、ドイツ統一後、第五条がドイツ東部の領域に適用されないかもしれないと示唆することになり、（ゲンシャーは言うまでもなく）ソ連に利用されてしまうかもしれなかった。「その通りだ、完全に同意する」とベーカーは答えた。「私は「管轄」という言葉を、その言葉が第五条に影響を与えるだろうということを理解する前に使ってしまった」。ベーカーは、二月二八日に、ゲンシャーにも書簡を送り、次のことを念押しした。「ＮＡＴＯの

「管轄」という用語は混乱をもたらしました。それゆえ今後は、ドイツのＮＡＴＯとの関係に関するわれわれの共通の立場を表現する際に、それを避けるべきだということでわれわれ〔米独首脳〕は合意しました[159]」。

キャンプ・デーヴィッドでの首脳会談は、昼前に行われた記者会見で締めくくられた。メディアの前でブッシュは、「北大西洋条約機構とそこへのドイツの完全なる帰属の重要性」を強調した。「ドイツがフランスの方式に従い、ＮＡＴＯには帰属するがＮＡＴＯの軍事機構にドイツ軍が統合されない」というようなことはありえないと、とブッシュはこの考えをきっぱり否定した。彼はさらに、「たとえソ連軍がすべて撤退したとしても、米軍はドイツに駐留し続けられるだろう」と付言した[160]。内輪では、ブッシュと側近らは、その週末が大成功であったと認識していた。ブラックウィルが述べているように、ブッシュは「キャンプ・デーヴィッドでコールの立場を相当程度に変化させ、統一ドイツがＮＡＴＯに完全に帰属することを明示的に支持させることに成功した」のだった。統一ドイツのＮＡＴＯ帰属問題については、答えはひとつとなった。これは、「ゴルバチョフにとっては悪い知らせだ[161]」。

その通りだった。ゴルバチョフは大一番で負けた。コールは天秤を、ブッシュの目的に適う方へと傾けた。コールがそうしたのは、ＮＡＴＯの駐留外国軍や核兵器、あるいは将来的に第五条を東方へと拡張させるという選択肢についてさえ、大幅な譲歩をすることなしに、彼が望むもの、つまりは母国の統一を実現できるだろうと悟ったからであった。ブッシュとコールは、ＮＡＴＯの軍隊と兵器を西側に維持し、NATOをできる限り早期にドイツの全領域へと拡大させるため、緊密に協力することになった。コールの「大きな財布」を使いつつ、彼らはソ連の経済的弱さを利用し、安全保障面での譲歩ではなく、金融・経済面でのインセンティブを彼らの戦略の中核に据えることになったのである。

しかし、それからの数か月でこの戦略を正当化し実行に移すことはまったく容易ならざることだった。ブッシュとコールはゴルバチョフを説得し、分断ドイツにソ連軍を駐留させられるソ連の法的権利を放棄させる必要があった。そうする間にも、彼らはゴルバチョフを弱体化させ過ぎないよう気を配らねばならなかった。それはコールが恐れた嵐を強めかねなかった。つまり、彼がドイツ再統一を言祝ぐ前に、ゴルバチョフがクーデターで倒れてしまうことをコールは恐れていたのである。ベーカーが述べたように、「統一ドイツのNATO帰属を確かなものにするために」、「来る数か月の間に、われわれの能力をすべて出し切る必要が」あった。[162] ベーカーが思っていた以上に、この言葉は正鵠を射ていた。

第三章　境界線を越える

ロバート・ゲーツは回顧録のなかで、キャンプ・デーヴィッド会談後の戦略について「私たちは二つのレベルで、ソ連を買収してドイツから追い出そうとしていました」と振り返っている。まず第一のレベルでは、「悪化していたソ連の経済状況を踏まえ、東西ドイツがＮＡＴＯ内で統一することに同意するのと引き換えに、西ドイツがソ連に潤沢な経済支援を申し出る」のであり、同時にアメリカも、ソ連側がアメリカにも融資を求めていることに鑑み、アメリカにも支援の用意があることを示して「可能性をオープン」にしておくことで、ソ連に対してますます優位に立とうとしたのである。

次に第二のレベルでアメリカは、西側同盟の将来に関して「数多くの提案」を検討していたが、それらの提案はすべて、いかにゴルバチョフが「ＮＡＴＯ内での東西ドイツ統一に合意することをより容易にするか」を目的としていた。要するに、ソ連国内の反対派に対して「国内で利用できるもの」を提供する必要があった[1]。ゲーツは、この二つの賄賂を、ゴルバチョフが可能な限り面目を保てるような形で提示することが肝要だと考えていた。「賄賂」の代わりに使用する「「誘因」だの「インセンティブ」だのといった言葉は、おきれいな外交用語」だったが、やるべきことは明白だった。その実現に向けて、一九九〇年の残りの日々、怒濤のように突き進んだのであった。

一九九〇年五月一五日に、西ドイツ首相ヘルムート・コールがイギリス外相ダグラス・ハードに対して、「外交政策というのは、まるで干し草刈りのようなものですね。嵐が来る前に、ともかく刈ったものを集めてしまわなければなりません」と説明した。彼は、「一年も経てば、朝目覚めると、クレムリンで大惨事が起きて万事休すとなった、といった記事をきっと読むことになるだろう」という確信を持っていた[2]。したがって、嵐がやってくる前に収穫を終わらせることこそが、決定的に重要になっていたのである。そこで真っ先に収穫すべきものが何かについては、すでにキャンプ・デーヴィッドで合意に至っていた。すなわち統一ドイツがNATOの完全なメンバーとなること、つまり第五条の東ドイツ地域への適用であった。これは、それまで冷戦の最前線であった東西ドイツ間の境界線を乗り越えて、NATOがその適用範囲を広げるということであった。すでにジョージ・H・W・ブッシュ米大統領は、このようにドイツ統一の問題をNATOの拡大とリンクさせる点について、コール首相の説得に成功していた。こうして東西ドイツ統一のための闘いと、これまでの東西ドイツ間の境界を超えるというNATOの未来のための闘いが、ひとつの同じ闘いとなったのであった。

この目標を実現するための交渉は、一九九〇年に次の一連の場所で行われた。五月と六月のワシントン、七月にはソ連のアルヒズ村〔ゴルバチョフの別荘があるコーカサスの村〕、そして九月のモスクワである。これらの交渉と並行して、ヨーロッパの政治情勢も刻々と変化していった。そのなかで中・東欧の指導者たちは、一九八九／九〇年に起こった劇的な政治変動にもかかわらず、ポスト冷戦のヨーロッパの安全保障の構造が依然としてNATO諸国と非NATO諸国のあいだで分断されたまま、ほとんど変化が起こらないことに気づき始めた。そのため各国指導者たちは、希望する側に自分たちの居場所を確保しようと躍起になり、ブリュッセルのNATO本部だけでなく、アメリカの国家安全保障会議(NSC)に向けてもNATO加盟の意思をアピールし始めた。こうした中・東欧諸国の意思表明の結果、NATOの東側での選択肢をオープンにしておくことがますます望ましくなった。西ドイツがドイツ統一に向けた交渉の最終局面(at the eleventh hour)になって、こうした期待を裏切るかのようにNATOの範囲を限定しようとする意向を示したとき、まさに土壇場での激しい闘争が繰り広げられることになった。[3] そこで西ドイツの同盟国は、ドイツ統一に関して合意に至るわずか数時間前という時点で、その統一を断念させるという危険を冒してでも、NATOが東西ドイツ間の境界線を越えることがきわめて重要であるという意思表示をしたのであった。

「ポーカーゲームの大一番」

ゲーツが示した戦略を実行する準備の一環として、NSCは「妥協できない根本的な問題」のリストを作成した。第一番目でかつ最も優先順位の高かったのが「NATOのなかのドイツ」であった。そして二番目は、「統一とドイツの非核化を引き換えにしない」ということであった。[4] 言い換えれば、ドイツの分断の終わりを筆頭とした一定の変化が訪れつつあったのだが、ポスト冷戦秩序においてアメリカが有利になるように、これらの変化の程度を抑制する必要があったのである。NATOが第五条をドイツ全土に拡大するために、ドイツ国内に配備されている核兵器を国外に撤去するという代償を払うことがあってはならなかった。

そのためには、こうした最優先事項が「2＋4」交渉で議題に上ることが絶対にないように、「2＋4」の権限に厳しく制限をかける必要があった。ブッシュ大統領が、NATOの盟友であるイタリアのジュリオ・アンドレオッティ首相に自ら伝えたように、「2＋4」は「NATOやヨーロッパの安全保障の将来を決める場になってはならない」のであった。⑤そのためにブッシュの側近は、複雑で重層的なプロセスをコントロールするべく懸命に働き続けたのであった。

ただ、ドイツ統一が影響をもたらすさまざまな問題を考えると、やはり「2＋4」以外の場も巻き込んで交渉を進める必要があった。したがって、いかなる交渉の場においても、NATOの将来に関して不意を突かれる形で話し合う羽目になるようなことがあってはならなかった。ブレント・スコウクロフト国家安全保障問題担当大統領補佐官の部下たちは、一方の軸に課題を、もう一方の軸に交渉の場をリストアップし、マトリックスを作った。そのマトリックスによって、あるトピックを扱うことが特定の交渉の場で許容されるのかされないのか、すぐに確認することができた。そのマトリックスには、たとえばある交渉の場において他の参加者が抗議した場合、その参加者によるより広範な議題を求める圧力をどのようにそらすか、その対応策も示されていた。⑥

こうした準備は、ソ連に対してだけでなく、NATOの同盟国をマトリックスに適切に当てはめていくためにも必要だった。⑦一九九〇年春のマーガレット・サッチャー首相との会談の際に、ジェームズ・ベーカー国務長官は簡略化したマトリックスを用意していた。そのマトリックスでは、「2＋4」交渉では「核兵器」に関する「実質的な議論」は行われるべきではないと示されていた。もし「同盟への加盟」が話題になったとしても、「２＋４」の場では、あくまでそれが「なぜ良いのかを議論する」ことに限定することになっていた。おそらく代替案についての言及を避ける目的があったのだろう[8]。しかしイギリス首相のサッチャーにとって、それは決して愉快なことではなかった。その頃サッチャーは外務省に、「２＋４」を周辺化しようとするアメリカの動きに反発するよう指示を与えていた。サッチャーは、この「２＋４」交渉の場で「より広範な問題について交渉すべきだ」と考えていたのである[9]。ロンドンの動揺する様子を受け、ＮＳＣスタッフのロバート・ブラックウィルはワシントンのイギリス大使館に、サッチャーに「第二次世界大戦中の連合国の記憶を思い出していただければ」と依頼する羽目になった。おそらくソ連と一緒になって、「２＋４」の場でドイツに対抗するという意味だった[10]。

また駐英フランス大使も、こうしたイギリスの姿勢に賛同し、その姿勢を賢明であるとして次のような電報を打った。「コールは何をするか分かりませんから[11]」。フランス外務省の高官も、イギリスと同様の失望を直接西ドイツに表明しており、そうした交渉の場がただ形ばかりの役割を果たすだけでは「明らかに不十分だ」と苦言を呈していたのである[12]。それでもブッシュ大統領は、率直に話ができる良好な関係にあったフランスのフランソワ・ミッテラン大統領に、次のようにレッドラインがどこにあるかを直接伝えた。ブッシュによれば、「２＋４」の場では「ドイツがＮＡＴＯに正式に加盟し続けるという権利について交渉すべきではな」く、また「現在の西ドイツの領土内における同盟国の通常戦力または核戦力の運命を決定すべきでもない」のであった[13]。何ものもＮＡＴＯを弱体化させたり、あるいはそれに取って代わるようなことがあってはならなかった。とりわけ、西ドイツ外相のハンス＝ディートリヒ・ゲンシャーが口にして憚らない、汎ヨーロッパ的な組織などは論外であった[14]。ブッシュ大統領は「東欧、そしてもしかするとソ連をも含むようなヨーロッパの集団安全保障体制が、いかにして西ヨーロッパへの脅威を抑止する能力を有することができるのか、想像もできなかった」。ブッシュは次の点を繰り返し強調した。西側諸国は「いかなる場合にも、ソ連が「2＋4」の枠組みを利用して、西側諸国の防衛や、そこでドイツが果たす代替不可能な役割を損傷させるようなことを許してはならないのです[15]」。これこそまさにゴルバチョフがいまだに望んでいたことであったので、両サイドの衝突が近づきつつあるのは明らかであった。一九九〇年三月七日、ゴルバチョフはソ連の新聞『プラウダ』のインタビューで、統一ドイツのNATO加盟は「絶対にありえない」と断言していた[16]。

しかし、ゴルバチョフがその可能性を否定しているあいだにも、アメリカの国務省は中・東欧諸国に関してNATOを含めた構想を描きはじめていた。ヨーロッパ諸国を歴訪中のイーグルバーガー国務副長官は、一九九〇年三月一日の電報において、NATOによってどのような形で「中央ヨーロッパに政治的な傘が差し掛けられるのか」とハンガリー外相から尋ねられたことを伝えた[17]。国務省の政策企画室の職員であるハーヴェイ・シッカーマンも、三月一二日の報告書において同様の構想を示しており、これはベーカー国務長官の目にもとまっていた。

他のNSCの同僚たちとは対照的に、シッカーマンは「2＋4」が素晴らしいアイデアであることを疑っていなかった。彼はこれを「2×4（two-by-four）」と呼ぶことを好んだという。なぜなら「ソ連が好むと好まざるとにかかわらず、統一ドイツをNATOに帰属させるための梃子になる」と考えたからである。東側陣営に目を向けると、ドイツとソ連のあいだにいることで最も苦労してきた中・東欧諸国は、ＮＡＴＯとの協力関係の緊密化が「ドイツとロシアの安全保障のジレンマから抜け出す最善の方法」であると気づき始めている、とシッカーマンは論じた。「ハンガリーやポーランドはすでにそのように見ている」⑱。たしかに、広く称賛されたチェコの指導者であるヴァーツラフ・ハヴェルは、軍事ブロックに属さない非武装化された中央ヨーロッパを提唱していた。しかしシッカーマンは、ハヴェルもいずれ現実を理解するとだろうと考えており、そして実際その通りになった。ハヴェルは、当初自身やミッテランが提唱していた汎ヨーロッパ国家連合《コンフェデレーション》などのような、ＮＡＴＯ加盟に代わる選択肢への関心を次第に低下させ、そうしたオルタナティブが選択される可能性は失われていったのである⑲。

なるほど中・東欧諸国がＮＡＴＯに関心を抱くこと自体は当然であると、シッカーマンは考えていた。ワルシャワ条約機構の崩壊が目前に迫り、その加盟国が他の選択肢を考え始めるのは妥当なことであった。しかし、ドイツの領土回復主義に対するポーランドの懸念など、多くの問題点も残されていた。ブッシュ大統領が不満げに述べたように、多くのポーランド人は、西ドイツの人びとがポーランド領となったかつての自分たちの居住地を奪還しないよう、ソ連軍が駐留し続けるべきと考えていたのである。また一九九〇年三月にコール首相がブッシュ大統領に伝えたように、ポーランドの指導者たちは、第二次世界大戦の賠償金として「数十億」を西ドイツに要求していた⑳。こうした論点を踏まえて、シッカーマンは次のように上司に進言した。アメリカ政府は、「（一）この地域を「まとめあげる」責任を負うことは重大な国益であり、（二）アメリカはそのための手段を有している」ことを確認する必要があります。私の暫定的な回答は、アメリカだけではできませんが、NATOとECならその手段を確実に持っているというものです[21]」。

シッカーマンの上司で政策企画室長のデニス・ロスは、部下のこの分析に目を通しそれが的確であることを理解した。この報告書によって、中・東欧の人びとはNATOに加入せずして安心できないのだということを把握したと、のちにロスは回想している。[22] こうしてロスは、「ポーランドをはじめとする東欧の人びとの多くは、いずれNATOに加盟できるのであれば、NATOが中心的な安全保障機構になることを支持するでしょう」と、上司のベーカー国務長官に進言することにしたのだった。[23]

こうした議論の延長線上で、一九九〇年三月二三・二四日にリスボンで開催されたEC特別閣僚会議には多くの中・東欧諸国の外相が参加し、欧米諸国と他に提携の方法があるかについて検討した。[24] ミッテランがブッシュに述べたように、「東欧諸国は孤立し、貧しく、屈辱を受けていると感じて」おり、だからこそ西側諸国は、この地域の住民が「まるで乞食であるかのように」接しないことが重要であった。このミッテランの懸念は、彼が汎ヨーロッパ国家連合を提案した動機のひとつでもあった。フランスがこのような国家連合に関心を持つのは、単にアメリカの強大な国力に対して「憎悪」を抱いているからというだけではないことを、スコウクロフトは理解していた。むしろ「遅かれ早かれ、アメリカの議会や国民が「なぜ、あそこに軍隊がいるんだ？　なぜヨーロッパを守るためにお金を使うのか？」と言い出すだろう」ということを意識していたのである。ミッテランは、アメリカが撤退するという(ミッテランから見た場合の)リスクがあるため、「ヨーロッパを独自の防衛能力を運用するために組織化しなければならない」と考えていた。

しかしミッテランは、中・東欧諸国をＥＣに参加させることにはあまり乗り気ではなかった。このような（ミッテランだけではなく多くの人たちの）消極的な態度のため、東ヨーロッパの人びとは、西側の政治制度に関心を持つことがつねに歓迎されるわけではないことを理解し始めていた。当時はポーランドの若き指導者であったラドスワフ・シコルスキは、駐ポーランド米国大使のトマス・サイモンズが、ＮＡＴＯに過剰な関心を示すポーランド人に対し、大人しくするように人差し指を振って制したことをのちに回想している㉕。

それでもポーランド外相のクシシュトフ・スクビシェフスキは、一九九〇年三月二一日にＮＡＴＯ本部を訪問し、ＮＡＴＯの「安定化効果」を強調した㉖。この訪問を皮切りに、ＮＡＴＯ諸国の指導者と中・東欧の代表者が次々と接触するようになった。同じ三月にはチェコの外務大臣がブリュッセルを訪問し、六月になるとハンガリー首相を先頭に、ルーマニア、ブルガリア、そしてさらに多くのハンガリーからの訪問者がブリュッセルを訪れた㉗。このようなソ連の同盟国の西側への追従ぶりから注意をそらすためか、あるいは対抗策として打ち出すためなのか、ソ連と西ドイツのあいだの「バックチャンネル」の伝達役であったニコライ・ポルトゥガロフが三月二八日に再び登場し、実に斬新な提案を行った。すなわち「ソ連のＮＡＴＯ加盟のようなもの」である㉘。

このような事態の変化を受けて、すでに不満を抱いていたゴルバチョフのドイツ専門家のヴァレンティン・ファリンは、中・東欧の同盟国との決別を内々に告げ始めていたという。一九九〇年四月、モスクワの西ドイツ大使館は、ファリンとその側近が次のように感じていたと報告している。「ワルシャワ条約機構の崩壊はソ連にとって決定的な問題ではない。……ハンガリー、チェコ、そしておそらくポーランドが何をしようと、ソ連にとって大した違いはない」[29]。

ただこれとは対照的に、東ドイツは重要な存在であった。東ドイツは、いまや統一される寸前の分断国家の一方であり、それはまた他のどの国家とも異なり、戦時中のソ連国民の何百万という犠牲に対する責任を負った国家であった。ソ連は、ドイツ統一が実現してしまう前に、できる限り多くの見返りを得ようとしていた。しかし、一九九〇年三月一八日に行われた東ドイツの選挙によって、ドイツ統一の実現がいよいよ間近に迫っていた。

西ドイツのコール首相は、この選挙において東ドイツのCDUを応援し、統一に向けた計画を急ピッチで推進するために、投票権も市民権もないにもかかわらず、自ら選挙活動に乗り出した。これは議論を巻き起こすことにはなったものの、コールは東ドイツのCDUを中心とする中道右派の連合体「ドイツのための同盟」を支援するために、あらゆる手段を講じることが不可欠と考えたのである。東ドイツの支配政党である社会主義統一党は、長年にわたる独裁的な支配ゆえに、自由選挙ではあまり勝ち目がないと考えられた。しかし社会主義国家で育った有権者が、CDUよりも西ドイツ版社会主義政党である中道左派の社会民主党(SPD)を選択するかもしれないことを、コール首相は懸念した。SPDの元首相でノーベル賞受賞者のヴィリー・ブラントが、東方政策(Ostpolitik)と呼ばれる東側に働きかける政策で人気を博していたこともあった。

しかしそれでもコールは勝利を収めた。東ドイツで六度にわたって行われた首相による選挙集会は、何十万人もの参加者を集め、驚くほどの大成功を収めたのである。選挙当日までに、コールはブッシュ大統領に対し、すべての選挙集会の観衆を合わせると、文字通り一〇〇万人と顔を合わせたと述べたという。[30] これらの人びとと、彼らのような多くの東ドイツ市民が、コールの支援する中道右派に大勝利をもたらしたのである。投票率は実に九三パーセントを超え、「ドイツのための同盟」が四八パーセントの得票率を獲得し、それは他のどの政党よりもはるかに多く、与党として連立政権を組むのに十分であった。そして「ドイツのための同盟」は、東側のＳＰＤとの連立政権を選択したのである。[31]

この選挙こそが、ゲーム・チェンジャーとなった。迅速な統一を目指すコールは、この選挙の勝利によって明確な正統性を獲得したのである。あるソ連の交渉担当者は、この選挙の結果、「２＋４」が突然「１＋４」になったと悔しそうに語った。というのも、ソ連の同盟国である方のドイツも、いまやコールの同僚によって運営されることになったからである。[32] モスクワの西ドイツ大使によると、この投票結果は、ソ連がすでに疑いを持っていたある事実を明白にするものであったという。すなわち「ソ連が何十年もかけて築き上げたドイツ民主共和国の政治体制は、民主的な正統性を持っていなかった」ということである。[33] 一方コール首相は、上機嫌で明白なことを自党の同僚らに述べていた。「今日はとてもいい日だ」。しかし、彼はまだ残された課題に注意を促してもいる。そして「ドイツ人が犯しうるおそらく最悪の過ちは、ドイツの将来、つまりドイツ統一がヨーロッパの枠組みのなかで行われるということを忘れることだろう」と忠告したのだった。コールはその後すぐに、国家統一と同時に欧州通貨統合を進めることを明言し、共通通貨の導入時期を一九九二年一二月三一日と言明し始めたのである。コールが述べたように、「ポーカーゲームの大一番が始まった」のであった。[34]

コール首相は、ソ連に対してもより積極的に行動することを決意し、ボンのソ連大使ユーリイ・クヴィチンスキを呼び寄せた。コールは大使に、「いつもの官僚機構や頭の固い連中を避け、直接ゴルバチョフにメッセージを伝えるように」と指示した上で、そのメッセージのなかで、これから何を実現させるつもりかを明言した。詳細に関しては交渉を重ねる必要があり、ドイツは代償を払うことになるだろうが、統一は実現するだろう、と。もちろん多くの現実的な問題は残されていた。たとえば既存の条約を統一後にどう引き継ぐか、ソ連軍の撤退をどうするかなどだが、ドイツ側が十分な人員や資金を提供できれば、それらすべてを解決できるし、実際ドイツはそのつもりだった。一方、ソ連軍は暫定的に駐留し続け、その間「ドイツ軍はまったく」東側に移動することはないだろうが、最終的にはソ連軍には撤退してもらうというものである。これに対し、西側の軍隊の駐留とドイツのNATO加盟は永続すると考えられた。こうした構想に抗議するクヴィチンスキに、コールはまたもやお得意の比喩で、この運命に抗うことは、ライン川の水が海に流れ込むのを阻止するようなものですよ、と語ったのである。[35]

コールはまた、地政学的なポーカーゲームではめったに挑戦することのなかった大物プレーヤーに挑戦できるほど、自分の手持ち札は強いと感じていた。その相手とはキングメーカー、ゲンシャー外相である。コールはゲンシャーに対し、NATOの将来に疑問を呈するような発言を控えるよう、問答無用に要求する書簡を送付した。ゲンシャーは、直近のルクセンブルクでの演説においても、NATOとワルシャワ条約機構がヨーロッパのための「共通の集団安全保障体制」としてひとつになり、そのなかで二つの同盟が「最終的に解消しうる」と呼びかけたばかりであった。[36] コールはゲンシャーにそうした言動を即座に停止するように通告する書簡を送り、「報道の伝えるところがあなたの演説そのままなのかは分かりませんが、もしそうであるならば、私はあなたの構想を共有もしませんし、支持もしませんと伝えた。さらにコールは、ゲンシャーが自分の考えをまるで政府の立場であるかのように、「何の相談もなく」いきなり発表するというようなやり方を「受け入れる用意はありません」と述べたのである。[37] このコールの書簡の内容は、すでに彼がアメリカ政府と合意していた戦略に合致していた。つまり西ドイツはソ連に安全保障上の譲歩をするよりも、ソ連経済の弱みにつけこんで、統一を達成するために優位に立とうというのであった。[38] ソ連が西ドイツからの経済支援を必要としていることは、「ドイツに関する満足のいく安全保障上の取り決めに関して、ソ連から同意を得るための大きな梃子である」と、同年四月にコールはイギリスの外交官に語っている。[39]

一方、ソ連邦内の分離主義運動はソ連指導部にさらなる圧力をかけており、なかでもリトアニアの独立運動がゴルバチョフを苦しめていた。リトアニアの分離主義がゴルバチョフにもたらした多くの難題のひとつに、地理的な問題があった。リトアニアはカリーニングラードという地域に隣接しており、ここは第一次世界大戦前はケーニヒスベルクという名でドイツの主要な港のひとつだった。第二次世界大戦後、この地域は事実上ソ連の連続した領土の一部となっていたが、リトアニアの行動の結果、カリーニングラードはバルト諸国とポーランドのあいだに位置する孤島のような政治的存在になりつつあったのである。

このように、西ドイツのコール首相が新たに選挙で正統性を獲得し、またバルト諸国で分離主義運動の問題が生じていたにもかかわらず、ゴルバチョフはさまざまな形で影響力を保持していた。あるイギリスのアナリストが述べたように、ソ連の「真の武器」は、「ソ連の同意の代償として……非核化を受け入れるようドイツの世論を説得できる可能性」が残されていたことにあった。またソ連は、第二次世界大戦に由来する法的権利の放棄を引き延ばしにし、軍隊を駐留させ続けることもできた。あるいは、ヨーロッパの通常兵力の種類や数を制限する軍備管理協定のような多国間協議の進行を遅らせるか、阻止するといった脅しをかけることもできた。かねてからソ連軍幹部は、大胆な軍備管理協定を締結しようとするゴルバチョフに不満を抱き、より強硬な姿勢を示したいと考えていたのであり、こうした軍備管理協定交渉に水を差すことなら大喜びでやっただろう[40]。

もうひとり、ゴルバチョフの邪魔をしたいと考えている人物がいた。ファリンである。彼の脳裏に焼き付いていたのは、一九九〇年二月にゴルバチョフがコールに対し、不用意に青信号を出したことであった。そして四月になって、ソ連外交の専門家ファリンはゴルバチョフに対し、世論というカードを使うように説得を試みた。ファリンは、ドイツ統一がＮＡＴＯの枠内で行われるべきかの是非を問う国民投票を要求するよう訴えたのである。ゴルバチョフが西側の都市を訪れると、市民が殺到し街が大混乱となるのが恒例となっており、その後一九九〇年にはノーベル平和賞が授与されることからも分かるように、西側諸国でのゴルバチョフ人気の高さは明らかであった。ファリンは、海外でのゴルバチョフの知名度を活かし、いかにして統一するかという重大な決定について、ドイツ国民に発言権を与えるよう要求すべきだと考えたのである。ＮＡＴＯへの加盟とセットでドイツ統一を望むのか、それとも代わりに何らかの全ヨーロッパ的な同盟を求めるのか、ドイツ人がその発言権を持つべきであった。

それは見事なまでに逆転の発想だった。冷戦時代の共産党幹部であったファリンは、ソ連の国民に対してワルシャワ条約機構に関して意見を直接求めることなど、これまで長らく主張すらしなかった。

にもかかわらず、逆にいまではこうした国民投票という提案にこそ勝機があると考えているようだった。もしコール首相がこのような国民投票を行った場合、彼の思い描いた通りにはならず、ドイツ国民が統一のためにNATO加盟を断念する結果になる可能性は十分にあった。そして、もしコールが国民投票を呼びかけない場合でも、ゴルバチョフはNATOのなかでのドイツ統一に関して、それがドイツ国民からの正統性に基づくものではないと主張できるのである。[41] あるいは、分断されたドイツにすでに配備されている核兵器に関する国民のあいだでの圧倒的不人気を利用して、果たして統一ドイツにも核兵器は必要なのかを問うという選択肢もありえた。[42] 特に西ドイツで不人気だったのは、短距離核ミサイルであった。NATOの通常戦力だけでは、ソ連軍の大規模な戦車による進軍を阻止することは困難であったため、短距離核ミサイルはそうした進軍を抑止するために配備された。とはいえ、もしこれらの核兵器が使用された場合、結果としてヨーロッパ大陸の中央部は人が住めるような場所ではなくなるため、NATOにとってはあまりにも損害が大きく悲劇的ないわゆる「ピュロスの勝利」になるのだった。[43] それに加えて、駐留する外国軍も憎悪の対象だった。西ドイツの国土では、その幅の最も狭いところでニューヨークのロングアイランドぐらいしかないにもかかわらず、九〇万人もの兵士が駐留していた。[44] 一方鉄条網の向こう側の東ドイツでも、その国土面積は西ドイツより小さいものの、約一八万の軍隊と四〇万のソ連軍、さらに多くの短距離ミサイルを含む大量の核兵器が配備されていた。[45] ミサイルの射程距離が短ければ短いほど、ドイツ人が「もっと死ぬ」というのが、分断されたドイツで共有されていた辛辣なジョークであった。こうしたドイツ人が抱える憎悪を利用することで有利な立場に立てると、ファリンは考えたのである。

ゴルバチョフはこのレバレッジを一刻も早く使う必要があった。というのは、ファリンの言葉を借りれば、西側の態度が「週を追うごとに」硬化していったからである。ファリンは一九九〇年四月一八日までに、NATOの管轄をドイツ民主共和国には拡大しないという、かつてのベーカー国務長官のレトリックが消えてしまっていることに気づいていた。その代わりに西側はいま、「ドイツ民主共和国とワルシャワ条約機構に関するNATOの計画を実現する準備に全力を注いでいる」のであった。もしソ連がすぐにでも統一にブレーキをかけなければ、NATOが東ドイツよりもさらに東の土地まで追求することを阻止できないのではないかとファリンは憂慮していた。彼が婉曲的に言ったように、現在の国境の外にある「かつての」ドイツの領土が、「ポーランド人によって、あるいはポーランド人ではない誰かによって」、「売りに出される」かもしれないのだった(46)。

つまりファリンは、問題はドイツだけではないのであり、そろそろ本気にならねば手遅れであるとゴルバチョフに伝えようとしていた。しかしゴルバチョフがその助言に従わなかったため、ファリンの構想が、一九九〇年に進行したソ連の衰退に歯止めをかけられたかどうかは永遠の謎のままである。ゴルバチョフは、自らの顧問であるファリンの強硬策よりも、西ドイツからの財政的、経済的支援の約束に心を動かされたようである。ゴルバチョフは、ますます辛辣になりつつあったファリンを遠ざけ、その代わりに選んだのが、側近のアナトリー・チェルニャーエフだった(47)。

チェルニャーエフは、西側への強硬な姿勢を崩さないファリンとは異なり、ドイツ統一は避けられないと諦めていた。五月四日、チェルニャーエフはゴルバチョフに、「大西洋同盟のなかでのドイツ統一を阻止することはもはや不可能ですが、その次の段階はポーランドのNATO加盟かもしれません」という意見を伝えた。しかし、チェルニャーエフはその可能性に関してもパニックになることはなかった。なぜなら、「オーデル・ナイセ線」や「エルベ川」などに配備される「装甲兵員輸送車や榴弾砲」は、ソ連にとって主要な脅威にはあたらなかったからである。重要なのは「ソ連とアメリカの核のバランス」をめぐるポーカーゲームであった。東西ドイツやポーランドは核兵器を管理しておらず、実際にはそれほど重要度は高くないと彼は考えていたのであった㊽。

ワシントン米ソ首脳会談とヘルシンキ原則

ゴルバチョフはこうした問題点のすべてに関して、一九九〇年五月三一日にワシントンで始まる米ソ首脳会談で、ブッシュ大統領と直接話し合う機会を持つことになった。首都での本会議終了後、ブッシュ大統領はゴルバチョフをヘリコプターでキャンプ・デーヴィッドにも招待した。この招待は、アメリカとソ連の指導者がひとつのヘリコプターに搭乗することを意味した。ブッシュ大統領とスコウクロフトが指摘したように、「米ソ両国の指導者が、互いの国を破壊できる核の暗号を持った軍人の側近を伴って、ひとつのヘリコプターに搭乗した」のである。両者にとってより大きな目標がある以上、それも許容範囲内だと判断されたのであった㊾。

この首脳会談の準備のために、ブッシュ大統領とコール首相は互いに協力し、NATOのマンフレート・ヴェルナー事務総長とも緊密に連絡を取り合った。ゲーツが提案していたゴルバチョフへの二つの賄賂(bribes)のうち、一つ目の巨額の資金は西ドイツが用意する段取りにあったが、二つ目はアメリカ政府がヴェルナーと協議しながら用意することになった。その二つ目とは、ゴルバチョフがソ連国内の強硬派に対抗するために「自国で利用できる」ようなＮＡＴＯの改革案であった。

ブッシュ大統領は、一九九〇年夏にＮＡＴＯ首脳会議を開催し、同盟のより魅力的な姿をアピールするべきだと考えていた。[50] このＮＡＴＯ首脳会議は、一九九〇年七月五日から六日まで予定されていたが、それはまさに七月二日から一四日まで開催されるソ連共産党大会の最中だった。しかしヴェルナーＮＡＴＯ事務総長は、それ以前からＮＡＴＯの新しい姿をアピールし始めるために、すでに五月一七日にＮＡＴＯが「状況の変化」にどのように適応していくかという演説を行っていた。そこでヴェルナーは、「新たに民主化している中・東欧諸国は、ＮＡＴＯなくして独立と自由を回復することなどできなかったし、またそれらを維持することもできないだろうことを自覚している」と述べたのである。一方分断されたドイツに目を向けると、党大会でゴルバチョフがソ連の強硬派に対抗するのを援護射撃するために、ヴェルナーはゴルバチョフに後の禍の種となるような言質を不用意にも与えてしまった。ヴェルナーは、東ドイツの「特別な地位」という意図的に曖昧な表現を繰り返す代わりに、次のような不用意な表現を使ったのである。この言葉は、その後何十年にもわたってロシア政府が西側諸国を非難する際に利用されることになった。すなわちヴェルナーは、ＮＡＴＯが「ドイツ連邦共和国の領土を越えてＮＡＴＯ軍を配備しない」[51] という「事実そのもの」が、「ソ連に確固たる安全の保証を与えている」と述べてしまったのである。

コール首相も自らワシントンを訪れ、ゴルバチョフの到着に向けた戦略の立案に力を貸すことになった。[52] この頃、コールはアメリカで歓迎され頻繁に訪れており、なかには三週間で二度も訪問することもあるほどであった。しかし、コールとブッシュ大統領のあいだには、アメリカがソ連に対してどの程度の経済援助を行うかを中心に、まだ意見の相違があった。ホワイトハウスは、ゲーツが提言したように「可能性を残す」とは言っていたものの、基本的にはソ連に多額の融資をするつもりはなかった。こうした消極的な姿勢を受けて、ベーカー国務長官の部下のひとりは、「今度の首脳会談でドイツやヨーロッパの問題についてゴルバチョフとのあいだでどの程度進展するか、コール首相は過大な期待を持ってアメリカにやって来るのではないか」と憂慮していた。[53]

しかしブッシュとコールは、いかに西ドイツからNATO軍を撤収させることなく、ソ連軍を東ドイツから撤収させるかが最も注意を要する問題であるという認識を共有していた。両者は、そうなった場合にもゴルバチョフの面目を保つ方法を見つける必要があった。なぜなら、一九九〇年五月一七日にコールがブッシュに言ったように、「ゴルバチョフは、大きな問題を抱えている。ソ連の同盟国である東欧諸国が、NATOへの加盟を希望して」いたからである。[54] コール自身は、中・東欧諸国が同盟の一員となる可能性を大いに歓迎していた。コールが六月一一日に自党の幹部たちに語ったように、「西ドイツにとって起こりうる最も望ましいことは、ポーランドがNATO加盟を要求すること」であった。もしポーランドがそのような要求をすれば、それはドイツを分断の最前線から解放し、さらにはポーランドの不安も解消されるのだから「声高に称賛すべき」であった。しかし逆に、もしドイツがNATOの拡大に反対するという選択をした場合、それは同盟の「崩壊」を招き、「ドイツ人による核兵器の保有」までを含む「破滅的な結末」をもたらしかねなかった。[55]

実際ゴルバチョフは、一九九〇年五月一八日のベーカー国務長官との会談でも、ワルシャワ条約機構の同盟国がNATOへの加盟を希望していることに不満を漏らしていた。ベーカーがブッシュ大統領に語ったところによると、ゴルバチョフは「アメリカが東欧諸国をわれわれから引き離そうとしている兆候があります」と憤っているとのことだった。またゴルバチョフは、「彼らが自分たちから離脱したいと望むなら、それでも構いません」と述べ、「しかし、アメリカがそれを促すようなことをすべきではありません」と付け加えた。ベーカーは「東欧諸国の離脱を促すようなことなどしていません」と否定したが、ゴルバチョフは懐疑的であった。[56] ゴルバチョフは、五月二一日にチェコのアレクサンデル・ドゥプチェク議長と連絡を取り、「大一番の勝負がまさに進行中です。ハンガリーやポーランドと同じように、あなた方も当然巻き込まれることになるでしょう」と伝えた。そして、「もし統一ドイツがNATOに加盟するならば、同じように私たちもNATOに加盟すべきではないでしょうか」と問いかけたのである。[57]

五月二五日、ゴルバチョフはフランスのミッテラン大統領にこの問題を再び提起し、「ベーカー国務長官にはお伝えしたのですが、東欧諸国の多くの指導者がワルシャワ条約機構から脱退し、その後NATOに加盟するという意思を明確にしていることについて、あなた方が好意的であるのは承知しています」と述べた。そしてゴルバチョフは、もしそうなった場合にはソ連も一緒に加盟を求めるかもしれない、そのときアメリカはどうするでしょうか、と述べたのである。ミッテランは、ゴルバチョフの訴えに理解を示しつつ耳を傾ける一方で、統一ドイツのNATO加盟への動きが加速化し、NATOが冷戦時代の分断線の内側に留まっていることはなさそうであり、この勢いに逆らってまでフランスが「欧米のパートナーから孤立する」ことは回避したいという姿勢を明らかにした。このミッテランの発言は、ゴルバチョフに対し、統一ドイツのNATO加盟を阻止することはほとんど不可能であることを伝えるシグナルであった[58]。それでもゴルバチョフは、ワルシャワ条約機構の首脳会議において、西側が「東欧諸国、あるいはその一部をNATOに加盟させる」と言っていることを非難し続けた。ゴルバチョフによれば、西側のこのような話の「秘められた意図と目的」は明白であった。つまり「ヨーロッパにとどまらず、さらにそれを越えてNATOの機能を拡張すること」だった[59]。

このように不満を抱いていたゴルバチョフは、統一ドイツがNATOに加盟する必要性、あるいはNATOの存在自体の必要性についても疑問を呈し続けた。一九九〇年五月一八日にベーカー国務長官に対して、汎ヨーロッパ的な安全保障の解決策に関する自分の考えを真剣に受け止めないアメリカ政府を非難し、貴重な機会が失われつつあると訴えた。もしドイツが冷戦時代の古いブロックの片方のみに参加するなら、すぐにその貴重な機会は失われ、新しい汎ヨーロッパ的な同盟を構築することは不可能になる。実際、ゴルバチョフは「このままではヨーロッパに信頼できる安全保障体制を構築する時機を逸するでしょう」と嘆いたのであった。ベーカーはその後、ブッシュ大統領に内密に、ゴルバチョフのこの発言を次のように解釈したことを伝えた。それは、この発言に「ソ連が影響力を失い、ドイツが大きくて危険な大国になる」というソ連側の考えが示されているという解釈であった[60]。

ベーカーは、ゴルバチョフが思い描く汎ヨーロッパ的な安全保障機構に対する自らの考えを、次のようにはっきり伝えた。「素晴らしい理想だとは思います。しかし、それはただの理想でしかありません」。その約一年前の一九八九年五月三一日、西ドイツのマインツで行われた演説では、ブッシュ大統領が「一体で自由なヨーロッパ（Europe whole and free）」の必要性を訴えていた。しかしベーカーは、ヨーロッパ全体がひとつの安全保障同盟を結ぶというのは幻想であると一蹴したのである。現実としてNATOが存在しているのであり、そのなかにドイツがしっかり組み込まれることはソ連にとっても利益となるだろう。(61) ゴルバチョフは、ソ連自体もNATOに参加すべきか問いかけた。「私は、ブッシュ大統領にソ連のNATO加盟を提案し、公言もするつもりだ」とゴルバチョフはベーカーに伝えた。これは「何も無茶な話」ではなく、むしろ真剣に検討した結果だとゴルバチョフは強調した。直接の回答を避けるベーカーに対し、ゴルバチョフは「ソ連のNATOへの加盟は、そんな途方もない幻想ではない」と繰り返した。アメリカとソ連は、かつては同盟国であったのに、なぜ再び同盟国とならないのか？　これに対してベーカーは、話題を「2＋4」に戻したのだった。(62)

ゴルバチョフが自らドイツ、中・東欧、そしてソ連のNATO加盟問題をすでに提起していたことからも、首脳会談でこれらの争点が扱われるのは明らかだった。西側の指導者は、かつてミッテランがゴルバチョフに反論した際に使用していた用語で対抗することにした。それは、いわゆるヘルシンキ原則、すなわち一九七五年のヘルシンキ最終文書に署名するすべての国に認められた、自らが属する軍事同盟を選択する権利である。(63) 冷戦時代、それは空約束に過ぎず、ワルシャワ条約機構以外の選択肢を自由に選ぶことなどできないことを中・東欧諸国は理解していた。しかし少なくともヘルシンキ最終文書の文言の上では、ソ連はこの原則に同意していた。

一九九〇年に入り状況が変化するなかで、ブッシュ大統領とコール首相は、このヘルシンキ原則を有効に活用できることに気がついた。なぜなら、西ドイツはこの最終文書に署名しており、法的に西ドイツ国家を継受する統一ドイツも同様に同盟を選択する権利を持っており、もちろんNATOを選択することになるだろう。したがって、ＮＡＴＯの同盟国の軍隊がドイツに駐留し続けることも何ら問題にはならず、そうした法的根拠を持たないソ連軍とは事情が異なるのである。[64]

この苦い薬を少しでも飲みやすくするために、ブッシュ政権は首脳会談でゴルバチョフに、統一ドイツは西ドイツがすでに行ったように、ＡＢＣ（核・生物・化学）兵器を放棄する旨を伝えることにした。ドイツ政府も、ある一定の移行期間のあいだはソ連軍の駐留を引き続き容認することになるだろう。しかしアメリカ政府は、大規模な資金援助は一切行わない。こうした資金援助こそがゴルバチョフの当面の関心事であったため、ブッシュ大統領はコール首相に、首脳会談の成果にあまり多くを期待しないようにと語っていた。むしろアメリカの目標は、ゴルバチョフに「大きな突破口はなかったが、いい首脳会談であったと感じて帰ってもらうこと」という、限定的なものだった。[65]首脳会談に向けた内々のブリーフィングペーパーでも、過大な期待が禁物であると結論づけていた。[66]

ブッシュ大統領の予想通り、ワシントン首脳会談ではドイツ統一問題を最終的に解決はしなかったが、重要な進展はあった。ブッシュとその側近は、今後のヨーロッパの安全保障に関してヘルシンキ原則に則って進める点について、ゴルバチョフから了承を得ることに成功したのである。[67]将来のＮＡＴＯの拡大にとって、これほど重要な譲歩はほとんどなかった。この時点では首脳会談でまだかろうじてゴルバチョフに同行させてもらっていたファリンは、この点に関してゴルバチョフが合意したのはまったく不意打ちであったと、のちに苦々しく回想している。ファリンによれば、ゴルバチョフが譲歩したのは、ブッシュがちょっとした「言葉の粉飾」をした後だったという。[68]ゴルバチョフは、統一ドイツがＮＡＴＯとワルシャワ条約機構の両方に加盟することが望ましいとブッシュ大統領に説き、この同盟を「二つの錨」として機能させ、そこにドイツをよりしっかりと埋め込むことを提案していた。これに対してアメリカ側は、ベーカー国務長官が「そのようなやり方はまるで分裂症のようだ」と反対した。そしてブッシュ大統領が、ヘルシンキ原則によると、最終的にはドイツ人自身が選択することになると切り出した。「もしドイツがNATOに留まりたくないのであれば、ドイツには別の選択肢を選ぶ権利がある(69)」。

この発言にゴルバチョフはまるで藁をもつかむ思いで飛びついたと、のちにファリンは振り返っている。ゴルバチョフには、ドイツがNATO以外の選択肢を選ぶかもしれないという考えがあったようである(70)。ゴルバチョフは、その発言が自国にとって有益であると勘違いし、「どの同盟に加盟するかはドイツ自らが決めることだ」と公けに発表することまで提案した。実はこの発言がどれほどアメリカ側に有利に働くかに気付いていなかったようである。一方勝算があると踏んだのか、ブッシュはこれに同意し、次のように少し違った方式を提案した。アメリカはドイツのNATO加盟を望んでいるが、もしドイツが「別の選択をした場合でも、私たちは異議を唱えず、それを尊重します(71)」。ゴルバチョフは、迂闊にもこれに同意してしまったのであった。

しかしソ連代表団の他のメンバーは、ゴルバチョフとは異なり自分たちが譲歩していることを自覚しており、もはや我慢の限界であった。ブッシュとスコウクロフトは、ファリンと、ソ連の戦争の英雄でゴルバチョフの安全保障顧問であったセルゲイ・アフロメーエフ元帥の二人が怒りをあらわにしていたとのちに回想している。このソ連側の二人の顧問が突然、「ゴルバチョフが話している傍らで芝居がかったやり方で互いにささやき合い、行ったり来たりして、激論を交わしていた。ソ連の指導者に対する事実上の反抗という、これまで誰も見たことのない信じられない光景だった」。さらにファリンは、舞台を独り占めすることにも成功した。彼は、汎ヨーロッパ安全保障体制の望ましさに関して長口上を述べることで、何とか損害を帳消しにしようとしたのだった。のちにスコウクロフトは、リアルタイムで暴動を目撃しているのかと思ったと振り返っている。(72) しかし、このファリンの発言はすでに遅きに失していた。ソ連交渉団が明らかに仲間割れしているにもかかわらず、「ゴルバチョフはのろのろと議論を続け、引き下がろうとしたものの、先の発言を完全に否定することはなかった」と、ブッシュとスコウクロフトは回想する。(73)

その日の夜の記者会見で、ブッシュとゴルバチョフのあいだで合意に至った文言が公表されると、ファリンは失意のどん底に突き落とされたという。彼は、この問題に関してゴルバチョフに助言することに「何の意味があるのか」と自問するほど落ち込んだ。(74) アフロメーエフの絶望はさらに一段と大きいものがあった。彼は次第にゴルバチョフに反発するようになり、やがて一年余りのちに起こるクーデターの指導者たちを支援するようになったのであった。そしてそのクーデターが失敗したとき、彼は自ら命を絶つことになる。

これとは対照的に、アメリカ側は、首脳会談での自分たちの成功が信じられない様子だった。ブッシュがコール首相に首脳会談の結果を伝えたとき、両者は「ソ連側には意見の食い違いがあり、彼ら自身自分たちが何を望んでいるのか分かっていないのではないか」と結論付けた。ゴルバチョフもそのアドバイザーたちも、即興的な対応に終始しているとしか思えなかった。(75)

首脳会談を終えたゴルバチョフが帰国すると、そこにはさらなる抵抗が待ち受けていた。ゴルバチヨフがモスクワに呼び寄せた、スヴェルドロフスク地方の共産党指導者であるボリス・エリツィンが頭角を現しつつあった。ゴルバチョフとエリツィンは、ともに一九三一年生まれで、戦時中の国家で生まれ育ったという過酷な体験を持ちながらも、これ以上ないほどに対照的な二人であった。ゴルバチョフといえば、ロシア最古の名門大学であるモスクワ大学法学部を卒業した経歴を持ち、また若くして共産党に入党し、そしてマルクス主義の哲学者と結婚していた。一方エリツィンは、極寒のウラル山脈近く〔ブトカ〕に生まれ、地方の工科大学で学び、エンジニアと結婚し、共産党に入党するのも遅かった(76)。エリツィンの名前を一躍有名にしたのは、当時の指導者ブレジネフによって、最後の皇帝一家が処刑された家の取り壊しを命じられた際に、エリツィンがわずか二四時間足らずで任務を完了したという出来事であり、実際その後彼は次々と昇進した(77)。しかし、エリツィンがひとたびモスクワに進出すると、ゴルバチョフとの衝突が増えていき、やがて両者は敵対するようになった(78)。

エリツィンは、ゴルバチョフに対抗して共産党内での影響力を拡大しようとするのではなく、一九九〇年七月に共産党を唐突に離党した。そして、まだ十分とはいえないものの自由選挙が行われようとする新たな政治の世界で成功を目指すと宣言したのである。たしかにゴルバチョフの改革があったからこそ、このような新しい政治が可能になった。しかしゴルバチョフ自身は、選挙で勝利を収める可能性があったにもかかわらず、自ら有権者の前に姿を現すことを避けたため、結局エリツィンがその恩恵を最大限に受けることになった(79)。スコウクロフトは、エリツィンの民主主義への突然の転向は見せかけで、「ソ連指導者の支配下から抜け出すために民主主義者になったにすぎない、純然たる機会主義者」であるという印象を報告している。結局のところエリツィンは、「「根っからの権力志向」

であった」。しかしゴルバチョフとは異なり、エリツィンは「ポピュリストであり、何が国民にとって魅力的かを理解し、そうした役割を心から楽しみ、非常に上手にこなしていた」[80]。

エリツィンは、商品棚が空になったままの商店の店長や、バス停に遅刻するバスの運転手を自ら批判するなどし、モスクワ市民のあいだで人気を博していた[81]。一九九〇年五月の選挙の結果、エリツィンがロシア共和国の指導者に選出されたことは、ゴルバチョフを困惑させた。同年七月にゲーツはブッシュ大統領に、「われわれはエリツィンを過小評価していたのかもしれない」と語った。ゲーツは、エリツィンの選挙での勝利が「ゴルバチョフの国内での不安定な立場」をさらに弱体化させることになったと指摘した。ゲーツの見立ては、エリツィンは「深刻な飲酒問題」（飛行機事故と脊椎の手術の後遺症に苦しんでおり、おそらく自らその痛みを和らげるための深酒と思われた）を抱えながらも、「向かうところ敵なしのように見える多くの馬に思い切って鞍をつけた」ことから、「主要なプレーヤーになるだろう」というものであった。たとえば、エリツィンによる「ロシア共和国の「主権」の強調」や「ソ連邦を構成する他の共和国との関係を再交渉する計画」は、ゴルバチョフが対処できなかった民族問題という名のゴルディアスの結び目を断ち切る（難題を解決する）ものであった[82]。これとは対照的に、ゴルバチョフの改革は「首尾一貫しない寄せ集め」になりつつあり、ゴルバチョフはソ連が置かれている泥沼状態から「抜け出す方法をまったく考えていない」ように見えたのである。ゲーツは「ゴルバチョフは歴史に名を残したが、いまや歴史の方が彼の思惑をはるかに超えて動いているようだ」と結論づけた。そしてブッシュに対して、「大統領、あなたが勇気と自信をもって西側を未来に導いているときに、ソ連のなかでは、まるで未来を見通せていない人物に、国家の命運のすべて

を賭けているように見られることは、実に残念なことです」というアドバイスを送っていた。(83)

「線路上に十字に横たわって」

エリツィンからの脅威に加えて、ゴルバチョフは、悪化の一途をたどるソ連の経済状況に直面し続けていた。西ドイツのコール首相は、「ソ連という国家全体が崩壊していくのではないか」と考え始めていた。(84) 理屈の上では敵国が崩壊することは良いニュースなのかもしれないが、コールはソ連からドイツ統一のために必要な二つの重要な譲歩を獲得する前に、そうした事態が起こることを望んでいなかった。その二つとは、ソ連軍の撤退と、第二次世界大戦の戦勝四か国の一員として有する法的権利の放棄である。(85)

その結果、コール首相とその周辺は、ゲーツが外交官らしく「誘因」と呼んだ事項に関して、より急いで模索するようになった。これはたとえば、東ドイツにおけるソ連軍の駐留経費は西ドイツが多く負担するといった合意のようなものであった。かつてソ連軍は、戦争に勝利した占領軍としてドイツの地に辿り着いたが、いまや冷戦が終焉するにあたって士気は低下し、老朽化した兵舎に収容され、食事も満足にとれない状態だった。ソ連軍基地の近くに住む東ドイツ人たちは、「ソ連軍は絶望に覆われており、飢餓状態にあり、ともすれば危険な存在にすら見える」と不満を述べていた。特に懸念されていたのは、ハンガリーに駐留するソ連軍がそうであったように、軍の財産や武器を売却までして得た利益を着服しているような状況であった。

ソ連軍の状況の深刻さに追い打ちをかけるように、東西ドイツの経済・通貨統合が政治的な統一よりもずっと早く、一九九〇年七月一日に達成される予定だった。この経済・通貨統合は、ソ連兵が市場の為替レートでは到底支払えないようなハード・カレンシーの導入をともない、彼らの生活を窮地に追い込む恐れがあった。そのうえ、チェコスロヴァキアやハンガリーから撤退したソ連軍が、物資の不足するソ連本国ではなく、東ドイツを目指すのではないかという噂があった。こうしたすべてのことから、ソ連は西ドイツに対してソ連軍の必要経費を負担するよう協力を求め、西ドイツもそれに応じたのである。[86] 一九九〇年六月二五日、西ドイツはソ連軍の「駐留経費」として、一九九〇年後半に一二億五〇〇〇万マルクを支払うことを約束した。この事実が意味する皮肉は強烈であった。西ドイツはベルリンの壁が崩壊した後も、ソ連に占領され続けるために費用を負担することになったのである。ソ連兵やその扶養家族は、いわゆるフィールド・バンクに保有していた貯金を、非常に有利なレートでドイツ・マルクに交換することも認められた。歴史家のウラジスラフ・ズボクが述べるように、「ソ連は依然としてドイツの主権の鍵を握っており」、「西ドイツは東ドイツにおけるソ連軍の貯蓄の鍵を握っていた」。これらの鍵を交換することは、「合理的であり、また実際的」でもあった。[87]

こうして西ドイツの銀行家や政府指導者たちは、ソ連に多額の資金を提供することを約束した。もうひとつの誘因であるＮＡＴＯの再出発は、いまだ準備が進められている最中であった。たしかにＮＡＴＯは一六か国から構成されていたが、一九九〇年七月の重要なＮＡＴＯコミュニケを作成したのは、アメリカと西ドイツの指導者の側近であるベーカー、スコウクロフト、ホルスト・テルチクやその部下たちという限られた人物であった。彼らは六月下旬に秘密裡に草案を交換し、最も微妙な争点について自分たちのあいだだけで取り決めを行った[88]。「われわれはNATOの官僚機構」を経由して草案を「送付することを拒否した」とベーカーはコメントしている[89]。その理由はさまざまだが、とりわけNATOが核問題にどう対処するかといった議論について、自分たちが主導権を握りたかったからであった。ブッシュ大統領と協議したときの手書きのメモによると、ベーカー国務長官は、空対地戦術核ミサイルやその他の空中から発射される核兵器についての「議論を避けることが死活的に重要」と考えており、「この議題は避けて、一般的な議論に留めるべきである」と考えていた[90]。

もうひとつの大きな問題は、NATOが交渉をする相手はワルシャワ条約機構全体になるのか、それともそれぞれの加盟国なのかということにあった。スコウクロフトは、「ワルシャワ条約機構が崩壊に向かいつつあるため、各加盟国それぞれと話し合いを行う方が有意義である」と考えていた。その結果生まれたのが、中・東欧諸国への連絡事務所の構想である。またスコウクロフトは、ドイツが総兵力数について譲歩するのは時期尚早であると考えていた。この問題は、欧州通常戦力（CFE）条約に関する今後の協議の場に委ねるべきであった[91]。ベーカーによれば、細部にわたるいかなる争点よりも重要なのは、「速やかにドイツをNATOのなかで統一すること」であった[92]。

コミュニケの最終草案が完成すると、ブッシュ大統領は、NATOの官僚ではなくヴェルナー事務総長と英仏伊の指導者のみがその推敲作業を行うようにと指示した[93]。当初ヴェルナーはこの手順に若干の「懸念」を抱いたというが、コミュニケの最終草案が余りに素晴らしかったので、それを持参してきた使者にコーヒーではなく「シャンパン」を勧めそうになったと、ブッシュ大統領に語っている[94]。とりわけ、中・東欧諸国に扉を開く連絡事務所の構想をヴェルナーは気に入ったようだった。この構想にとっては、六月末の西ドイツ連邦議会と東ドイツ人民議会による共同声明において、ドイツ民主共和国とポーランド共和国の国境線がドイツ統一後も不変であると確認したことも、その一助となった。この声明によってポーランド人の不安は和らぎ、以前抱いていたソ連軍の駐留を受け入れるという意思も弱まっていったのである[95]。

ロンドンで開かれたＮＡＴＯ首脳会議では、アメリカと西ドイツは報道発表の内容をほとんど変更せずに、ＮＡＴＯの官僚組織を経由させることに成功した(ただ抵抗がなかったわけではなく、ある時点ではベーカー国務長官が六時間にわたってアメリカの立場を弁護し続けなければならなかった)[96]。ブッシュ大統領は一九九〇年七月六日、「ＮＡＴＯを変革するために」、そして「冷戦時代に敵対していた国々に友好の手を差し伸べるため」に「われわれが取り組んできたいくつかのステップ」を強調した。その目的は、ゴルバチョフにこの声明を知らせ、彼が国内の敵対勢力に対抗する際に利用できるようにするためであった[97]。

実際ゴルバチョフは、共産党大会で自分を追放しようとする反対派から激しい非難を浴びていたため、ブッシュからの知らせを聞いて喜んだ。シェワルナゼ外相は、この報道発表が共産党大会の開催中に承認されたことを歓迎し、「自分たちが掲げる大義のために大いに役立った」と後年述べている。ゴルバチョフはつねに楽観主義者であったが、厳しい批判に晒されており、かつての支持者からさえも支持を失っていたものの、自信に満ちた心持で党大会を乗り切ることができた[98]。

またゴルバチョフは、統一ドイツのＮＡＴＯ加盟をソ連が容認するための方法も提案した。そして、「同盟の加盟の在り方には、さまざまなモデルがある」というごく当たり前の事実を強調し始めたのである。たとえばフランスはＮＡＴＯの統合軍司令部には参加しておらず、デンマークやノルウェーでは外国軍の駐留と核兵器の配備が禁止されている。イギリスは核兵器を自国の管理下に置いているが、西ドイツは連邦軍をＮＡＴＯに非常に広範囲に統合させている。ゴルバチョフは、ドイツ全土のＮＡＴＯ加盟は、以上のようなモデルを選択肢として念頭に置きながら、アラカルト的に交渉されるべきであると主張した(99)。

コール首相はこうした要請を押し戻すために、ソ連で直接ゴルバチョフと最終的に交渉することを要請し、ゴルバチョフは一九九〇年七月一五、一六日に彼を招待することにした。そしてきわめて異例ではあったが、ゴルバチョフはコールをモスクワに招いただけでなく、ライサ夫人と夏の休暇を過ごす、故郷スタヴロポリ近郊のアルヒズ村にも招待したのである(100)。コールは、首脳会談が紛糾することをゴルバチョフが想定していれば故郷にまで招待するはずがないと考え、これを良い兆候と受け止めた。さらに喜ばしいことに、コールがモスクワに出発する直前に、一九九〇年五月にテルチクが手配していたドイツの銀行からの融資をゴルバチョフはすでに使い果たしており、さらに融資を必要としているという知らせが届いた。これもコールにとって好都合に働くと考えられた(101)。

一方、ソ連側ではファリンが、ワシントン首脳会談のような惨事が、アルヒズでも繰り返されることがあってはならないと考えていた。一九九〇年七月九日に、そのような事態を回避するためのアドバイスを文書でゴルバチョフに送ったと、のちにファリン本人が語っている。またファリンは自身の主張を訴えるために、ゴルバチョフと直接電話で意見交換することも要求した。しかしゴルバチョフはおそらくこの要求に苛立ち、またブッシュ大統領の前でファリンが彼に恥をかかせたことにもまだ腹を立てていたのか、西ドイツからの一行が到着する直前の真夜中までファリンを待たせた。ヘルシンキ原則を覆そうとしたファリンは、ゴルバチョフに、統一ドイツはNATOに加盟できないこと、もしくは「最低中の最低限」の条件として、いかなる核兵器も自国の領土に置いてはならないことをコール首相に伝えるように迫った。そしてあらためて、ドイツ人の過半数が自国を非核化する構想に支持を与えていることを指摘したのである。[102] しかし、ゴルバチョフの意向を変えるにはもう遅すぎた。ゴルバチョフは「残念ながらどうも列車はすでに駅を出発してしまったようだ」と言い、さっさと電話を切ってしまったのである。[103] そしてゴルバチョフがファリンをアルヒズに同行させなかったことは、ファリンに対する信頼の失墜を白日の下に晒すことになった。

七月一五日、モスクワに降り立ったコール首相とテルチクは、ゴルバチョフ、チェルニャーエフとだけで二時間ほどの時間を過ごした。チェルニャーエフの日記によると、コールは「正直だが厳しいゲーム」をすることに、「決意と熱意に満ちていた」。チェルニャーエフの総括によれば、ゴルバチョフとコールは、この時点でゴルバチョフが統一ドイツのNATO加盟を受け入れる理由として、もはや金銭的誘引という「餌」が唯一でもなく、また第一の理由にさえならないことを議論したのだといろ。むしろ「歴史の流れに逆らって泳ごうとするのは無意味なことだ」という認識で両者は一致した。[104] つまり西ドイツ側は、その時点において圧倒的なまでに統一が不可避だという認識を作り出すことに成功していたのである。

コール首相は、ソ連軍の撤退と、NATOの統一ドイツ全土への拡大に向けた計画を開始するよう求めた。コールは、将来的にドイツ軍の規模を制限することに関して協議を行う用意があることを言明し、西ドイツとソ連のあいだの過去や、今後の経済協力の詳細について説明した。これに対してゴルバチョフは、軍部から「第二次世界大戦のソ連の勝利をドイツ・マルクのために売り飛ばしている」という「罵声」を浴びせられたと述べた。こうしたソ連軍部の不満があったにもかかわらず、ゴルバチョフは、ソ連兵が今後駐留するのはたかだか三〜四年であると述べ、ソ連兵が駐留する限り「ドイツ民主共和国の領土をＮＡＴＯの管轄下に置かない」ことを条件に、「統一ドイツがＮＡＴＯに加盟する」ことについて譲歩したのである(105)。

一九九〇年二月のソ連訪問時と同様に、統一に向けて前進するのに十分な青信号が出たことにコールは興奮した。その後、モスクワの西ドイツ大使館員ら大人数の代表団が合流すると、コールは集まった一団に「現在分かっていること、そして計画されていることのすべてによれば、今年末にはドイツは再統一するでしょう」と告げた(106)。またテルチクは、モスクワの西ドイツ大使館に駐在していた外交官ヨアヒム・フォン・アルニムに対し、内々に次のように語った。計画は「順調に進んでいる」と(107)。その後ゴルバチョフが態度を変え、ソ連軍の駐留を一〇年までに変更できるかと尋ねたとき、コールはそれを認めなかった(108)。

ゴルバチョフは、ファリンだけでなく、今度はチェルニャーエフをも絶望させることになった。チェルニャーエフが抱えた苦悩は、首脳会談後に予定されていたアルヒズ行きに同行しない理由として十分であった。彼の名は招待客のリストには載っており、ドイツ側からその不在に関して問い合わせがあったにもかかわらず、である。彼は日記のなかで、「完全に滅入って」しまい、辞任を検討したと打ち明けている(109)。

ソ連と西ドイツの交渉代表団は、チェルニャーエフもファリンも随行することなく、いったんスタヴロポリに立ち寄った。かつてナチ・ドイツが占領したことのある街であり、和解の意思表示として、コール首相が戦争記念碑に花輪を捧げるために立ち寄ることに同意したのである。その後に両代表団の幹部はアルヒズに向かい、翌日の一九九〇年七月一六日、さらに詳細な協議を行った。

現地に入るとゴルバチョフは、ソ連軍の撤退、移住、そしてその後の再教育のために、多額の資金援助を期待していることを明らかにした。コールは「そうしたテーマについては、それらを専門とする部下らに任せ、この夏を通じてじっくり検討する方がよいでしょう」と詳細には踏み込まなかった。コールは、ソ連軍撤退後の東ドイツの領土に関してと、その議論の延長として、撤退後にNATOがそこで何ができるかに焦点を当てるべきだと述べた。ゴルバチョフは「NATOの軍事機構」を東方へ拡大させてはならないことを明言したが、その具体的な内容については明言しなかった。西ドイツ側は、ヘルシンキ原則に基づき、統一ドイツには同盟を選択する権利があることを指摘して抵抗した。選択された同盟がドイツ領土内においてどのような形で必要とされるかの判断も、すべてドイツ政府に委ねられるべきであった[110]。

結局ゴルバチョフが歩み寄り、次のような妥協案を提示した。それは、ソ連軍の撤退後東ドイツには核兵器を配備せず、また駐留させるのもドイツ軍に限定することをNATOが了承すれば、ドイツ統一を認めるというものだった。どちらの制約条件も、アメリカ政府が避けたかったものではあったが、たとえばドイツの完全な非核化のような取引を破談にさせるほどの条件ではなかったし、何よりその場にアメリカ政府はいなかった。コールとゲンシャーは、これらについて譲歩することを妥当なものと判断したのである。そして、ドイツ連邦軍の兵力の上限を将来的には三七万人とすることでも合意に至った(111)。

コールは早速記者会見を開き、テレビ各局も先を争ってその様子を放送した(112)。その後コールはブッシュに、二月に描いていたような計画がいまや実現しつつあることを報告した。コールは、「キャンプ・デーヴィッドでのあなた方の方式を利用しましたよ」と振り返り、主権国家であるドイツは「同盟関係を自分たちで決めることができ、その場合は明確にNATO加盟に一票を投じると説明しました」と伝えた。コールには、ゴルバチョフが「退路を断った」ように見えていた。したがってコールは、ゴルバチョフはもはや「後戻り」できないので、西側諸国で協力して彼を支援することが不可欠であると考えていた。ブッシュ大統領のアドバイザーのなかには、コールが行った譲歩について、かつての独ソ間の取引の記憶を呼び起こさせるものであり、良い印象を持たない者も存在した。あるジャーナリストは、かつての独ソ間の取引である「ラパッロ」を連想させるかのように、「スタヴラパッロ(Stavrapallo)」首脳会談と揶揄した。とはいえ、後戻りできないのは実はアメリカ側も同じであった(113)。

このような事態のなか、ソ連のメディアはまだ党の支配下にあったため、どのようにゴルバチョフの譲歩を国内向けに報道すべきか、あるいはそもそも報道すべきかどうかもよく分からないようだった。一九九〇年七月一七日付のソ連の新聞には、その二日前に行われたゴルバチョフとコールの会談に関する報道はまったくない(114)。おそらく最も辛辣なソ連側の反応として、驚くべきことではないが、ファリンはアルヒズからの知らせに対する自らの反応を「激怒した」と表現している。彼は、自分だけでなくソ連のあらゆる政府機関が、この重要なポーカーゲームの手の内を知らされていなかったと苦言を呈した。彼は、ゴルバチョフがドイツ統一を「取引する」としても、もっと「ずっと高い」値段で売るべきだと考えていた。しかしこれも遅きに失していた。[115] そのときまでにファリンは、「線路上に十字に身を横たわる」ことが最善の方策であるという結論を出していたのであった。[116]

九月の闘争

「2＋4」条約とそれに関連する諸協定を最終的に確定させる役目を担ったソ連の事務レベルの専門家たちは、ファリンが抱いた激情を共有していた。コールとゴルバチョフが大枠を決定したものの、その細部についてはまだまだ文書で詰めていく必要があり、ソ連の交渉担当者は、そうした細部を可能な限り西側にとって厄介なものへと変えていったのである。[117] 西ドイツ側は、ソ連の専門家たちがゴルバチョフのアルヒズでの譲歩を「失敗」で「屈辱的」と考えており、「それゆえ、ソ連軍撤退のための資金面での条件についてより一層強硬に要求している」ことを直ちに把握した。[118] 交渉は八月を通して続き、それは九月にまでもつれこむことになった。[119]

交渉が進むにつれ、ソ連の強硬派は自分たちがむしろ後手に回ったがゆえに得たメリットに気がついた。コール首相はドイツ統一を達成し、一九九〇年一二月二日に予定される連邦議会選挙において、自陣営への支持を固めつつあった東ドイツ市民にまで有権者を拡大したいと考えていた。そのためには、遅くとも一〇月上旬までに国家統一を実現することがコールにとって理想的であった。つまり、ドイツ統一を阻むようなあらゆる対外的な問題は九月までに解決されていなければならず、そのためにはソ連の協力が不可欠であり、その期限までソ連が優位に立てることを意味したのである。[120] ソ連軍部の反動勢力は、西ドイツだけでなく、自分たちの憎き外相であるシェワルナゼにも繰り返し注文をつけていた。[121] 長年の緊張が一気に高まり、意気消沈したシェワルナゼは軍部と公然と対立し、辞任寸前にまで追い込まれていた。[122]

ソ連側はもうひとつ新しい武器を手に入れた。アメリカ政府の関心が他の問題へと移っていったことである。ブッシュ政権にとって、ドイツ統一をめぐる協議の最終局面はまだ重要であり、その動向を注視していたが、それはもはや最重要課題ではなくなっていた。八月二日、サダム・フセインが二〇〇〇台の戦車と一五万人のイラク軍をクウェートに送り込んで以来、ペルシャ湾の情勢がますますアメリカ政府の主要な関心事となっていた。[123] フセインの奇襲攻撃とそれへのブッシュ大統領の対応により、一九九一年の第一次湾岸戦争が起こり、アメリカはこの地域に何十年にもわたって居続けることになった。[124] 学者から政策立案者に転身したアンジェラ・ステントが指摘するように、「もしベルリンの壁が実際よりも六か月遅く崩壊し、一九九〇年の秋にドイツ統一をめぐる交渉が始まっていたら、ゴルバチョフは自国内の強硬派の批判にはるかに翻弄され、アメリカとその同盟国は湾岸戦争に気を奪われていただろう」。そうすればドイツ統一はより困難になり、実現しない可能性さえあった。こうしたことから「このケースではタイミングが非常に重要であった」とステントは結論づけたのである。[125]

交渉の最終盤になり、さらに新たな問題が浮上した。チェコスロヴァキアが、ひそかにアメリカ側に直接ＮＡＴＯ加盟を打診してきたのである。チェコ大統領ハヴェルの伝記作家は、「ハヴェルとアメリカは互いに一目惚れした」と記している。元反体制派で政治犯だったハヴェルは「アメリカの自由と個人主義」を称賛し、一方アメリカ人には「ハヴェルの疑う余地のない勇気、目に見える謙虚さ、そしてクールな態度が大いなる反響を呼んだ」のである。[126] そしていま、ハヴェルの側近のひとりが、その相思相愛の関係に便乗しようとしていた。ハヴェルの安全保障顧問は、（NSCの東欧専門家ロバート・ハッチングスが一九九〇年八月一六日にスコウクロフトに報告したように）「もしチェコスロヴァキアが加盟を申請した場合、NATOはどう対応するでしょうか」と尋ねた。ハッチングスは、彼がなぜそう尋ねるのか、その理由を理解していた。東欧諸国がワルシャワ条約機構からの離脱を望みながら、NATOに加盟できないのであれば、「未来のヨーロッパにおいて、東欧諸国の人びとは一体全体どこに安全を見出すことができるのでしょうか？」とハヴェルの安全保障顧問は問いかけたのである。[127] こうした希望に応じるために、ゲンシャーやミッテランは、両軍事同盟に代わる汎ヨーロッパ的な組織を提案しようとした。しかし結局はNATOを優先するアメリカの意向が優勢になっていた。[128] ハッチングスは簡単には答えられないと判断し、「ポーランドに優先的に目を向けるべきであり、次にチェコスロヴァキア、そしてその次にハンガリーになります。この三か国は、この順番で西側（とソ連）にとって戦略的に重要なのです」と進言した。[129]

しかし、また別のある脅威が迫っていた。アメリカ政府の懸命の働きかけにもかかわらず、ソ連が西ドイツの協力を得て、最終的には「2＋4」条約の一部としてNATOの将来に関して制約を課すことに成功しつつあるという憂慮すべき知らせが、ハッチングスからスコウクロフトに届けられた。「ドイツの半分はNATOに留まり、もう半分がNATOから外れ、アメリカの継続的なプレゼンスの基盤が損なわれることになる」という恐れである。[130] イギリスのサッチャー首相も同様に憂慮していた。[131] この脅威は三つに分類され、以下に述べるようにそれぞれが細部にわたる技術的なものであり、一九九四年のソ連軍の最終的な撤退の後に生じる事柄のなかに、決して目立たない形で忍び込んでいた。しかしそれらを全体としてみれば、その含意は絶大なものになったのである。

第一に、一九九四年に撤退する前については、ドイツの領土を防衛する軍隊(つまりNATOに統合されていない部隊)のみが、ソ連軍とともに東ドイツ領に展開できるという点に関して、交渉の席上ですべての関係者が合意していた。そしてその後になって、NATOに統合されたドイツ連邦軍も加わる可能性があった。しかしソ連軍は、この配備に関する議論の隙を突き、冷戦時代のNATOの東側の境界線を越えたドイツ以外のすべての外国軍の配備について、これを永久に禁じることを巧妙にも追加していた。さらに悩ましいことに、西ドイツは条約を成立させるためにこの点に関して同意し、現時点での最終条約の草案に、そのような趣旨の文言を盛り込んでいた。ドイツ統一とNATOの東方拡大が不可分に結びついているという点において、西ドイツとアメリカのあいだにあった戦略上の基本的な信頼関係は、このように突如として瓦解する気配を見せたのである。ハッチングスは驚愕して、仮にこの禁止措置がとられることになれば、永久に「ドイツ以外のNATO加盟国の軍隊が、演習や将来のドイツの安全保障上の脅威への対応のために「境界線を越える」ことができなくなる」とスコウクロフトに警鐘を鳴らした。[132]

第二に、遅ればせながらソ連の強硬派も、残された手段を使って懸命にNATOの核のプレゼンスを抑え込もうとした。アルヒズでは、コール首相が旧東ドイツ領に西側諸国の核兵器を持ち込まない点で譲歩し、アメリカ政府もその制約条件を尊重していた。しかしソ連は、通常弾頭あるいは核弾頭のどちらかを搭載できる「デュアルユース」の装備品の撤去も要求したのである。この禁止措置の対象は非常に広範にわたり、実際には膨大な種類の軍用品や軍車両まで禁止されることになる。ミサイル発射装置のほとんどは核弾頭を発射することができ、また当時ほぼすべての軍用攻撃機に核兵器を搭載することができた。これらがすべて、そうした禁止措置の対象とされる可能性があったのである。(133)

第三に、西ドイツ外務省が冷戦時代に締結した諸協定の将来的な適用範囲や有効性に疑問を投げかけており、それは東ドイツ領内だけでなく西ドイツ領内に駐留する外国軍にも影響を及ぼす可能性があった。そこには一九五四年の「外国軍の駐留に関する協定」やそれに付随する「地位協定」も含まれており、それらは期限が定められずに適用されていた協定であった。ＮＡＴＯの同盟国は、西ドイツが東ドイツを新たに編入して統一ドイツが成立した後も、原則として既存の協定をそのまま堅持する意向を示していたため、そのままそれらの適用範囲を東ドイツ領にまで拡大することを想定していた。しかし西ドイツ政府は、ソ連軍と西側諸国の軍隊のどちらも、駐留を継続するためには新たな協定が必要であると主張したのであった。こうした主張は、西ドイツ駐在のアメリカ大使の言葉を借りれば、「一方でドイツ人の要請によるアメリカ軍の駐留と、他方でソ連軍の駐留とのあいだに、不必要かつ不愉快な道徳的同等性を生じさせるもの」であった。さらに印象を悪くしたのは、八月一六日にベーカー国務長官がこの問題に関してゲンシャーに書簡を送付したとき、ゲンシャーは当初無反応だったことである。西側諸国は愕然として、いくつかの条件について交渉する余地はあるものの、基本的には一九五四年協定や関連合意の有効性はそのまま維持されるべきものであると考えていると伝えた。それはまた、駐留軍の特権をめぐる議論が公になることによって生じ得る不都合な状況を避けるためでもあった[134]。

西側同盟国は、西ドイツがいったいどちらの側の味方なのだろうと不安になり始めた。九月一二日に予定されていた「2＋4」条約の調印が近づき、ベーカー国務長官がゲンシャー外相に彼の憂慮を伝え続けたため、西ドイツ政府は第三の問題である駐留軍の地位に関して若干態度を軟化させた[135]。ゲンシャーは次のような複雑な形式を考案し、ベーカーに説明した。それは、駐留軍に関する協定の最も重要な条項は、引き続き西側の駐留軍に対して適用され続け、東ドイツ領に移動する駐留軍に対しても適用されるが、ソ連への譲歩として、東側の駐留軍についてはその領土に対してではなく、個々の部隊に対してのみ適用されるというものである。つまり、既存の駐留軍に関する協定の適用範囲を、ドイツが統一されるからといって、そのまま一律に東ドイツ全域に広げるというわけではなかった。そうではなく、西ドイツ政府は、東ドイツ地域において該当する外国軍部隊に関して、これらの協定を必要に応じて個別に適用するかどうかを判断するのであり、西ドイツ政府には適用しないという選択肢を取る可能性も残されているのであった[136]。

ベーカー国務長官とNSCは不本意ながらもこの方法を受け入れたが、前述の一つ目と二つ目の争点（駐留しているNATO加盟国の外国軍部隊が東西ドイツ間の境界線を超えることを永久に禁止するという問題と、デュアルユースの問題）をめぐっては依然として難航していた。前述したように、この時期クウェートで進行していた危機にアメリカ政府は直面していたにもかかわらず、これらの問題が与える影響が非常に大きかったため、大統領による速やかな対処が必要であるとハッチングスは考えた。この考えにスコウクロフトも賛同した。一九九〇年九月五日、スコウクロフトはブッシュ大統領に、「ドイツ統一最終規定文書をめぐる交渉で大きな問題が発生し」、「ベーカー国務長官がゲンシャーに対して書簡を送付するなど繰り返し働きかけたにもかかわらず、西ドイツ側の態度を変更できなかった」ため、大統領自ら対応する必要が生じていると報告した。NSCによれば、ソ連による新たな禁止事項は、アルヒズにおける合意の内容をはるかに超えるものであった。スコウクロフトは次のように結論づけている。現在の状況は「統一ドイツのNATOへのフル加盟と相容れません」。この「きわめて重大な問題について」、大統領レベルの介入がなければ「われわれは敗れ去るかもしれません」。加えてスコウクロフトは、一九九〇年一〇月三日に予定されているドイツ統一記念式典への招待を一切受けないよう、ブッシュ大統領に進言したのである[137]。

ブッシュ大統領は、九月六日木曜日の午前八時六分にコール首相に電話し、残された課題についてベーカー国務長官と個人的な協議を行うよう説得した。ブッシュ自身は、九月九日の日曜日にヘルシンキで予定されていたゴルバチョフとの首脳会談において、湾岸危機について話し合う準備に忙しく、おそらく他の問題をできるだけ先に片付けてしまいたかったのだろう。予想された通りコールはその電話において、一〇月三日の統一記念式典への出席をブッシュに要請した。「もちろん、可能であれば数時間でも構いませんので、ベルリンでアメリカ大統領とお目にかかりたいのです」。コールは、「あなたとゴルバチョフ、サッチャー、ミッテランの四人がベルリンで撮影される写真は、非常に感動的なイメージを与え」、それは結束と協力の強いシグナルを発するだろうとして、ブッシュを何とか追い詰めようとした。しかしこの追求は功を奏さなかった。ブッシュはスコウクロフトの進言を尊重し、式典への出席については「楽観できません」と答えたのである。[138]

一方でコールは、翌日の九月七日金曜日にゴルバチョフに電話をかけた。「2＋4」条約の最終的な調印を数日後に控え、ソ連側はここ最近になって、見返りとして三六〇億マルクを要求していた。これは西ドイツ側が予想していた額の実に八倍にのぼる。コールは、すでにブッシュ大統領との電話会談でこうした事態の展開について、ソ連が「融資に関して非現実的な期待を抱いている」ことを伝えていた。[139] 西ドイツ外務省も同様に、「ソ連が要求する額の大きさに驚愕して」いた。[140] コールは、アルヒズでは融資の問題を部下らの対応に任せることができると考えていたが、いまや彼の周囲の財務・会計の専門家は、ソ連の担当者の提示する数字に閉口していた。西ドイツの財務大臣テオ・ヴァイゲルは、すでに統一関連の支出が西ドイツ政府にとって多大な負担になっていることを考慮し、ソ連に対して六〇億マルク以上の金額を提示しないようコールに厳しく注意喚起していた。[141] コールはヴァイゲルのこの忠告を無視し、ゴルバチョフに対して最初に八〇億マルクを提示するところから始めた。しかしゴルバチョフはそれを「話にならない」と切り捨て、「罠にはまったような気がする」と抗議した。[142] コールはゴルバチョフに落ち着くように説得し、この件について再検討すると述べ、九月一〇日月曜日にもう一度電話で連絡すると伝えた。ブッシュの要請にもかかわらず、コールはゴルバチョフに対して、デュアルユースや、境界線を越えることに関する議論について働きかけることはなかった。

これらの問題が解決に至らなかったことを聞かされたブッシュ大統領は、再び同じことを要請しなければならないという不愉快な立場に立たされた。ブッシュは、ヘルシンキ首脳会談が開催される週末にコールに再度連絡し、「特に懸念しているのは、ソ連が外国軍の駐留にさらなる制限を望むのではないかということです」と述べた。[143] 同日、ブッシュはゴルバチョフにも、一〇月三日のドイツ統一記念式典への出席を辞退する意向を伝えている。[144] 一方、コール首相を心配した顧問たちは、その週末にコールに対して、ソ連に対する融資の総額に関して断固として譲らないように釘を刺した。

しかしこれらの忠告を無視して、ドイツ統一を目指し、月曜日、コールはゴルバチョフにソ連軍の撤退と帰国のための費用として一二〇億マルクと、さらに無利子で三〇億マルクを融資することを提案した。[145] そしてゴルバチョフはその金額に同意したのである。二人にはまだ軍事的な問題が残されていた。[146]

モスクワで予定されていた調印の前日、九月一一日になっても、「2＋4」条約の最終文書は未完成のままだった。西側諸国の代表が「オクチャブリスカヤ・ホテルという白亜の墓場に」集結したが、そこでイギリスの交渉団のひとりであったP・J・ウェストンが描写するように、「西ドイツの代表団がすでにロシア側と二国間で最後の詰めの協議を行っていたこと、そしてその場で西ドイツが、アメリカの(あるいは西側全体としての)立場を誤って伝えていたこと」が判明した。[147] 六か国すべての代表が揃ったところで(ベーカー国務長官をはじめとする多くのアメリカ人は首脳会談のあったヘルシンキから直行した)、ようやくその場で、少なくともデュアルユースの問題は、通常兵器のためのみに装備されるのであれば東ドイツでの使用を許可することで解決できた。[148] こうして東ドイツ地域は、この条約によってヨーロッパで唯一の保障された非核兵器地帯となったのだった。[149]

しかし「境界線を越えること」に関する問題は、まだ解決されていなかった。ゲンシャー外相は、西側三国がこの問題でまったく譲ろうとしないことに逆上していた。彼は、同盟国が「2＋4」条約の調印だけでなく、ドイツ統一に向けたスケジュール、そしておそらくは統一そのものまで台無しにしようとしていると感じていた。しかし、この将来的なNATOの移動の自由の問題は非常に重要であり、西側同盟国はこれらのリスクを敢えて冒すつもりで臨んでいたのである。特にイギリスとアメリカは、冷戦時代の東西ドイツ間の境界線を越えることについて、もしこれを永久に禁止した場合、それがドイツにとって何を意味するのかという懸念と、より長期的に及ぼしうる影響から決して容認するつもりはなかった[150]。すでに中・東欧諸国がさまざまな方面に働きかけ始めており、そのなかにはNSCも含まれていた。NSCは、彼らの懸念を「優先的に注意を払うべきもの」と考えていた[151]。その結果西側諸国は、ウェストンの言葉を借りれば「予見可能な状況をはるかに超えて広がりうる選択肢に関して、その選択肢をあらかじめ閉ざすような」条約を承諾するつもりはなかったのである[152]。

九月一一日の夜、ゲンシャーはシェワルナゼと直接協議するために何度も姿を消し続けた。ベーカー国務長官の最も身近な側近であったロバート・ゼーリックは、西ドイツが最後の数時間に「ドイツとロシアの二国間の私的な行動」に熱中し、同盟国が彼の再登場まで待ちぼうけを食らう羽目になったことを「無礼千万」だと感じていた[153]。一九時頃から二一時頃まで、同盟国は待たされ続けた。その間ゲンシャーとシェワルナゼが一対一で会談を行い、そこで遂に妥協案で合意したのである。ソ連軍の撤退後、NATO加盟国の軍隊は東ドイツに永続的な形で駐留したり展開することはできないが、ドイツ政府の判断によって、冷戦時代の東西ドイツ間を隔てていた境界線を越える可能性が残されたのである。シェワルナゼは、この合意を正式に交渉議事録の一部に収録すべきか尋ねたが、ゲンシャーは「いいえ」と返答した。その代わりにゲンシャーは、他の外務大臣にはこの合意について口頭で説明するのみで、条約調印の記者会見でもし質問が出てもその口頭の説明を繰り返すだけであった。[154]

しかし、それだけでは十分ではなかった。苛立ったイギリス人が述べたように「口頭での保証では不十分だ」った。ウェストンの言葉を借りれば、ソ連はコールから一二〇億マルクを「懐に入れており、世界はあと一二時間余りで条約が調印されることを期待している。これ以上ロシア人に譲歩する必要はない」。そして西側諸国は、この重要な問題に関して何らかの文書の形にすることを主張したのである。これに対してゲンシャー外相とその周辺は、「ヨーロッパに平和が訪れたいま、まったく非現実的な要求だ」と同盟国を非難した。ゲンシャーは、自らの故郷が再び西側の地に戻るという夢が、最後の数時間で失われてしまうかもしれないと、気が気ではなかった。こうした西側諸国間の不穏な空気を察知したソ連側は、その日の夜、調印を延期するか、完全に取りやめると脅してきた。[155] この威嚇を伝える役割を担っていたソ連の外交官クヴィチンスキは、いかにこの通告を愉快に感じていたかを数年後に回想している。[156]

ゲンシャーは、もし調印が遅れれば「２＋４」条約が完全に崩壊することに恐怖を抱いた。[157] 彼は午前〇時を過ぎていたにもかかわらず、ベーカー国務長官やアメリカ代表団が滞在しているホテル・インターナショナルに電話し、ベーカーと直接会って話がしたいと申し入れた。電話はゼーリックにつながったが、彼は「ベーカー国務長官は睡眠薬と強いお酒を飲んですでにお休みです」と伝え、ゲンシャーを引きとめようとした。しかしゲンシャーは、この条約とドイツの将来がかかっており、「何としても、もうこれ以上リスクを冒すわけにはいかないのです」と強硬に訴えたのであった。[158]

ベーカーのスタッフは根負けし、ベーカーを起こすことにした。午前一時過ぎにゲンシャーが到着すると、アメリカの代表団はジョギングウェアやバスローブ姿でゲンシャーを出迎えた。すでに睡眠薬とアルコールを併せて服用していたにもかかわらず、ベーカーの交渉術に陰りはなかった。そしてベーカーとゲンシャーは、ゼーリックが当日事前に提案していたアイデアによって行き詰まりを打開することができた。「条約への付属文書」である。[159] より正確に説明すると、正式な条約本文においてはソ連の要求通り、一九八九年に東西ドイツ間を分断していた境界線より東側に外国軍の駐留も配備も行わないという旨が明記される。しかしその配備については、新しい付属文書、つまり「付属議定書(agreed minute)」によって、統一ドイツ政府の裁量にのみ委ねられることになった。これが、NATOの外国軍が東西冷戦時代の境界線を越えることを可能にする、そのことを確認する文書となったのである。[160] のちにゼーリックは、「われわれは可能性を確保する必要がありました。というのも、もしポーランドが第二段階としてNATOに加盟することになれば、アメリカ軍が東ドイツを通過してポーランドに駐留できるようにしたかったからです」と説明している。[161]

このアイデアは、条約を調印する他の参加国にとっても納得がいくものであった。結局すべての参加国は条約の調印に間に合わせるためにも、「付属議定書」を条約に追加することに同意したのである。のちの条約の写しのなかには、この「付属議定書」を誤ってすべて削除してしまい、それを取るに足らない些細なことだと誤解しているものがある。[162] これは間違いである。西側の同盟国は、条約本文と同様に、この議事録にもすべての締約国が署名するよう主張したほどだった。そのため最終的な公式文書には、タイプされたタイトルと手書きの署名について、完全に同じものが二つ作成された。[163]

シェワルナゼは関連する二つのページに署名し、それによってソ連の法的権利を放棄するとともに、段階的にソ連軍の撤退を開始し、その撤退完了後、ＮＡＴＯの外国軍がドイツ政府の裁量で冷戦時代の境界線を越えることを認めたのである。(164)

条約調印式典においてゲンシャーは、ソ連国民はこの決断を後悔するようなことには決してならないとゴルバチョフに固く約束した。(165) ゴルバチョフは晩餐会場において、ハードが「豪華な昼食」と形容した食事で集まった人たちをもてなし、そこで楽観的な様子で今後について語った。しかし、彼は自分が失ったもの、あるいは自分の弱さを隠すことができなかった。ハードが回顧録に記すように、ゴルバチョフはその会場の「四つの壁の内側では自信に満ち溢れた様子で説得力がある」のだが、「一歩外に出ると何もかも崩壊しつつあった」。式典翌日の九月一三日、ゴルバチョフはベーカーに無利子で一〇億ドルから一二億ドルの融資を打診した。ベーカーは、「第三国」がゴルバチョフを支援してくれるかもしれないとして、態度を留保した。ベーカーは、ゴルバチョフがイスラエルに対してそのような援助を要請することにも釘を刺し、「イスラエルの資金は、つまるところアメリカの資金なのです」とも付け加えた。一方で同じ日にハードは、「権力の座に近づきつつある人物」、すなわち「次なる独裁者――エリツィン」を呼び寄せていた。(166)

一九九〇年一〇月三日、ドイツは予定通り統一を達成することができた。ＮＡＴＯ第五条の保証を含む完全な法的管轄は、統一後直ちに東ドイツの全領域に拡大された。こうしてポスト冷戦のＮＡＴＯの東方拡大が始まったのである。

一九九〇年一二月、コールとゴルバチョフの二人は世間から称賛を浴びていた。コールは統一後初めて実施された全ドイツの連邦議会選挙で大勝利を収め、ゴルバチョフはノーベル平和賞を受賞した。しかしロシア国内は、苦渋に満ちていた。ゴルバチョフのもとには、ソ連の市民から「ソ連を物乞い国家にまで貶めたことに対するノーベル賞受賞は感動的だ」という皮肉たっぷりの「祝辞」の手紙が数多く届いた。また軍部の強硬派は核実験を実行したが、それはまるでノーベル平和賞への意図的な対抗措置のようだった。[167]

西側の指導者たちも、西ドイツとのあいだで九月に議論が紛糾した傷跡を抱えていた。イギリスは特に、ゲンシャーの側近である「ことのほか不愉快な人物」フランク・エルベが、「『一部の人びと』のせいで、もう少しで『すべてが台無しになる』ところだったといったような、あらゆる馬鹿げたこと」を言い続けていることに立腹していた。もちろんエルベが指していたのは、ソ連ではなかったからである。[168] また歴史の教科書に、一〇月三日にブッシュ、ゴルバチョフ、ミッテラン、サッチャーらとともにコールが収まる写真は一枚も残されていない。なぜならベルリンの中心部で催行された記念式典に、このなかで誰ひとりとして出席しようとしなかったからである。[169] ブッシュにとって、一九八九年から九〇年にかけての出来事の重要性は、ドイツに関するというより、むしろＮＡＴＯに関することであり、ドイツ統一そのものについては自らが直接見届けるほどの価値がないと考えていたようだった。コールが、ドイツ統一をＮＡＴＯ拡大と密接に関連させることによって、アメリカとのあいだで交わしていた約束を最後には守ったにもかかわらず、である。新たに統一ドイツの首相となったコールは、ブッシュや他の指導者らに謝意を伝える書簡を送るという、政治的な解決策を取らなければならなかった。[170]

ドイツ統一が正式に決定すると、ソ連はドイツ政府に対して、当初考えられていた長期的なスケジュールに反し、速やかな資金援助を要請した。ソ連軍の指導者たちは、約六〇万人のソ連兵とその扶養家族の撤退も散々ごねてみせた。彼らは東ドイツに駐留する軍隊の防衛態勢を高い水準で維持し、アメリカの中央情報局（ＣＩＡ）によれば、一九九四年に「最後のソ連軍が撤退するまで、少なくともいくつかの核兵器を東ドイツ領内で保持する」ことにしていた。[171]「２＋４」条約は、西側の核兵器を東ドイツ領内に持ち込まないことを明記していたが、すでに配備されていたソ連の核兵器を対象としていなかったため、ソ連軍の指導者たちはその隙を突き、またもや土壇場で攻勢をかけたのである。さらにゴルバチョフはコールに対して、たしかにソ連は「２＋４」条約に署名したものの、まだ批准していないことを指摘し、したがって条約はまだ効力を発していない可能性を示唆する書簡を送付している。[172]

しかしこのソ連の最後の脅しは空振りに終わった。ソ連にとってドイツからの経済援助が必要であるというのは、やはり避けられない事実だったからである。こうしたことから、ソ連の批准は一九九一年三月に行われ、翌月にはソ連軍の撤退を規定する条約が批准された。[173]しかし九月の闘争後も不穏な動きは続いていた。シェワルナゼが悩み抜いた末にすべてに見切りをつけ、一九九〇年一二月二〇日に突然外相を辞任したことは、ゴルバチョフの不意を突いた。[174]九月の条約調印を経て本格化した軍備管理交渉は、米ソ双方の交渉担当者が上層部に対して、交渉の進展が望めないと訴えるなど深刻な行き詰まりに陥った。[175]そして「２＋４」条約の調印を実現させた「一二〇億の資金」は、ソ連の国境を越えるや否や、おそらくは汚職に巻き込まれ消え失せた。ベーカーが一九九一年にモスクワを再訪したとき、ゴルバチョフは「ドイツ統一を容認することで多額の資金を獲得したのに、それを国民に伝えても、その資金がいったいどこにあるのか分からないと言われました」と不満を漏らした。彼のアドバイザーが言えるのは、「ただ消えてなくなった」ということだけであった。その西ドイツからの資金が「跡形もなく」消え去ってしまったことを知り、スコウクロフトは、アメリカの資金も「同じ轍を踏むのではないか」という疑念を抱くようになった。その結果、ブッシュ政権は「ソ連への本格的な支援をほとんど考慮しなかった」という[176]。

イギリスの外務省は、詳細な事後報告のなかで、一九九〇年九月の出来事は、統一されたドイツが「単に連邦共和国プラスアルファにとどまるのではなく、別の存在となる」ことを明らかにしたと記している。ドイツの指導者たちは、可能な限り早期に統一を達成するために、「同盟国の重要な利益が危険に晒されるかもしれないという主張」に直面しても、躊躇することなく同盟国に対して「総じて冷淡」に対応した[177]。西ドイツは、NATOの外国軍がかつての冷戦時代の境界線を越えることについて、それを永久に禁止することを真剣に検討していた。ブッシュ大統領は、この重要なケースが前例になるのを阻止し、ポスト冷戦の世界に向けてNATOの選択肢をより幅広く確保するよう西ドイツに圧力をかけるべく、土壇場で自ら介入しなければならなかった。そうすることで最後にようやく、ドイツ統一とNATOの東方拡大が不可分に結びついたのである。

しかし、ソ連がこの時点では敗れたのだとしても、もう一勝負かける手段がまだ残されていた。ソ連軍やその核兵器が撤収されるまで、ドイツ政府はソ連からの要求とその政治動向に注意を払い続けなければならなかった。ついに一九九一年、コール首相が予言していた嵐がソ連に吹き荒れることになったため、このプロセスはなおさら危険なものとなった。その嵐の激しさときたら、コールの予想を遥かに上回るものとなったのである。ゴルバチョフのみならず、ソ連の中央集権的な権威が一掃され、さらに大量の核兵器が潜在的な敵対者たちの手に拡散してしまうことになった。先見の明のある国務省のアナリスト、シッカーマンはすでに一九九〇年の初頭に、ポスト冷戦の世界が西側の不手際によって一九二〇年代の二の舞になりかねないと警告していた。つまり一見すると「民主主義と資本主義のバラ色のように思われていた時代が、一〇年も経たないうちに独裁、恐慌、そして戦争へと変化を遂げていった」のである。(178) そしていま、ベルリンの壁だけでなく、核武装した帝国までもが崩壊することで、その不手際のツケはさらに高くなろうとしていた。

第四章

忘却と好機

「偉大な帝国が静かに舞台から去ることはない」。一九九一年八月、クーデターのさなかに着任したアメリカの新たな駐ソ大使ロバート・ストラウスは、このような言葉を用いて、年末までにソ連を崩壊させる嵐について、ワシントンに警告していた。ジョージ・H・W・ブッシュ大統領は、自身の旧友であり、華やかで社交的なテキサスの弁護士であったストラウスを、彼自身が認めるように「ロシアについて何の知識もない」民主党議員であるにもかかわらず、そのポストに抜擢した。ストラウスは七二歳であり、高齢過ぎるという本人の抗議にもかかわらず、ブッシュは譲らなかった。こうしてストラウスは、モスクワの注目される地位に就くことになった。彼の示唆に富む電報は、その期待を裏切らないものであった(1)。ストラウスはワシントンに向けてこう書いている。「ボリシェヴィキ党の転覆」は、「ソ連という国家と、何世代にもわたるロシア帝国の建設者によって形作られた大陸規模の大国」を含む「さらに大きな船を、その引き波で引きずり込んでいる」。ストラウスは、なぜミハイル・ゴルバチョフがソ連の構成共和国によって提起された分離主義の脅威に気が付かないのかを理解できないでいた。「ロシアのショーヴィニズムによるものなのか、マルクス主義的な教育によるものなのか、理由はどうであれ、「ゴルバチョフは原動力としてのナショナリズムの力を理解することに一貫して失敗している」。

ナショナリズムと分離主義は確かに、個人的な野心や敵意、経済崩壊の危機と並んで、嵐を巻き起こしていた。一九九一年一二月、ロシア、ウクライナ、ベラルーシの三か国が結束して連邦の解体を要求しそれに成功したことで、結果としてソ連の存在は忘却の淵に立ち、西側諸国とNATOは好機を得ることになる。大西洋同盟は、統一後のドイツにおける役割を強化し、中・東欧諸国との関係の可能性を探る過程で、旧ソ連地域をも包含する大胆な動きを考えることができたのである。

一九九一年に生まれつつあった新しい好機は非常に大きく、アメリカのディック・チェイニー国防長官は、可能な限り劇的な方法でそれをつかむように進言した。国家安全保障問題担当補佐官のブレント・スコウクロフトによれば、チェイニーは「ソ連を壊すためにできることは何でもやるべきだ」と考えていた。ジェームズ・ベーカー国務長官は、「主に核戦力の指揮統制のために、ソ連を維持しようと努力することが重要である」と主張し、同意しなかった。ベーカーの考えでは、モスクワの核兵器が複数の後継国の手に渡ることは、アメリカの安全保障上の脅威を、危険なほど増大させるものであった(2)。

チェイニーとベーカーの意見の相違は、ソ連解体という可能性がアメリカにとっていかに大きなジレンマであるかを示していた。一方では、ソ連が崩壊すれば、ソ連の意向を考慮することなく、アメリカの思い通りにポスト冷戦秩序を構築できる環境が整うという側面があった。しかし他方で、そのような解体のリスクは逆説的に、西側の指導者たちが核拡散の混乱という脅威に対抗するために、ソ連を維持するか、少なくともロシアが唯一の核の後継国となるように努力するインセンティブを高めるものであった。ＮＡＴＯの拡大に向けた劇的な動きを取れば、苦渋に満ちたソ連政府が、同盟拡大に反対するために核問題での協力を拒否する可能性があった。そうなれば、核拡散問題での進展が阻まれることになった。また、このジレンマでは物足りないと言わんばかりに、ブッシュは国内で一九九二年の大統領選挙が始まるにあたり、海外での核の混乱が国内政治に与える影響も考慮しなければならなかった。ベーカーはソ連解体のシナリオに関して、次のように確信していた。それは「三万発の核兵器に関わるものであり、アメリカ国民にとって信じられないほどの危険性をはらんでいる。国民はそれを知っており、もしわれわれが対応しなければその責任を追及するだろう」。チェイニーとベーカーの意見のあいだで揺れ動くブッシュ政権は、スコウクロフトの言葉を借りれば、何をすべきかについて「ひどく分裂した」状態となっていた。③

フセインとともに追放する／ゴルバチョフの末路

こうした事態は、二つのドイツの統一というプロセスが一九九〇年末に法的に完了した頃には、まだ訪れていなかった。（ただし、すべての面におけるドイツ統一の実現には長い年月を要した）。ヘルムート・コール首相は、内心まだ問題が起こりうると思ってはいたが、公的にはドイツ、ヨーロッパ、そしてアメリカの人びとは、大団円の感覚を示していた。コールは、彼が切望していた海外からの首脳レベルのゲストは不在だったものの、さまざまな統一記念式典を終え、政治的統一を現実にするための困難な作業に着手した。そしてブッシュは、外交政策上の新たな優先事項にエネルギーを注いだ。それは、イラクによるクウェート侵攻に対するアメリカの対応であった。

一九九〇年末から一九九一年初めにかけて、アメリカ政府が湾岸情勢に目を向けている頃、中・東欧諸国からはNATOとの関係緊密化についての問い合わせがなされた。それへの回答は、ブッシュが一一月一八日にチェコスロヴァキア大統領ヴァーツラフ・ハヴェルに述べたように、慎重なものとなった。中・東欧にとって「旧来のつながりがすべてなくなるため、大西洋同盟は両手を広げる義務がある」と考えていたハヴェルは、ブッシュに対して、チェコスロヴァキアとNATOのあいだの「連携協定(association agreement)を検討できないか」と尋ねた。ブッシュは、「ポーランド、ハンガリー、チェコスロヴァキアがヨーロッパの「ノーマンズランド」になるようなことはもちろん望んでいない」と答えたが、差し当たり、NATOのチェコスロヴァキア代表部の開設に集中することを提案した。[4] この熱意に欠ける回答が、ポーランドやハンガリーの政府に、同様の発言を思いとどまらせることはなかった。ポーランド大統領のレフ・ワレサは、「われわれは助けを求め続けている」ことに「困惑している」とブッシュに打ち明けた。しかし、ポーランド政府は、「政治的、経済的、そして軍事的に、西欧とアメリカの仲間になることを断固として望んでいる」と主張し続けた。[5] ハンガリー政府も同様に、西側への制度的な加盟を強く希望していた。[6] 一九九〇年六月七日、ハンガリーのヨージェフ・アンタル首相は、ワルシャワ条約機構の軍事組織の「即時清算」を要求した。同年夏、アンタル首相とゲーザ・イェシェンスキー外相は、ブリュッセルのNATO本部を親善訪問した。[7]

このような打診が、国務省を動かすことになった。一九九〇年一〇月二二日、欧州局長代理のジェームズ・ドビンズが中心となり、「東欧とNATO」に関する分析が作成された。ドビンズの主な結論は、「これらの国々にNATOへの完全な加盟とその安全の保証(security guarantees)を認めることは、NATOにとってもアメリカにとっても最善の利益とはならない」というものであった。アメリカが「ソ連国境を前線とする反ソ連合」を組織するようなことは、特に控えるべきであった。もしアメリカがそのような連合を結成すれば、攻撃的に見えるだけではなく、「東欧とソ連における現在の前向きな傾向を逆転させることにつながる」可能性さえあった。ブッシュ大統領がハヴェルに語ったように、NATOは連絡事務所の設立に集中すべきであった。(8) 欧州戦略運営グループ(European Strategy Steering Group)も同様の結論に達した。(9) このグループは、のちにボブ・ゲーツ国家安全保障問題担当副補佐官が、ベーカー、チェイニー、スコウクロフト、そして統合参謀本部議長のコリン・パウエルという「最も親密で信頼できる補佐官」の集団であったと振り返るものであった。目下の問題は、「アメリカとNATOはいま、東欧の新しい民主主義国家に対してNATOへの将来的な加盟を検討する用意があることを示すべきか」であった。一九九〇年一〇月に開催された同グループの会合のために用意された分析によれば、その答えは次のようなものであった。「すべての機関が、東欧諸国の政府を近い将来、NATOに招き入れるべきでないという点で一致している(10)」。

ペンタゴンでは、チェイニーとそのスタッフが異なる意見を持っていた。NSCへの報告にあるように、「OSD(国防長官官房)はドアを開けたままにしておきたい」と考えており、「現時点では議論しないといった但し書き」のもとでNATO拡大について語ることを好んでいた。(11) この好みは、その問題に関するチェイニーの以前の発言と一致している。一九九〇年七月三日、チェイニーはNATO

が自らに課している「域外」制限を「再考」する必要があると示唆していた。また、ワルシャワ条約機構の旧加盟国に対する、ある種のオブザーバーや「連携ステータス」について語ったこともあった。[12]

チェイニーと同様に、中・東欧諸国も必死で異論を唱えた。ドイツ統一の後、ヨーロッパの制度は以前とあまり変わらないことが明白になりつつあった。ヨーロッパの中心部に非武装地帯を作るという提案はどれも成功せず、効果的な汎ヨーロッパ的安全保障システムも生まれていなかった。フランスはまだ何らかの形の国家連合を推奨していたが、その見通しは不透明であった。[13] 対照的に、東側の側面が東ドイツを呑み込んで若干拡張されたものの、NATOとECは存続していた。[14] ポスト冷戦秩序が、冷戦時代のように「NATO・EC領域」と「非NATO・非EC領域」に分かれるのであれば、新しく自由となったドイツの近隣諸国は、ようやくこの根強い分裂の正しい側に立つことを望んだのである。

当然のことながら、モスクワはまだ名目上の同盟国である国々が西側にこのような懇願をしていることを快く思っておらず、悩みのリストは長くなるばかりであった。ソ連の経済状況は依然として悪く、不満は募る一方であった。一九九〇年一一月七日、赤の広場で行われた十月革命記念日のパレードにおいて、ゴルバチョフが発砲される事件が起こった。[15] ソ連の外交政策は、海外とのトラブルを最小限に抑えることに絞られ、ソ連の新たな外務次官であるユーリイ・クヴィチンスキもこれに注力していた。クヴィチンスキは、ワルシャワ条約機構が崩壊しつつあることを把握しており（ハンガリーが要求した通り、一九九一年二月に軍事活動の終結を宣言することになっていた）、中・東欧諸国の将来の選択肢を限定するための外交工作を試みようとした。あるアナリストの言葉を借りれば、クヴィチンスキは、「相手国が自国の利益に反すると考える組織に参加することを禁止」する、他のワルシャワ条約機構加盟国との二国間「安全保障協定」を支持していた。要するに、この協定は、不誠実な東側諸国がNATOに加盟することを防ぐものだったのである。[16]

チェコスロヴァキア、ハンガリー、ポーランドは結束して二国間協定への署名を拒否した。[17] その代わりに、これらの国々は一九九一年二月、ECとNATOへのアピールを調和させるため、いわゆるヴィシェグラード協力という三国間パートナーシップを確立した。[18] しかし、短期的に彼らが得たものは、一九九一年六月に出された曖昧なNATO宣言だけであった。[19] NATOのマンフレート・ヴェルナー事務総長はその直後、アメリカのダン・クエール副大統領に対して、「中・東欧諸国は」この宣言に一時的には「満足する」が、「機会があればいまにでもNATOへ加盟するだろう」と告げた。[20]

ソ連の反対だけではなく、西側諸国の躊躇もあったことで、NATOやECへの即時加盟はまだ起こりそうになかった。フランス大統領のフランソワ・ミッテランは、一九九一年三月にマルティニークでブッシュと会談した際に、「ヨーロッパにあと二〇か国も加える必要はない」と語っていた。[21] ミッテランが抵抗を示した理由のひとつは、ドイツが統一の問題に気を取られていて、EC拡大のコストを負担しにくいというものであった。ブッシュは、「東ドイツという途方もない仕事のためにコールが財政的な問題を抱えている」こと、そしてそれは「誰もが思っていたよりも大きな問題」であることに同意した。ある専門家は、ドイツ全体への投資と補助金を、最終的に東ドイツが一兆九〇〇〇億ドルも吸収したとのちに推定している。[22] ECの早期拡大よりも、ミッテランはより緩やかなヨーロッパ国家連合の創設を推奨し、一九九一年六月一二日にはハヴェルとともに、その提案を中心とする大規模な会議をプラハで開催することになっていた[23]。

ミッテランはマルティニークの会議に、外相のローラン・デュマを連れていった。デュマはブッシュに対し、ヨーロッパの安全保障の観点から「旧ワルシャワ条約機構加盟国への対応に最も適しているのは、ECではなくNATOである」と述べた。フランスの指導者たちは、ECの中・東欧への速やかな拡大を避けたいと考えており、その代わりにNATOがこの地域に、どのような働きかけができるか関心を寄せていた。デュマは、「彼らはNATOに加盟したがっている。特にポーランドは(いままではドイツとの国境問題が解決されたことで)加盟を望んでいる」と強調した。中・東欧諸国は「ヨーロッパにおける唯一の強固な基盤が大西洋同盟であると認識するようになった」のである。

ミッテランもデュマに同調し、「われわれがヨーロッパ統合を阻害しようと試みているような印象を与えたくはない」としながらも、「NATOを主要な安全保障の提供者と見なしている」と述べた[24]。ヨーロッパ諸国は、ユーゴスラヴィアで勃発した紛争に対処するために、エネルギーを温存する必要があった。一九九一年六月、スロヴェニアとクロアチアが独立を宣言したことが、セルビアの指導者スロボダン・ミロシェヴィッチによる攻撃を促し、この地域は戦争に突入した[25]。ミッテランは、このときこう付け加えた。「二一世紀において、ヨーロッパが自らを守れるようになることが私の願いだが、その希望をアメリカとの危機という代償によって払わねばならないとしたら、その代償は高すぎる」。その代わりに、「われわれはNATOと、ヨーロッパ防衛の胚芽が共存できるような道を探さなければならない」。しかし、現時点では、「ヨーロッパは、自国の安全を確保するのに十分な戦力を持つ準備ができていない。……NATOが唯一の実在する戦力なのだ[26]」。

コールの方は、一九九〇年一一月にゴルバチョフに向かって発砲された銃弾が、その後の前例となることを大いに懸念していた。暴力的で混沌としたソ連の解体は、とりわけドイツに駐留するソ連軍に対して、重大な結果をもたらすことになる。そこでコールは、この変化をできるだけコントロールし、合意の上で進めることを望んだ。その戦略の一環として、東ドイツをモスクワから解放したばかりのコールは、リトアニアに対して自由になることを求めないように助言した。一九九一年の初め、コールはリトアニアの指導者に、ソ連の解体を求めることは「核兵器が各地に散らばる巨大な帝国」の解体を伴うため危険であると忠告した(27)。

ソ連の一部の構成共和国が、最初はソ連国内の「主権的政治体(sovereign entities)」となり、やがて独立国家になろうとする動きを、このお節介な忠告が止めるには至らなかった。チェルニャーエフの日記によると、一九九〇年八月の時点で、ゴルバチョフはソ連解体の可能性を指摘していた(28)。しかし、一九九一年の初めには分離主義運動に慌てふためき、KGB議長のウラジーミル・クリュチコフなどの保守派に暴力的な行動をとることを許してしまった。ゴルバチョフがバルト三国の分離主義者に対して武力行使を控えていたのは、部分的には、そのような残忍な扱いに尻込みする西側諸国からの援助を必要としていたからであり、また部分的にはペレストロイカの精神によるものであった(29)。エドゥアルド・シェワルナゼは、かつてベーカーに「バルト三国では、誰も武力を行使するつもりはない」と言った。そのような武力行使は「ペレストロイカの終焉を意味する」からであった(30)。ところが、クリュチコフらの行動の結果、一九九一年一月一三日、リトアニアの首都ヴィリニュスは「血の日曜日」を経験することになった。戦車がデモ隊を襲い、一五人の死者と、数百人の負傷者を出した。しかし、この介入はゴルバチョフのイメージをさらに損なう以外には、ほとんど効果がなかった[31]。突然の暴力への転換について、ブッシュから非難のメッセージを受け取ったソ連の指導者は、もし自身が「時折ジグザグに動く」ように見えたとしても、それは「血の海を防ぐため」であり、「内戦を避けるため」に過ぎないと返答した[32]。

国内で失敗したゴルバチョフは、国外での自国の地位を高めるためにできる限りのことをした。ゴルバチョフはその他のいくつかの合意とともに、ドイツと新たな友好協力条約を締結した[33]。そして、国連安全保障理事会（UNSC）以外で、ソ連がアメリカやその同盟国と対等な立場となる唯一の場である、欧州安全保障協力会議（CSCE）の重要性を強調し続けた[34]。ゴルバチョフはいまだに、CSCEが東西双方の国々が関わる汎ヨーロッパ的な安全保障システムを支える中核となることを期待し、とりわけ一九九〇年一一月一九日にパリで開催された首脳会議において、この組織の推進に力を注いだ[35]。その際、ソ連にとって不利な点（とりわけ、二人の軍備管理の専門家が言うように、「ヨーロッパの通常兵器におけるソ連の圧倒的な量的優位」が失われることになる）が多いにもかかわらず、ゴルバチョフは欧州通常戦力（CFE）条約に署名した。具体的には、この条約はNATOとワルシャワ条約機構が、大西洋からウラル山脈のあいだに配備できる装甲戦闘車両、攻撃ヘリコプター、戦闘機、火砲、戦車の数を制限するものであった。この協定の背後には、「どちらかの同盟国が電撃戦型の攻勢をかけ、それに対する核兵器使用の引き金となることを防ぐ」という目的があった[36]。それは、これまで作られたなかで最も包括的で、法的拘束力のある通常兵器管理協定となっていた[37]。

しかし、ジャーナリストたちは素早く、反抗的なソ連の軍事指導者たちが、CFEの制限を受けないウラル山脈の奥深くに軍備を移設し、新しいCFE条約を弱めようと試みていたことを指摘した。『フィナンシャル・タイムズ』紙によると、この大規模な移転のために、ソ連軍は他の措置と並んで、「数千台の貨車を徴収したことで、昨夏の記録的な大豊作の集荷を著しく阻害」していた(38)。この試みの規模からして、条約署名のかなり前から計画され、着手されていたことは明らかであった。それは、ゴルバチョフが行っていることに対して、ソ連の国防指導者たちが賛同していないことの明確な表れであった。

ゴルバチョフは、そうした国内外の批判者に感銘を与えるような外交政策上の勝利を得ようと、西側からはいまだ強いと見られていた自身の道徳的権威を利用して、クウェート危機に介入しようと試みた。イラクの指導者サダム・フセインとの交渉のために、ゴルバチョフは補佐官のエフゲニー・プリマコフを現地に送り込んだ。しかし、ブッシュはゴルバチョフに対して介入し、「このような外交努力に反対する」と書き送った。もしソ連政府が交渉による解決に成功すれば、フセインは「アラブ世界で英雄的な地位を獲得することになる」からであった(39)。

これが現実になることを防ぐためには武力行使も辞さないというブッシュの姿勢は、ポスト冷戦秩序という現実の始まりを高らかに告げるものであった。一九八九年以降、アメリカが通常戦争に関与していない年はなかった(40)。ブッシュの伝記作家であるジェフリー・エンジェルは、ブッシュの意味した「新世界秩序」とは、「主権と国境線を侵す暴力的な国家に対して、大国が国際的な意志を貫く」という考え方であったとのちに結論付けた(41)。ブッシュはこの考え方に沿って、フセインがクウェートからの撤退を求める国連決議に従う期限を、一九九一年一月一五日に設定した。ゴルバチョフは、この期限を四八時間延長することでもう一度フセインと交渉しようとしたが、ブッシュはそれを拒否した[42]。

ペルシャ湾では戦争の雷が鳴り始めていた[43]。予想された通り、一月一五日までにフセインが応じることはなかった。アメリカ率いる多国籍軍は、その翌日から空爆を開始し、翌月には地上攻撃を開始した[44]。のちにチェイニー長官が、「ドイツ再統一と、ロシアが東ドイツ軍のために購入した重機輸送機を神に感謝する」と述べたように、この輸送機は米軍の戦車の運搬に最適であることが判明した。統一の一環として輸送機はドイツの装備となっていたが、湾岸戦争において西ドイツ政府がアメリカによる使用を許可した。チェイニーの言葉を借りれば、ワシントンはその結果、容易に「すべてのエイブラムス戦車とブラッドレー歩兵戦闘車を砂漠に運搬し、第七軍団がサダム・フセインに対して実施した側面作戦を展開」することが可能となった[45]。

国外では湾岸戦争とその影響が心配され、国内では不況とブッシュの一九九〇年の増税に対する反発があるなかで、大統領はソ連への財政支援に慎重であり続けた。一九九一年七月一五日、ブッシュはロンドンで開かれたＧ７の会合で、「アメリカに照準を合わせた……長距離ミサイルを持つ国」に資金援助をすることを正しいとは思わないと述べた。また、より秘密裏にではあったが、進行中のソ連の生物兵器計画についても懸念を表明していた。カナダのブライアン・マルルーニー首相もまた、彼なりの疑問を抱いていた。一九八五年の段階で、もしゴルバチョフが「東欧を解放し、ワルシャワ条約機構を解体し、統一ドイツはＮＡＴＯに加盟し、国連安保理はペルシャ湾で行動を起こし、ソ連がＣＦＥに調印し、……選挙と民主化を実施する」と述べていたならば、マルルーニーはゴルバチョフのために「急いで小切手をもってきただろう」。しかしいまとなっては、「私のジレンマはこういうことです。最近あなたは私に何をしてくれただろうか、と言っている自分に気が付くのです」[46]。そして、多くの西側の人びとが、統一の際にドイツの財政支援が消滅した例を戒めとして憂慮していた。

G7サミットの後半にのみ招待されたゴルバチョフが到着し、なぜワシントンは湾岸での「地域戦争のために一〇〇〇億ドルを集めることができるのに、ソ連を新しい国にするためには何もないのか」と問うと、ブッシュはモスクワの核兵器をその理由に挙げ、次のように述べた。「われわれはミサイルの照準がニューヨークに合わせられているのを感じている」[47]。ゴルバチョフの外交政策担当補佐官であるアナトリー・チェルニャーエフは、結局辞任しないことに決めていたが、G7から援助を得られないゴルバチョフを見て、改めて絶望に苦しんでいた[48]。チェルニャーエフはすでに、「救世主としては歴史に残る」が、「政治家としてはお終いだ」という評価をゴルバチョフに下していた[49]。

似たような方向性で考えていたNSCは、その頃までに、CIAに対して、ごく限られた人にしか知られないよう釘を刺しながら、「ゴルバチョフの後継者に関する分析依頼」を出していた。一九九一年四月二九日、CIAは「現在の政治体制を一掃」するような、急速な政権交代のための「材料がいますべて揃っている」と報告した[50]。ブッシュ政権の幹部は、ゴルバチョフを「溺れる男」と呼び始めていたヴェルナーNATO事務総長からも、同様に悲観的な評価を受け取っていた。ヴェルナーは、「ソ連の人びとはゴルバチョフを嫌っており、世論調査でもせいぜい二〇パーセント、おそらく一二パーセント程度の支持しか得られないだろう」と推測した。ヴェルナーは、状況がいかに不安定であるかを踏まえて、現段階で西側に関心を示しすぎることで「中・東欧諸国がソ連軍を刺激しないように」と積極的に助言していた[51]。

一九九一年五月、ブッシュはハンガリーのアールパード・ゲンツ大統領とともに、ソ連の力が弱まった場合の影響について推測した。ブッシュは、「もしソ連がいつかバルト三国の独立を認めてさらに縮小するとしたら、それはあなたにとって有益なことだろうか」と尋ねた。ゲンツは「そう思う」と答えたが、縮小したソ連も「やはり大国であり、一世代か二世代で再び影響力を拡げようと試みるだろう」と述べた。それでもゲンツは、二世代分の猶予があれば、自分が必要と考えること、つまり「ソ連をヨーロッパに統合し、自分たちが再びヨーロッパの境界地帯にならないようにする」ために、「一息つく時間」が生まれるだろうと期待した[52]。

しかし、ソ連の衰退は予想以上に早く、一九九一年六月、アメリカ政府内では差し迫った反乱に関する警鐘が鳴り始めた。ホワイトハウスは、モスクワのアメリカ大使館から、十分に信憑性のある、差し迫ったクーデターの可能性の報告を受けたため、ゴルバチョフに警告を行った[53]。ブッシュはまた、ゴルバチョフのライバルであるボリス・エリツィンをワシントンに迎え入れ、リスクヘッジを図ることにした。六月一二日、まだソ連の一部であったロシアにおいて選挙が行われ、それに勝利したエリツィンは、次期ロシア大統領という肩書きを持つようになった[54]。ゴルバチョフはソ連の構成共和国に対して、指導者の役割をある程度自由に設定することを認めていたが、それはアメリカにおける知事のようなものを期待していたようであった。しかし指導者たちのなかにはエリツィンを筆頭に、大統領という肩書きを代わりに選び、行動し始める者たちがいた。

エリツィンは次期大統領となる前でさえも、テレビを通してゴルバチョフの辞任を要求していた[55]。

また、対外関係は名目上まだソ連全体の責任であったにもかかわらず、エリツィンは理想主義的な若き外交官であるアンドレイ・コズイレフを「ロシア外相」に任命した。コズイレフは一九七五年からニューヨークの国際連合ソ連代表部に在籍し、その経験に強い影響を受けていた。回顧録のなかでは、自国で発禁になっていた小説の『ドクトル・ジバゴ』を購入してセントラルパークのベンチで読めるだけ読み、ソ連代表部の自室で発見されることを恐れて、一日の終わりにセントラルパークに置いて帰ったことがあると回想している。[56] そのコズイレフがいま、新しい上司のために扉を開く手伝いをしていた。一九九一年六月二〇日、ブッシュは次期大統領であるエリツィンをワシントンに迎えた。ブッシュは、ゴルバチョフがまだソ連の責任者だからといって、「あなたとビジネスができないわけではない」とエリツィンに告げた。[57]

エリツィンはブッシュに対して、共産党とその企業に対する国家統制の考え方から完全に「縁を切った」こと、そして市場経済への移行を考えていることを説明した。[58] 一九八九年九月、テキサス州を訪れたエリツィンは、ヒューストンの食料品店で日常的に提供されている豊かさに衝撃を受け、自国民にも同様のものを提供することを望んだのである。[59] ブッシュは、「西側の石油会社はソ連ではなく、ロシアと取引すべきだということなのだろうか」と質問した。エリツィンは肯定的な答えを返し、次のように付け加えた。「もうわれわれに中央からのサービスは必要ない。指令制度もいらない。われわれはそれを破壊したいのである」。また、「核兵器はすべてわれわれが持っている」と誤ったことを述べ、国防問題を自ら扱うことも示唆していた。[60] エリツィンが自らをモスクワの中心人物であると考えていること、そしてゴルバチョフを何とかして追放しようと画策していることは明らかであった。

「誰が核兵器をコントロールしているのか?」

エリツィンは、その二か月後にソ連の指導者を排除する機会を得た。ブッシュ政権が、反動的なクーデターが起こるとゴルバチョフに警告したことは正しかったが、その時期については誤っていた。クーデターは六月ではなく、ゴルバチョフが休暇でクリミアに滞在していた一九九一年八月一九日から二一日にかけて起きたのである。ストラウス大使はのちに、クーデターのきっかけは、八月二〇日に予定されていた「ソ連の中央政府の役割を大幅に縮小し、各共和国の権限を大幅に拡大する」ことになる「新連邦条約」の調印を阻止しようとしたことにあると報告した。[61] しかし、クーデターの首謀者たちが公言した理由は、ソ連の指導者が病気であるということだった。ブッシュは、これが拷問されていることの婉曲表現ではないかと捉え、「おそらくゴルバチョフの指の爪は見つからないかもしれない」と懸念を口にしていた。[62]

クーデターの首謀者たちは、ゴルバチョフを別荘に軟禁することに成功した。モスクワに戻ったエリツィン一行はロシア議会の建物へと向かい、議会を威嚇するために送られた戦車に乗り込み、ロシア国旗を振って抵抗の様子を示してみせた。その様子は迫力ある映像となり、世界中にテレビ放映された。[63] エリツィンの伝記作家ティモシー・コルトンがのちに指摘するように、この光景は「子供の頃に読んだ歴史の入門書によって頭に刻み込まれた、別の革命の象徴的なイメージ」、すなわち「一九一七年四月に装甲車から」プロレタリアートを鼓舞するレーニンの姿を、ロシア人たちに思い起こさせたのである。[64] ブッシュはマルルーニーと話し合った際に、「このクーデターを撤回しなければならないと戦車の上で言っている」エリツィンを見て驚いたことを認め、「彼の尋常ではない度胸を評価しなければならない」と付け加えた。[65]

ＣＩＡの元職員であったブッシュは、この八月の劇的な出来事に関するインテリジェンスの欠如に憤慨していた。ブッシュはマルルーニーに、次のように文句を言った。「われわれの大使館は何も知らなかった。われわれもみなと同じように驚いている」。そのわずか三週間前に、六月のクーデター危機は過ぎ去ったと考えていたブッシュはソ連を訪問し、ゲンナジー・ヤナーエフ副大統領を「モスクワ滞在中のホスト役」にさせていた。そのヤナーエフが、いまやクーデターの首謀者のひとりとして、大統領代理を名乗っていたのである。[66]

ブッシュはクーデターが起きているあいだ、隔離されていたゴルバチョフから何の情報も得ることができなかった。しかし、エリツィンとは何度も繰り返し会話を行っていた。エリツィンは、クリュチコフやその他のＫＧＢの人間、軍部と交渉して、この暴挙を終わらせることを試みていると説明した。[67] クリュチコフは、一九九〇年にゲーツがゴルバチョフに反発していると疑っていた人物であり、今回のクーデターの中心的な首謀者と見られていた。アメリカの元駐ソ大使であるジャック・マトロックの言葉を借りれば、「ＫＧＢ長官の支援なしには、ゴルバチョフを打倒するための信頼できる試みが開始される可能性はなかった[68]」。コズイレフによると、エリツィンはおそらくクリュチコフとの交渉の一環として、抗議者たちがＫＧＢ本部を占拠することを、ある時点で阻止していた。[69]

ＫＧＢの特殊部隊である「スペツナズ」は、議会を攻撃するように口頭で命令を受けていたようであった。しかし、あるジャーナリストによれば、誰も命令書を用意できなかったために、これらの部隊は尻込みし、すぐには攻撃に移らなかった(70)。一九九一年八月二一日の朝(アメリカ東部時間)、エリツィンは「スペツナズ」の部隊が「私の命令に従わず、攻撃する可能性がある」とブッシュに警告し、事態はまだ流動的であることを伝えた。モスクワでの戦闘で死者が出ていた。エリツィンは、おそらくバルト三国における「多くの地点と場所を占拠するため、三〇機の「スペツナズ」の航空機が送り出されている」とブッシュに語った(71)。別の三機以上の航空機も、クリミアのゴルバチョフのもとに争って向かっていた。エリツィンは、彼の協力者が操縦する機体が先に到着するよう願っていた(72)。

この頃、すでに無事フライトを終えていた人物が、ロシアの若き外相コズイレフであった。クーデターが成功することを恐れたエリツィンは、必要であればロシア亡命政府を宣言するために、コズイレフをパリに派遣した。フランス側のホストはコズイレフを迎え入れるにあたり、クーデターの首謀者たちに忠誠を誓う、フランスにいる他のソ連外交官から彼を守るため、最善を尽くした。しかし、オテル・ド・クリヨンのコズイレフの部屋に、モスクワにいる彼の家族を脅すKGBからの脅迫電話がかかってくることは防げなかった。ホスト側の気遣いにもかかわらず、コズイレフは、フランスの外交官たちが「一貫して逃げ腰」であると指摘した。彼は「幻想を抱いてはいけない」と自分に言い聞かせた。「西側諸国は、いくらロシアの民主主義者に同情的であっても、クレムリンの支配者を怒らせないように注意するだろう。……ロシアの運命は、ワシントンでもパリでもなく、モスクワで決まることになる」(73)。それでもコズイレフは、クーデターに対する民衆の抵抗のなかに、ロシア国民の潜在的な勝利の兆しを見たと感じることで、自らに希望を抱かせていた(74)。

モスクワでは、エリツィンが徐々に優勢になりつつあった。エリツィンは、戦車や軍隊が使用される可能性を減らすために、そのうちいくらかを「モスクワ周縁部」に退却させることに成功したとブッシュに報告した。[75] スコウクロフトは、次第にクーデターの指導者たちが「無能である」ことに気づき安堵した一方で、「クーデターがもっと慎重に計画されていれば」、あるいはもっと早く始まっていれば、「結果はまったく異なるものになっていた可能性があった」と回想している。[76] アメリカ東部時間八月二一日深夜、エリツィンはさらに多くの良い知らせをワシントンと共有した。彼の協力者を乗せた飛行機はゴルバチョフを救出することに成功し、「無傷で健康な状態で、モスクワに帰還させた」のである。さらに良いことに、クーデター計画は崩壊しつつあった。クリュチコフや国防相、その他の首謀者たちは「身柄を拘束された」のである。セルゲイ・アフロメーエフ元帥は、一九九〇年のワシントン首脳会談以降に続いた自身の凋落が完了する形となったことで、その後まもなく自殺した。[77] アフロメーエフは、「祖国が滅び、私が人生の意味と信じるものすべてが破壊されたとき、私は生きていることができない」と、誰に宛てたわけでもないメモを残していた。[78]

クーデターは終わり、まもなくゴルバチョフはモスクワに戻ってきた。しかし、彼が権力に返り咲いたかどうかはいまだ明らかではなかった。[79] 八月二三日、エリツィンはテレビ演説でゴルバチョフの人気を劇的に奪い、その地位を弱体化させた。[80] また、クーデターへの抵抗勢力の指導者という、自らの新たなカリスマ的イメージを活用し、ロシア共産党の活動を停止した。[81] エリツィンは自ら、事実上の逆クーデターを起こしたのである。[82]

クーデターの失敗による衝撃は各地に波及した。何らかの汎ヨーロッパ的国家連合の創設というミッテランの試みは、致命的な打撃を受けた。いまやモスクワは望ましいパートナーではなく、不安定で危険な存在に見えるようになっていた。[83] このクーデターはまた、ソ連全土で分離主義運動を加速させた。一九九一年八月までに独立を宣言したのはリトアニアとジョージアのみであったが、その後、ウクライナを含む九つの構成共和国が独立を宣言した。[84] 一九九一年八月二九日、カザフスタンのヌルスルタン・ナザルバエフ大統領は、核問題での自律性を示すために、自国領内のセミパラチンスク核実験場の閉鎖を宣言した。四二年前のその日は、ソ連が初めてカザフスタンで核実験を行った日でもあった。[85]

マルルーニー首相は、一九九一年七月一五日から一七日にかけてロンドンで開かれたG７の会合において、このクーデターについてブッシュと語り合い、ゴルバチョフに経済的な支援をほとんど行わなかったことで、双方が非難を浴びることを懸念した。「あなた方がロンドンでもっと気前よくしていれば、こんなことにはならなかったかもしれない」という批判が出ていた。[86] ロシアの専門家でジャーナリストのストローブ・タルボットは、すでに『タイム』誌で同じように論じていた。「ソ連がこれほど譲歩し、アメリカがこれほど恩返しをしないのは、単純な理由からである。ゴルバチョフ革命は史上最大の特売セールであり、そのような取引ではつねに、価格は非常に低くなる[87]」。しかし、ブッシュとその補佐官たちは、モスクワへの多額の援助に反対し続けた。この立場は、西ドイツやフランス、イギリスの考えと次第に食い違うようになっていった。イギリスのジョン・メージャー首相が、ゴルバチョフを立ち直らせるためにG７で援助策を検討してはどうかと提案しても、ＮＳＣは「われわれが遠大な決断に追い込まれることはない」と述べ、相変わらず支援を拒むように進言していた。[88]

その代わりに、ブッシュにとってクーデターのあいだに最も切迫していた問題は、彼がマルルーニーに言ったように、「誰が核兵器をコントロールしているのか？」というものであった。[89] それは存亡にかかわる問題であった。当時のハーバード大学の専門家であるアシュトン・カーターの証言によれば、ソ連は一九九一年時点で二万七〇〇〇個の核兵器を保有し、さらに多くの核兵器を製造できる施設と核分裂性物質を所持していたのである。[90]

この点を懸念していたのはブッシュだけではなかった。コールが党の同僚に語ったように、ソ連の核兵器の将来、特に軍備管理交渉は「本質的な関心事」になっていた。彼は同様に、民間の原子力発電所も懸念していた。ブッシュよりはるかにモスクワの近くに住むコールは、ヨーロッパが「第二のチェルノブイリ（チェルノービル）」とならないようにと願っていた。一九八六年四月の事故は、何百万人ものソ連とヨーロッパの住民を、放射性物質の汚染に晒したのである。[91] また、中・東欧におけるソ連軍の行動に鑑みれば、西側諸国は別のことにも気を配る必要があった。つまり、混乱のさなかに、ソ連の核兵器の部品が盗まれ、闇市場で売られる心配である。一九九一年のハーバード大学の研究は、「すべてが売り出し中」という懸念すべき新しい表現の蔓延を指摘した。[92]『ニューヨーク・タイムズ』紙の記事は、ソ連の仲介業者が「兵器級の物質を最も高い入札者に売ろうとしている」と報じた。[93]

ブッシュとその側近は、ゴルバチョフだけではなく、ソ連の中央権力がいかに脅威に晒されているかを理解しつつあった。大使館のスタッフは電報で、クーデターが起きようが起きまいが、ソ連は「三〇分でアメリカを破壊できる世界で唯一の国」であることに変わりはなく、「われわれは至急ハイレベルでの協議を行う必要がある」と伝えた。「核兵器の指揮・統制と安全性」の状況を確認することが不可欠だったのである。[94] 一九九一年九月、ベーカー国務長官はモスクワに急行した。ブッシュ大統領の友人であると同時に、ベーカーのガチョウ狩りの仲間でもあったストラウス大使は、国務長官の滞在中は一緒に車で街を回り、ほぼすべてのアメリカ人を殺害する力を持つ者が誰なのかを探ろうとした。あるとき、ベーカーは車の窓から外を眺めて、「ここは本当にくそったれな街だな、ボブ」と言った。ストラウスは「へどがでそうだよ、ジム」と返答した。[95]

二人の男は追い詰められたゴルバチョフと対面し、ベーカーは、「あらゆる種類の核兵器の管理」を維持しなければならないと語った。ソ連の指導者は、「この点では、まったく何も変わらない。中央と大統領が最高司令官であり続ける」とベーカーに保証したが、あまり説得力はなかった。[96] それでもベーカーは、そのうち必要になるだろうと考えて、多くのソ連の構成共和国の首脳との夕食会に参加することにした。[97] ここでベーカーは、ゴルバチョフをもはや終わりつつある人物と評するヴェルナーの意見に共鳴し始めた。のちに彼は回顧録で、ゴルバチョフを「気の毒に思わずにはいられなかった」と回想している。[98] クーデターと核問題に加えて、冬が到来すれば、ソ連はこれまで以上に深刻な食糧問題に直面することが明らかとなっていた。西側の援助なしでは、真の困難が生じることになるのである。[99] 食糧問題は、さらにもうひとつの問題も提起した。ブッシュ政権は、たとえ緊急の食糧や医薬品であっても、西側の援助とソ連の過去の債務履行のあいだに関連性を持たせることを主張した。モスクワは信用度を維持し、金準備の保有高について透明性を保ち、支援を望む場合にはソ連が負った債務の責任を取らなければならなかった。[100]

ワシントンに戻ったベーカーは、ホワイトハウスでブッシュ、チェイニー、スコウクロフトと朝食をとり、出張の成果を報告した。その朝食で彼が下線を引いたメモでは、さまざまな共和国の指導者と面会したものの、あまりに早い段階で彼らを口説くのは得策ではないと考えていたことが示されている。ベーカーの言葉を借りれば、「もしこれらの共和国にチームを派遣してキャンペーンを展開することを急ぎすぎると、核兵器に関して……ある程度の一体性を保つという目的を損なう可能性がある」。彼の意見では、最終目標は「核兵器の中央管理」であるべきであった。アメリカは「中央を維持する」ためにできることをするべきなのであった。[101]

各共和国への暫定的なフォローアップもいくつか行われたが、そのほとんどは国務長官との会談よりも低いレベルのものであった。ベーカーは、国務次官のレジナルド・バーソロミューに、ソ連の戦略兵器の一部を保有している共和国、すなわちロシア、ウクライナ、ベラルーシ、カザフスタンでの会合を手配するよう命じた。バーソロミューは、これらすべてに対して、「各共和国が自国の領土で核戦力を利用しようとしたり、独占的に管理しようとする動き」にアメリカ政府が反対することを強調した。[102] コズイレフがのちに回想するように、ブッシュとベーカーが、核兵器への懸念のために、ソ連の中央権力を終わらせようとするエリツィンの願望に消極的だったことは明らかであった。[103]

心配しているのは、ブッシュとベーカーだけではなかった。ソ連のクーデターと核の安全に対する懸念は、超党派のものであった。ジョージア州の民主党員であり上院議員のサミュエル・ナンは、モスクワを訪れ、クーデターのあいだもゴルバチョフがソ連の核兵器を継続的に管理していたのかどうかを問いただした。ナンはまともな答えが得られなかったことで、事態を深く憂慮するようになった。[104]
ゴルバチョフは、発射命令に必要な三つの核のブリーフケースのうちのひとつについて、自分が一時的にコントロールを失ったことを認めたくなかったのである。ソ連国防省は一時的に、ソ連の核戦力の唯一の支配者になっていたようであった。国防省は二つのブリーフケースをすでに保持しており、ゴルバチョフのブリーフケースもしばらく手中に収めていたものと思われた。[105] この厄介な展開の結果として、ナンは、下院軍事委員会(House Armed Services Committee)の民主党委員長であったレス・アスピン下院議員の協力を得て、ソ連の兵器の安全性を高めるための持続的な取り組みを開始した。一九九一年一一月二七日、ナンの努力の結果、上院は「ソビエト核脅威削減法(Soviet Nuclear Threat Reduction Act)」を八六対八の賛成多数で可決した。[106]

この投票によって、一九九一年九月、ブッシュはソ連の核兵器の状況に注目する姿勢をさらに強めた。[107] 特に懸念されたのは、意図的に出力を押さえ、射程が短くなるように設計されていた米ソ双方の戦術核兵器であった。のちにスコウクロフトが指摘するように、これらの兵器は「政治的にますます厄介になり、そして私にとって、軍事的にもますます無意味なものとなっていた」のである。加えて、このような兵器はテロリストの手に渡れば壊滅的な打撃を与えるため、ホワイトハウスはソ連の兵器の所在をできるだけ多く確認することを望んだ。解体していくソ連には、なかにはボストンバッグに入るほど小さなものもある戦術核兵器が、二万二〇〇〇個あると推定されていたのである。ここで、アメリカが配備済みの戦術核兵器を撤去すると発表することで、ゴルバチョフが追随するように仕向けるという案が浮上した。スコウクロフトは、これを撤去することが望ましいということをチェイニーに納得させるのに若干苦労した。国防長官の最初の反応は「絶対にだめだ」というものであったが、スコウクロフトは最終的に成功した。[108]

ソ連の四つの構成共和国に分散している、より大型の戦略核兵器システムも明らかに懸念材料ではあったが、スコウクロフトはこの問題に関して行動を起こす必要があるかどうか迷っていた。スコウクロフトは、元の中央管理下にあるソ連の核戦力よりも、管理を行う準備の整っていない弱体化したポスト・ソビエト共和国に分散している、縮小された四つの核戦力の方がアメリカにとってより小さい脅威かもしれないと考えた。しかし、スコウクロフトは「国家が大量破壊兵器の物理的な管理能力を失うこと」が危険である点を認めていた。そして、彼はまたしても、直ちにすべての構成共和国にアメリカの外交領事館を設置するなどして、ソ連の崩壊により「攻撃的な」アプローチを取るべきだと主張するチェイニーと対立することになった。ブッシュとスコウクロフトはのちに、チェイニーの提言を「ソ連の崩壊を促そうとしていることが見え見えの方策」であったと批判した。[109]

それでもチェイニーは諦めることなく、特にウクライナとの関係強化を推し進めた。[110] もしソ連から離脱する努力に成功すれば、ウクライナは即座に世界で三番目に巨大な核戦力を保有することになる。[111] チェイニーは、「最初から」ウクライナ側に関与することが望ましいと考えたのである。[112] 一九九一年八月一日、ブッシュはクーデター前のソ連訪問の一環としてキエフを訪れ、戦略兵器削減条約（START）に調印した。[113] 当時のブッシュの最大の関心は、ゴルバチョフを支え、中央権力を維持することであった。そのためブッシュは、のちに「チキン・キエフ」スピーチと呼ばれるここでの演説において、ウクライナの民主的な野党が抱く完全な独立という夢について生ぬるい発言を行い、彼らを失望させたのである。[114]

しかし、ブッシュはクーデターの直後になると、チェイニーと、一九九一年九月二五日にワシントンを訪れたウクライナの指導者レオニード・クラフチュクの発言に耳を傾ける姿勢を見せた。その頃、ウクライナ議会（ラーダ）は独立宣言を可決し、その宣言に対する国民投票を、一二月一日の大統領選挙の一環として行うことを予定していた[115]。クラフチュクはブッシュに対して歯に衣着せぬ言い方で、ソ連の中央権力は「解体」しつつあり、ソ連に未来はないという自らの考えを明確に伝えた[116]。

ブッシュは、核兵器の制限について劇的な措置を講じる時期が来たと判断した。ソ連の中央権力が残っているあいだに交渉を行い、できるだけ多くの軍備管理を実現する必要があると気付いたのである。そのための最良の方法は、戦術核だけでなく他の兵器についても一方的な削減を宣言し、モスクワが追随してくると期待することだとブッシュは判断した。チェイニーはこのアプローチに懐疑的な姿勢を崩さなかったが、スコウクロフトは再び自分の立場を押し通した[117]。彼とその側近は、この劇的な作戦こそが、ゴルバチョフに可能なうちに従わせる最も手っ取り早い方法だと考えたのである。ヴェルナー事務総長も、電話でこれらの展開を知らされると、「ヨーロッパに空中発射核システム」が存続することが明らかである限り、そのようなイニシアティブを支持すると宣言した。スコウクロフトは、「もちろんである」と返答した[118]。

ブッシュはテレビで発表することを決断した。事態があまりにも急激に進展しており、ベーカーの言うところの「また新たな長く、お決まりの交渉に巻き込まれる」ことを避けるため、一方的に行動していることをアメリカ国民に知らせる必要があった。ベーカーは事前にＮＡＴＯの同盟国に説明を行い、アメリカが「すべての核砲弾と短距離弾道ミサイル用の核弾頭を撤退させ、破壊する」ことを伝えた。また、ブッシュは「水上艦と攻撃型潜水艦からすべての核兵器を撤去し、海軍の地上配備型航空機の核兵器を撤去する」ことも計画していた。戦略爆撃機は、「爆弾を搭載し、通知から数分で離陸できる」ことを意味する「警戒態勢」を解除することになった。ブッシュはまた、ＳＴＡＲＴで削減が予定されていた「すべてのＩＣＢＭ（大陸間弾道ミサイル）」の警戒態勢を解除するつもりであった。しかし、ベーカーは「われわれはヨーロッパの非核化を意図しているわけではない」と同盟国を安心させようと努めた。ブッシュとその補佐官は、「空中発射型の戦域核兵器は、今後も無期限で不可欠な役割を果たすと考え、ＮＡＴＯの核抑止力を近代的なものに保ち続けることを約束」した。アメリカの決断への見返りとして、ブッシュは「ソ連が同等の措置を取るように」促したいと望んでいた。⑲

このテレビ演説を予定していた一九九一年九月二七日の朝、ブッシュはゴルバチョフに電話をかけた。⑳ブッシュは、これらの動きは一方的なものだが、ホワイトハウスはソ連が同様の措置をとることを望んでいると強調した。驚いたゴルバチョフは、原則的なことしか答えられないが「答えはポジティブなものだ」と述べた。ゴルバチョフは実験に関しても同様に減らすのかと尋ねたが、「われわれは実験については乗り気ではなく」、まだ話す段階ではないとブッシュは答えた。㉑それでもなお、ゴルバチョフはブッシュのイニシアティブを、「前アメリカ大統領であるロナルド・レーガンとレイキャヴィクにおいて検討した内容に匹敵する歴史的なものだ」と言明した。ホワイトハウスのスタッフがエリツィンを探し出すと、彼もそれを承認し、ブッシュのイニシアティブは「素晴らしいコンセプト」であると語った。㉒この劇的な動きは成功した。一〇月五日、ゴルバチョフは自らもアメリカの後に続くことを表明した。㉓ソ連は、すべての核砲弾と戦術ミサイルの弾頭を廃棄し、水上艦と潜水艦から海軍のすべての非戦略兵器を撤去し、その他多くの軍縮を実施することになった。[124]

エリツィンがソ連を忘却の彼方に葬り去る

一九九一年秋までに、ＮＳＣは「ゴルバチョフの長期的役割」の可能性は「皆無」であると結論づけた。[125] スコウクロフトは一九九一年一〇月の時点で、「ソ連の崩壊」をあたかも既成事実かのように言及し始めた。二〇〇〇年に当時の状況を振り返ったスコウクロフトは、「私に明らかとなったのは、エリツィンはウクライナがソ連崩壊の直接の原因となるように工作していたということである」と説明した。しかし、本当の理由は、ウクライナによる独立への願望を、自らがどの道行いたかったことの口実として利用したエリツィンの狡猾さであった。別の言い方をすれば、エリツィンが、ゴルバチョフを「もはや存在しない政治的実体」の指導者とすることで「排除するというやり方を選んだために」、「ソ連は崩壊しつつあった」とスコウクロフトは考えていた。スコウクロフトは「解体の力がかなり強い」ことを認識していたが、エリツィンとゴルバチョフのあいだに「あの敵愾心がなければ」、「いまでも何らかの形でソ連が存在していたかもしれないと思う」と振り返った。

しかし、その敵愾心は現実のものであった。スコウクロフトは一九九一年一〇月、とりわけ中・東欧の指導者たちが公然とＮＡＴＯの腕のなかに逃げ込もうとしていたことから、ソ連の解体がＮＡＴＯの将来にとってどのような意味を持つかについて評価を始めた。[126] ハヴェルは、ＮＡＴＯへの「何らかの形での準加盟(associate membership)」を、ブッシュに対して改めて要請した。[127] スコウクロフトはこの要請を、「クーデターの失敗によって、東側に対するＮＡＴＯの役割が前面に、そして中央に押し出された」ことを確認するものだと考えた。スコウクロフトは、「同盟内でも、あなたの政権内でも、ＮＡＴＯの加盟国拡大の利点を議論してきた」ことをブッシュに思い出させた。そしていま、プラス・マイナスがより明確になっていた。プラスは、ＮＡＴＯは成長する必要があり、さもなければ「変化しているヨーロッパでどんどん時代遅れになる」危険性があることであり、マイナスは、拡大することで「ＮＡＴＯの構造と共同防衛に関する協力のパターンが希薄になる」危険性があることであった。もうひとつの要因は、「ＥＣの東方拡大に消極的であり、ＮＡＴＯの東方拡大にも反対する」というフランスの考え方であった。この問題を慎重に検討した結果、スコウクロフトは、マイナス面の方が説得的であると考えた。一〇月に訪米したヴェルナー事務総長に対して、スコウクロフトは「ＮＡＴＯによる安全の保証を東方へ拡大する機が熟したとは思えない」と伝えるように進言した。[128]

ヴェルナーは対照的に、何らかの形で「ＮＡＴＯの中・東欧諸国との関係をアップグレードする」必要があると感じていた。[129] ベーカーとドイツ外相ハンス＝ディートリヒ・ゲンシャーの側近たちは、拡大しない形でのアップグレード、つまり中・東欧諸国が参加できる、何らかのＮＡＴＯに関連付けられた組織を共同で提案した。[130] 肝心なのは、これらの国々にＮＡＴＯに近づく新たな機会を与えつつ、同盟そのものへの加盟という厄介な問題を回避することであった。ミッテランは、自身の提案した国家連合が、ＥＣについて同様の目的を果たすことを期待していた。ＮＳＣはこの考えに同意し、ベーカーとゲンシャーの新組織が「恒久的な二流の待合室」だと思われないように、「ＮＡＴＯ加盟の可能性を残しておくべきだ」と付け加えた。その一方で、アメリカの政策は、各国の実際の「民主化」

の度合いに応じて、関係の拡大を調整することになっていた。[131]

一九九一年一〇月一一日、ベーカーとゲンシャーのアップグレード案についてヴェルナーと議論した際に、ブッシュは一連の加盟候補に「バルト三国を含める」べきかと尋ねた。アメリカは、ソ連によるエストニア、ラトヴィア、リトアニアの支配を一度も法的には認めていなかった。しかし、この三か国は事実上モスクワの支配下にあり、その加盟を認めれば、まだ存続しているソ連の面目をつぶすことになる。[132]ヴェルナーは、「そうですね、バルト三国が申請すれば歓迎されるべきです」と答えた。実のところ、ヴェルナーはすでにこれらの国々と連絡を取り合っていた。リトアニア大統領のヴィータウタス・ランズベルギスは、「NATOで私（ヴェルナー）に会いに来たがっていたが、きょうは私がここにいるため、リトアニアの副大統領が」代わりに部下を連れてブリュッセルに来ていた。[133]それは、ソ連の崩壊がNATOの好機をいかに劇的に広げているかを示すものであった。

ブッシュの支持を得たヴェルナーは、ベーカーとゲンシャーのイニシアティブを組織化するためにブリュッセルに戻った。一九九〇年七月のNATO首脳会議は、レトリックの上ではかつての敵に「友好の手」を差し伸べていた。そしていま、新たに設立された北大西洋協力理事会（NACC）が対話と協力の場となることで、そのレトリックを現実のものにしようとしていた。この目標を達成するために、ヴェルナーはNATOのアメリカ代表部と緊密に連携した。新組織は、旧ワルシャワ条約機構諸国「およびバルト三国」に焦点を当てるべきだというのが、全員の一致した意見であった。

この方針は理にかなっていた。中・東欧にドアを開き始めるものであったが、モスクワと明らかに敵対するようなやり方ではなかった。NACCへの加盟が同盟への加盟にどう影響するかは未知数であり、その曖昧さが武器となった。ＮＡＴＯのアメリカ代表部が指摘したように、「この時点で、ＮＡＴＯ、ＥＣ、ＣＳＣＥのあいだの正確な役割分担を明確にすることは現実的でも、望ましいことでもなかった」。さらに曖昧さを増したのは、ＮＡＣＣへの申請を処理する際に、いわゆる非差別的アプローチというものに、ヴェルナーが同盟国を同意させたことであった。それはつまり、ソ連の構成共和国からの申請も、旧ワルシャワ条約加盟国からの申請と同じ扱いを受けることを意味していた[134]。このようなアプローチは、明らかに中・東欧では歓迎されないニュースである一方で、ヨーロッパ全域において、より加盟に適格な地域とそうでない地域のあいだに、新たな線引きがなされることを回避することに役立った。最終的に、一九九一年一一月のＮＡＴＯ首脳会議で新しい理事会案が発表され、一二月にＮＡＣＣの最初の本会議を開催するというプランが浮上した。

しかし、問題があった。ウクライナも同様にＮＡＣＣに歓迎されるべきだろうか。もしキエフにＮＡＴＯの連絡事務所の開設を求められたらどうすべきだろうか。一九九一年という激動の時代に、ウクライナの忠誠心がモスクワから西側諸国へシフトすることは、ＮＡＣＣに関心を示すという一見些細なことであったとしても、広範囲に影響を与えることになるのである。

当時、約五二〇〇万人の人口を有するウクライナは、人口比ではソ連で二番目に大きな構成共和国であるとともに、ヨーロッパの主要な国家に匹敵する大きさであった（イギリスとフランスの人口は、それぞれ五七〇〇万人と五八〇〇万人であった）[135]。東スラヴ民族であり、大部分が東方正教会である国家としてのウクライナの歴史は、長きにわたってロシアの歴史と深く結びついていた。ウクライナには何百万人ものロシア系住民が居住し、婚姻関係も見られた[136]。もし一九九一年一二月一日の国民投票で完全な独立を決定した場合、ウクライナは、直ちに同胞であるスラヴ民族から痛みを伴う経済的・政治的分離を開始するとともに、イギリスやフランスを上回る核保有国となる。ウクライナの選択が、このような広範囲な影響を及ぼすことは明らかであった。ストラウス大使はモスクワから、ワシントンにこう進言した。「ロシアにとって一九九一年の最も革命的な出来事は、共産主義の崩壊ではなく、あらゆる政治的立場のロシア人が、自分たちの政治の一部であり、心のなかの大切な存在と考えているもの——つまりウクライナを失うということかもしれない[137]」。

要するに、ウクライナのＮＡＴＯへの潜在的な関心をどうするかという問題は、ある意味でヨーロッパの東の果てはどこかという問題であり、重大事項だったのである。また、大きな実務上の問題もあった。ゴルバチョフは、ブッシュがキエフと直接交渉することを猛然と阻止しようと試みていたのだ。ロシア人とウクライナ人の両方の末裔として、ゴルバチョフは祖先たちの土地が別れ別れになることを防ぐために、最大限の努力をした[138]。その努力の一環として、ソ連の指導者は、現在の国境線のままでウクライナが分離すれば不安定な構造になると主張した。ゴルバチョフはブッシュに、ウクライナが誕生したのは、ある時点で地元のボリシェヴィキが自分たちの権力を確保するために、都合のいいように線をひいたからに他ならないと語った。この人びとが「ハルキウとドンバスを加え」、のちにフルシチョフが「友愛のジェスチャーとしてクリミアをロシアからウクライナに渡した[139]」。ところがいま、キエフが独立を議論することで、ゴルバチョフが独立の試みに反抗するだろうと示唆した親ロシア派の多いこの地域において、抵抗が起きていた。これらの懸念から、当該地域に対する政策案であるブッシュ政権内の「オプション・ペーパー草案」は、「ウクライナがＮＡＴＯのリエゾン・

プログラムに参加する可能性の検討を先延ばしする」ことを提言していた⑽。

しかし、この問題は繰り返し持ち上がった。一九九一年一一月一九日、ブッシュがゴルバチョフの補佐官であるアレクサンドル・ヤコヴレフを迎えたとき、ウクライナの将来が論争を引き起こした。つねに核兵器問題に注目していたブッシュは、ソ連の核兵器の約二五パーセントはロシア国外にあり、これらの核兵器、特にウクライナにあるものをどうする計画なのかと尋ねた⑾。ヤコヴレフは、「もちろん核兵器を手放すつもりなどない。中央当局が管理しているのだから」と答えた。ベーカーが、衛兵がモスクワに忠実でない可能性を指摘し、「一部の部隊は構成共和国に寝返っている」と述べると、ヤコヴレフはその懸念を一蹴した。「大佐の何人かが非常に挑発的なことを言うかもしれないことは分かっている」が、「彼らが実際に、話したとおりに行動するというわけではない」。ベーカーはさらに畳みかけて、「ひとたびロシアとウクライナが分離したら、両国間で公然たる紛争が起こるのではないか」と尋ねた。ヤコヴレフは懐疑的であり、ウクライナには一二〇〇万人のロシア人がいて「婚姻関係も多い」のだから、「一体全体それはどんな戦争になりうるというのか」と反論した。ベーカーは簡潔にこう答えた。「普通の戦争です⑿」。

ソ連の将来は、明らかに予測不可能になりつつあった。八月クーデターの首謀者たちはモスクワの中央権力を回復することを望んでいたが、かえってその解体を早めてしまった。同じ月にストラウス大使が書いたように、「ロマノフ王朝初期からロシアの宗主権下にあった領土や人口を、武力で争うことなく失うという、いまのような逆転劇にロシアはこれまで一度も直面したことがなかった⒀」。特にウクライナが分離してしまえば、残された連邦全体の存続が危ぶまれたのである。

推進役は依然としてエリツィンであった。彼は、八月クーデターを阻止した英雄という役回りを利用し続けた。一九九一年一一月二六日、エリツィンはコズイレフ外相に、将来に関する自身のビジョンを記した書簡を、ブッシュに手渡すよう命じた。そのなかでエリツィンは、「ロシアは共産主義の過去と決別する」と宣言した。彼は「年内にも物価の統制をやめ、厳しい金融・財政・与信政策、税制改革、そしてルーブルの強化」を実施する予定であった。[144] エリツィンはNACCというアイデアを歓迎し、「バンクーバーからウラジオストクまでの新しい安全保障システムを構築するNATOの努力を支援する」一環として、ロシア人が「この組織の仕事に関与するつもりである」と明言した。これは、すでにベーカーやゲンシャーが使っていた言い回しを踏襲したものであった。[145] また、エリツィンはブッシュに、「ウクライナやその他の主権を有する構成共和国」とのあいだで形を変えた「政治連邦」を考えていることを打ち明けた。これによって、憎きゴルバチョフをおそらく完全に排除するつもりでいた。[146]

ブッシュに対してエリツィンは、ソ連の存続であろうと、まったく新しい組織であろうと、新しい連邦はウクライナの参加の意志が絶対条件であると説明した。一九九一年一一月三〇日の電話会談では、エリツィンはブッシュに対し、もしウクライナが参加しなければ「スラヴ諸国とイスラム諸国のあいだの連邦内のバランスが劇的に変化する」ことになり、それは容認できるものではないと説明した。民族的な理由から、将来の連邦において、「ロシアとベラルーシがスラヴ国家として二票を持ち、イスラム諸国が五票を持つような状況」には、とても耐えられなかった。[147] エリツィンはまた、ウクライナ抜きではるかに小さな共和国との政治連邦になった場合、ロシアがこれらの共和国の借金を背負うことになるかもしれないことにも気づいていた。ロシアは他の共和国に補助金を出す余裕がないため、彼らの大統領は、連邦の残りの部分が嵐に見舞われても自国民が水面上に浮いていられるような、何らかの政治的箱舟が必要であると考えた。歴史家のセルヒー・プロヒーの言葉を借りれば、「エリツィンとその側近は、自分たちで帝国の負担を担い続けるか、帝国をやめるかの選択を迫られ」、後者に傾いた。「ロシアの箱舟はソ連のドックを離れようとしていた」のである。そのちょうど二日後の一二月一日に予定されるウクライナの独立投票が、新たな意味を持ち始めていた。エリツィンはこの独立投票を、ソ連の将来を決める好機として利用しようとした。ウクライナ人が七〇パーセント以上の差で独立に賛成した場合、直ちにウクライナを独立国家として認めるというのが方針であると、エリツィンはブッシュに語った。

ブッシュは驚いて、なぜソ連で二番目に人口の多い共和国の独立を、これほど早く承認するという劇的な行動に出るのかと尋ねた。エリツィンは、「一二月の初めには」、ウクライナの新大統領とともに緊急の次のステップ、つまりゴルバチョフの権威を最終的に破壊するという作業を行う必要があるため、投票後すぐに自分の立場をはっきりさせたいと答えた。また、エリツィンとその補佐官たちは、現地の軍隊がすでに新しい首都のキエフ（現在では次第にウクライナ名のキーウで知られている）に忠誠を誓い始めており、ロシアが独立に抵抗しようとすれば戦闘になるかもしれないことを懸念していた。さらに、とりわけウクライナが「非常に近代的な施設である戦略核の大型サイロ」を有するため、ウクライナ国内における「戦略核兵器の中央管理」を懸念していた。エリツィンは、たとえ費用がかかり、「数年」かかるとしても、「ウクライナ領土からの核兵器の撤去」を追求するつもりでいた。最後に、エリツィンはこれらすべてを内密にするようブッシュに懇願し、ブッシュはそれを約束した。

一二月一日の投票では投票率が八四パーセントとなり、九〇パーセントという驚異的な数のウクライナ人が独立を選択した[148]。ブッシュは、同じ日の大統領選で勝利したクラフチュクを祝福するために電話をかけた。ウクライナの次期大統領は、「ウクライナ独立への支持が五〇パーセントを下回った地区はひとつもなかった」と誇らしげに報告した。そこには、ゴルバチョフが独立への抵抗を誤った形で予測していた地域も含まれていた。ブッシュは、ウクライナが国務省の使者を受け入れて軍縮などの問題を話し合う気があるかどうかを尋ねると、クラフチュクは承諾の意思を示した[149]。

この知らせを聞いてブッシュは、エリツィンにならって、ウクライナを「迅速に」承認すると明言した。軍備管理専門家のウィリアム・ポッターは、一二月四日付の『ウォール・ストリート・ジャーナル』の社説で、ブッシュのこの動きを「賢明ではない」と批判した。ポッターは、ブッシュは条件を課すべきであり、「ウクライナ独立の無条件承認」は「近視眼的」であるとした。具体的には、承認の代償として、ウクライナが核兵器不拡散条約（NPT）へ加盟することを条件とすべきだというのである[150]。NPTは一九七〇年に発効し、国際原子力機関（IAEA）と協力して違反行為を防ぎ、遵守を検証するための複雑な制度や協定を構築していた[151]。ポッターはブッシュに、「アメリカがウクライナを外交的に承認するための条件を明確に」すべきであり、アメリカの完全な承認という高い価値の贈り物を与える前に、NPTの規則をウクライナに守らせるよう助言した。ブッシュは、そのような拘束力のある条件なしで、月末までに完全な法的承認に踏み切った（一二月二五日に承認）。核兵器を放棄する意思を過去にウクライナが宣言しており、それが守られることをおそらく期待していたのであろう。[152]

しかし、一二月の国民投票の衝撃的な結果によってブッシュが一歩踏み外したのだとしたら、ゴルバチョフはさらに何歩も踏み外すことになった。ゴルバチョフはずっと、クーデターで吹き飛ばされた新「連邦条約」の協議を再開しようと試み続けていた。[153] しかしクラフチュクはもはや署名する気はなく、エリツィンもウクライナ抜きの連邦に所属することに興味がなかった。[154] ゴルバチョフは支配の最後の砦を失いつつあり、次に何が来るのか明確ではなかった。もし連邦が消滅しつつあるのなら、それに代わるものは何なのだろうか。

その答えを見つけるために、エリツィンは、モスクワとゴルバチョフから遠く離れた場所に行く必要があると判断した。エリツィンとクラフチュク、ベラルーシの指導者スタニスラフ・シュシケヴィチ、つまり自国に核兵器を保有する三人のスラヴの指導者たちは、エリツィンが事前に予定していたベラルーシ訪問を利用し、ポーランド国境近くのベロヴェーシの森にある狩猟地ヴィスクリに引きこもった。エリツィンは他の共和国やソ連の指導者を排除し、彼らとのあいだだけで、未来の計画を立てることを決めていた。[155]

二日間にわたる説得、話し合い、そして酒宴の後、一九九一年一二月八日、エリツィンはブッシュを驚かせる電話を突然かけ、彼らが決断したことを知らせた。現在「実施されている体制や、みなが署名を迫っている連邦条約」に固執するという選択肢は、「われわれを満足させるものではない」。[156] 少なくとも書類上では、一九二二年にソ連を建国した構成共和国のうちまだ存続している三つの共和国の指導者として、彼らはその連邦を解消する権利があると感じていた。[157] 彼らは、ヴィスクリの政府所有の豪華な部屋において、協定のための調印式を行うことで、連邦を新しい独立国家共同体（CIS）に置き換えることを決定した。驚いたブッシュは、「なるほど」、「ほほう」と答えるのが精一杯であった。

エリツィンはブッシュに、CIS諸国が「軍に対する統一的な司令を考え出し、発展させ、成文化する」ことを約束した。それらは「核兵器を一元的に管理できるようにする」ものとなる、ということだった。唖然としたブッシュは、エリツィンに感謝を伝え、側近に相談してから連絡すると約束することしかできなかった。エリツィンは、次のように述べることで締めくくった。「これは本当に、本当に決まったばかりのほやほやの最新情報である。正直に言って、ゴルバチョフでさえも知らない」[158]。エリツィンは、シュシケヴィチにモスクワへ電話をかけさせることで、ゴルバチョフへの報告を意図的に避けたことを、ブッシュには伝えなかった。

その知らせを聞いて激怒したゴルバチョフは、クラフチュクにモスクワへ来るように要求したようだが、クラフチュクはこれを拒否した。しかし、エリツィンはモスクワに帰らなければならないため、予防線を張っておいた。直接ゴルバチョフと対峙する際に、エリツィンは逮捕されることを恐れて、武装した護衛を同行させたと言われている。ゴルバチョフが逮捕に踏み切らなかったのは、おそらく民衆の反応がどうなるか不安だったからであろう。

エリツィンはその後、ベロヴェーシ協定という名で知られるようになった狩猟用のロッジでの合意の実現に向けて素早く動いた。一九九一年一二月一〇日、ウクライナとベラルーシの議会がこの合意を批准し、一二月一二日にはロシアの議会が批准した[159]。エリツィンはまた、ブッシュに対して非常にオープンな態度をとり続け、自身が計画しているすべての行動を事前に伝えていた。エリツィンは、「統一戦略軍司令部」が設置されるため、ブッシュに「核兵器について心配しないように」と伝えた。新しい独立国家共同体（ＣＩＳ）にゴルバチョフの居場所はないが、エリツィンは、「大きな敬意をもって」ゴルバチョフに接すると約束した。「すべてがゆっくりと進められ、急進的な手段は取られないだろう」。もうまもなく、おそらくその月の終わりには「中央の構造は存在しなくなる」ため、アメリカ政府は準備をすべきだということだった[160]。

これらの展開に対するベーカーの評価は、厳しいものであった。ソ連の崩壊に伴う核兵器の将来ほど、「戦略的に、あなたの注意と時間に値する外交問題は他にない」と、彼は一二月一〇日にブッシュへ伝えた。スコウクロフトは、依然として意見が違った。のちに語ったように、彼はこの問題については「かなりリラックスしていた」。なぜなら、まとまった全体としての核戦力よりは、バラバラに分割された核戦力の方がやりやすいと考えたからであり、またウクライナやカザフスタンがアメリカを標的にするとは彼には思えなかったからであった。まったく対照的に、ベーカーは、旧ソ連諸国同士で核の競争が起こることはアメリカにとって何の利益もなく、ただひとつの核保有国としてロシアが出現しなければならないと主張した[161]。

ベーカーの助言を真摯に受け止めたブッシュは、上院議員のナンが推進した、ソ連の兵器の輸送、貯蔵、安全確保、廃棄を促進することを目的とするソビエト核脅威削減法に署名した[162]。一九九一年一二月一二日、プリンストン大学で講演したベーカーは、「「狼狽し、混乱した」ソ連国民」を救うために、国際的な援助に関する会議の開催も呼びかけた[163]。モスクワやサンクトペテルブルクなどに食糧の空輸を行うとも宣言した[164]。これは、純粋な慈善活動ではなかった。国防総省と国務省は、統合参謀本部（JCS）と協働し、長いあいだアメリカの戦略立案者が関心を寄せていた、ソ連の一部地域をより詳しく観察するために空輸と組み合わせる方法を編み出したのであった[165]。

プリンストンでの講演後、ベーカーは一二月一二日から一五日にかけて、核兵器を保有する四つの構成共和国の首脳と会談するため、消えゆくソ連へと飛んだ[166]。危機に瀕しているものの大きさを考えると、ベーカーは、この問題に個人的に注意を払う価値があると判断したのである。ソ連の解体がもたらす現実的な影響は、上陸してすぐに一目瞭然であった。のちに回顧録で回想するように、「アエロフロート航空はほとんど欠航しており、われわれの大使館は車のガソリンの調達に苦労していた。これらすべてが、世界最大の石油埋蔵量を誇る国で起こっていたのである！[167]」

この旅に関するベーカーの手書きのメモは、ほとんどの対話相手に、彼が核兵器に関する同じ質問をし続けたことを示している。「あなたは誰から指示、政治的指導、命令を受けるのか[168]」。ベーカーはまた、まもなく独立する国々は「NPT加盟のプロセスを開始し」、一月から外部の専門家の訪問を受け入れなければならないと強調した[169]。彼の目標は明確であった。それは、核武装した構成共和国に独立した指揮権を放棄させ、核兵器を無効化するか、それらを破壊するためにロシアに移管することを約束させることであった[170]。モスクワにおいてベーカーは、「あなた方は生物兵器プログラムを終了させること、そしてこれらの施設の解体期限に関して同意した」ということを、交渉相手に対してさらに念を押した[171]。

彼の旅において最も劇的な一日は、一九九一年一二月一六日だった。この日ベーカーは、ゴルバチョフとエリツィンの双方と、別々に会談を行った[172]。いままでは、エリツィンの方が圧倒的に重要な存在となっていた。憎き政敵に対する勝利を確信したエリツィンは、拡大志向のムードにあり、モスクワの核発射手順の内部情報に関して、その詳細を喜んで明らかにした。それは、数年前には考えられない会話であった[173]。

ベーカーを歓迎したエリツィンは、ソ連の命運を自らの手で握っていることを知らせた。エリツィンは、一時はソ連の存続に傾いたが、「ウクライナ抜きの連邦は意味をなさないため、最後に決定的な要因となったのはウクライナの国民投票であった」と述べた[174]。国防問題の話になると、エリツィンは、CISが「核抑止力を含む統一された戦略的軍事力」を保有することを望んでいるとベーカーに告げたが、ゴルバチョフが「この部隊の最高司令官になるかもしれない」という考えは拒否した。エリツィンはその代わりに、ソ連の国防相であったにもかかわらず一九九一年八月の強硬派のクーデターに反対した、「われわれの」国防相であるエフゲニー・シャポシニコフがその役割を担うことを望んでいた。エリツィンはまた、「CISの一部として形成される軍事組織」が「NATOと密接な関係を築く」ことを望んでいた。伝えられるところによると、エリツィンは、ロシアがNATOへの参加を希望するという旨の書簡を、NATO本部に送ってさえいた[175]。

ベーカーはこれまで、ゴルバチョフが提案したソ連のNATO加盟について詳細な議論を避けており、エリツィンに対しても同様に、「NATOがCISと関係を持つ方法はあるかもしれない」と一般的な回答を行うにとどめた[176]。ベーカーは、核兵器の指揮統制という、自らが気にかける問題へと話を誘導した。CISがすべての核兵器を単一の権力の下に置くこと、そして米ロがSTARTの実施と並んで、これらの核兵器の安全性を確保するために協力することを強く希望すると告げたのである。エリツィンはこれに対して、先ほどの願望を繰り返してみた。それは「長期的なプロセスになる」が、「CISの防衛連合がNATOと合併する可能性がある」ことを明確に望んでいると告げた。この会談の記録には、エリツィンがNATOとの広範な協力関係を希望したことに対するベーカーの反応は残されていない。

ベーカーは会談前に、側近のほとんどが退席しなければならない程センシティブな話題を取り上げる必要があると言っていたが、いよいよそのときが来た[177]。代表団の大部分が部屋を出てから、ベーカーはエリツィンに、ソ連が戦闘時に核兵器をどのように発射するのかを説明するよう求めた。驚くべきことに、エリツィンはその質問に答えた。ベーカーは、エリツィンが話すのを見ながら手書きで下線を引いたメモを取り、その指揮権が三つのブリーフケースと「会議電話システム」に頼っていることを書き留めた。エリツィンは、電話は「決定するためだけのシステム」であり、ブリーフケースは発射を命令するために必要なものだと説明した。これらのブリーフケースは「ゴルバチョフ、エリツィン、シャポシニコフの三人」、つまりソ連大統領、ロシア大統領、そして国防相が所持していた。エリツィンによれば、「全員が発射に同意しなければならず、ひとりが欠けていれば他の二人で発射が可能となり、二人が欠けていればひとりで発射が可能となる」。エリツィンは、「一二月末までにゴルバチョフからブリーフケースを取り上げる」とベーカーに話し、「その結果、ロシア大統領と、（CISの国防相という新しいポストに就くと思われる）シャポシニコフだけが、**ボタンを押すためのブリーフケース**を持つことになるだろう」と述べた。エリツィンは、シャポシニコフが発射命令を「単独で行うことができない」システムを確立したいと付け加えた[178]。

最後にエリツィンは、以前の合意によって「戦術核の大半はすでにウクライナから撤去された」という、歓迎すべき知らせをベーカーに伝えた。戦略核兵器は別の問題であった。エリツィンは側近がまだ同席しているあいだに、「ソ連の最新鋭のMIRV搭載戦略システムのいくつかがウクライナにあることは「秘密ではない」」と説明していた[179]。MIRVとは複数個別誘導再突入体を意味し、一発のミサイルで複数の標的を別々の弾頭で攻撃することができるため、特に危険なシステムであった。ベーカーの不安を取り除くため、エリツィンは一対一の会談において、ソ連の核兵器が領内にある他の共和国と同じように、ウクライナ人も「どういう仕組みだか分かっていない」と打ち明け、「だからあなただけに伝えたのだ」とも付け加えた。最終的にエリツィンは、彼らが発射用のブリーフケースではなく、「電話を持つ」だけで満足すること、そして一度「核兵器が領土から撤去されれば、電話さえも取り除かれる」ことを確信していた[180]。

この情報に感謝しつつも、ベーカーはキーウにも足を運び、核兵器の「使用の危険を回避すること以上に、アメリカ国民にとって重要な問題はない」とクラフチュクに伝えた[181]。ベーカーは、ベラルーシとカザフスタンの首脳とも会談した後にブリュッセルへ向かい、そこで学んだことをNATOの同盟国に伝えた。ベーカーはイギリス人の同僚に、「経済状況の悪化は社会の爆発につながる可能性がある」ため、「人道支援を行うための協調的で大規模な国際的努力」が必要であると語った[182]。

一二月二一日、ベーカーはブリュッセルからの帰国便においてでさえも休むことができなかった。飛行中にカザフスタンのナザルバエフ大統領から、近況に関する極秘の電話が入ったのである[183]。エリツィンはその日、一刻も早くソ連を滅ぼすために、カザフスタンの首都アルマ・アタ（当時）でＣＩＳサミットを開催した[184]。このサミットで、ＣＩＳは八つのソ連の構成共和国を加えることとなり、合計一一か国がいわゆる共同創設国となった[185]。ナザルバエフは主催者側であったが、いまでは機密情報の提供者として行動していた。

ベーカーとナザルバエフはそのときまでに、特に石油産業に関して、互いにビジネスができることに気付いていた。ベーカーは以前アルマ・アタを訪問した際に、アメリカの大手石油会社シェブロンがカザフスタンの油田開発に投資する可能性を示唆することで、ナザルバエフに取り入ったようだった[186]。この訪問は大成功であり、ベーカーとストラウス大使は、ナザルバエフの申し出を受けてともにサウナに入り、伝統的な方法に従い背中をユーカリの枝で叩いてもらったほどであった。その後、サウナから出てきたストラウスは、ベーカーの警備隊にこう告げた。「国務長官が全裸で、カザフスタンの大統領に叩かれている！[187]」

一九九一年一二月の混乱のなかで、いまやこの友好的関係は実を結びつつあった。ナザルバエフは、核を保有する他のスラヴの構成共和国だけとのあいだで、エリツィンがソ連の命運を決したことに腹を立てていた。さらに悪いことに、エリツィンは彼らと同時に、ナザルバエフにもモスクワに来るように要求していた。しかし、ナザルバエフは着陸した後、まだ空港にいる段階で初めて、エリツィンがスラヴ人の仲間とヴィスクリで「森の奥にいる」ことを知ったのである。エリツィンがカザフスタンの首都でサミットを開催したのは、ナザルバエフをなだめるためだったようであるが、完全にはうまくいかなかった。一二月二一日の機内通話でのナザルバエフのコメントは、彼に苦い思いが残って

いたこと、そして、このサミットの結果を誘導するためにベーカーと共謀したことを示唆していた。(188)

「簡単ではありませんでした」が、「長官、私はあなたと話し合ったことを実行するために全力を尽くしました」と、ナザルバエフはベーカーに語った。サミットでは、長期的には「戦略核兵器担当のトップはひとりのみになる」と決議されていた。ベーカーはそれを聞いて喜んだものの、短期的には四つの核保有国が残り、「まったくもって恐ろしいことだが、万が一これらの兵器を使用しなければならない」決定がなされた場合、その決定は「この四つの国家によって下されることになる」という点に関しては、あまり喜ばしくは思わなかった。しかし、「ウクライナとベラルーシは、一九九八年までに核兵器をロシアに移管する」ため、この状況は一時的なものであった。ナザルバエフ自身もいまだ抵抗していたが、最終的には同じように核兵器の放棄に同意することになった。(189)

カザフスタンがすでに情報を伝えていたことに気づいていなかったのか、一二月二三日にエリツィンもブッシュに電話をかけ、現状を説明した。エリツィンは、ナザルバエフがベーカーに語ったこと、すなわち、核を保有する四つの共和国だけが核兵器の使用について決定権を持つという点を繰り返した。エリツィンは、「ロシア大統領が他の三人と協議の上、核のボタンをコントロールすることになった」と表現した。とはいえエリツィンは、緊急時にはロシア大統領、つまりエリツィン自身が協議なしに兵器を発射できるようにする秘密指令を出したと伝えられていた。指揮系統に関しては、エリツィンは、ゴルバチョフが約四八時間後の一二月二五日に核のカバンを放棄して辞任し、自らとシャポシニコフが三つのブリーフケースを独占することを想定していた。ロシア政府は、ゴルバチョフに「金、医療保険と治療、カントリーハウス、護衛、そして交通手段」を提供することになっていた。(190)

オフィスを失おうとしているのは、ソ連の指導者だけではなかった。モスクワの至る所で、要人たちの特別室の鍵の持ち主がどんどん交代しつつあった。コズイレフは一二月二四日、ソ連外相を追い出したばかりの特別室を自らの新しいオフィスにして、外交上の訪問者を迎え始めた。表敬訪問をしたイギリス大使のロドリク・ブレイスウェイトは、コズイレフが「古い外務次官を全員解雇し、うまく地位を固めたように見える」と自国に報告した[191]。各メディア組織のソ連の支配者も、ロシア人の後任に道を譲った。

しかし、最も劇的な旅立ちとなったのは、ゴルバチョフであった。一九九一年一二月二五日の辞任を前にして、ゴルバチョフは物悲しい電話を繰り返した。国内の反動勢力に対抗するために、西側諸国を重要な同盟国と見なす彼の傾向が強まり、ゴルバチョフは指導者としての最後の瞬間に、おそらく無分別に、ただの仲間ではなく友人と見なす外国人に慰めを求めたのである[192]。クレムリンの特別室を明け渡す直前、彼はブッシュに電話をかけ、「すべては厳重に管理されている」と、あまり信用のできないことを言った。自分はその日のうちに辞任し、エリツィンに「核兵器使用の権限を移譲」することになるので、「あなたはとても静かなクリスマスの夜を過ごすことができるだろう[193]」。

ゴルバチョフはまもなく、テレビの全国放送で辞任演説を行う予定だったが、その開始三〇分前にゲンシャーに電話を入れた。自国の統一プロセスのあいだずっと、このドイツの外相は一貫して、西側の仲間やコールが受け入れられるよりもずっと大きな譲歩を支持してきた。そしていま、ゴルバチョフは、最後の最後にゲンシャーの声を聞きたがっていた。二人の会話は、言葉にならない失われた希望の感覚で満たされていた。

1991年に旧ソ連から成立した国家

ソ連の指導者との最後の会話において、ゲンシャーは、一九九〇年にアルヒズでゴルバチョフの愛妻ライサと交わした私的な会話を追想した。ライサは、ソ連が統一ドイツのＮＡＴＯ加盟を認めるに至った会談の最中、ゲンシャーを呼び止めた。相変わらず夫を庇《かば》うライサは、ドイツ人が自らの富と専門知識を用いて、ソ連が成功する未来への移行を叶えられるよう支援することを望んでいた。ゲンシャーはライサの手を取り、次のように約束した。「われわれはあらゆる面で歴史の教訓を学びました。あなたのご主人がここで何をしているのか、私はよく知っています。すべてうまくいくでしょう」[194]。ゴルバチョフが歴史の舞台からまさに去ろうとしているいま、ゲンシャーはこの約束のことを思い出した。ゲンシャーが言葉にしなかったことは、明白であった。ゴルバチョフとソ連にとって、すべてはうまくいかなかったのである[195]。

その後ゴルバチョフは、午後七時頃から一二分間、西側の放送局も臨席するなかで、テレビを通して辞任演説を行った。ソ連の指導者は、自分のペンが使えない状態にあるため、辞任のための書類にサインする新しいペンが必要だということに、遅ればせながら気が付いた。ストラウス大使の友人で、この歴史的出来事のため、カメラクルーに同行してクレムリンにいたＣＮＮ社長トム・ジョンソンは、自分のモンブランを手渡した[196]。ジョンソンのペンからインクが流れ出すと、国連をはじめとする多くの組織において、ロシアがソ連の後継国家となった[197]。その後、ブレイスウェイトはゴルバチョフへの頌徳文《しょうとく》をロンドンに送った。「無数の話し合いへの苛立ちと、絶対的な行動力の欠如が、最終的に彼に残っていた民衆からの支持を破壊したのだ」と彼は結論付けた[198]。

テレビを見たエリツィンは、ゴルバチョフの演説が自分に対する敬意を十分に示していないと感じ、激怒していた。エリツィンは、いまだクレムリンに掲げられていたソ連国旗をできるだけ早く降ろすように指示することで、その不快感を露わにした[199]。ゴルバチョフが放送を始めてからわずか三八分後、ソ連国旗に代わってロシア国旗が掲げられ、その移行が劇的に、そして視覚的に確認された[200]。

エリツィンがこの日、ソ連の指導者に敬意を払うというブッシュとの約束に反して敗北した敵を侮辱したのは、これだけではなかった。ゴルバチョフ夫妻は、クリスマスと新年の休暇を利用して大統領公邸を明け渡すものと考えていた。しかし、エリツィンはそうではなく、彼らをすぐに立ち退かせることにした。八月クーデターで患った脳卒中がまだ回復していない、パニック状態のライサは、一二月二五日に電話で夫を探し出し、男たちが突然現れて自分たちを家から追い出したと伝えなければならなかった[201]。

「痛恨の極み」

ブッシュもまもなく退陣の痛みを味わうことになるのだが、それは一九九一年一二月の時点ではまだ明らかになっていなかった。その時点では、ブッシュはもうひとつの勝利の瞬間を味わっていた。何十年ものあいだ、アメリカの政策立案者たちは、冷戦が核戦争以外の方法で終結することなど、ほとんど想像できなかった。ところが、比較的小さな暴力で、ソ連は突然消滅してしまったのである[202]。

ロシアは、旧ソ連の核戦力の大部分を統合し、破壊し続けた。一九九二年の前半には、モスクワは残存するソ連の戦術核兵器のほとんどを、場合によっては独立国となった領土から単純に持ち出すことによって確保し、解体することができた。しかし、エリツィンはベラルーシやカザフスタンの指導者と、これらの国の領土にある戦略核兵器の運命については、二国間協定を結ぶ交渉を行った。ベーカーと旧ソ連構成共和国との合意を受けて、アメリカ政府は代表団を派遣し、技術的な問題を数多く解決するための支援を行った。[203] 一九九二年一月二三日、ベーカーはまた、待望の支援会議をワシントンで招集した。[204]

しかし、このときばかりは、ベーカーはブッシュ政権内の大きな争いに敗れた。ベーカーは、この困難な時期にソ連の債務返済を強制することが優先されるべきだとは考えていなかった。しかし、財務長官のニコラス・ブレイディがこれに反対し、ブッシュを味方につけた。スコウクロフトが回顧するように、ベーカーとブレイディのあいだに愛情はなかったのである。「彼らが[一緒に]仕事をすることが特にうまくいかなかったのは、もちろん、ベーカー国務長官が以前に財務長官を務めていたから」であった。それが、「財務省は政府内の独特の文化である」という継続的な問題に加えて、「根本的な緊張」を作り出したのである。そして、財務長官とそのスタッフは、「自分たちが行っていること以外では、調整と協力というものを知らなかった」。ソ連の債務問題に関して、ロシアという新しい国家に対する経済政策の主導権を握ったのは、ベーカーではなくブレイディの部下であった。彼らは、ソ連のすべての債務（一九九一年には六五〇億ドルと推測されている）の責任はモスクワにあると主張し、新たな民主主義国家にさらなる負担を負わせた。ブレイディとその補佐官たちは、一九一七年のボリシェヴィキ革命後、新政権が帝政時代の債務に対するすべての責任を放棄したことを思い出し、同じことを繰り返さないようにしたのである。

この態度は物議を醸すことになった。リチャード・パールのような著名な共和党員でさえ、次のように主張した。「われわれは帳簿を綺麗に消す方法を見つけて、エリツィンに戦うチャンスを与えるべきである。われわれにできるせめてものことは、彼の非民主的な前任者の借用証書を帳消しにすることだ」。しかし、モスクワは、もしそうしなければワシントンが穀物輸送を打ち切るかもしれないと心配し、旧ソ連の債務の利払いを行った。そのうえ、帝政時代の債務についても、ある程度の責任を負うことにさえしたのである。[205]

劇的な時代転換を記念して、一九九二年一月三一日、国連安全保障理事会は、すべての国の首脳出席のもと、史上初のサミット会合を開催した。この年は、国際協調の絶頂期であった。[206] ロシア大統領は、もはやアメリカを核兵器の標的としないと発表した（ただし、専門家は、アメリカの標的に照準を戻すことは難しくないだろうと指摘した）。[207] 一九九二年二月一日、エリツィンはキャンプ・デーヴィッドに招待され、ブッシュとともに、米ロはもはや敵対関係になく、冷戦は終わったと宣言した。[208] 同じ年には、エリツィンとブッシュは、初の有人月面着陸から五〇周年を迎える二〇一九年に、火星への共同ミッションを実施することを示唆さえした。エリツィンは次のように述べた。「われわれは最初にそこに到達することを競うべきでない。協力するべきなのである」。[209]

ロシアの専門家であるアンダース・アスランドがのちに書いたように、「西側諸国には、一九九二年の初めに一度だけ大きなチャンスがあった。西側諸国、特にアメリカは、ロシアにおいて多大な善意と影響力を有していた」。[210] ロシアはアメリカからの二国間援助と国際通貨基金（ＩＭＦ）の支援パッケージの両方を受け取った。[211] しかし、一九九二年という重要な年に、何らかの債務免除、特にアメリカが保有する二八億ドルというソ連の債務免除がロシアを助けることができたかどうかという疑問は、結局実現しなかったため、答えられないままに終わった。[212]

一九九二年、ヨーロッパは別の大きな転換期を迎えた。二月七日にマーストリヒト条約が調印され、その後一九九三年にＥＣが欧州連合（ＥＵ）に移行した。しかし、コールが目指した「ヨーロッパ合衆国（a United States of Europe）」には届かなかった。在フランス・アメリカ大使館の報告によれば、コールは「政府間協力と完全な政治統合のあいだ」で妥協することを受け入れざるをえなかった。[213]コールは自身が妥協したことを、やむをえなかったと感じていた。三月に、コールはブッシュに対して、ＥＵはスウェーデン、フィンランド、オーストリア、場合によってはノルウェーといった他の国々を、より優先順位の高い国として見ているため、中・東欧諸国が加盟するには一〇年後まで待たねばならないと語った。[214]コールはまた、旧ソ連の構成共和国は、「ヨーロッパからアジアへの架け橋」として独自の経済圏を形成すべきであると述べ、ＥＵ加盟の可能性は低いとの見方を示した。[215]ＥＵは、ユーゴスラヴィアで続く暴力に対処する必要もあった。一九九二年五月、サラエヴォの市場に迫撃砲が着弾し、一六人が死亡、数十人が負傷した。国連はこの年、ＵＮＰＲＯＦＯＲという頭文字で知られる保護軍を創設し、安全な飛び地を作ろうとしたが、依然として危険な状態のままであった。[216]

ＥＵが自らの変革やボスニア問題に忙殺されるなか、中・東欧は再びＮＡＴＯに加盟に関する質問を投げかけたが、相変わらず失望させられた。ＮＡＴＯはその代わりに、ＮＡＣＣの構築に力を注ぐことを選んだ。一九九二年三月一〇日、ＮＡＣＣは、一か月後に加盟を認められるジョージアを除く、すべての旧ソ連の構成共和国の加盟を容認した。それによって、これらの国々は、一九九一年一二月にＮＡＣＣに加盟していたバルト三国と中・東欧諸国に合流した[217]。これは包括的アプローチの勝利ではあったが（通常戦力協定が適用される国を一箇所に集めるというのが主な動機だった）、チェコ、ハンガリー、ポーランドの三か国から見れば、この広範囲な動きは、ＮＡＣＣの重要性を薄めるものであった。のちにアメリカ議会の議員が述べたように、ＮＡＣＣはいまや「未知の目的地に向かう鈍行列車のようであった」。ヴィシェグラード諸国と「ウクライナがすでに、クロアチアとボスニアにおいてＮＡＴＯの「パートナー」とともに実戦的な活動で協力していた」時期に、ＮＡＣＣは彼らが求めていた承認をまったく与えていなかった。一九九二年五月六日、プラハで会合したヴィシェグラード諸国の首脳は、彼らの目標がＮＡＴＯへの完全な加盟であると宣言した[218]。

この騒動によって、アメリカ国務省は、ＮＡＴＯを中・東欧に広げることの是非を改めて議論することになった[219]。トマス・ナイルズ国務次官補の言葉を借りれば、「ＮＡＴＯを拡大すれば、ロシアを含むすべての訪問者に門戸を開くか、冷戦時代の古い線に代わる新しい境界線をヨーロッパに引くかの選択を迫られる」というのが最大の問題であった。厳然たる事実は、「政治的に受け入れ可能な境界線を引く方法はない」ということだった。もしロシアを除外した境界線を引けば、「モスクワに対して、国内で革命を起こし、ソ連とワルシャワ条約機構の帝国を放棄したことの最終的な結果は、ＮＡＴＯが国境まで拡大することであると事実上伝えることになる[220]」。一九九二年一二月にはインフレ率が二〇〇〇パーセントを超え、エリツィン政権が倒れるかもしれないと思われるなかで、ロシアの新しい民主主義の脆弱性を考えると、モスクワにこれ以上のストレスを与えるべき時期ではなかった。さらにもうひとつの問題は、ヨーロッパに新たな境界線を引く以外に、「いったん始めた拡大を止める政治的に維持可能な方法は見当たらない」ということであった。ナイルズは、当分のあいだは一六か国で「ＮＡＴＯの加盟国数を維持する」ことを勧めた[221]。

このような意見は、国務省内で猛烈な反発を招いた。政策企画室のスティーブン・フラナガンは、このような警戒心は完全に間違っており、同盟を拡大すべき「そのときはいまである」と考えていた。彼は特に、ＮＡＴＯ拡大の議論が「一気に水門を開くことになる」という考え方に反対した。フラナガンは、新しいメンバーが「順次」加わること、つまり、現在の中立国と新たな旧ソ連ブロック諸国の両方から新しいメンバーが加わることを確信していた。彼の推奨する順序は以下の通りである。「まず、関心を有する旧中立国、次にトロイカ（Trokjat）〔原文ママ、おそらくチェコスロヴァキア、ハンガリー、ポーランド〕とブルガリア、その後にロシア、ウクライナ、ベラルーシ、ルーマニア、その他の初期のポスト共産主義国」である。フラナガンは、中・東欧諸国のＮＡＴＯへの「初期の参入」が、キーウと「モスクワにとって、経済や社会システムをちゃんと変革すれば何が可能になるか」という「手本」になりうるとさえ考えていた。拡大された同盟は、ユーゴスラヴィアでの暴力の悪影響を抑えこむ手助けをすることもできるかもしれない。そして、「ヨーロッパにおけるわれわれの軍事的プレゼンスの九五パーセントを、ドイツが長く受け入れ続ける可能性は低い」ことを考えると、本当のところ「われわれには他の不動産が必要である」。事実、「ポーランドにあるソ連の古い宿舎は掘り出し物」であり、それらを手に入れて周辺地域の経済を助けることで、「われわれは地元のヒーローになるであろう」。つまり、「一九九五年にドイツとポーランドのどちらでアメリカ軍の旅団が歓迎されるかを賭けろ」と言われたら、彼は「後者に賭ける」ということであった。フラナガンは、ブッシュ政権は「新加盟国のために合意された基準とロードマップ」を作成すべきであると結論づけた。[222]

こう考えたのは、フラナガンだけではなかった。一九九二年三月に『ニューヨーク・タイムズ』紙にリークされた情報は、チェイニーとその補佐官たちが同様に、より積極的な加盟方針に共感していたことを示唆していた。『タイムズ』紙が「これまでで最も明確な集団的国際主義の拒絶」と呼んだペンタゴンの内部戦略文書は、ポスト冷戦時代のアメリカの使命は、ロシアと協力することではなく、「ライバルとなる超大国の出現を許さないようにすること」であると、はっきり主張していた。[223]また、のちにウクライナの大臣が主張したところによれば、一九九二年に国務省のとある次官がワシントンにいるウクライナ大使に接触し、ウクライナがNATO加盟を目指すよう促したという。[224]

一方で、シンクタンク「RAND」の一部のアナリストたちも、NATOの拡大を主張しようとしていた。[225]そのなかのひとりである、元空軍将校のリチャード・クグラーは、ポーランドの同僚たちとの会話にインスピレーションを得た。ポーランド人たちは、もしNATOに加盟できなければ核兵器を手に入れ、その武器を使ってロシアから自国を守ると言った。そうすれば、ドイツが助けに来てくれるだろう。つまり、「核武装したポーランドがドイツ軍によって支援され、ロシアと対峙するというビジョンが描かれていた。誰もそんなことは望んでいないはずだ！」とクグラーは考えたのである。[226]

しかし、ブッシュは慎重論を唱える側にとどまった。[227]一九九二年七月五日に、彼はワルシャワで重要演説を行う予定であり、そこでポーランドや他の国々をNATOに入れることへの支持を示すことが可能であった。ローレンス・イーグルバーガー国務副長官は、六月四日のNATO閣僚会議ですすでにこの考えを示唆し、「同盟の構造そのものを拡大する必要があるのではないか」と提言していた[228]。大統領演説の初期の草稿には、NATOの拡大に関する文言が含まれていたとされるが、それはブッシュが演説を行う頃には消えていた[229]。対照的に、ロシアと、ロシアがソ連の核兵器を囲い込む能力に対する懸念は、一九九二年春から夏にかけて一貫した優先事項であった。ベーカーは五月二三日、ソ連の核を継承した四か国すべてに、リスボンの会合に来るよう説得した。そのうちウクライナ、ベラルーシ、カザフスタン三か国は、最短で非核兵器国とNPT加盟国になると約束した議定書に調印することになった[230]。

この年のアメリカ大統領選挙を控え、ブッシュは国内問題に目を向けざるをえなかったが、選挙戦ではロシアの扱いが一定の役割を果たしていた。案の定、民主党の対立候補であるアーカンソー州知事のビル・クリントンは、ソ連への援助に慎重すぎるとブッシュを批判した。クリントンがこのような趣旨の主要演説を行う二〇分前に、ブッシュはG7がモスクワに、二四〇億ドルの支援を行うことを発表した[231]。

しかし、この選挙で外交政策よりも重要だったのは、景気の低迷と、ブッシュの同郷テキサス州の実業家ロス・ペローによる行動の組み合わせであった。ペローは、増税を行ったブッシュに対する有権者の怒りに乗じて選挙戦に参加した。大統領選で勝利するチャンスはなかったが、予想外の行動を取るペローは、ブッシュがクリントンを打ち負かす可能性を低下させた。窮地に立たされたブッシュは、旧友のベーカーを再び頼り、核不拡散の努力を続ける代わりに、政治キャンペーンを行うように頼んだ。ベーカーが一九九二年七月二五日に英国の同僚に説明したところによれば、彼は「国務長官であることを中断したい」と思っていたわけではなかった。しかし、ブッシュは「世論調査で大きく後れを取っている事実をほとんど考慮しない日常生活を続けていた」。ベーカーの考えでは、「クリントンはアーカンソー州の知事として不評であるという脆弱性を抱えており」、ブッシュは、「大きな問題と長期的課題に取り組む」べきであった。さらには、副大統領のクエールが「支持率を四パーセント引き下げている」という問題もあった[232]。ブッシュがクエールを解任し、チェイニー、パウエル、あるいはベーカー自身に交代させるのではないかという憶測さえあった。ベーカーはこの案を支持していたが、実際には一九九二年のキャンペーンに参加しただけであり、副大統領候補にはなれなかった[233]。

これで十分ではなかった。一一月三日、アメリカ国民の経済の方向性への懸念、ペローの挑戦、そしてクリントンの選挙活動の手腕が相まって、クリントンが大統領選に勝利した。その三日後、ブッシュはメージャー首相に、「あのひどい、変な小男」であるペローが「八〇〇〇万ドルもの私財」を投じて、「多くの州で」自分を苦しめたと不満を述べた。いまやブッシュは「ギアを入れ替え、残りの人生をどう過ごすか考え始めていた[234]」。ブッシュ政権における最後の外交政策の成果は、一九九三年一月、いまやレーム・ダックと化した大統領がモスクワで締結した、ＳＴＡＲＴⅡ協定と、化学兵器禁止条約であった[235]。

メージャーもまた、スコウクロフトがまもなく退任することについて、寂しくなるという心情を伝えた。一九九二年一一月八日、いつもはストイックなスコウクロフトが、珍しく感情を露わにして返答した。「われわれが一緒に成し遂げられたはずのことを考えると、大きな喪失感」があり、「痛恨の極みである」と、スコウクロフトはメージャーに告げたのだった[236]。

ソ連崩壊の遺産の処理は、代わりにクリントン政権が担うことになった。ストラウス大使は、それが一九四五年以降のものと同じレベルの課題になるだろうと考えていた。ナチ・ドイツからテキサスへ亡命したユダヤ人の子として、彼はその対立に強い関心を抱きながら育った。第二次世界大戦後、アメリカが「かつての敵対国を同盟国、友好国、そして平和的競争相手に変えることを決断した」やり方に、ストラウスはつねに敬意を払っていた。そしていま、彼は「冷戦終結という状況のなかで、われわれは再び同様のことを行うことができる」と願っていたのである。(237)

しかし、この目標を達成するための方法を見つけることは至難の業であり、失敗した場合のリスクも高かった。駐ソ大使としてストラウスの大先輩にあたるジョージ・ケナンは、偉大な勝利がもたらす挑戦について、独自の見解を持っていた。戦勝国が犯しうるあらゆる誤りのなかで、敗れた敵の弱みに付け込む愚行を「歴史は最も嘆かわしいと評価するだろう」と彼は記している。(238)

西側の指導者たちは、一九八九年から一九九二年にかけての激動の時代において、偉大な勝利を収めた。中・東欧の平和的革命とゴルバチョフがもたらした好機を捉え、コールの予言した嵐が予想外の激しさで吹き荒れる前に、収穫を確保した。ドイツは統一され、ヨーロッパは共通通貨への道を歩んでいた。NATOは冷戦時代の古い境界線を越えた。アメリカの大統領とドイツの首相は、このプロセスが生まれる場をコントロールし、ドイツとNATOの運命を融合させることで、それを共同で推進していた(ただし、ブッシュがその過程で、いくつかのドイツの戦略的な選択肢を打ち消す必要がなかったわけではないが)。これらの偉大な課題を達成するために、ブッシュとコールは「厳しいゲーム」を戦った。彼らは金銭的誘引とＮＡＴＯの改革の組み合わせでソ連の人びとを買収したが、ゴルバチョフだけでなく、ソ連の核兵器に対する中央集権的なコントロールが完全に失われつつあることに気づいたとき、慌てて引き返し、遅ればせながらモスクワを支えようとした。

結局どちらも救うことはできなかった。理想主義的な空想家であったゴルバチョフは、ソ連システムの圧倒的な破綻と、指導者・交渉者としての自らの無能さによって破滅した。彼は、一九九一年の政治的な嵐を切り抜けることができなかったのである。しかし、西側諸国は幸運だった。コールが予見していた嵐は予想以上に激しかったものの、モスクワで反動勢力が政権を奪還することはなかった。エリツィンは、ソ連の中央権力を消し去るとともに、ロシアを民主化し、ロシア経済を世界市場に開放する意志を表明した。その結果への対応という課題が、今度はクリントンの手に委ねられたのである。アメリカの若き大統領は、核兵器を保有している国を含む旧ソ連の新民主主義諸国を怒らせたり、見捨てたりすることなく、ＮＡＴＯへの加盟という中・東欧の期待に応えることができるのだろうか。それは至難の業であった。

第二部

天候回復

一九九三—九四年

第五章

三角を四角にする

アメリカ大統領の就任式は、きわめて対照的なものが象徴的に表れる場面である。アメリカ国民が直面しているリスクとチャンスは数分前と変わらない。だが、議会議事堂の前で新大統領がいくつか言葉を交わして就任を宣誓すると、それに対応する役者はがらりと入れ替わる。参列者の眼前で、世界の重みが、前任者から別の、まだ真価が問われていない者たちの肩へと移され、その瞬間、新大統領は突如として彼の前任者たちすべてが直面してきた戦略的課題に答える責任を負わされる。なにが私たちにとっての利益で、なにがそれを脅かしているのか？　どうすればその脅威に最もうまく対応でき、また、その対応策を正当化できるのか？[1]

　今度はビル・クリントンが、彼がそれまで見守ってきた状況に適合する解を見つける番であった。アメリカの主要敵はすでに崩壊していたけれども、いまなお続く要素もあった。つまり、ソ連はもはや存在していないが、膨大な数の旧ソ連の核ミサイルが依然としてアメリカの国土に狙いを定めていたのである。核ミサイル廃棄に関して、始まったばかりのロシアとの協力関係を維持することが、戦略的に見て必須の課題であることは明らかだった。しかし、ヴィシェグラードという総称で知られる旧ワルシャワ条約機構加盟国——ポーランド、ハンガリー、そして現チェコ共和国およびスロヴァキア——がＮＡＴＯ加盟を強く求めており、旧ユーゴスラヴィア紛争にも何らかのかたちで対応が必要だった。そのため、仮にそれがロシアとの関係に悪影響を及ぼすとしても、参加国と任務の両面でＮＡＴＯを拡大することが不可欠であるかのように思えた。さらに旧ソ連領内の新しい民主国家がもたらした難問もあった。なかでもとくに課題となったのがウクライナである。同国は少なくとも一二〇〇発の戦略核弾頭を保有しており、しかもその多くはアメリカの都市を標的としていた。(2)

クリントンは、こうした互いに競合する困難な戦略的課題を達成する——〔英語の慣用表現で言えば〕円を四角にする——ことを可能にする方策を見つけねばならなかった。より正確には、ロシア、ヴィシェグラード、そしてウクライナのそれぞれを頂点とする三角形を、正方形にしなければならなかった。これは大きな問題であった。というのも、この三者からの要請は互いに相容れないものだったが、いずれもそれぞれの理由から受け入れるに値するものだったからだ。しかし、解決の望みはあると信ずる理由もあった。円を四角にするのとは違い、三角は四角にできるのだ。言い方を変えれば、アメリカと三つの地域は、互いに協力して実現可能な解決策を見つけ出すことが可能だった。その解決策とは、ヴィシェグラード諸国が望むように、旧東ドイツを越えてＮＡＴＯを拡大することであった。だがそれは、ヨーロッパに新たな分断線を引くことなく、またウクライナをはじめとする旧ソ連諸国に将来のＮＡＴＯ加盟という選択肢を閉ざすことなく、さらには核兵器廃棄に向けて大がかりな協力を行っているロシアを疎外することがないよう、計算された拡大でなければならなかった。(3)政権就任から最初の数か月、クリントンとそのアドバイザーたちは、次から次へと失敗を重ねてヨロヨロしている素人だとか田舎者だなどと嘲笑された。しかし、一九九三年末までに彼らは、解決策を見出し、ポスト冷戦の協調的な流れを維持する寸前までいったのである。

「田舎者」への助言

一九九三年一月二〇日のクリントン大統領就任は、ホワイトハウスの住人を代えるだけでなく、世代交代を画すものでもあった。四六歳の民主党の大統領は、その共和党の前任者の長男であるジョージ・W・ブッシュと同じ年齢であった。新旧の大統領はその出自においても大きく異なっていた。ジョージ・H・W・ブッシュ大統領はニューイングランドの、裕福で政治的なコネを幅広くもつ家で生まれた。他方、クリントンはアーカンソー州の貧しい女性の子として出生した。本当の父は、未来の大統領が母のお腹のなかにいる間にこの世を去った。しかし、大きく隔たっていた二人の人生の軌跡は、クリントンが大統領選に打って出たことで交錯する。湾岸戦争のさなかの一九九一年、現職のブッシュへの支持率は非常に高く、クリントンにはほとんど勝ち目がなさそうな選挙戦となった。ブッシュの高い支持率に恐れをなした民主党の有力候補は立候補を見送り、若きアーカンソー州知事に機会を譲った。クリントンの政治経歴はまだ浅かったから、もし落選したとしてもそれで政治キャリアが終わったり、馬鹿げた行動だったように見えることもない。仮に敗北したところで致し方なく、むしろ勇気ある行動に見えるはずであった。それゆえクリントンはリスクを取ることにしたのだ。クリントンの選挙スタッフは、すぐに勝利のためのスローガンをひねり出した。「経済こそが問題なのだ、愚か者」。このフレーズは、不況と高い失業率の影響が長引くなか、有権者が抱いていた不安にうまく響いた。そして独立系候補のロス・ペローがブッシュの票を吸い上げたこともあって、クリントンと彼の選挙本部は勝利できた。クリントンのチームがワシントンに入ると、彼らに何が期待できるのかと世界の注目が集まった。[4]

ウィスキーをラッパ飲みし、若い女性をお触りする田舎者が、仲間である「首都の田舎者」を率いて国家権力を継承する。一九九三年にコメディアンのジム・キャリーは、人気テレビ番組のコントで新政権をこのように描いた。[5] 多くの人びとが、こうしたクリントン像をだいたいは正しいと見ていた。新政権に批判的な人びとは、「田舎者」たちは本気で困難に立ち向かう気があるのかと声高に騒ぎ立てた。首都ワシントンの激流のなかで彼らがどのようにやっていくのか？[6] 彼らはどのように世界情勢に立ち向かうのか？　地球の反対側にいたロシアの外相アンドレイ・コズイレフは、クリントンの当選が「恐ろしい現実」を作り出したと感じていた。クリントンと外交経験に乏しいアドバイザーたちは「現在ロシアで進んでいる改革をまったく理解していない」というのである。[7] クリントン新政権に対するコズイレフの落胆は、アメリカへのロシアの関心が全般的に低下していたことをよく示していた。

他の多くのことと同様に、アメリカへのロシアの関心は、ロシアにおける経済的腐敗と混沌状況がもたらした衝撃で決定的に消え去りつつあった。アメリカ財務省によれば、一九九三年初め、ロシアのインフレーションは「毎月四〇パーセントの勢いで進んでいた」。[8] いまやロシア政府は、アメリカの専門家の助言に従って急進的な改革を進めたことを深く後悔していた。ドイツのヘルムート・コール首相が冷ややかに述べたように、アメリカから「救いの知恵」が流れ込んでくるというロシア人の思い込みは「消え去り始めていた」。必要な助言はすべて「ハーバード大学から」得られるものと思っていたロシア政府の指導者たちは、いまでは「騙された」と考えるようになっていた。(9) ロシアは三つの移行——権威主義体制から民主主義体制へという政治面での移行、指令経済から市場に基礎を置く経済へという経済面での移行、そして多民族帝国から、より小さな何かへという帝国面での移行——を同時に推し進めようと試みていたため、コールは、そうした騙されたという感情は悲劇だと見なしていた。コールは、彼が「ヨーロッパの一部」と呼んでいたロシアを救うために、クリントン新政権、そして西側全体が「人間としていまできることは何でもやるべき」だと考えていたのである。(10)

クリントンの新チームに対しては、イギリスの駐ロ大使であったロドリク・ブレイスウェイト卿も同じような助言を行っていた。(11) ブレイスウェイトの見解によれば、ポスト冷戦時代に達成すべき大きな課題は、縮小した「帝国解体後(postimperial)」の国境を容認し、近隣諸国と平和的な関係にある、安定的で民主化されたロシアを創出することにあった。(12) 関係者全員が、ロシアを完全に民主化するために「われわれになにができるのか」と自問すべきであった。(13) ブレイスウェイトの上司であったイギリスのジョン・メージャー首相は、クリントンとともに、どうすれば「ロシアのボリス・エリツィン大統領——長きにわたるロシア史上唯ひとりの、選挙で選ばれた指導者——に最大限の支援を与えることができるのか」について議論した。(14)

クリントンの外交経験は限られたものだったかもしれないが、しかし彼は本能的に核心を摑んでいた。エリツィンは「四面楚歌」であり「外国の友人を必要としている。国内に多くの敵がいるからだ」。政策的な処方箋は「エリツィンが前進し続けられるようにする」ことにあった。[15] だが障害がひとつあった。旧ユーゴスラヴィアにおける流血の事態である。一九九三年一月までにボスニアでの戦いは、コール首相が「私たちのほとんど誰もが起こりうると思わなかったほどの、野蛮さへの回帰」と表現するほどのものになっていた。[16] ボスニア紛争はまた、クリントンに数多くのジレンマを突きつけた。ボスニアでの暴力を鎮めるためにＮＡＴＯを積極的に介入させれば、ロシアの抵抗を招く危険性があったからだ。

感情的に厄介な問題もあった。新政権に参加した政策立案者の多くは、外交官やジャーナリスト、また兵士として若き日にベトナム戦争に参加した心の傷を負っていた。だが、クリントンがベトナム戦争で兵役から逃れたことは、選挙戦のさなかクリントンに反対する勢力が彼の兵役拒否をあげつらった際、少し異なった種類の傷を彼に与えていた。国家安全保障会議（ＮＳＣ）スタッフのひとりは次のように回顧する。クリントンは、中・東欧やバルカン半島でＮＡＴＯが果たす新しい、より積極的な役割を承認することで、軍事的に積極的な姿勢を示そうとする傾向が強かった。それは、選挙戦中にこうした揚げ足取りがあったためだというのである。過去に取りつかれていたクリントンと補佐官たちはみな、現在の失敗、とりわけボスニアで失敗を避けたいと思っていた。ユーゴスラヴィアの解体とベトナムに共通点はほとんどなかった。それでも、クリントンの側近たちが引きずっていたトラウマは、クリントンへの助言に影響を与えていた。彼らのなかには、ボスニアへの関与を一切回避すべきと考える者も、ボスニアへの関与を利用して新政権はうまく戦争を戦えると証明すべきと考える者もいた。伝えられるところによれば、非常に「紛糾したホワイトハウスでのミーティング」の後、国務省政策企画室長のジェームズ・スタインバーグは次のように尋ねたという。「ベトナムでやつらにいったい何が起きたんだ？」[17]

その「やつら」のひとりが、五八歳のウィリアム・アンソニー・レイクである。「トニー」と呼ばれていた彼は、ベトナム戦争時には若き外交官であった。ハーバード大学の卒業生であったレイクは、強い政治的なコネをもつ家庭に生まれた。彼の祖父はハーバート・フーバー大統領のアドバイザーを務め、彼の母親は短いあいだではあるがジョージ・ケナンと婚約していた時期があった。[18] クリントンの国家安全保障問題担当補佐官としてレイクは、ボスニアの苦境が「メディアの注目を一手に集め、アメリカの対外政策機構から多くの時間を奪っている」とイギリスの政策担当者たちにこぼしている。レイクはボスニアが新大統領にとって最も重要度の高い課題であるとは考えていなかった。彼は「クリントン政権が他の諸問題、場合によってはより根本的に重要な問題に集中するための時間が欲しかった」のである。[19]

ただし、レイクがひとりで政策の優先順位を決めていたわけではない。クリントン政権のなかで彼は、カーター時代にも対外政策にかかわったウォーレン・クリストファー国務長官や、ウィスコンシン州選出の前民主党議員であったレス・アスピン国防長官とも政策を調整せねばならなかった。[20] 一九九三年三月二六日、イギリスのダグラス・ハード外相は、アメリカの新しい政策チームを評して、メージャー首相に次のように報告している。「陣容は固まりつつあります。クリストファーはカメで、アスピンは野ウサギです。もし競争すれば、結果はイソップの寓話と同じになるかもしれません」[21]。ハードの予言は将来を暗示するものであった。聡明だが気後れしがちなアスピンは熱心に仕事に取り組み、その結果、数週間後には入院していた。メージャーからの見舞状に対して、アスピンは次のように返信している。「閣下からのお手紙にはたいへん勇気づけられました。気分はずいぶん回復しましたが、もう共和党員相手に怒鳴ったりしないと医者とは約束しました[22]」。約束したにもかかわらず、アスピンは怒鳴り続けた。アスピンと彼の部下である国防省制服組の高官のあいだの内輪もめにソマリアでの悲劇が加わり、「野ウサギ」アスピンは一九九三年末に国防長官の座から転がり落ちた。後任となったのは、アスピンの副官であったビル・ペリーであった。ペリーは六六歳、エンジニアで国防産業にも携わり、スタンフォード大学の教授でもあった[23]。英外相ハードはまた、副大統領のアル・ゴアについても、「政策形成」への強い「情熱」を抱いているとして、政府内での重要なプレーヤーとなると正しく予見した。それでも、「目立とうとはしない」が「やり手」のレイクのことは注視しておかねばならない、というのがハードの考えであった[24]。レイクを支持する者ですら、彼が気分屋であることは認めざるをえなかった——クリントンはレイクのことを「卑劣でたちが悪い」と評したと言われている。だが、レイクは政権初期の重要な省庁間闘争に勝利して、すべての「主要高官会議(principals'meetings)」(個々の政策課題に関係するすべての主要な高官が参加する会議を意味するワシントン特有の言葉である)でNSCが議長を務める方向にもちこむことで、その能力を遺憾なく証明した[25]。

だが、ある大きな問題が、レイクの掌中から逃れていた。ロシアに関するあらゆる重要な事柄について、クリントンが最も重要なアドバイザーの役を託したのが、旧友のストローブ・タルボットだったからだ。タルボットはイェール大学(彼の祖父がアメリカン・フットボール・チームの主将を務めた大学である）の学部生としてロシア語とロシア文学を専門的に学び始めた。ローズ奨学生に選ばれたタルボットは、一九六八年にオクスフォード大学に移り、そこでもうひとりのローズ奨学生と出会う。それがクリントンであった。オクスフォード卒業後、クリントンはイェール大学の法科大学院に進み、タルボットは外信の記者となったが、その後も彼らの交流は続いた[26]。ロシアに関するタルボットの関心は、ソ連で数年を過ごして数多くの生涯にわたる友人を作り、ある時期にはニキタ・フルシチョフの回顧録の翻訳にも携わったことで、さらに深まった[27]。こうした背景もあって、クリントン大統領はタルボットを「旧ソ連新独立国（NIS）大使」に任命した。大使は、任命可能な役職のなかで最上位だったわけではない。だがクリントンは、タルボットが、他の役職に束縛されることなく、旧ソ連地域に関する政策にのみ集中できるようにしたいと考えたとエリツィンに説明している。さらにクリントンは、この人事が「あなたと私の双方にとって良いものとなる」と請け負ったうえで、米ロ関係には「自分が高いレベルで関与し続ける」つもりだとエリツィンに伝えた[28]。

クリントン政権の国連大使であったマデレーン・オルブライトは、ロシアに関する問題のすべてについて、大統領がタルボットの意見に耳を傾けていることはすぐに明らかになったと回想している。国務長官以外の者にこれほど大きな外交政策上の責任を負わせることは、理論的には大きな問題を引き起こすはずであった。しかし、国務長官のクリストファーは、躊躇無くこれを受け入れた。ロシアを扱うことは時間を食うし、他の問題領域への注意を削ぐことになる。それに、自分の部下と競争することそれ自体は六八歳のクリストファーにとって大きな問題ではなかった。彼は、今回の国務長官職が自身のキャリアでは最後の大きなポストになるとよく分かっていたからだ。クリストファーの鷹揚な態度はなんとも幸いであった。というのは、彼の筆頭補佐であるトマス・ドニロンが言うように、「国務省の建物のなかには、日曜の夜に大統領が呼び出して様子を尋ねるのはひとりしかいなかった。そして、それがウォーレン・クリストファーではないこと」はすぐに明らかになったからである㉙。

新政権の要請によるものから、一方的でお節介なものまで、各方面から助言のシャワーが就任間際の政権チームに浴びせられるなか、少なくともあるひとつの問題については「次善の策(suboptimal)」とも言える意見が寄せられた。それは、NATO東方拡大の現状に関するものであった。一九九三年三月、NATO事務総長のマンフレート・ヴェルナーはクリントン政権に対して、同盟に関する諸問題が長く棚上げにされたままであり、「過去六か月」にわたって「アメリカのリーダーシップ」を待ち続けているという状況は「受け入れがたい」と苦情を訴えた㉚。また政権移行期には、各官庁の下級職員がそのポストにまだ留まっており、彼らが新政権に引き継ぐべき関連資料のキャビネットもそのまま残されていた。だがその一方で、本当のところ何が起きたのかを知っている「ごく一部の高官たち」は、次のポストを探すためにすでに退任してしまっていた。共和・民主党間での政権移行作業も助けにはならなかった。前政権で国家安全保障問題担当大統領補佐官を務めたブレント・スコウクロフトは、自身が後任に情報を引き継ごうとした際、「非常に冷たい反応であった」と回想する。要するに、クリントン政権の政策立案者たちは、不完全な知識に基づきながら、急ごしらえで物事を進めていくことをしばしば余儀なくされたのだ㉛。そして、この問題の深刻さは、まもなく明らかになる。エリツィンが、「2+4」条約はNATO拡大を禁止していると言及し始めたため、新政権はこの中し立てに根拠があるかどうか、急いで確認せざるをえなくなったからであった。

三角形の二つの角――ロシアとウクライナ

エリツィンが求めているものを理解することが、多くの理由から戦略上の最優先課題であり続けた。とりわけ、一九九三年の時点で、ソ連崩壊後のロシアが二万五〇〇〇から三万五〇〇〇発の核弾頭と二八〇万人の陸軍力を保有しているとアメリカ側が観測していたからである。[32] 当時まだ国防副長官だったペリーは、新政権の最優先課題について明確な考えをもっていた。すなわち、残存する核問題をロシアが解決する手助けをすることである。[33] この目的を達成するため、クリントンは、政権初期に行われた電話会談のなかでエリツィンに、ＳＴＡＲＴⅠとＳＴＡＲＴⅡという、核兵器に関する二つの重要な合意を履行したいと伝えた。[34] この二つの条約はブッシュが調印したものであったが、いずれもまだロシア議会によって批准されていなかった。クリントンにとって両条約、とりわけ米ロの核兵器の三分の二を破棄するＳＴＡＲＴⅡを推進することは優先課題であった。[35]

他方でペリーは、米国防総省とロシア国防省の担当官たちのあいだの定期的な接触を開始した。ペリーはまた、ロシアの国防大臣となったパーヴェル・グラチョフと個人的な関係を築こうと努力した。[36] グラチョフは旧ソ連によるアフガニスタン戦争の退役軍人で、ペリーよりも約二〇歳若かった。グラチョフに好意を示すため、国防総省は、グラチョフが面会を切望していたある人物を紹介しさえした。彼の憧れの的であった映画スター、アーノルド・シュワルツェネッガーである。グラチョフを大スターに引き合わせることは、膨大な数に上るシュワルツェネッガーの担当者や代理人、取り巻き連中――その数の多さは国防総省の官僚機構を運営する者ですら驚くほどであった――に応対する大変さに見合うだけの外交的価値があった[37]。

さらに大きな課題は、アメリカの新大統領をロシア大統領と引き合わせることであった。二人の指導者は、合計一八回を数えることになる会談の第一回目を、一九九三年四月三日から四日にかけてカナダのバンクーバーで行うことを決定した[38]。その直前にクリントンはコールから助言を受けた。コールは新大統領に、ロシアを支援すべきだと強く主張した。コールは、かつての大統領ハリー・トルーマンが第二次世界大戦後のドイツに対してしたのと同じことをクリントンに勧めた。つまり、すでに打倒された敵であり、根本的な支援を必要としている国として見よということだ。このようなトルーマンの対独政策が奏功したことを示すため、一九三〇年生まれのコールは、自身が妻と出会ったときの話をクリントンに伝えている。一九四〇年代の終わりに学校のダンスのクラスで初めて彼らが出会ったとき、コールは「アメリカのクェーカー教徒から支援として寄付されたスーツを、彼の将来の妻は別のアメリカの団体から寄付されたドレスを着ていた」。コール夫妻は「そのことを決して忘れたことがなく」、それは「同世代のすべてのドイツ人」も同じであった。打倒された敵に対するそのような気前の良さが、長期的には米独関係に大きく資するものとなったというのがコールの意見であった。コールはさらに、ロナルド・レーガン大統領との最初の会談で、ちょっとしたゲームをしたことにも言及した。最も偉大だと考える二〇世紀のアメリカ大統領の名前を紙に書いて、それを交換するのである。レーガンとコールは二人とも「ハリー・トルーマン」と書いた。コールがその名を記したのは、トルーマンがマーシャル・プランを実施した大統領だったからであった[39]。

コールは、バンクーバー首脳会談が、苦闘しているロシアに同じような友好の手を差し伸べる機会となるよう、クリントンに助言した。ただし、一九四五年以降のドイツと一九九一年以降のロシアがきわめて異なることは、コールも認めていた。最も重要な違いが「ナチによる犯罪」とそれがドイツにもたらした遺産であることは疑いなかった。もうひとつの違いは、ナチ体制以前のドイツが民主主義国家だったことである。彼の生まれた町が「アメリカに占領された」後、アメリカ占領軍は、ナチ体制以前の最後の自由選挙の勝者の名簿を作り、もし生存していれば、「生存者をその任にそのまま戻すということを、占領が始まった一週後にはやっていた」とコールは回想している。しかしロシアでは「同じことはできないでしょう」とコールは述べた。それでも、両首脳は何かをしなければならなかった。「もし私たちがエリツィンを支援しなければ、彼はチャンスを失う」のである。そのような失敗を防ぐには、ロシアへの大規模支援に向けた米独協力が必要だとコールは説いた。それは「ドイツがすでに単独で可能な最大限の支援を」実施していたからであった。このときまでに「対ロ支援の五三パーセントはドイツによるものであり」、それは主に「東ドイツからのソ連軍撤退のために使われていた」。ドイツにはこれ以上こうした支援を続けることはできなかった。もうひとつ、ロシア側が提案していたのはEC市場へのロシア製品のアクセスを増やすことであった。貿易の機会を増やすことはロシアを助けることになるというのである。これらすべての問題についてクリントンは、ほとんど何もやらないよりは「やってみて失敗する方がずっとましだ」として同意する姿勢を示した[40]。

米ロ・バンクーバー会談に向けて三月二六日に行われたクリントンとコールの準備会合は、両者ともに美しい友情が始まったという感慨を抱きつつ幕を閉じた。後日、コールは同僚に、自らの貧しい出自について包み隠さなかったクリントンに好感をもち、大量の情報を包括的に理解する大統領の能力に敬意を抱いたと伝えている[41]。クリントンの方は回顧録にさらりと「私はヘルムート・コールのことを非常に気にいった」と記している[42]。

まもなく、クリントンはバンクーバーへ向けて旅立った。米ロ首脳会談が始まるとすぐに、その後何度も行われた会談を性格づける、いくつかの特徴があらわになった。まず第一に、長きにわたる冷戦の後で、かつて敵対していた二つの超大国間で友好的な会談が可能となったことへの、当然とも言える満足感である。国務省が記しているように、「数十年にも及んだ対立と、数年間にわたる不確実性と探り合いの末、いまや両国はようやくトンネルを抜け出たという感情が存在していた[43]」。長年の対立とそれに続く不確実性の後で、目の前が開けたような感覚があったことは明白であった。冷戦は終わった。そして米ロ双方の指導者の前には広い滑走路が開けているのだ。

次に両首脳間の個人的なつながりがあった。回顧録でエリツィンは、「私は力強くエネルギーに溢れた、ハンサムでつねに笑みを絶やさない若い男に完全に魅了された」と回顧している[44]。二人の大統領は互いにビル、ボリスと呼び合うことに同意し、二人が互いに、がさつとも言えるほど気さくに振る舞うことが首脳会談のもうひとつの特徴になった。エリツィンの芝居っ気の強さもあって、タルボットは一時、エリツィンを非常に体の大きな悪ガキと考えていたほどだ。こうしたところはクリントンにもあったので、彼らが意気投合したのも驚くべきことではない[45]。

アメリカの新大統領は、エリツィンの飲酒癖にも驚くほど寛容であり、それもまた首脳会談の特徴のひとつとなった。バンクーバーではクリントンのスタッフが、エリツィンが何杯飲んだかこっそり記録をつけていたのだが、それはその後の首脳会談にも続く伝統となった。このバンクーバー首脳会談でエリツィンが最も多く飲んだのは、バーを備え付けたボートでバンクーバー島をめぐるツアーに出た際であった。エリツィンは、ボートがドックを出る前にスコッチ三杯を飲み干していた。その後、彼はほとんどなにも食べずにワインをしこたま飲んだのである㊻。

エリツィンの飲みっぷりにクリントンがうろたえることはなかった。彼はアル中の継父とともに育ったのであり、後日タルボットに、もっとひどいものを見たことがあると言っている。少年時代のクリントンは、酔っ払った継父が実母に発砲したのを目撃していた。一四歳のとき、酒に酔った継父が実母を殴打する音に耐えられなくなったクリントンは、ゴルフクラブで継父を脅し、彼女のもとを去るように迫った㊼。タルボットは、クリントンはロシア大統領の酔っ払い方を「少なくともエリツィンの酔い方は卑劣じゃない」と言って一笑に付したと回想している㊽。

クリントンは他国の指導者に対してもエリツィンの飲酒癖をかばった。エリツィンに寛容になるようメージャーを説得しようとして、クリントンはアメリカ南北戦争時代の話をしたことがある。「［ユリシーズ・］グラント将軍が戦争に勝利をもたらし始めたころ、［エイブラハム・］リンカンの側近が大統領に、グラントがひどく酔っ払っていると告げ口しました。リンカンの返事は「グラントが飲んでいる酒を見つけて、他の奴らにも飲ませてやれ」というものだったのです㊾」。

要するにクリントンは、二つの重要な二択問題について正しい側にいるという点で、エリツィンを評価していた。つまり、ロシア国内では独裁よりも民主主義を選び、西側との競争よりも協調を選んでいるという点である。[50]クリントンは、アメリカにとっては素面の他のロシア首脳よりも、酔っ払っているエリツィンの方が良いと感じていた。クリントンはメージャーに次のように告げている。「私は彼のことが好きなので、おそらくバイアスはあるのでしょう。けれども、彼よりもましな誰か」がロシア大統領の地位にあることを「想像するのは難しいのです[51]」。

クリントンの判断は正しかった。バンクーバーでエリツィンは、相手の主要都市を破壊するよう予め設定された核兵器について、米ロ両国が互いに「標的解除」することを提案したのだ。[52]クリントンはこの提案や、同様の他の提案を歓迎した。エリツィンがこうした提案を行うことで首脳会談を有利に進めるのではないかと心配したタルボットは、上司であるクリントンに自身の懸念を記したメモを送っている。だがクリントンの返事は「エリツィンは私たちを必要としている」から心配無用というものであった。[53]クリントンはアーカンソー出身ではあったが、対ロ関係で何が起きているかを理解していた。核兵器の標的解除その他の諸提案と引き換えに「約一六億ドルの二国間の経済支援パッケージを発表した」と、クリントンは事後のコールとの電話会談で伝えていた。[54]また、クリントンはIMFと世界銀行にもアメリカと同様の支援を行うよう働きかけた。コールはその後、東京でのG７会合の際に、「民営化基金」の設置を主張するクリントンを手助けし、東京G７はそのような基金に三〇億ドル出資すると宣言したのである。[55]

このようにバンクーバー首脳会談では、これ以降の米ロ関係にも見られる基本的要素が登場していた。つまり、表面的には良好な協力関係を保ちながらも、一皮剝けば両国および両者の弱さや願望が暗く渦巻いていた。そして、こうしたテーマはクリントンの対ロ政策だけでなく、対ウクライナ政策にもつねにつきまとうことになる[56]。政権第一期の初めの時期、クリントンは、ウクライナの国土に存在する旧ソ連の核兵器を廃棄することは、流出した核兵器の闇取引を防止することと並んで、もうひとつの最優先課題だとの姿勢を明らかにしていた。

この課題がきわめて優先度の高いものであったことは、クリントンが、就任後最初の週にウクライナの指導者レオニード・クラフチュクに電話をかけ、できるだけ早く非核化することが重要だとはっきり理解させたことからも明らかである。そしてクリントンは、非核化の見返りとしてアメリカは、安全を約束(security assurances)するのみならず、ナン上院議員が進めている立法措置のもとで「少なくとも一七五億ドルを供与する用意がある」と伝えたのである[57]。一九八六年四月のチェルノブイリ原子力発電所の事故以降、ウクライナでは、「核」に関わるあらゆるものに対して強い嫌悪感が広がっていた。にもかかわらず、当初は自国領内の核兵器のロシアへの委譲に前向きだったウクライナは、その態度を翻しつつあった。それゆえ、こうした「アメ」はどうしても必要であった[58]。チェルノブイリでの破滅的な事故によって発生した放射性降下物はベラルーシの国土の約二三パーセント、ウクライナの国土の約五パーセントを汚染していた[59]。その影響を受けた地域の乳牛からは、その後何年にもわたって汚染された牛乳が採取された[60]。そして、ソ連政府がこの悲劇的な状況を全面的に明らかにすることに及び腰であったために、事態はさらに悪化した。一九八六年五月一日に予定されていた休日パレードを予定通り実施するよう、政府が住民に命じたのだ。参加者が放射性の塵を浴びながらパレードすることになるにもかかわらずである[61]。こうした政府の動きによって拡大したモスクワの中央権力に対する反感は、チェルノブイリ事故後の五年間でウクライナの子供たちの癌罹患率が九〇パーセント以上増えたことで、さらに強まった。

このような歴史的背景のなか、ウクライナ経済の崩壊が進んでいた時期には——同国の経済は一九九一年から九六年にかけて、年率九・七パーセントから二二・七パーセントで縮小した——経済援助と引き換えに核兵器を放棄させる「爆弾とバターの取引」は賢明なものに見えた。[62] しかしクリントンの大統領就任までには、ラーダとして知られるウクライナ議会の議員たちは「かつてウクライナが関与した非核化方針の賢明さ」について疑義を唱え始めていた。[63] クラフチュクはスペイン首相に、「アメリカの核の傘」を得られない限り、「核兵器に関する合意には従わない」と伝えていたのである。[64]

一九九三年二月二日、キーウのウクライナ外務省が、三つの選択肢の長所と欠点について検討した省内専用の調査報告書を作成したことは、ウクライナの態度の変化の一端を示している。その選択肢とは、完全な非核国家となる、核兵器保有国であり続ける、最初の二つを足して二で割ったもの、という三つであった。第三の選択肢は具体的には、「ICBMの一部を」最小限の核抑止力として維持するというものであった。[65] 一方で外務省は、どのようなものであれ、核兵器の保有や維持開発はコストのかかる非常に難しいものだと認めていた。核兵器そのものはウクライナ領にあったとしても、それを運用する指揮・統制組織はキーウではなくモスクワに置かれていたからだ。[66] 核兵器統制の責任をもつキーウの大臣のひとりはのちに、「本当のところウクライナは、ソ連から引き継いだ（世界で三番目を誇る）核兵器備蓄の詳細についてなにも知りませんでした」と認めている。[67] また別の専門家の言葉によれば、米ソ戦争のためのものであった兵器の照準を、モスクワないしサンクトペテルブルクに変更する——それは、ウクライナによる抑止の対象がロシアであることを意味した——ことは、「実際にやるとなると、気が進まない作業」であった。[68] そして、最後に何よりも重要なことに、核兵器を維持することにより、「西側との関係がひどく悪化し」、かつロシアとの緊張が「非常に高まる」ことは間違いなかった。

他方で核兵器は、ウクライナに「国際社会における大国」としての地位を与え、「西側諸国と中・東欧諸国の両方」、さらには一九九一年に設立された独立国家共同体（ＣＩＳ）諸国との「交渉で「強い」立場」に立たせるはずでもあった。[69] 独立国家共同体諸国間の関係が悪化しつつあったことは、ウクライナ政府に、非核化について再考させたもうひとつの理由であった。また、独立国家共同体諸国のあいだに共通防衛が存在するという「見せかけ」が崩れたことで、安全確保のための代替案を求める動きは加速していった。書類上ＣＩＳの軍司令官であるものの、実際には「お飾り」に過ぎなかったエフゲニー・シャポシニコフが、一九九三年六月にこの職を放棄し、代わりにエリツィンの安全保障アドバイザーのトップに就任したことがそのきっかけとなった。一九九三年春に訪問したタルボットに対してウクライナ側は、「中・東欧における安全保障地帯」を欲している旨を伝え、アメリカ側にこの目標への支持を求めた。[70] そして状況はさらに悪化していく。同年七月、エリツィンがクリントンに伝えたように、「私たちの「最高会議」が」クリミアの都市セヴァストポリは「ロシアの一都市である」と決議したからだ。セヴァストポリはこのとき、すでに独立したウクライナ領の一部であったが、依然としてロシア海軍の大部分にとっての母港であった。エリツィンは「ありがたいことに誰も「最高会議」のことなど真面目に受け取ってはいないのですが」と言い添えることで、この件を茶化そうとした。しかし、一連の事態からタルボットが引き出した、ウクライナ人たちは「本当の敵であるロシア人のことを病的なまでに恐れているのだ」という指摘を否定するのは難しかった[71]。

アスピンと彼の側近たちは、この問題をめぐる状況を分析する傍ら、ウクライナ側に対しては、アメリカを標的としていたミサイルの照準を外すよう強く迫った[72]。しかし長期的な観点から見れば、アメリカの戦略は明確であった。レイクの部下が助言したように、「どのような状況であれ」、クリントン政権は「ウクライナに核保有を許容すると思わせるようなことをすべきではなかった」。それは「この地域の安定性と、過去二五年にわたって交渉されてきた軍備管理体制に壊滅的な打撃を与える可能性がある」からであった[73]。アメリカ軍備管理・軍縮庁は、「ウクライナが、その領土内の核兵器に対して明確な管理権限をもたないことはアメリカにとって死活的な利益」だと判断していた[74]。事実、クラフチュクへの書簡においてクリントンは「私自身がこの問題を最も重要な政治課題と考えていることを、私から直接的かつ個人的に」伝えているのである[75]。

ウクライナに対して、なにが「アメ」となり、なにが「ムチ」となるかは明らかであった。もしウクライナが非核化する約束を守れば、その見返りとしてアメリカは、ウクライナに援助を供与し、また、有益な二国間・多国間の関係に同国が参加する手助けをする。しかし、もしウクライナが約束を守らず、核兵器を保有し続ければ、ロシアとアメリカの両国がその敵となる。これは独立したての若い国にとっては非常な重荷であり、しかも、それ自体が将来核の惨禍をもたらしかねなかった。ウクライナとロシアという二つのスラヴ国家の関係を調整することが、クリントン新政権の直面する課題のなかで最も重要なものとなることは疑いがなかった。ＮＡＴＯ拡大を強く支持していたレイクは、一九九三年五月、イギリス側に驚くような提案を行っている。「ウクライナのＮＡＴＯ加盟が認められれば、もちろん核問題は解決されるでしょう」。これを聞いたイギリス側の担当者はのちにこれが「真剣な提案」だったのかどうか思案した。というのも、NATOをウクライナへと拡大する案は、ロシアにとって最も危険な一線を越えるものであったからだ。おそらくレイクは真剣だったのであろう。まもなくレイクは、自分が同盟拡大を強く支持する立場であることを世界各地ではっきりと打ち出していった。しかも彼は、大統領の信頼を得ていたのである。(76)

第三の角――ヴィシェグラード

この問題をめぐる三角形の三つ目の頂点、すなわち中・東欧諸国もまた、NATO加盟こそが答えであると考えていた。ソ連による支配が次第に弱まるなか、この地域の指導者たちは、民主主義に与していくという勇気を示し続けてきた。そのため彼らが、ヨーロッパ、そして大西洋を跨ぐ国際組織から歓迎されるはずだと考えたのはもっともであった。中・東欧諸国の首脳たちは、アメリカが旧ソ連の核兵器問題に固執するからといって、自分たちの問題を脇に置くわけにはいかないと決意していた。そのため彼らは、一九九一年のヴィシェグラード会議から協力して取り組んできた、ブッシュ時代からの努力を継続した。すなわち、中・東欧に決して温かいとは言えなかった西側の国際組織のドアをこじ開けようとしたのである。(77)

しかし、このときまでにNATOについて彼らが獲得できたのは、NACC（北大西洋協力理事会）への加盟のみであった。中・東欧諸国にとってこれは満足のいくものではなく、タルボットもそのことを認めていた。かつて「鉄のカーテン」を挟んで相対峙していた三八か国をひとつにまとめあげたＮＡＣＣは、表面的には「心を高ぶらせる」ものではあるが、実質面では役に立たないとタルボットは考えていた。ＮＡＣＣ首脳会談は政策決定のための有益な場などではなく、ブッシュ政権が彼に残した「退屈な二日間」に過ぎなかった。そのためタルボットは別の手段を講じることを考え始めていた。ヴィシェグラード諸国も同じような不満を抱えており、それはＮＡＴＯだけでなく、ＥＣの拡大も緩慢にしか進まないことで増幅されていた[78]。ＮＡＣＣを超える動きが必要だという考えが広がりつつあった。あるハンガリーの外交官は、一九九三年の時点でヴィシェグラード諸国が最低限必要としていたものを次のように言い表している。彼も、彼の同僚たちも「なにかしら動きを加速するもの」を必要としていたのだ[79]。

一九九三年四月、アメリカ合衆国ホロコースト記念博物館が開館した。これは、チェコ共和国、ポーランド、エストニアの三か国が、アメリカ政府に嘆願する機会となった。同年一月一日にスロヴァキアから分離したチェコ共和国の大統領となっていたヴァーツラフ・ハヴェルは、ホロコースト記念博物館の開館イベントで訪米した四月二〇日、長時間にわたってクリントンと一対一で話し合う機会をもつことができた[80]。倫理的な面で名声を得てきたハヴェルは、自らの悲しみを次のように吐露した。「私たちは真空のなかに生きています」「だからこそＮＡＴＯへの加盟を求めているのです」。チェコ政府がかつてブッシュに求めたもの――ある種の準加盟のような地位――よりもさらに踏み込んで、ハヴェルはチェコにとって「準加盟、それに続く正規加盟国の地位」から得るものがいかに大きいかを力説した[81]。さらにハヴェルは、中・東欧諸国がグループとして「国連安全保障理事会の非常任理事国の地位」を得ることを構想しており、それに向けてオルブライトと協力することを提案した[82]。

ポーランドの反体制派から転じて大統領となったレフ・ワレサも、ホロコースト記念博物館の開館の際にアメリカ大統領と単独で会談し、ハヴェルの言葉への賛意を表明した。ワレサは次のように警告した。「私たちはみなロシアを恐れています」、そして「もしロシアが再び攻撃的な外交政策をとれば、ウクライナとポーランドが侵略の対象となるでしょう」。ワレサは「ポーランドを無防備にしておくことはできない。私たちにはアメリカの力による防護が必要だ」と強く感じていた。だが、運の悪いことに「西ヨーロッパはまだ私たちを受け入れてくれず」、しかも不可解なことに「歴史上最大の勝利」――すなわち共産主義の敗北――につけ込んですらいないのであった[83]。エストニア大統領のレナルト・メリも、のちにエストニアを訪問したタルボットに同様の発言を行っている。メリは「世界のこの部分には安全の真空が生じている」と苦言を呈し、それゆえ「タルボットがエストニアのＮＡＴＯ加盟に関する取り決めに署名するためにこの地を訪れることを望んだ」のであった[84]。

クリントンはのちに、こうした嘆願が自身に大きな影響を与えたと述べている。それは、ヨーロッパの安定の「鍵はＮＡＴＯである」という彼自身の考えを強めたのだ[85]。しかしクリントンの側近たちからすれば、新しい民主主義国家からのこうした圧力に早々に屈するわけにはいかなかった。彼らはまず二つの大きな問題に注力すべきだと考えていた。国内の政治スキャンダルとボスニア問題である。

国内スキャンダルは、多くの問題に見舞われたクリントンの就任最初の一〇〇日間に端を発する。この時期の情勢評価のなかでイギリス外務省は、「クリントンは疲労困憊するほどの仕事を自らこなして」おり、それは、彼のスタッフが「若くて経験が少なく、状況に圧倒されている」のを埋め合わせるためだと観測していた[86]。クリントンは政権初期に、育児介護休業法や、有権者登録と運転免許証への応募を同時に行うことを可能にする「モーター・ボーター法」〔有権者登録法の通称〕を成立させるなど、大きな成功を収めていた。しかし彼自身がのちに認めたように、もう少し多くの時間と手間をスタッフの選定に用いるべきであった[87]。たとえば、ホロコースト記念博物館の開館行事の準備はまさに大惨事であった。あるイギリス外交官の見たところでは、「なんとも言い表しようがない大混乱」が、開館イベントと新政権に対する海外からの訪問客の評判を台無しにしてしまった[88]。また、ホワイトハウスの旅行事務室をめぐるスキャンダルもあった。それ自体はたいした問題ではなかった。しかし、クリントンの長年の友人であったヴィンス・フォスター――彼は、このスキャンダルへの自身の対応に関する辛らつな批判を浴びるためだけにアーカンソー州リトル・ロックからホワイトハウスにやってきた格好となった――が銃で自殺したため、ことが大きくなったのだ。

フォスターの突然かつ暴力的な死は、彼以外のリトル・ロックの知人に対するクリントンの財政上の対応に関わる問題と絡まり合いながら展開した。そのなかには、ホワイトウォーターの名で知られる建造物の共同開発をめぐる問題も含まれていた。旅行事務室に関するスキャンダルとホワイトウォーターとは無関係の出来事だったが、フォスターの衝撃的な自殺により、クリントンの政敵は、この二つを一緒くたにしてスキャンダルに仕立て上げることができた。自身と妻のヒラリー・クリントンに対する攻撃が大きくなったため、クリントンは、隠し立てすることは一切ないと示すべく、特別検察官による調査の開始に同意した[89]。

それでも、クリントンに敵対するリチャード・メロン・スカイフが所有する複数の新聞は攻撃を続けた。クリントンを攻撃するさまざまな記事のなかで、スカイフ傘下の新聞は、のちに右翼的なニュースサイトであるニュースマックスの社主となったクリストファー・ラディによる記事を掲載し続けた。それは、フォスターの死は自殺などではなく、殺人だとする記事であった[90]。ラディをとても尊敬していた人びとのひとりに、リンダ・トリップという名のホワイトハウスの職員がいた。ブッシュ政権期にホワイトハウスの職員となったトリップは、クリントン政権ではフォスターの補佐となっていた[91]。フォスターが自殺した当日の一九九三年七月二〇日、生前の彼に会った最後の人びとのひとりであったトリップは、なんら明確な証拠を得ていたわけでもないのに、下劣な行為を覆い隠すストーリーがあると確信するに至っていた。その結果、彼女は新大統領を深く憎んでいたのである[92]。

こうした国内政治上のさまざまな問題に加えて、ボスニア紛争も悪化の一途を辿っていた[93]。一九九二年にクリントンは、ボスニアの惨劇に対してブッシュ政権は受動的な対応に終始していると批判していた。しかし、彼が目の当たりにした事態は、いまやさらにひどいものになっていた[94]。ボスニアでの戦闘は、クリントンのみならず、NATOの信頼性にも疑問を突きつけていた。旧ユーゴスラヴィアの紛争にすらうまく対応できないのなら、ヨーロッパの安全保障問題で明確なリーダーシップを発揮できるのか。ユーゴスラヴィアの惨劇を若干なりとも抑制するため、一九九三年四月にNATOは「ディナイ・フライト」と呼ばれる作戦を敢行した。それはボスニア・ヘルツェゴヴィナに国連による飛行禁止区域を設定しようとするものであった。これはNATOにとって「分水嶺」となった作戦であった。NATOがその創設以来初めて「領域外」に関与した――すなわち、防衛責任を負う地理的領域の外を飛行した――作戦だったからだ[95]。しかし、これを見た多くのアメリカ人は、クリントンは国内経済に注力すると言ったのを忘れたのではないか、それにホワイトハウスが陥っている混沌状況をなんとかできるのか、と訝しむことになった。のちに国家安全保障問題担当副補佐官のジェームズ・スタインバーグが回顧したように、「この大揺れとなった就任最初の年のツケ」は、第二期に入ってもまだ尾を引くことになるのである。(96)

こうした内政・外交の両面における懸念から、クリントン政権の高官たちは、ヴィシェグラード諸国へのＮＡＴＯ拡大よりも優先すべき課題があると感じていた。統合参謀本部議長のコリン・パウエル将軍は、「個人的には、東欧諸国のＮＡＴＯ加盟という橋をわたることに後ろ向き」だという立場を明らかにしていた。「そのような状況下でＮＡＴＯがもつ意味について、自分自身が確信をもてずにいる」ためであった。パウエルは「ウクライナについても憂慮していた」。彼は、西側から無視されたと感じた場合「ウクライナは」西側から「可能な限り最大限の譲歩を引き出すために核問題を用いる」のではないかと危惧していたのだ。(97)また、欧州連合軍最高司令官を経てパウエルの後任として統合参謀本部議長となったジョン・シャリカシュヴィリ将軍も、「ロシアはＮＡＴＯ加盟国の拡大について納得できるほど成熟していない」と懸念していた。(98)クリストファー国務長官も一九九三年六月のＮＡＴＯ外相会議の際、同様の危惧を漏らしている。クリストファーによれば、「適当な時期が来れば、ＮＡＴＯ加盟国の拡大という選択をすることもできるだろう。だが、いまはそのときではない」のであった。(99)クリストファーはウクライナを問題視してもいた。もしＮＡＴＯが拡大した場合、「ウクライナがＮＡＴＯとヨーロッパ、ロシアのあいだの緩衝地帯とされることをどのように受け止めるかは定かではない。これはウクライナの核兵器を除去しようという、私たちの努力を損なうことになるかもしれない」と考えていたからだ[100]。

こうした状況ゆえ、ヴィシェグラード諸国の協働もむなしく、一九九三年夏の時点では、NATO加盟問題は棚上げされたままであった。同年七月の東京サミットの際の会談で、クリントンとエリツィンが優先したのはウクライナ問題であった。エリツィンはクリントンに対して「ウクライナの扱いはつねに厄介です」と強調した。なぜなら「ウクライナはきょう合意したとしても、明日には手のひらを返すからです」。これにクリントンは「それはアメリカに対しても同じです」と返答した[101]。問題は、どうやって核兵器を放棄するようウクライナを説得するかであり、最終的にNATOを拡大することがその答えのように見えた。ある国務省の文書は、同盟の拡大を「東側における民主主義体制と改革を促進するため」、とりわけ「ウクライナ非核化を確かなものとするため」に「究極の「アメ」」として用いることを提案していた[102]。

アメリカの駐NATO大使ロバート・ハンターは、NATO拡大についてだらだらすべきではなく、いまこそ動くべきだと感じていた。一九九三年八月三日、ハンターはワシントンに意見具申を行っている。「東側では「釣り上げるのか、それとも餌をとられるのか」という瞬間が急速に近づきつつあります[103]」。ワシントンでは、国務省高官のリン・デーヴィスが同様の意見を唱えていた。彼女はこれ以上「拡大に関する議論を先延ばしする」のは不可能であり、「そうすることは私たちの利益にもならない」と考えていたのだ[104]。

ワレサも、NATOがこの問題を棚上げし続けることには反対だった。西側のNATO拡大「加速派」の動きを待つのに飽き飽きしたワレサは、抜け目なくこの問題を強引に推し進める腹を決めた。

その名を世に知らしめた天性の政治的嗅覚を発揮して、ワレサは劇的な賭けに打って出た。それは短期的には失敗したが、長期的にはポーランドとその周辺国へのＮＡＴＯ拡大を促進することになる。[105]在ワルシャワのアメリカ大使館の報告によれば、「八月二四日の夕食会とカクテル・パーティーの際、ワレサは、ロシアはポーランドのＮＡＴＯ参加に何ら異存がないと言明するようエリツィンを説得した」。そして、エリツィンは、ポーランドのＮＡＴＯ加盟は「ロシアも含む、いかなる国家の利益とも矛盾するものではない」という画期的な宣言を行うことに同意したのである。[106]

翌朝エリツィンは自身の言動に後悔し、側近たちの圧力により、これを撤回しようとした。[107]ワレサの脳裏にある考えが閃いた。彼はエリツィンに「ポーランドが主権国家だ」と考えているかどうか尋ねた。エリツィンは「はい」と回答した。[108]そこでワレサは「主権国家として」ポーランドはＮＡＴＯに参加すると告げた。「いままさに意見が一致した」というエリツィンの言質を公の場で得れば、将来の紛争は防がれるだろう。エリツィンはこの点について譲歩し、渋々ながらポーランドのＮＡＴＯ加盟に関する自身の言葉を認めた。しかし、それはエリツィン自身も見返りを得たからであったとされている。ワルシャワのアメリカ大使館は、ワレサとエリツィンのあいだで裏取引があったことは明らかだとの情報を得ていた。それは、「軍事攻撃を除く、ロシアが関係するあらゆる対立について、ポーランドはウクライナに介入しないという暗黙の合意」であった。こうした「ウクライナに関する取引については広く噂されており、また十分にありえますが、まだ確認されてはおりません」[109]。

ヴィシェグラード諸国がこのように考えている兆候を、ワシントンのＮＳＣはすでに感じ取っていた。「東欧諸国の多くが、ウクライナで真剣な経済および政治的な改革に向けた努力が行われていることが明らかになるまで、同国に接近しすぎることに留保する態度を示している」ことにNSCは気がついていた。「現在のウクライナは自ら発展の足を引っ張っている」というのが中・東欧諸国の考えであり、それはウクライナが「中・東欧諸国に匹敵するほど、ソ連の過去と決別していない」からであった。別の言い方をすれば、ヴィシェグラード諸国は、この類い稀な機会に時間を無駄にしているウクライナを待ってやるつもりなどなかったのだ[110]。こうしたヴィシェグラード側の態度について報告を受けたクリントンは、このことがもつより大きな意味を理解していた。このままポーランドが西側に傾いていけば、ウクライナはより孤立し、悲観的になっていく恐れがあったのだ[111]。

本当のところワレサとエリツィンの取引がどのようなものであったかはともかく、エリツィンはこの後しばらくのあいだ、ポーランドの望みを受け入れそうな雰囲気ではあった。ワルシャワ訪問を終えてまもなく、エリツィンは、ポーランドに駐留していた旧ソ連軍が最終的に撤退することを明らかにした。これは歓迎すべき発表であった。旧ソ連軍の撤退は長らく約束されていたが、ポーランドの人びとは本当に撤退が実現するのかやきもきしていた。ドイツも同じような疑念を抱いていた。レイクがクリントンに再確認したように、ドイツが巨額の対ロ援助――国務省は「一九九〇年以降、G7が誓約した総額七五〇億ドルの三分の二にあたる」と推定していた――を供与するためには「『一九九四年』八月三一日に予定されていた、東ドイツからのロシア軍撤退」が計画通りに実施されることが重要であった[112]。

こうしたなか、『フォーリン・アフェアーズ』誌一九九三年九月号に掲載された一本の論文が大きな注目を集めた。これはRAND研究所上席研究員であったロナルド・アスムス、リチャード・クグラー、スティーブン・ララビーの三人によるものであった。この論文で三人の専門家たちは「NATOの集団防衛と安全保障措置を」南方および東方へとさらに拡大することを強く主張した[113]。同じ九月には、レイクも大西洋関係に関する演説を行い、注目を集めた。この演説でレイクは、自身が強い確信をもっていた「封じ込めのドクトリンを継承するのは、拡大のドクトリンでなければならない」という考えを明らかにしたのである[114]。

NATO拡大の歴史の決定的な分水嶺は、こうしたさまざまな動きが相まって形成されたとコズイレフは後に回想している。ヴィシェグラード諸国が先手を取った結果、ロシアは「目立たないかたちでこの問題に対処することができなくなった」。そして、こうした一連の出来事が「ロシア国内のNATOを恐れる強硬派」を後押しし、新しい国内政治上の問題をエリツィンにもたらした。コズイレフは「拙速な拡大にはノー――パートナーシップにイエス！」という政策スローガンを広めようとしてきた。しかし、ワレサの大胆な行動にロシアの強硬派は慌てふためいたため、ロシア外務省が、NATO拡大は緩やかな合意形成に基づくプロセスだと強硬派を説得することは難しくなった。そして一九九三年秋までには、コズイレフの主たる政敵で、ロシア対外情報庁（SVR）の長官であったエフゲニー・プリマコフが、コズイレフはNATO拡大の真実について彼自身と国民を欺いていると説得力をもって主張できるようにすらなっていた[115]。

ヴェルナーNATO事務総長も、ワレサが「NATO拡大をめぐる景色を変える」ことに成功したという見方に同意し、しかも、それは好ましい事態の展開であったと考えていた。抜け目ないワレサの動きのおかげで、「いまやNATOの東方関与に関する歴史的な好機が到来しており」、「これを逃したら、再び機会が訪れるかどうか分からない」というのである。ヴェルナーは、NATOは「この機会を逃さず」、すぐに「北から南まで、中・東欧のすべての旧ワルシャワ条約機構諸国の加盟承認」を、可能な国から順番に開始すべきだと主張した。とくにヴェルナーは、「ロシア側がFSU（旧ソ連邦）諸国を特別視」していたとしても、「NATOはFSU諸国を無視できない」という点を強調した。[116] チャンスがめぐってきたと感じたハンガリーも、アメリカに圧力をかけ始めた。アメリカは、NATO拡大に関する「前向きな」メッセージを出すべきであり、そこにはヴィシェグラード諸国が最初の加盟対象となる旨も含まれるべきだというのである。

アメリカ政府代表団を率いて訪問した国防総省のある職員は、次のように伝えることでヴィシェグラード諸国を抑えようと努力した。クリントン政権内部でもNATO内でも「まだ重要な決定はなされていません」し、「NATOを気前のよい機構だと見るべきでもありません」。「NATOは、各国の軍部にお土産をくれる、アメリカからやって来たおじさんではないのです」。[117] 他方、ウクライナ側はずっと不安を感じ続けていた。タルボットの言葉を借りれば、「NATO拡大に向けたペースがかなり上がってきたため」、アメリカは「それを実現しても、北方の怒れる隣人〔ロシア〕とともに寒空の下に取り残されたとウクライナが感じることがないよう、細心の注意を払わねばならなかった」。もしそのようなことになれば、「私たちはキエフの強硬派に、ウクライナには核抑止が必要だと主張する新たな根拠を意図せずして与えることになり、それは破滅的な結果をもたらす」からである。[118] タルボットは、ウクライナの外務副大臣であるボリス・タラシュクが「ウクライナが正規の加盟国になることなくNATOを拡大することは受け入れられない」と声明することを知っていた。[119] こうした発言は、クリントンがブッシュから引き継いだ、戦略上の二つの要請のあいだのジレンマをこれまで以上に明らかにするものだった。それは、NATOを中・東欧に向けて大規模に——つまりウクライナまで——拡大することでウクライナの核問題を解決する代わりにロシアとの関係を悪化させるのか、それとも、ウクライナの西側で拡大を停止して、核兵器と巨大な人口をもつこの国を宙ぶらりんのままとするのか、というジレンマであった。こうして中・東欧とロシア、そしてウクライナのあいだの緊張は山場へと向かっていったのである。

モスクワの惨劇

一九九三年秋になると、ロシアの態度の硬化と、モスクワ市街地での惨劇が相まって、バランスはNATO拡大へと傾いていく。駐モスクワ米大使のトマス・ピカリングは、ロシアの態度が硬化することを予期しておくべきだと、本国に向けてすでに警告していた。モスクワの保守派がエリツィンに、ポーランドのNATO加盟を承認する八月声明を取り下げさせようとするのはほぼ間違いないと、ピカリングは判断していた。実のところピカリングは、エリツィンが直ちに発言を撤回しなかったことに驚いていた。というのも、「私たち〔アメリカ側〕がロシア側と接触するごとに」、かつて同盟国であった中・東欧諸国における「NATOの役割に関してロシア側がきわめて過敏になっていることが見てとれた」からであった。[120] 実際、ピカリングがコズイレフに自身のワルシャワ訪問について意見を求めた際、コズイレフは「もしNATOが拡大するのであれば、ロシアが最初であるべきだ」と言い放った[121]。

エリツィンがポーランドに関する発言を取り下げるというピカリングの予言は正しかった。しかし、撤回までには予想外に長い時間がかかった。まず九月七日、モスクワから希望のもてるニュースがもたらされた。エリツィンがクリントンに、ウクライナは経済的に深刻な状況に置かれているので譲歩せざるをえないだろうと伝えたのである。クラフチュクも、少なくとも書類上は、「二四か月以内に核弾頭をすべてロシアに引き渡し、廃棄する」ことに同意していた。そして、それと引き換えにロシアが「ウクライナ側に原子力発電用の低濃縮ウランを供与する」こともエリツィンは確認した。もっと素晴らしかったのは、エリツィンが「ロシアは黒海艦隊をめぐる問題についてもようやく解決した」と伝えたことである。エリツィンによれば、「ウクライナはロシアに対して二五億ドルの負債があるので、黒海艦隊のウクライナ保有分を償還に充て」ることにし、その結果「黒海艦隊はロシアに所属し、ロシアはセヴァストポリ基地を保有し続ける」のである。クリントンはこれを聞いて喜び、合意通りに履行が進むことを望んだ。ウクライナにも合意事項を翻した前科があったからだ。クリントンはまた、旧ソ連軍のリトアニア撤退についてエリツィンにお祝いの言葉を述べたが、エストニアとラトヴィアからのソ連軍撤退時期についても知りたいと考えていた。エリツィンはクリントンに「来週にはポーランドから撤兵する」予定だと告げたうえで、「ラトヴィアとエストニアについては、両国が同地に住むロシア系住民の人権を遵守できていないために難しい」と回答した。両首脳は、この問題を未解決のままとしておくことに同意し、クリントンは「二五億ドルの対ロ支援パッケージについて議会の承認を得られるように鋭意努力している」と付け加えた[122]。

このような良い兆しがあったにもかかわらず、一九九三年九月一五日には、ピカリングが予見した通り、ポーランドに関するエリツィンの発言は撤回された。ポーランドのNATO加盟承認は、結局のところ野心的すぎたのだ。(123) エリツィンが署名して、九月一五日にクレムリンが発表したクリントン宛書簡では次のような立場が表明されている。ロシアは「かつてのワルシャワ条約機構の枠組内での「協力」に対して東欧諸国が抱く感情が、とても郷愁とは言えないものであることを理解はするが」、だからと言ってNATO拡大は解答ではない。「真に汎ヨーロッパ的な安全保障システム」こそが解となりうるのだ。

さらにこのエリツィン書簡では、ポーランドへのNATO拡大は、一九九〇年九月一二日の「2+4」条約の「精神」に反するので受け入れられないとも主張されていた。この条約は「ドイツ連邦共和国の東部諸州への外国軍の配備は禁じて」いる。これは、「2+4」条約が「東方へのNATO圏の拡大という選択肢を除外している」ことを暗に示しているというのがその理由であった。こうしてエリツィンは、長年にわたって続くことになる一連の攻撃を開始した。すなわち、一九九〇年のドイツ統一交渉のなかで交わされた議論と「2+4」条約は中・東欧にも関連していると主張することで、冷戦の境界線をめぐる論争を再燃させたのだ。(124)

こうしたロシア側の主張に驚いた国務省は、その主張の当否に関する検討を慌てて開始した。クリストファーとヴェルナーは、ドイツの外相クラウス・キンケルと、キンケルの側近中の側近であったディーター・カストルップとの昼食会を設け、ロシア側の主張が正当なものかどうか尋ねることにした。キンケルは前ドイツ外相のハンス=ディートリヒ・ゲンシャーの弟子とも言える存在であり、すでに引退したゲンシャーと依然として懇意な間柄であった[125]。一九九三年一〇月五日に行われた昼食会で、カストルップはクリストファーらに次のように伝えた。「エリツィン書簡における「2＋4」条約への言及は「形式的には(formally)」誤りです」。それは「ドイツが同条約への義務を約束できるのは自国についてのみだからです」。しかしながら、ロシア側の主張には「われわれが真剣に受け止めねばならない政治的・心理的な内容」があります。ゲンシャーが実現しようとして失敗した構想に言及しつつ、カストルップは、「〔「2＋4」〕合意の「基本的な哲学」は、NATOは東方には拡大しないというものでした」と続けた。彼は、なぜ「エリツィンが、西側は一九九〇年時点の領域を超えてNATOを拡大させないと約束したと考えた」のかは理解できるという立場を取ったのである。

同じドイツ人であるカストルップの見解に対して、ヴェルナーは強く反論し、すべてのNATO加盟国は「「2＋4」合意はNATO拡大に何かしら関連するという考えを強く否定」すべきだと主張した。昼食会の参加者は全員、「2＋4」条約が締結された日にも居合わせていた。だから、同合意に基づけば、一九九四年後半に予定されているソ連軍撤退より前の時期に東部ドイツに駐留可能なのは、再統一されたドイツの領土防衛部隊(territorial defense forces)――アメリカで言えば概ね州兵にあたり、NATO統合軍事機構の指揮下に置かれていないもの――だけであることは間違いなかった。しかし、ソ連軍の撤退後は、NATOに統合されたドイツの兵力も東部ドイツに移動することが可能なのである。それは、NATO指揮下のドイツ軍は、「ロシア軍が残留している限りにのみ」旧東ドイツ領域から除外されることになっていたからであった。また、「2＋4」に関する付属議定書(agreed minute)には、この点に関連する他の文言もあった。それは、ソ連軍の最終撤退後も東部ドイツには外国軍部隊が駐留も配備もされるべきではないとする一方、ドイツ政府の裁量により外国軍部隊は同地に存在することが可能だというものである〔一七〇頁も参照〕。つまり、統一ドイツ政府が承認しさえすれば、NATOの部隊がかつての冷戦の境界線を越えることを許容する、法的拘束力をもった条約に、ソ連は一度ならず二度までも署名している――西側が、その効力に疑念の余地を残さぬよう、条約本文と付属議定書という二つの別個の文書にそれぞれ署名を求めたから――のである。[126]

さらにヴェルナーは、現在西側は、ワレサによってもたらされた、「中・東欧諸国のいくつかを永久に西側に結びつけておく」ための「歴史的に稀な好機」を得ているのだと強く主張した。クリントン政権はNATO拡大に関する方針をすでに固めているのかと尋ねたキンケルに、クリストファーは「NATO拡大に関してアメリカはまだ決定を下してはいない」と回答した。クリントン政権は「拡大の可能性を肯定的に捉えているが、すぐに行動に移すことは望んでいない」というのである。「ロシアとウクライナをNATO拡大のプロセスに関与させることがきわめて重要である。それはロシアとウクライナに対して――すぐに、もしくは今後五年のうちにというわけにはいかないけれども――将来のNATO加盟の可能性を示すようなものでなければならない」というのがクリストファーの見立てであった。クリストファーはさらに「拡大に関するNATOの方針は、バルト三国を排除はしないものの、北大西洋条約第五条に基づく集団防衛の保証には及ばない程度のものとすることが必要だ」として、「第四条に基づく協議する義務」を代案として示した。それは「バルト諸国が、何らかのかたちでNATOが関与することなく侵略されることはありえないという安心供与(reassurance)を必要としている」からであった。[127]

しかしながら、アメリカ政府がNATO拡大問題について決定を留保し続けることは難しかった。とりわけ、一九九四年一月にNATO首脳会議が予定されていたからである。クリントン自身はNATO拡大について曖昧な態度を維持することを望んでいた。しかし大統領が公の場に現れれば、当然、NATO拡大に関する政策について何かしらの発言が求められることになる。クリントンが登場したけれども何も言わない、という訳にはいかないのだ。国務省の高官で、まもなく在プラハ米国大使館での勤務を開始する予定であったエリック・エデルマンは、タルボットにこうした問題の解決策を伝えている。それは、アメリカはNATO拡大を開始するが、一〇年以上かけて四つの段階を経て実施していくというものであった。

まず第一段階では、もし潜在的な加盟国がNACCに未参加であればそこに参加し、NACCで期待されている行動や任務をすべて履行する。この段階で「ウズベキスタンやカザフスタンがふるい落とされる」。続く第二段階では、NATO加盟を希望する諸国と個々に合意事項に関する交渉を実施する。この段階は約二年間にわたって行われる。期待に添うような行動をとった諸国は、次の第三段階で準加盟国としての地位(associate status)を獲得する。この段階が三～五年間続く。そして、そこから大体七～一〇年後に、第四段階の、第五条の集団防衛の保証(guarantees)を伴う正規加盟国となるのである。ただし、正規加盟国の地位は保証されているのではなく、期待に十分応えた国へのご褒美として与えられるのであった。エデルマンはまた、各段階を通じて次の地位へと優先的に昇進する集団、ないしは「ある種のグループを形成することが有用かもしれません」とも付け加えている。「グループAにはヴィシェグラード諸国。グループBにはロシア、ベラルーシ、ウクライナが含まれる。グループCにはバルカン諸国、バルト三国が入る」のであった。さらに彼は補足合意として「NATO・ロシア憲章」も提案した。それは「エリツィンと彼の仲間たちにとって、ロシア国内の反対派の批判を和らげる手助けとなる」はずであった[128]。

国務省のデーヴィスもエデルマンの考えを支持した。デーヴィスも第五条による集団防衛の保証(guarantees)は、最終段階で与えるのが良いと考えていた。デーヴィスの記すところでは、彼女の考えはドイツ国防相のフォルカー・リューエの影響を受けていた。リューエは、強力なNATO拡大支持者として自らの地位を固めてきた。そして、一九九三年八月に『フォーリン・アフェアーズ』誌に掲載されて強い影響力をもった、NATO拡大支持の論文を執筆したRAND研究所のグループに研究資金の提供までしていた。RANDが海外からの研究委託を受けたのはこれが初めてであった[129]。リューエに倣って、デーヴィスは、「ドイツは中欧の不安定地帯の最前線にあり、しかも、こうした諸問題を独力で処理するための資源も政治的な意志ももち合わせていない」という懸念を表明した[130]。

ドイツの東側側面も脆弱であった。それはアルヒズでコールが旧東ドイツ地域における核兵器配備を永久に禁止することに同意したからであり、また――マーガレット・サッチャーが予言していたように――ドイツが首都をその脆弱な地域のど真ん中にあるベルリンに戻すことを選択したからであった。それはドイツの弱点のみならず、ドイツ統一後のロシアの希望に配慮すべきもうひとつの理由を生み出した。もしドイツに代わってポーランドがNATOの最前線国家となれば、ドイツはより安全になるのである[131]。リューエの側近のひとりであったウルリヒ・ヴァイサー海軍中将の言い方を借りれば、「ドイツでドイツを防衛するよりも、ポーランドでドイツを防衛する」方が良いのである[132]。

このことにはコール自身も気がついており、それをクリントンに伝えすらしている。コールは、ドイツが再統一をめぐる多くの問題に対処しているときに、NATOの東側の最前線に晒されることを望んではいなかった。しかしながらドイツ政府は、NATOに新たに加盟国を加えるのであれば、（アメリカ国務省がかいつまんで指摘したように）「ヨーロッパに「新しい境界線を引く」ように見えない」やり方でなければならない、と強く感じていた[133]。とりわけコールは、エリツィンの立場を悪くするようなことは厳に慎むべきだと考えていた。モスクワでは政治的な対立がいまだ続いており、いまにも流血の事態へと転化しそうな状況だったからである。

インフレと失業がさらに悪化するなか、エリツィンと議会は互いに相手を非難し続けていた[134]。一九九三年九月二一日、エリツィンは議会の解散を宣言した。彼にはそのような憲法上の権限がなかったにもかかわらずである[135]。これに対抗して議員たちは、アレクサンドル・ルツコイを臨時大統領にすると発表した。エリツィンはクリントンに、議会は「完全に統御不能となり」、もはや「改革のプロセスを支持しておらず」、再び「共産主義者になってしまった」とぶちまけた。もはや一二月に新たな選挙を実施し、それまでは「大統領令」を用いて統治するより他ない、とエリツィンは続けた[136]。

コールとクリントンはこうした憂慮すべき事態の展開について理解しようと努めた。クリントンは、約束通りエリツィンが「物事を平和裏に進めて」くれることを望んでいた。だがコールは懐疑的だった。「実際のところ何が起きているのか説明できる者は西側には誰もいない」。だが「モスクワで事態を動かしている人びとのなかで、最も信頼できるのはエリツィンだ」というのがコールの考えであった。エリツィンには欠点がある。それでも「もし彼が排除されれば、事態はもっと悪くなる」とコールは付け加えた[137]。

一〇月に入るとクリントンの注意は、ソマリアで発生した予期せぬ出来事によってロシアから逸らされることになった。ソマリアでの事態はクリントン政権に大きな影響を与えた。ソマリアのモハメッド・ファッラ・アイディード将軍と彼の部下たちが国連平和維持部隊の隊員を殺害したのだ。一九九三年一〇月三日から四日にかけて、米軍の部隊がソマリアのモガディシュに展開された。親アイディード派を制圧することがその目的であった。しかし、犠牲者となったのは米兵たちの方であった。なかでも、ゲリラがロケット推進グレネード砲で軍用ヘリコプターのブラックホーク二機を撃墜したのは衝撃であった[138]。アメリカが自ら選択して開始した海外での戦争で一八人の米兵が殺されたという事態は、痛々しいベトナムでの事態を鮮明に記憶している世代の人びとにとって、きわめて不愉快なものだった。大衆は、「ブラックホーク・ダウン」として広く知れ渡った悲劇の責任が誰にあるのかを知りたがった。米外交官のリチャード・ホルブルックは自身の音声日記に次のような記録を残している。アスピン国防長官は「しばしば自制心を失い、かんしゃくを起こし、子供じみた行動を取った」。そのため、ソマリアで流血の事態が発生した際、「トニー・レイクとウォーレン・クリストファーが、アスピンを生け贄の子羊にして自分たちの立場を救うことで意見が一致するのは簡単だった」。一九九三年の末までに彼らはアスピンを更迭するようクリントンを説得することができた。伝えられるところでは、アスピンは涙を流して大統領に懇願したが、それは叶わなかった。そしてまもなく彼は脳卒中でこの世を去ったのである[139]。

アメリカの注意がソマリアの悲劇へと逸れているあいだに、エリツィンは平和裏に物事を進めるという約束を破った。敵対する勢力間で数日にわたって緊張と散発的な衝突が続いたのち、一〇月四日、エリツィンはグラチョフに戦車を投入させた。グラチョフは戦車の隊員たちに、「ホワイトハウス」として知られる議会議事堂に発砲するよう命じた。グラチョフの命令に従った彼らは、一四五名の同胞市民を殺害し、八〇〇名以上を負傷させた。ルツコイも拘留された⑭。軍部首脳のなかにはグラチョフが流血の事態を引き起こしたことに憤慨する者もいた。しかし、ペリーが記しているように、グラチョフが「エリツィンの意向と支持を得ていたこと」、そして首脳部からの命令に従っていたことは明白であった⑭。エリツィンは大統領令による統治を開始し、一九九三年一二月一二日の議会選挙を組織した。そして、フランスやアメリカの大統領が保持しているそれを遥かに超える権限を彼自身に付与する新憲法への支持を求めたのである⑭。

エリツィンの武力行使は、短期的に見れば国内政治上の成功を収めたが、対外的には多くの代償を伴った。これによりヨーロッパ中、とりわけドイツで戦慄が走った。コールがキリスト教民主同盟の党友たちに鋭く助言したように、「来年の夏までは、かつてソ連兵であったロシア兵が、ドイツ連邦共和国の国土に駐留していること」は忘れるべきではなかった⑭。『ニューヨーク・タイムズ』紙の特派員のひとりが述べたように、「統率がとれておらず、士気も低い」ロシア兵たちは「まったく手に負えず、問題だらけのソ連帝国の遺産」になり果ててしまっていた⑭。ロシア兵のあいだでは組織犯罪が蔓延していた。一九九四年には、闇市場でのロシア兵の活動を取材していたジャーナリストが、自身のブリーフケースに仕掛けられた爆弾で亡くなっている⑭。

一九九〇年のドイツ再統一の際に作成されたCIAの報告書は、ロシアは一九九四年に最後のロシア部隊が撤退するまでドイツに核兵器を維持する計画であると指摘している。コールが、ロシアの不安定さがドイツに与える影響を危惧していたのは的を射ていたと言えるだろう[146]。ロシアの兵力と兵器が引き続き存在していることは、ロシアの状況が最も良いときですらリスクを伴うものであった。しかし、武装したロシア兵をドイツ国内に抱え続けることへの懸念はより大きなものとなっていった。それは、政治的目的を達成するための武力行使をエリツィンが予想外に躊躇しなかったことに加えて、急進的なナショナリストたちが一二月選挙に向けて善戦したからであった。コールが気前よく援助を与えただけでなく、隔週でエリツィンに電話をかけるようになったのも驚くべきことではなかった[147]。そして、ロシア軍がドイツから撤退するまで、ドイツはＮＡＴＯ拡大を積極的に支持することもできなかった。一〇月にモスクワで発生した危機のあいだにコールが党友たちに述べたように「われわれが依然としてこの事態の当事者であることを忘れるべきではなかった」のである[148]。

エリツィンによる武力行使と急進派への支持拡大は、ハンガリー政府にとっても悪夢であった。ハンガリーのヨージェフ・アンタル首相はクリントンに書簡を送り、「モスクワで衝突が起きたとき」ロシアの政情不安が「この政治的な過渡期において、私たちの地域にとって深刻な脅威である」ことがハンガリー人には明々白々となったと率直に伝えている。アンタルは、ＮＡＴＯは「私たちの地域の安全保障を改善するための方策を研究するという任務から逃れられず」、そしてこの目的を達成するための最善の手段は「ＮＡＴＯを、この地域で最も民主的に成熟した国家へと拡大すること」だと強く感じていた。一〇月にモスクワで事態が発生する前であれば、アンタルが抱いたような危惧を、単なる人騒がせとして無視できたかもしれない。しかし、いまやそれは適切な判断のように思われた。

西側でも次第に、ロシアが平和裏に改革を進めることは困難(もしくは絶対に無理)であり、対ロ防衛を希求する中・東欧諸国の声に応えるための何らかの措置が必要かもしれないとの考えがでてきた。ロシアの改革志向への疑いは一二月一二日の選挙の結果によってさらに拡大した。歴史家のセルゲイ・ラドチェンコが印象的に表現したように、それは「恥ずべきことに自由でも民主的でもない、どう見てもファシストにしか見えない、自由民主党の勝利」であった。自由民主党の党首であったウラジーミル・ジリノフスキーは選挙直前にマニフェストを発表していた。それは「ファシスト、人種主義者、ナショナリスト、帝国主義者の言説の断片の羅列」であり、ロシアの隣国で抱かれていた警戒感をさらに大きなものとした(149)。

他方、ECも次第に中・東欧諸国のEC加盟は長期的なプロセスであるとの方針を明らかにするようになっていた。一九九三年の六月二一日から二二日にかけてコペンハーゲンで開催されたEC首脳会談では、中・東欧諸国ではなく、オーストリアやフィンランド、スウェーデン、そしておそらくはノルウェーの加盟を優先する方針が打ち出された。それゆえ、ヴィシェグラード諸国にとってNATO加盟はより重要なものとなっていった(150)。ヴィシェグラード諸国は徐々に、一九九〇年代の拡大ECに自分たちは入れないと理解するようになった。それは、ヴィシェグラード諸国よりも先に加盟することを望んでいた国がいたからであった。一九九四年の初め、オーストリアのフランツ・フラニツキー首相は、かつてブッシュ政権に示していた危惧をクリントンにも繰り返した。「旧ワルシャワ条約機構加盟国と同じグループに入りたいとは思いません(151)」。

平和のためのパートナーシップ（ＰｆＰ）

ＮＡＴＯ拡大をめぐる問題が再び激しさを増すなか、一九九三年一〇月一八日の主要高官会議で構想面での突破口が開かれた。この突破口は、政権内での議論で最も重視されていた問題に対応するなかでもたらされた。その問題とは（国務省の表現を借りれば）「一月のＮＡＴＯ首脳会議において、ＮＡＴＯは拡大に向けた明確な姿勢を取るべきか、それとも、これまで同様に拡大の可能性を曖昧に示し続けるべきか」というものだった[152]。政権内でレイクが影響力を拡大しつつある一方、アスピン国防長官はかろうじてその地位にしがみついているような状態だったけれども、それでも国防総省のアイデアが大きな影響力をもった。

アスピンとシャリカシュヴィリ将軍は、すでに一九九三年九月一三日、ＮＡＴＯ拡大に関する議論が「アメリカ政府の利益ではなく、中・東欧諸国の議論に焦点を当てたものとなっている」ことへの危惧を国務省に通達していた。彼らからすれば、これは大きな戦略上の失態であった[153]。国防長官官房は「現時点では加盟を提案する必要性も利益もない」と判断していた[154]。国防総省はまた、ＮＡＴＯが供与する安全の消費者としてではなく、そこに貢献することができる国でなければ新規加盟を認めるべきではないと主張した[155]。その代わりにＮＡＴＯは、段階的拡大というアイデアを基礎としたインスピレーションに満ちた代替案を提示する。それが新しい「平和のためのパートナーシップ」であった[156]。

アスピン国防長官の副官で、すぐにその後任となったペリーはのちに、この提案を「シンプルだが優れており、しかも抑制的な発想」と表現している[157]。これは主にシャリカシュヴィリの発案によるものであった。シャリカシュヴィリが、ヨーロッパ担当国防次官補代理のジョセフ・クルーゼルら国防総省の文官の戦略担当者や、ＮＳＣのスタッフ、またアメリカのＮＡＴＯ代表部の外交官たちとともに練り上げたのである。この構想を練るにあたってシャリカシュヴィリが参考にしたのがブッシュ政権期の国務省の見解である。彼が当時の国務省の発想を深く理解していたのは、一九九一年から九二年にかけて、ソ連の核戦力と軍部に対する中央統制の崩壊に対処しようとしていたジェームズ・ベーカー前国務長官とともに海外出張を重ねたからであった。[158]

　シャリカシュヴィリや彼と同じような考えをもつ政策立案者たちが目指したのは、ＮＡＴＯとの条件付き提携(a contingent form of affiliation)を提供するような、平和維持組織を創設することであった。[159]シャリカシュヴィリは、かつての敵国をつなぐ現実的な方策として、軍同士の協力を強く支持していた。比喩的な言い方をすれば、最も重要な第五条による保証を与える前に、旧ワルシャワ条約機構加盟国の軍靴にＮＡＴＯという泥をつけることで、ＰｆＰはかつての敵国のあいだで軍と軍の接触を可能にする。シャリカシュヴィリはこのように考えていた。[160]国防総省の考えでは、ＰｆＰは、ＮＡＴＯ加盟を「必ずしも」保証するものとなる「必要はない」。むしろ、ＮＡＴＯ加盟と「一般的なかたちで関連づける」ことを可能にする曖昧さにこそ、ＰｆＰの利点があった。それは、ＰｆＰで貢献度が高い国に対してのみ、将来的に第五条の保証を与えるという選択肢を残すことを可能にするのである。だが、拙速な行動は慎むべきであった。アメリカのＮＡＴＯ代表部が指摘したように、「新しいＮＡＴＯ加盟国を選出するタイミングが決定的に重要である。ロシアとウクライナのことを十分考慮に入れた、基本的な地政学的構造を創り出すより前にそれを行うべきではない」のであった。[161]

　このPfPという提案は五つの主要問題を解決した。第一にそれは、NATO拡大をめぐる議論のほとんどにおいて、NATOが参加それ自体を目的とする「クラブ」として扱われているという、国防総省の文官・制服組双方の不満を解消するものであった。NATOは軍事同盟であって、加盟国は装備を標準化し、兵力を訓練し、相互の安全への貢献が求められる。それゆえ、第五条に基づく保証を、こうした準備のない新規加盟国に拙速に与えることはNATOを弱体化させることになる。こうした事態を国防総省が回避したいと考えたことは当然理解できよう。PfPはこうした実務的な問題を解決するための時間と柔軟性をもたらす。そしてそれが、新しいパートナーがそれぞれ、どのようなペースで、どの程度のパートナーシップをNATOと築いていくのか決定することを可能にするのである[162]。

　第二にPfPは、当時進行中であった、悲劇的なユーゴスラヴィアの崩壊過程に対応することを可能にした。そこには相互補完的な関係があった。バルカン危機が解決策を求めていた一方、NATOが提携する平和維持のパートナーシップの方では、解決すべき問題を探していたからである。PfPは、NATOを(旧ワルシャワ条約機構諸国および旧ソ連構成共和国へと)地理的に拡大すると同時に、(平和維持を含むかたちで)機能面でも拡大することで、ボスニアでの暴力に対応することを可能にするのである[163]。最善のシナリオは、PfPが、非五条事態への対応策を供与する――そして、おそらくはヨーロッパ諸国にこうした事態に際して指導性を発揮する新たな機会を与える――ことで、NATOの軍事構造をより柔軟なものとすることであった。

　第三にPfPは、ヨーロッパに新たな分断線を引くことなく、中・東欧諸国との関係を深めることを可能にするものであった。むしろ、PfPは「中立、非同盟諸国のみならず、ロシアとウクライナを含めた中・東欧諸国にも開かれ」ていた。パートナーは、地理的な位置ではなく、その希望と能力に応じてPfPに参加する。ヨーロッパの範囲は「地理的な境界ではなく」、共有された理念と「NATOのPfPへの積極的な参加」によって規定されるのであった。[164] 換言すれば、PfPはNACCの最も優れた面、つまり、あらゆる国々を受け入れる包括性にその基礎を置くものであった。しかし他方でPfPは、「実際に各国軍が接触する」など、参加国間の協力のレベルをNACCから一段階引き上げるものでもあった。実のところ、シャリカシュヴィリは(タルボットと同様に)、NACCは単なる「お喋り」の場に成り果てていると観測していた。[165] かつてミッテランが実現しようとした、ある種の汎ヨーロッパ的安全保障機構とまったく同じものではなかったが——そうあるためにはPfPはあまりにもアメリカ中心的であった——、それでもPfPはきわめて包括的な組織になりうる潜在力を秘めていたのである。[166]

第四にPfPは、ロシアの機嫌を損ねないかたちで、ウクライナをヨーロッパの安全保障システムのなかに位置づけることを可能にした。ウクライナがNATOに正式加盟する可能性はきわめて低かったが、PfPに参加することは、他の諸国と同様、すぐにでもできた。

最後の、そして最も重要な点は、PfPによって当面のあいだは新しい正規加盟国を誕生させずに済んだことで、ロシアの最悪の反応を回避できたことだ。この最後の点は、とりわけ望ましいものであった。在モスクワ・アメリカ大使館は次のように意見具申を行っている。「いまは(ロシアを含めて)旧ワルシャワ条約諸国のNATO加盟を進めるときではありません」。ロシアの民主体制は「いまだ脆弱なままです。私たちも、私たちのＮＡＴＯ同盟諸国も」ロシアの民主化の機会を「損なうようなな、いかなる行動も慎むべきです[167]」

こうした五つの利点に加えて、ボーナス的に付随した点がある。ＰｆＰによってアメリカが、ＮＡＴＯ加盟国拡大の可能性を、長いプロセスの最初ではなく最後に位置づけられるようになったことだ[168]。ＮＡＴＯ拡大はきわめて多くの込み入った問題を生み出すが、ＰｆＰは予期しえなかった問題を解決するための場を提供し、また、必要となればＮＡＴＯ加盟への入り口となりうるのである。一九九四年一月二六日にオルブライトは、クリントン、ゴア、クリストファー、レイクの四人に対して、ＮＡＴＯ加盟に関して「ロシアが他の国々に先駆けてその資格要件を満たす現実的な可能性を検討したことがありましたか」と尋ねている。オルブライトが暗に示したのは、ＰｆＰは、かなり長期にわたってロシアに居場所を与えることで、こうした事態に対処することを可能とするという点であった。

もちろん、ＰｆＰにも欠点はあった。最大の欠点のひとつは、ＮＡＴＯの人気が高まりすぎて、みながＮＡＴＯに加盟したがったことである。第五条の保証を与える正規加盟とは対照的に、ＰｆＰは、あまり魅力のない地政学的な待合室のように見えた。かつて国務長官を務めたヘンリー・キッシンジャーもまた、ＰｆＰの支持者が最大の利点と見なしている部分にこそ、その欠点があると批判した。ＰｆＰは、かつてのソ連ブロック諸国すべてに止まり木を与えるものだが、それは「ソ連およびロシア帝国主義の犠牲者たち」に、モスクワにいる「犯人たち」との共存を不必要に強いているというのだ。こうした反対意見もあったことから、ＰｆＰを売り込むことには大きな困難が伴い、主要な利害関係者すべてが、ＰｆＰを機能させるために尽力するかどうかは不透明であった。

しかし、これらの欠陥および魅力の欠如にもかかわらず、ＰｆＰはほとんど不可能に見えた目的を達成した。競合する複数の政治的な要請を互いに調整することで、アメリカが、ヴィシェグラード諸国、ロシア、そしてウクライナをめぐる課題と機会に取り組む戦略を提供したのである。そのため、一九九四年初頭にオルブライトはＰｆＰを高く評価したのであった(そして、オルブライトはその後何年にもわたってＰｆＰを、インスピレーションに富んだアイデアだと思い返すことになる)。チェコ出身のオルブライトは、クリントンの要請に従ってアルバニア、ブルガリア、ルーマニア、スロヴェニア、そしてヴィシェグラード諸国を訪問し、ＰｆＰへの各国の反応を探った。そして彼女は、「ＰｆＰはその批判者たちが予想していたよりも、はるかに効果的でした」と報告している。ＮＡＴＯ正規加盟を伴わないにもかかわらず、ＰｆＰという政策が支持された理由のひとつは、「すべての関係国が、ウクライナが全体のなかにどう位置づけられるのかについて懸念しており、同国を放置する危険性を理解していた」ことにあった。ＰｆＰは「待合室」だと軽視されはしたが、「最終的には誰もが、短期的に「ヨーロッパに新たな人工的な分断線」を引くことは回避しなければならないと理解していると述べた」のである。オルブライトの見方によれば、ＰｆＰは、「ＮＡＴＯを再活性化する、ナショナリスト的な傾向を助長してロシアとの関係が悪化することを防ぐ、中・東欧諸国の危惧の高まりを鎮める、という互いに競合する三つの目的」を満たすことに成功したのである[169]。

タルボットもＰｆＰに賛意を示した。国務省は「ＮＡＴＯ加盟国の拡大(これは少なくとも、暗黙のうちに一定の国家を排除するものである)ではなく」[170]、ＰｆＰを「アメリカのＮＡＴＯ政策の中心に据える」べきだというのが、タルボットの考えであった。とりわけタルボットは、中・東欧諸国に対して、非公式にＮＡＴＯ加盟に関する「前向きな示唆」を与えることに反対した。そうした姿勢を示すことで、「さらに東側の地域――とくにロシア――における改革への支持」を損なう恐れがあったからだ。「結局のところ、こうした地域の改革こそがアメリカにとっての最優先課題だと大統領は言い続けてきた」のである。さらに言えば、「今後六か月から九か月間が、私たちとウクライナの関係――より正確には、ウクライナに核兵器を放棄させる私たちの努力――にとって決定的に重要になる。これこそ、私たちが直面しているなかで、最も重要かつ危険な核不拡散をめぐる課題」なのであった。タルボットは「クラフチュクの閣僚たちが、核兵器とＮＡＴＯ加盟を取引しようとしてきた」ことに不安を覚えていた。だが、いまや「ＰｆＰがアメリカに出口をもたらした」のである。[171]

国務省の支持も得て、国防総省の見解は一九九三年一〇月一八日の主要高官会議で日の目を見ることになった。[172]クリントンがすぐにこの計画を承認したので、国務・国防両長官が外遊してＰｆＰを諸国に売り込んでいくことが可能となった。その狙いは、一九九四年のＮＡＴＯ首脳会議で「ＮＡＴＯ加盟はヨーロッパの東側の新しい民主主義諸国を対象とするものへ変化する」が、「その明確な基準やタイムテーブルは設定しない」という「原則に関する声明」を採択するよう、ＮＡＴＯ諸国に納得させることにあった。こうした曖昧さはヴィシェグラード諸国を落胆させるものではあったが、戦略的には必要であった。なぜなら、「現段階で、ロシアとウクライナを同時加盟させないまま、ＮＡＴＯの境界線を両国に近づけるようなことをすれば、両国国内に大きなマイナスの影響をもたらし」、究極的には「中欧諸国の安全がかえって低下する」からである。[173]結果として、一九九四年のＮＡＴＯ首脳会議に向けた政策勧告は、ＰｆＰは立ち上げるが、ＰｆＰと将来のＮＡＴＯ拡大、またそれに向けたタイムテーブルとのつながりについては曖昧なままとするというものになった[174]。

伝えられるところによれば、レイクは政権内部の政策論争で敗者の側に置かれたことに憤慨していたという。その年の後半になり、かつてカーター大統領の国家安全保障問題担当大統領補佐官であったズビグネフ・ブレジンスキーが、ブッシュはドイツをＮＡＴＯに加盟させたのだから、クリントンもポーランドに対して同様にすべきだと主張すると、レイクはなおさら腹を立てた[175]。その直後、ブレジンスキーは『フォーリン・アフェアーズ』誌に、「それがもたらしうる地政学的な帰結は危険なもの」だとしてＰｆＰを批判する論文を書いた。彼の考えでは、「歴史の重みが民主主義国家としてロシアが安定することを当面許さないという可能性――そうなる蓋然性が高いすらと言えるかもしれない――に対して保険が必要だ」というものであった。そしてＮＡＴＯ拡大だけが、そうした保険となりうるのである[176]。

クリストファーがこうした意見にひるむことはなかった。一九九三年一〇月二二日、クリストファーは、エリツィンとコズイレフにＰｆＰ構想を披露した[177]。かつてブレジネフが狩猟用のロッジとして使っていた、ザヴィドヴォにある大統領のダーチャ(別荘)のサンルームで、クリストファーはＰｆＰについて説明した。暖房が効きすぎたサンルームには、猟場で捕れた獲物の料理が盛大に並んでいた。ＰｆＰに懐疑的だったコズイレフは、ＮＡＴＯは「二、三か国を新たに加えるのでしょうか」と尋ねた[178]。これにクリストファーはノーと回答した。そして、アメリカがいま重視しているのは「平和のためのパートナーシップ」であり、その目的は新しい加盟国を迎える前に「相互運用と協調の習慣を発展させることにある」と続けた[179]。エリツィンはクリストファーに、「すべてのＣＥＥ［中・東欧］諸国とＮＩＳ［新たに独立した旧ソ連邦諸国］が同じ扱いをうける」のかどうか確認を求めた。これにクリストファーは、「ええ、その通りです。提携という地位すら設定しません」と回答した。

これを聞いてエリツィンは、「これは素晴らしいアイデアだ。天才的な発想だ」と発言した。さらにエリツィンは、「ＰｆＰは、現在ロシア国内に存在している東欧諸国をめぐる緊張や、東欧諸国のＮＡＴＯへの憧れをすべて発散させるために役立つだろう」と続けた。クリストファーが勘違いしないように、「これは本当に、本当に素晴らしい考えだ」とエリツィンは繰り返した。エリツィンはさらに、クリントンがＮＡＴＯ首脳会議直後のモスクワ訪問の招待を受け入れたと聞いて感激した。議会との戦いに勝利し、急速なＮＡＴＯ拡大も当面なくなり、クリントンとも良好な関係を育てつつある——「私がやらねばならないのは、いまやレーニンを葬ることだけだ」とエリツィンは夢想した。そして彼は、「ビル〔クリントン〕に、この天才的なアイデアに私は興奮している」と伝えるよう何度もクリストファーに依頼した。[180]

会談の終わりごろ、クリストファーは「そのうちに私たちは、長期的な可能性としてＮＡＴＯ加盟問題について検討することになるでしょう」と手短に述べた。エリツィンは、この「但し書き」を気にとめなかったようだ。だがコズイレフはこれを見逃さず、この発言が何を意味するのか懸念を抱いたとのちに回想している。後から振り返ってコズイレフは、エリツィンの前でのアメリカ側の振る舞いは——たとえクリストファーの説明が、当時のアメリカの政策を正確に示したものであったとしても——「煙幕に過ぎず」、意図的に「欺こうとする」ものであったと決めつけている。[181]

いずれにせよ、このエピソードはアメリカに対するコズイレフの態度を硬化させ、アメリカ側もそれに気がつかずにはいられなかった。のちにタルボットは、コズイレフは「問題の解決策の一部ではなく、問題の一部になってしまいました。……コズイレフは自分自身とロシアの利益のために、より強硬でナショナリスティックな態度が必要だと結論づけたように見えます」とクリントンに打ち明けている。かつてのコズイレフは米ロ協調の推進者であったから、このような「不可解で気がかりな事態の展開」は「悲劇的」な一面をもっているとタルボットは続けた(182)。

しかし、エリツィンは満足してクリストファーとの会談を終えた。しばらく後にエリツィンは、ヴェルナーに対して「ロシアのNATO加盟について準備・議論するために会談する」可能性を示唆するなど、ロシアのNATO加盟に関する最終的な展望について語ってさえいる(183)。コズイレフによれば、最も大きく危惧されたのは「大国ロシアにとって、加盟をめぐって競争する他の嘆願者たちと一緒に待合室にいることの受け入れ難さ」であった(184)。しかし、エリツィン自身はこうした問題の解決可能性については楽観的であった。彼にとって「この問題をめぐる最大の懸念は中国に関するもの」であった。中国にとってロシアのNATO加盟は、巨大な汎ヨーロッパ的な安全保障機構と――世界一長い――国境を共有することを意味したからだ。しかし、それでもエリツィンには「NATOに参加する用意があった」のである(185)。

PfPによって、クリントンと側近たちは、彼らが大統領就任式の日に引き継いだ戦略的な課題を克服することができた。よく晴れた、寒い一月の午後であったあの初日から問題は明らかであった。いかにしてアメリカの外交政策上の利益を実現するかである。そのためには、旧ソ連の核兵器を取り除き、同時に、ロシアの要求と、かつてロシアが支配していた諸国と地域からの要求をうまくバランスさせねばならなかった。クリントンのチームは、数多くの内政・外交上の困難に直面し、ときには悲劇的な出来事すら経験した。しかし最終的には賢明な解決策を見つけ出した。それは、関係する多くの国家とパートナーシップを形成することであった。ロシア、ウクライナ、ヴィシェグラード諸国のうち、どれが最も重要なのか決めるのではなく、将来に選択肢を残すことを可能にするような、段階的プロセスとしてNATO拡大を主導する決定をアメリカは下したのだった。

この段階的プロセスは、北大西洋条約第五条の保証を拡大するほど劇的な措置ではなかったが、驚くほどうまく機能した。クリストファーは、開始当初の「PfPは、私たちが想定した期待値の最大限をはるかに凌駕していた」と回想している。PfPは「NATO諸国と非加盟国のあいだにつながり」を創り出し、参加各国に「軍事力を近代化し、国内改革を進める誘因」となった。(186) PfPは、オーストリア、フィンランド、スウェーデン、スイスといった、それまでずっとNATOを避けてきた西側・スカンジナビア諸国までも惹きつけた。この構想は、中・東欧、ウクライナ、ロシアにとっても——場合によっては最低限だが、それでも十分に——受け入れ可能なものであることも明らかであった。最も不満の大きかったのはヴィシェグラード諸国であった。それでも各国は、それが最終的には正式加盟に繋がる限り、甘んじてPfPを受け入れた。

だが、アメリカ国内のPfP反対派は、こうした妥協を受け入れようとはしなかった。ヴィシェグラード諸国に第五条の保証を拡大したいと考えていたクリントン政権内の政策立案者たちは、どの地域が最も重要なのかを問題視し、いままさに立ち現れようとしていたPfPへの挑戦を開始した。他方、共和党は来る一九九四年の議会中間選挙を決定的に左右する中西部各州で、ＰｆＰをめぐる争点はポーランド系や、その他の中・東欧系アメリカ人を惹きつけるために役立つと考えるようになった(187)。そしてエリツィンは、一連の大きな、血塗られた間違いを犯すことにより、意図せずしてＰｆＰ反対派を後押しすることになる。こうした複合的な事態の展開により、ＰｆＰは、それが生み出されたのと同じくらいの早さで崩壊していくのである。

M. E. サロッティ(Mary Elise Sarotte)
ジョンズ・ホプキンス大学高等国際関係大学院教授．外交史研究．とりわけ冷戦終結からポスト冷戦期に関する研究を続ける．著書に *Dealing with the Devil: East Germany, Détente, and Ostpolitik, 1969-1973* (University of North Carolina Press, 2001), *1989: The Struggle to Create Post-Cold War Europe* (Princeton Univiversity Press, 2014 [邦訳『1989――ベルリンの壁崩壊後のヨーロッパをめぐる闘争』(上・下)，奥田博子訳，慶應義塾大学出版会，2019 年]), *Collapse: The Accidental Opening of the Berlin Wall* (Basic Books, 2015) ほか．

1 インチの攻防―NATO 拡大とポスト冷戦秩序の構築(上)
M. E. サロッティ

2024 年 12 月 24 日　第 1 刷発行

監訳者　岩間陽子《いわまようこ》　細谷雄一《ほそやゆういち》　板橋拓己《いたばしたくみ》

発行者　坂本政謙

発行所　株式会社 岩波書店
〒101-8002 東京都千代田区一ツ橋 2-5-5
電話案内 03-5210-4000
https://www.iwanami.co.jp/

印刷・三陽社　カバー・半七印刷　製本・牧製本

ISBN 978-4-00-061673-7　　Printed in Japan

訳者紹介

岩間陽子(いわま・ようこ) **監訳**
政策研究大学院大学教授．国際政治・欧州安全保障．『核の一九六八年体制と西ドイツ』(有斐閣，2021年)，『核共有の現実——NATOの経験と日本』(編著，信山社，2023年)ほか．

細谷雄一(ほそや・ゆういち) **監訳**
慶應義塾大学法学部教授．国際政治史・イギリス外交史．『外交による平和——アンソニー・イーデンと20世紀の国際政治』(有斐閣，2005年)，『迷走するイギリス——EU離脱と欧州の危機』(慶應義塾大学出版会，2016年)ほか．

板橋拓己(いたばし・たくみ) **監訳，日本語版への序文，序章，第1章**
東京大学大学院法学政治学研究科教授．国際政治史・ヨーロッパ政治史．『黒いヨーロッパ——ドイツにおけるキリスト教保守派の「西洋（アーベントラント）」主義，1925〜1965年』(吉田書店，2016年)，『分断の克服1989-1990——統一をめぐる西ドイツ外交の挑戦』(中公選書，2022年)ほか．

山本　健(やまもと・たけし) **第2章**
西南学院大学法学部教授．外交史・国際関係論．『同盟外交の力学——ヨーロッパ・デタントの国際政治史　1968-1973』(勁草書房，2010年)，『ヨーロッパ冷戦史』(ちくま新書，2021年)ほか．

妹尾哲志(せのお・てつじ) **第3章**
専修大学法学部教授．国際関係論・ドイツ外交史．『戦後西ドイツ外交の分水嶺——東方政策と分断克服の戦略，1963〜1975年』(晃洋書房，2011年)，『冷戦変容期の独米関係と西ドイツ外交』(晃洋書房，2022年)ほか．

堀田　主(ほった・つかさ) **第4章**
慶應義塾大学大学院法学研究科後期博士課程．国際政治史・ソ連外交史．「ストックホルム軍縮会議の再生——現地査察問題をめぐるソ連外交，1985-1986年」(『ロシア・東欧研究』第50号，2022年)，「EC・コメコン共同宣言をめぐる東西交渉，1985-1988年——ミハイル・ゴルバチョフのイニシアティブを中心に」(『法学政治学論究』第137号，2023年)ほか．

青野利彦（あおの・としひこ）**第 5 章**
一橋大学大学院法学研究科教授．アメリカ政治外交史・国際関係史．『冷戦史』（上・下）（中公新書，2023 年）．『「危機の年」の冷戦と同盟——ベルリン，キューバ，デタント 1961-63 年』（有斐閣，2012 年）ほか．

小川浩之（おがわ・ひろゆき）**第 6 章**
東京大学大学院情報学環教授．現代イギリス政治外交史・国際政治史．『イギリス帝国からヨーロッパ統合へ——戦後イギリス対外政策の転換と EEC 加盟申請』（名古屋大学出版会，2008 年），『英連邦——王冠への忠誠と自由な連合』（中公叢書，2012 年）ほか．

齋藤嘉臣（さいとう・よしおみ）**第 7 章**
京都大学大学院人間・環境学研究科教授．国際政治史・イギリス外交史．『文化浸透の冷戦史——イギリスのプロパガンダと演劇性』（勁草書房，2013 年），『ジャズ・アンバサダーズ——「アメリカ」の音楽外交史』（講談社メチエ，2017 年）ほか．

倉科一希（くらしな・いつき）**第 8 章**
同志社大学グローバル地域文化学部教授．アメリカ外交史・国際関係史．『アイゼンハワー政権と西ドイツ——同盟政策としての東西軍備管理交渉』（ミネルヴァ書房，2008 年），『現代アメリカ政治外交史——「アメリカの世紀」から「アメリカ第一主義」まで』（共編，ミネルヴァ書房，2020 年）ほか．

小林弘幸（こばやし・ひろゆき）**第 9 章**
東京大学先端科学技術研究センター特任研究員．イギリス外交史・国際政治史．『ハンドブック ヨーロッパ外交史——ウェストファリアからブレグジットまで』（共著，ミネルヴァ書房，2022 年），『核共有の現実——NATO の経験と日本』（共著，信山社，2023 年）ほか．

立石洋子（たていし・ようこ）**第 10 章**
同志社大学グローバル地域文化学部准教授．ロシア・旧ソ連地域研究．『国民統合と歴史学——スターリン期ソ連における「国民史」論争』（学術出版会，2011 年），『スターリン時代の記憶——ソ連解体後ロシアの歴史認識論争』（慶應義塾大学出版会，2020 年）ほか．

合六 強（ごうろく・つよし）**終章**
二松学舎大学国際政治経済学部准教授．ヨーロッパ国際関係史・米欧関係．『ウクライナ戦争とヨーロッパ』（共著，東京大学出版会，2023 年），『核共有の現実——NATO の経験と日本』（共著，信山社，2023 年）ほか．

参照文献一覧

インタヴュー

オルブライト，マデレーン(Albright, Madeleine)，2020年12月21日(電話)

アリソン，グレアム(Allison, Graham)，2016年10月12日，マサチューセッツ州ケンブリッジ

アプルボーム，アン(Applebaum, Anne)，2018年4月19日，マサチューセッツ州ケンブリッジ

アスムス，ロン(Asmus, Ron)，2008年3月16日，ブリュッセル

ベーカー，ジェームズ(Baker, James A., III)，2009年2月11日，ヒューストン

ビンデナーゲル，J. D. (Bindenagel, J. D.)，2008年6月28日(電話と電子メール)，2019年5月15日，ベルリン，2019年8月2日(電子メール)

ビッターリヒ，ヨアヒム(Bitterlich, Joachim)，2012年6月1日，2013年6月17日，2019年5月14日，ベルリン

ブラッカー，コイト(チップ)(Blacker, Coit (Chip))，2018年9月26日(電話)

ブラックウィル，ロバート(Blackwill, Robert)，2009年1月9日(電話)

ブリンクマン，ペーター(Brinkmann, Peter)，2013年6月24日，12月13日，ベルリン

バン，マシュー(Bunn, Matthew)，2017年12月20日，マサチューセッツ州ケンブリッジ

バーンズ，ニコラス(Burns, Nicholas)，2016年12月19日，2017年12月19日，マサチューセッツ州ケンブリッジ

バーンズ，ウィリアム(Burns, William)，2018年11月16日，ワシントンD.C.

カーター，アシュトン(Carter, Ashton)，2017年12月20日，マサチューセッツ州ケンブリッジ

クラーク，ウェズリー(Clark, Wesley)，2018年5月22日(電話)

クーパー，ロバート(Cooper, Robert)，2009年3月20日，ブリュッセル

キュロラ，トマス(Culora, Thomas)，2018年10月19日(電話)

ダウ，ジャクリーン(Dow, Jacqueline)，2017年3月22日，NATO本部，ブリュッセル

エデルマン，エリック(Edelman, Eric)，2018年5月3日，ワシントンD.C.

エームケ，ホルスト(Ehmke, Horst)，1996年5月21日(電話)

エルベ，フランク(Elbe, Frank)，2009年6月10日，6月11日(電話)

ファリン，ヴァレンティン(Falin, Valentin)，1996年5月17日，ドイツ，トーシ

ュテット
フィッシャー，ヨシュカ(Fischer, Joschka)，2007 年 4 月 17 日，ニュージャージー州プリンストン
フラナガン，スティーブン(Flanagan, Stephen)，2020 年 9 月 10 日(Zoom)
フリード，ダニエル(Fried, Daniel)，2018 年 6 月 14 日(電話)
ガティ，チャールズ(Gati, Charles)，2018 年 10 月 11 日，ワシントン D.C.
ゲンシャー，ハンス＝ディートリヒ(Genscher, Hans-Dietrich)，2009 年 6 月 2 日，ドイツ，ヴァハトベルク＝ペッヒ
ゴットメーラー，ローゼ(Gottemoeller, Rose)，2021 年 2 月 4 日(電話)
グリニン，ウラジーミル(Grinin, Vladimir)，2013 年 12 月 19 日，ベルリン
グローネン，エディ(Groenen, Eddy)，2017 年 3 月 22 日，NATO 本部，ブリュッセル
グロスマン，マーク(Grossman, Marc)，2018 年 5 月 18 日(電話)
ホールゲイト，ローラ(Holgate, Laura)，2017 年 5 月 10 日，ワシントン D.C.
ホルヴァート，イシュトヴァーン(Horváth, István)，2013 年 8 月–9 月(電子メール)
ハワード，ミシェル(Howard, Michelle)，2020 年 10 月 14 日(Zoom)
ハンター，ロバート(Hunter, Robert)，2018 年 7 月 2 日(電話)
ハード，ダグラス(Hurd, Douglas)，2009 年 3 月 17 日，ロンドン
イルヴェス，トマス・ヘンドリック(Ilves, Toomas Hendrik)，2021 年 4 月 5 日(Zoom)
イシンガー，ヴォルフガング(Ischinger, Wolfgang)，2017 年 5 月 10 日，ワシントン D.C.，2019 年 11 月 5 日，ベルリン
イワノフ，イーゴリ(Ivanov, Igor)，2021 年 2 月 3 日，セルゲイ・ラドチェンコとともに(電子メール)
イェーガー，ハラルト(Jäger, Harald)，2012 年 6 月 8 日，ハンス＝ヘルマン・ヘルトレ(Hans-Hermann Hertle)とともにヴェルノイヒェン，2013 年 7 月 2 日(電話)
ジョルワン，ジョージ(Joulwan, George)，2018 年 5 月 21 日(電話)
カストルップ，ディーター(Kastrup, Dieter)，2013 年 8 月(電子メール)
キースラー，リヒャルト(Kiessler, Richard)，2009 年 3 月 20 日，ブリュッセル
コイム，クリス(Kojm, Chris)，2019 年 5 月 31 日(電話)
ココーシン，アンドレイ(Kokoshin, Andrei)，2016 年 3 月 21 日，モスクワ
コーンブルム，ジョン(Kornblum, John)，2008 年 4 月 4 日(電話)
コズミンスキ，イェジー(Koźmiński, Jerzy)，2021 年 2 月 11 日(Zoom)
コズイレフ，アンドレイ(Kozyrev, Andrei)，2016 年 12 月 1 日，2018 年 12 月 6 日，ワシントン D.C.

クレンツ，エゴン(Krenz, Egon)，2013年9月-10月(電子メール)
レイク，アンソニー(Lake, Anthony)，2019年6月12日，ワシントンD.C.
ラウター，ゲアハルト(Lauter, Gerhard)，2013年6月21日，ライプツィヒ
ルート，ダグラス(Lute, Douglas)，2018年4月30日(電話)
マンデルバウム，マイケル(Mandelbaum, Michael)，2020年11月25日(電話)
マルガニスキ，イェジー(Margański, Jerzy)2019年7月(電子メール)
マトロック，ジャック(Matlock, Jack)，2007年4月18日，ニュージャージー州プリンストン
マキシミチェフ，イーゴリ(Maximychev, Igor)，2013年7月-9月(電子メール)，2016年3月21日，モスクワ
マクフォール，マイケル(McFaul, Michael)，2018年5月16日，マサチューセッツ州ケンブリッジ
メッケル，マルクス(Meckel, Markus)，2012年6月1日，2013年6月17日，ベルリン
モンパー，ヴァルター(Momper, Walter)，2013年6月17日，ベルリン
マンロー，コリン(Munro, Colin)，2013年8月-9月(電子メール)
マンター，キャメロン(Munter, Cameron)，2018年7月9日(電話)
ナッパー，ラリー(Napper, Larry)，2016年2月22日，テキサス州カレッジ・ステーション
ヌーランド，ヴィクトリア(Nuland, Victoria)，2009年1月9日，2018年7月9日(電話)，
ナン，サミュエル(Nunn, Samuel)，2019年5月2日，マサチューセッツ州ケンブリッジ
ニューリック，ロバート(Nurick, Robert)，2018年6月28日(電話)
ナイ，ジョセフ(Nye, Joseph)，2016年9月26日，マサチューセッツ州ケンブリッジ
ペリー，ウィリアム(Perry, William)，2017年6月8日，カルフォルニア州スタンフォード
パイファー，スティーブン(Pifer, Steven)，2018年5月14日(電話)
ポッペ，ウルリケ(Poppe, Ulrike)，2013年6月25日，ベルリン
パウエル，チャールズ(Powell, Charles)，2009年3月29日，ロンドン
パウエル，ジョナサン(Powell, Jonathan)，2008年10月20日，ロンドン
ラドムスキ，アラム(Radomski, Aram)，2013年6月20日，ベルリン
リューレ，ミヒャエル(Ruehle, Michael)，2017年3月22日，NATO本部，ブリュッセル
リューエ，フォルカー(Rühe, Volker)，2019年5月17日(電話)
ルイズ・パルマー，ディエゴ(Ruiz Palmer, Diego)，2017年3月22日，NATO本

部，ブリュッセル
ロズナー，ジェレミー(Rosner, Jeremy)，2020年12月18日(Zoom)
ロス，デニス(Ross, Dennis)，2008年11月17日，ワシントンD.C.
ルーマー，ユージン(Rumer, Eugene)，2018年11月29日，ワシントンD.C.
シャリオス，クラウス(Scharioth, Klaus)，2018年4月30日(電話)
シェフケ，ジークベルト(Schefke, Siegbert (Siggi))，2013年6月21日，12月12日，ライプツィヒ，2014年4月1日，マサチューセッツ州ケンブリッジ
シェルバコワ，イリーナ(Scherbakova, Irina)，2005年7月12日，モスクワ
シュヴァーベ，ウーヴェ(Schwabe, Uwe)，2013年12月12日-13日，ライプツィヒ
シュヴァルツ，ウルリヒ(Schwarz, Ulrich)，2013年6月25日，ベルリン
スコウクロフト，ブレント(Scowcroft, Brent)，2008年9月19日，ワシントンD.C.
セロ，トム(Sello, Tom)，2006年8月30日，2013年6月20日，ベルリン
セスタノヴィチ，スティーブン(Sestanovich, Stephen)，2019年12月10日(電話)
シェイ，ジェイミー(Shea, Jamie)，2017年3月22日，NATO本部，ブリュッセル
シャーウッド＝ランドール，エリザベス(Sherwood-Randall, Elizabeth)，2017年11月28日-29日，マサチューセッツ州ケンブリッジ
シッカーマン，ハーヴェイ(Sicherman, Harvey)，2008年12月12日(電話)
ジーファース，ハンス＝ユルゲン(Sievers, Hans-Jürgen)，2013年8月19日(電話)，2013年12月13日，ライプツィヒ
シコルスキ，ラデック(Sikorski, Radek)，2018年4月19日，マサチューセッツ州ケンブリッジ
サイモンズ，トマス(Simons, Thomas)，2017年12月7日，マサチューセッツ州ケンブリッジ
スロットキン，エリッサ(Slotkin, Elissa)，2017年4月25日，マサチューセッツ州ケンブリッジ
ソラナ，ハビエル(Solana, Javier)，2021年3月9日(Zoom)
スペロ，ジョシュア(Spero, Joshua)，2018年11月15日(電話)
スタインバーグ，ジェームズ(Steinberg, James)，2018年11月27日(電話)
タルボット，ネルソン(ストローブ)(Talbott, Nelson (Strobe))，2018年6月11日(電話)
タラシュク，ボリス(Tarasyuk, Borys)，2018年12月5日-6日，マサチューセッツ州ケンブリッジ
テルチク，ホルスト(Teltschik, Horst)，2008年6月12日(電話)，2013年6月25日，2019年11月7日，ベルリン
タウンゼント，ジェームズ(Townsend, James)，2018年5月3日，ワシントンD.C.
ヴェドリーヌ，ユベール(Védrine, Hubert)，2009年6月18日(電子メール)
ヴァーシュボウ，アレクサンダー(Vershbow, Alexander)，2005年7月15日，モ

スクワ，2018年6月7日(電話)
ワレサ，レフ(Wałęsa, Lech)，2021年1月13日，ヴィクトル・バビンスキとともに(電子メールとZoom)
ウォーカー，ジェノン(Walker, Jenonne)，2021年3月30日(電子メールとZoom)
ワイス，アンドリュー(Weiss, Andrew)，2018年6月19日(電話)，2018年10月25日，ワシントンD.C.
ヴォルフ，マルクス(Wolf, Markus)，1996年6月6日，ベルリン
ヴォンネベルガー，クリストフ(Wonneberger, Christoph)，2013年12月12日，ライプツィヒ
ゼリコウ，フィリップ(Zelikow, Philip)2008年7月27日(電子メールと電話)
ゼーリック，ロバート(Zoellick, Robert)，2008年3月16日，ブリュッセル，2019年6月20日(電話)

アーカイブや関係者の個人コレクションからの一次資料

注：引用頻度の高い出典は略称とし，原注の冒頭部分にアルファベット順で配列した．以下では，出典を完全な形で示した後に，その略称をブラケット内に記した．

ベルギー

ブリュッセル
NATO Headquarters, Archives

エストニア

Rahvusarhiiv (パンデミック中はオンラインで調査)，https://www.ra.ee/dgs/explorer.php

ドイツ

ベルリン
Bundesarchiv, Stiftung/Archiv der Parteien und Massenorganisationen der DDR [SAPMO]
Ministerium für Staatssicherheit [MfS], Bundesbeauftragte(r) für die Unterlagen des Staatssicherheitsdienstes der ehemaligen Deutschen Demokratischen Republik [BStU]
Politisches Archiv, Auswärtiges Amt [PA-AA]
Robert-Havemann-Gesellschaft [RHG]

ボン／ザンクト・アウグスティン

Konrad Adenauer Stiftung, Archiv für Christlich-Demokratische Politik

ドレスデン
Sächsisches Hauptstaatsarchiv

ハンブルク
ARD-NDR Videoarchiv

コブレンツ
Bundesarchiv

ライプツィヒ
Archiv Bürgerbewegung Leipzig
Sächsisches Staatsarchiv

ポーランド

ワルシャワ
KARTA [Solidarity and opposition materials]

ロシア

モスクワ
Архив "Горбачев-Фонда" [GFA]

イギリス

ロンドン
Foreign and Commonwealth Office [FCO] materials, released under FOI
King's College Liddell Hart Military Archive
Public Records Office/National Archives [PRO-NA], various collections, most notably CAB and PREM, some released under the 2005 Freedom of Information law [FOI]

アメリカ

カレッジ・ステーション(テキサス州)
George H. W. Bush Presidential Library [BPL]

レキシントン(ヴァージニア州)
George C. Marshall Foundation Collection (パンデミック中はオンラインで調査),

https://www.marshallfoundation.org/

リトル・ロック(アンカーソー州)
William J. Clinton Presidential Library [CL]

プリンストン(ニュージャージー州)
James A. Baker III Archive Collection, Seeley Mudd Manuscript Library, Princeton University [SMML]

シミバレー(カリフォルニア州)
Ronald Reagan Presidential Library

スタンフォード(カリフォルニア州)
Hoover Institution Archive [HIA]

ワシントンD.C.周辺
Central Intelligence Agency, materials released and posted/published under the US Freedom of Information Act [FOIA]
Department of Defense, materials released to author under FOIA
Department of State, materials released to author under FOIA
National Archives and Records Administration
National Security Archive [NSA]

学術会議で収集・公開された一次資料

Columbus, Ohio, Conference: "US-Soviet Military Relationships at the End of the Cold War, 1988-91," October 15-17, 1999. Columbus: Mershon Center, The Ohio State University.
Miedzeszyn-Warsaw Conference: "Poland 1986-1989: The End of the System," October 20-24, 1989. Miedzeszyn-Warsaw, Poland: Cosponsored by the Institute of Political Studies at the Polish Academy of Sciences and the National Security Archive. [MC]
Paris Conference: "Europe and the End of the Cold War," June 15-17, 2006. Paris: Organized by the Cold War International History Project. [CWIHPPC]
Prague Conference: "The Democratic Revolution in Czechoslovakia," October 14-16, 1999. Prague: Organized by the National Security Archive, the Czechoslovak Documentation Centre, and the Institute of Contemporary History,

Academy of Sciences of the Czech Republic. [PC]
Princeton Conference: Greenstein, Fred I., and William C. Wohlforth, eds. *Cold War Endgame: Report of a Conference*. Center of International Studies Monograph Series No. 10. Princeton, NJ: Center of International Studies, 1997.
Princeton, Wilson School Conference: "Briefing Book for Cold War Endgame," March 29–30, 1996. Princeton, NJ: Sponsored by the Woodrow Wilson School and the James A. Baker III Institute for Public Policy, compiled by the National Security Archive.
St. Simon's Island, Georgia, Conference: "End of the Cold War in Europe, 1989," May 1–3, 1998. Musgrove, St. Simon's Island, Georgia: Organized by the National Security Archive. [GC]

資料集として公刊された一次資料

注：引用頻度の高い出典は略称とし，原注の冒頭部分および以下のブラケット内に記した．ここのセクション以下では，外国語は，次のルールに従ってアルファベット順にした．英語以外の言語の人名やタイトルは，"a" や "the" に相当する外国語を割愛せずに，またアクセント(ウムラウトなど)を考慮せずに，最初の文字のアルファベット順に並べる．分量の都合上，本書の執筆にあたって参照した一次資料のすべてを列挙することはできなかった．以下のリストは，広く参照した資料集であるか，注で引用したもののいずれか，あるいはその両方である．

Auswärtiges Amt, ed. *Aussenpolitik der Bundesrepublik Deutschland: Dokumente von 1949 bis 1994*. Cologne: Verlag Wissenschaft und Politik, 1995. [APBD-49-94]
———. *Deutsche Aussenpolitik 1990/91: Auf dem Weg zu einer europäischen Friedensordnung eine Dokumentation*. Bonn: Auswärtiges Amt, April 1991. [DA-90-91]
———. *Deutsche Aussenpolitik 1995: Auf dem Weg zu einer Friedensregelung für Bosnien und Herzegowina; 53 Telegramme aus Dayton, Eine Dokumentation*. Bonn: Auswärtiges Amt, 1998.
Borodziej, Włodzimierz, ed. *Polska wobec zjednoczenia Niemiec 1989–1991: Dokumenty dyplomatyczne*. Warszawa: Scholar, 2006.
Bozóki, András, ed. *The Roundtable Talks of 1989: The Genesis of Hungarian Democracy, Analysis and Documents*. Budapest: CEU Press, 2002.
Buchstab, Günter, Hans-Otto Kleinmann, and Helmut Kohl, eds. *Berichte zur Lage 1989–1998*. Dusseldorf: Droste, 2012. [BzL]

Dierikx, Marc, and Sacha Zala, eds. *When the Wall Came Down: The Perception of German Reunification in International Diplomatic Documents, 1989–1990*. Bern: Diplomatic Documents of Switzerland, 2019.

Ehlert, Hans, ed. *Armee ohne Zukunft: Das Ende der NVA und die deutsche Einheit, Zeitzeugenberichte und Dokumente*. Berlin: Links, 2002.

Engel, Jeffrey A., Mark Atwood Lawrence, and Andrew Preston, eds. *America in the World: A History in Documents from the War with Spain to the War on Terror*. Princeton, NJ: Princeton University Press, 2014.

Freedman, Lawrence, ed. *Europe Transformed: Documents on the End of the Cold War; Key Treaties, Agreements, Statements and Speeches*. New York: St. Martin's Press, 1990.

Galkin, Aleksandr, and Anatolij Tschernjajew, eds. *Michail Gorbatschow und die deutsche Frage: Sowjetische Dokumente 1986–1991*. Translated and edited by Helmut Altrichter, Joachim Glaubitz, Andreas Hilger, Horst Möller, and Jürgen Zarusky. Munich: Oldenbourg, 2011. [MGDF]

Gehler, Michael, and Maximilian Graf, eds. *Österreich und die deutsche Frage 1987–1990: Vom Honecker-Besuch in Bonn bis zur Einheit*. Göttingen: Vandenhoeck & Ruprecht, 2018. [ÖDF]

Geiger, Tim, et al., eds. *Akten zur Auswärtigen Politik der Bundesrepublik Deutschland 1990*. Berlin: De Gruyter, 2021. [AAP-90]

Gorbatschow, Michail S., ed. *Gipfelgespräche: Geheime Protokolle aus meiner Amtszeit*. Berlin: Rowohlt, 1993.

———. *Годы трудных решений*. Москва: Альфа-Принт, 1993.

———. *Отвечая на вызов времени*. Москва: Весь Мир, 2010.

———. *Собрание сочинений*. Москва: Весь Мир, 2013.

Горбачев, Михаил, Александр Галкин, and Анатолий Черняев, eds. *Михаил Горбачев и германский вопрос: Сборник документов 1986–1991*. Москва: Весь Мир, 2006. [МГ]

Hamilton, Keith, Patrick Salmon and Stephen Twigge, eds. *Documents on British Policy Overseas*. Series III, vol. 6, *Berlin in the Cold War, 1948–1990*. London: Routledge, 2009.

Hilger, Andreas, ed. *Diplomatie für die deutsche Einheit: Dokumente des Auswärtigen Amts zu den deutsch-sowjetischen Beziehungen 1989/90*. Munich: Oldenbourg, 2011.

Jacobsen, Hans-Adolf, ed. *Bonn-Warschau 1945–1991*. Cologne: Verlag Wissenschaft und Politik, 1992.

James, Harold, and Marla Stone, eds. *When the Wall Came Down: Reactions to

German Unification. New York: Routledge, 1992.

Kaiser, Karl, ed. *Deutschlands Vereinigung: Die internationalen Aspekte*. Bergisch-Gladbach: Lübbe Verlag, 1991.

Karner, Stefan, Mark Kramer, Peter Ruggenthaler, and Manfred Wilke, eds. *Der Kreml und die deutsche Wiedervereinigung*. Berlin: Metropol Verlag, 2015.

———, eds. *Der Kreml und die Wende 1989*. Innsbruck: Studienverlag, 2014.

Kecskés, Gusztáv D., ed. *A View from Brussels: Secret NATO Reports about the East European Transition, 1988–1991*. Budapest: Cold War History Research Centre, 2019.

Küchenmeister, Daniel, and Gerd-Rüdiger Stephan, eds. *Honecker Gorbatschow Vieraugengespräche*. Berlin: Dietz Verlag, 1993.

Küsters, Hanns Jürgen, and Daniel Hofmann, eds. *Dokumente zur Deutschlandpolitik: Deutsche Einheit, Sonderedition aus den Akten des Bundeskanzleramtes 1989/90*. Munich: Oldenbourg Verlag, 1998. [DESE]

Lehmann, Ines, ed. *Die Außenpolitik der DDR 1989/1990: Eine dokumentierte Rekonstruktion*. Baden-Baden: Nomos, 2010. [ADDR]

Mastny, Vojtech, ed. *The Helsinki Process and the Reintegration of Europe 1986–1991: Analysis and Documentation*. New York: New York University Press, 1992.

Mastny, Vojtech, and Malcolm Byrne, eds. *A Cardboard Castle? An Inside History of the Warsaw Pact*. New York: CEU Press, 2005.

Möller, Horst, et al. *Die Einheit: Das Auswärtige Amt, das DDR Außenministerium und der Zwei-plus-Vier-Prozess*. Göttingen: Vandenhoeck & Ruprecht, 2015. [DE]

Nakath, Detlef, Gero Neugebauer, and Gerd-Rudiger Stephan, eds. *"Im Kreml brennt noch Licht": Spitzenkontakte zwischen SED/PDS und KPdSU 1989–1991*. Berlin: Dietz, 1998.

Nakath, Detlef, and Gerd-Rudiger Stephan, eds. *Countdown zur deutschen Einheit: Eine dokumentierte Geschichte der deutsch-deutschen Beziehungen 1987–1990*. Berlin: Dietz, 1996.

Nübel, Christoph, ed. *Dokumente zur deutschen Militargeschichte 1945–1990: Bundesrepublik und DDR im Ost-West-Konflikt*. Berlin: Links, 2019.

Office of the Deputy Assistant Secretary of Defense for Nuclear Matters, US Department of Defense. *Nuclear Matters Handbook 2020*. https://fas.org/man/eprint/nmhb2020.pdf.

Pautsch, Ilse Dorothee, et al., eds. *Akten zur Auswärtigen Politik der Bundesrepublik Deutschland 1989*. Berlin: De Gruyter, 2020. [AAP-89]

Переписка Президента Российской Федерации Бориса Николаевича Ельцина … 1996–1999, в двух томах. Москва: научное издательство “большая русская энциклопедия,” 2011. [ППР]

Presse- und Informationsamt der Bundesregierung. *Die Vereinigung Deutschlands im Jahre 1990: Verträge und Erklärungen.* Bonn: Presse- und Informationsamt der Bundesregierung, 1991.

Public Papers of the President, William J. Clinton. Washington, DC: Office of the Federal Register, 1993–97.

Rubinstein, Alvin Z., Albina Shayevich, and Boris Zlotnikov, eds. *The Clinton Foreign Policy Reader: Presidential Speeches with Commentary.* London: M. E. Sharpe, 2000. [CFPR]

Salmon, Patrick, Keith Hamilton, and Stephen Twigge, eds. *Documents on British Policy Overseas.* Series III, vol. 7, *German Unification, 1989–1990.* London: Routledge, 2009. [DBPO]

Savranskaya, Svetlana, Thomas Blanton, and Anna Melyakova, eds. *The Last Superpower Summits: Gorbachev, Reagan, and Bush Conversations That Ended the Cold War.* Budapest: Central European University Press, 2016. [LSS]

Savranskaya, Svetlana, Thomas Blanton, and Vladislav Zubok, eds. *Masterpieces of History: The Peaceful End of the Cold War in Europe, 1989.* Budapest: Central European University Press, 2010.

Schmidt-Schweizer, Andreas, ed. *Die politisch-diplomatischen Beziehungen in der Wendezeit, 1987–1990.* Berlin: De Gruyter, 2018.

Smith, Richard, ed. *Documents on British Policy Overseas.* Series III, vol. 12, *Britain and the Revolutions in Eastern Europe, 1989.* London: Routledge, 2019.

Stroilov, Pavel, ed. *Behind the Desert Storm.* Chicago: Price World Publishing, 2011.

Vaïsse, Maurice, and Christian Wenkel, eds. *La diplomatie française face à l'unification allemande.* Paris: Tallandier, 2011. [DFUA]

Van Eekelen, Willem Frederik. *Debating European Security, 1948–1998.* Brussels: Centre for European Policy Studies, 1998.

Von Münch, Ingo, ed. *Dokumente des geteilten Deutschland.* 2 vols. Stuttgart: Kröner, 1976.

Von Plato, Alexander. *Die Vereinigung Deutschlands—ein weltpolitisches Machtspiel: Bush, Kohl, Gorbatschow und die geheimen Moskauer Protokolle.* Berlin: Links, 2002.

Westad, Odd Arne, and Jussi Hanhimaki, eds. *The Cold War: A History in Documents and Eyewitness Accounts.* Oxford: Oxford University Press, 2003.

関係当事者による主な重要文献，公刊済みの主要なインタビューも含む

注：引用頻度の高い出典は略称とし，原注の冒頭部分および以下のブラケット内に記した．分量の都合により，調査したすべての文献を引用することはできなかった．以下は，回顧録形式の文献であり，広く参照したか，注で言及したもののいずれか，あるいはその両方である．

Адамишин, Анатолий. *В разные годы: Внешнеполитические очерки*. Москва: Весь Мир, 2016.

Albright, Madeleine. *Madam Secretary: A Memoir*. New York: Harper Perennial, 2003.

Allison, Graham. *Nuclear Terrorism: The Ultimate Preventable Catastrophe*. New York: Times Books, 2004.〔グレアム・アリソン『核テロ――今ここにある恐怖のシナリオ』秋山信将・戸﨑洋史・堀部純子訳，日本経済新聞社，2006年〕

Allison, Graham, and Philip Zelikow. *Essence of Decision: Explaining the Cuban Missile Crisis*. 2nd ed. New York: Longman, 1999.〔グレアム・アリソン，フィリップ・ゼリコウ『決定の本質――キューバ・ミサイル危機の分析　第2版』Ⅰ・Ⅱ，漆嶋稔訳，日経BPクラシックス，2016年〕

Asmus, Ronald D. "Europe's Eastern Promise: Rethinking NATO and EU Enlargement." *Foreign Affairs* 87, no. 1 (January/February 2008): 95–106.

———. *A Little War That Shook the World: Georgia, Russia, and the Future of the West*. New York: Palgrave Macmillan, 2010.

———. *Opening NATO's Door: How the Alliance Remade Itself for a New Era*. New York: Columbia University Press, 2002, and associated collection of declassified government documents [ADGD].

Asmus, Ronald D., J. F. Brown, and Keith Crane. *Soviet Foreign Policy and the Revolutions of 1989 in Eastern Europe*. Santa Monica, CA: RAND, 1991.

Asmus, Ronald D., Richard L. Kugler, and F. Stephen Larrabee. "Building a New NATO." *Foreign Affairs* 72, no. 4 (September/October 1993): 28–40.

———. "NATO Expansion: The Next Steps." *Survival* 37, no. 1 (Spring 1995): 7–33.

———. "What Will NATO Enlargement Cost?" *Survival* 38, no. 3 (Autumn 1996): 5–26.

Asmus, Ronald D., and Robert C. Nurick. "NATO Enlargement and the Baltic States." *Survival* 38, no. 2 (Summer 1996): 121–42.

Baker, James A., with Thomas A. DeFrank. *The Politics of Diplomacy: Revolu-*

tion, War and Peace, 1989–1992. New York: G. P. Putnam's Sons, 1995.〔ジェームズ・A. ベーカー III『シャトル外交　激動の四年』(上・下)，仙名紀訳，新潮文庫，1997 年〕

Boldin, Valery. *Ten Years That Shook the World: The Gorbachev Era as Witnessed by His Chief of Staff.* New York: HarperCollins, 1994.

Braithwaite, Rodric. *Across the Moscow River: The World Turned Upside Down.* New Haven, CT: Yale University Press, 2002.

———. *Armageddon and Paranoia: The Nuclear Confrontation.* London: Pantheon Books, 2017.〔ロドリク・ブレースウェート『ハルマゲドン 人類と核』(上・下)，平賀秀明訳，白水社，2019・2020 年〕

Brandt, Willy. *My Life in Politics.* New York: Viking, 1992.

———. "*... was zusammengehört.*" Bonn: Dietz, 1993.

Brinkmann, Peter. *Die NATO-Expansion: Deutsche Einheit und Ost-Erweiterung.* Berlin: edition ost, 2015.

———. *Schlagzeilenjagd.* Bergisch Gladbach: Bastei Lübbe, 1993.

Brzezinski, Zbigniew. *The Grand Failure: The Birth and Death of Communism in the Twentieth Century.* New York: Charles Scribner's Sons, 1989.〔ズビグネフ・ブレジンスキー『大いなる失敗——20 世紀における共産主義の誕生と終焉』伊藤憲一訳，飛鳥新社，1989 年〕

———. *Power and Principle: Memoirs of a National Security Adviser, 1977–1981.* New York: Farrar, Straus, Giroux, 1983.

———. "The Premature Partnership." *Foreign Affairs* 73, no. 2 (March/April 1994): 67–82.

———. *Second Chance: Three Presidents and the Crisis of American Superpower.* New York: Basic Books, 2007.〔ズビグニュー・ブレジンスキー『ブッシュが壊したアメリカ——2008 年民主党大統領誕生でアメリカは巻き返す』峯村利哉訳，徳間書店，2007 年〕

Brzezinski, Zbigniew, David Ignatius, and Brent Scowcroft. *America and the World: Conversations on the Future of American Foreign Policy.* New York: Basic Books, 2008.

Burns, William J. *The Back Channel: A Memoir of American Diplomacy and the Case for Its Renewal.* New York: Random House, 2019 [see also the book's online appendix, the published collection of Burns's declassified government documents, or BDGD, https://carnegieendowment.org/publications/interactive/back-channel].

Bush, George H. W., and Brent Scowcroft. *A World Transformed.* New York: Knopf, 1998.

Carter, Ashton B., and William J. Perry. *Preventive Defense: A New Security Strategy for America.* Washington, DC: Brookings Institution Press, 1999.

Chernyaev, Anatoly. Diary, donated to the National Security Archive, translated and published online, www2.gwu.edu/~nsarchiv/NSAEBB/NSAEBB192 [cited as Chernyaev Diary, NSA].

———. *Mein Deutsches Tagebuch (1972–1991).* Klitzschen: Elbe-Dnjepr-Verlag, 2005. [MDB]

———. *My Six Years with Gorbachev.* Translated and edited by Robert English and Elizabeth Tucker. University Park: Pennsylvania State University Press, 2000.〔アナトーリー・セルゲービッチ・チェルニャーエフ『ゴルバチョフと運命をともにした2000日』中澤孝之訳，潮出版社，1994年〕

———. *Совместный исход. Дневник двух эпох. 1972–1991 годы.* Москва: РОССПЭН, 2008.

Chollet, Derek, and James M. Goldgeier. *America between the Wars: From 11/9 to 9/11; The Misunderstood Years between the Fall of the Berlin Wall and the Start of the War on Terror.* New York: PublicAffairs, 2008.

Christopher, Warren. *In the Stream of History: Shaping Foreign Policy for a New Era.* Stanford, CA: Stanford University Press, 1998.

Clark, Wesley K. *Waging Modern War: Bosnia, Kosovo, and the Future of Combat.* New York: PublicAffairs, 2001.

Clinton, Bill. *My Life.* New York: Vintage Books, 2005.〔ビル・クリントン『マイライフ——クリントンの回想』(上・下)，楡井浩一訳，朝日新聞社，2004年〕

Daalder, Ivo. *Getting to Dayton: The Making of America's Bosnia Policy.* Washington, DC: Brookings Institution Press, 2000.

Diekmann, Kai, and Ralf Georg Reuth, eds. *Die längste Nacht, der grösste Tag: Deutschland am 9. November 1989.* Munich: Piper, 2009.

Dufourcq, Nicolas, ed. *Retour sur la fin de la guerre froide et la réunification allemande: Témoignages pour l'histoire.* Paris: Odile Jacob, 2020 [published interviews with participants in events].

Falin, Valentin. *Konflikte im Kreml: Zur Vorgeschichte der deutschen Einheit und Auflösung der Sowjetunion.* Munich: Blessing Verlag, 1997.

———. *Politische Erinnerungen.* Munich: Knaur, 1995.

Flanagan, Stephen J. "NATO and Central and Eastern Europe: From Liaison to Security Partnership." *Washington Quarterly* 15, no. 2 (1992): 141–51.

Gates, Robert M. *Exercise of Power: American Failures, Successes, and a New Path Forward in the Post-Cold War World.* New York: Knopf, 2020.

———. *From the Shadows: The Ultimate Insider's Story of Five Presidents and

How They Won the Cold War. New York: Touchstone, 1996.

Genscher, Hans-Dietrich. *Erinnerungen*. Berlin: Siedler, 1995. Abridged English translation: *Rebuilding a House Divided*. New York: Broadway Books, 1998.

———. *Unterwegs zur Einheit: Reden und Dokumente aus bewegter Zeit*. Berlin: Siedler, 1991.

German Embassy London, ed. "Witness Seminar: Berlin in the Cold War, 1948–1990; German Unification, 1989–1990." Unpublished document, distributed by the Foreign and Commonwealth Office, London, 2009.

Goldgeier, James M. *The Future of NATO: Council Special Report No. 51*. New York: Council on Foreign Relations, 2010.

———. "NATO Enlargement and the Problem of Value Complexity." *Journal of Cold War Studies* 22, no. 4 (Fall 2020): 146–74.

———. "NATO Expansion: Anatomy of a Decision." *Washington Quarterly* 21, no. 1 (Winter 1998): 85–102.

———. *Not Whether but When: The U.S. Decision to Enlarge NATO*. Washington, DC: Brookings Institution Press, 1999.

Goldgeier, James M., and Michael McFaul. *Power and Purpose: U.S. Policy toward Russia after the Cold War*. Washington, DC: Brookings Institution Press, 2003.

Goldgeier, James M., and Elizabeth N. Saunders. "The Unconstrained Presidency." *Foreign Affairs* 97, no. 5 (September/October 2018): 144–56.

Gorbachev, Mikhail. *Alles zu seiner Zeit*. Hamburg: Hoffmann und Campe, 2013.

———. *Memoirs*. New York: Doubleday, 1995.〔ミハイル・ゴルバチョフ『ゴルバチョフ回想録』(上・下), 工藤精一郎・鈴木康雄訳, 新潮社, 1996年〕

———. *Toward a Better World*. London: Hutchinson, 1987.

Gorbachev, Mikhail, Vadim Sagladin, and Anatoli Tschernjajew. *Das Neue Denken*. Munich: Goldmann Verlag, July 1997.

Grachev, Andrei. *Gorbachev's Gamble: Soviet Foreign Policy and the End of the Cold War*. London: Polity Press, 2008.

Hamilton, Daniel S., and Kristina Spohr, eds. *Exiting the Cold War, Entering a New World*. Washington, DC: Foreign Policy Institute, 2019.

———. *Open Door: NATO and Euro-Atlantic Security after the Cold War*. Washington, DC: Foreign Policy Institute, 2019.

Holbrooke, Richard. *To End a War*. New York: Random House, 1998.

Horn, Gyula. *Freiheit die ich meine: Erinnerungen des ungarischen Außenministers, der den Eisernen Vorhang öffnete*. Translated by Angelika and Péter Máté. Hamburg: Hoffmann und Campe Verlag, 1991.

Horváth, István. *Die Sonne ging in Ungarn auf: Erinnerungen an eine besondere Freundschaft*. Munich: Universitas, 2000.

Hurd, Douglas. *Memoirs*. London: Little, Brown, 2003.

Hutchings, Robert L. *American Diplomacy and the End of the Cold War: An Insider's Account of U.S. Policy in Europe, 1989–1992*. Washington, DC: Wilson Center Press, 1997.

Ischinger, Wolfgang. *World in Danger: Germany and Europe in an Uncertain Time*. Washington, DC: Brookings Institution Press, 2021.

Kennan, George. *At a Century's Ending: Reflections, 1982–1995*. New York: Norton, 1996.

Kiessler, Richard, and Frank Elbe. *Ein runder Tisch mit scharfen Ecken: Der diplomatische Weg zur deutschen Einheit*. Baden-Baden: Nomos Verlagsgesellschaft, 1993.

Kissinger, Henry. *Diplomacy*. New York: Simon and Schuster, 1994.〔ヘンリー・キッシンジャー『外交』(上・下), 岡崎久彦監訳, 日本経済新聞社, 1996 年〕

Klein, Hans. *Es begann im Kaukasus: Der entscheidende Schritt in die Einheit Deutschlands*. Berlin: Ullstein, 1991.

Kohl, Helmut. *Erinnerungen 1982–1990*. Munich: Droemer, 2005.

———. *Erinnerungen 1990–1994*. Munich: Droemer, 2007.

Kohl, Helmut, Kai Diekmann, and Ralf Georg Reuth. *Ich wollte Deutschlands Einheit*. Berlin: Ullstein, 1996.

Kokoshin, Andrei. *Soviet Strategic Thought, 1917–91*. Cambridge, MA: MIT Press, 1998.

Kostenko, Yuri. *Ukraine's Nuclear Disarmament: A History*. Edited by Svitlana Krasynska. Translated by Lidia Wolanskyj, Svitlana Krasynska, and Olena Jennings. Cambridge, MA: Harvard University Press, 2020.

Kotschemassow, Wjatscheslaw. *Meine letzte Mission*. Berlin: Dietz, 1994.

Kozyrev, Andrei. *The Firebird, a Memoir: The Elusive Fate of Russian Democracy*. Pittsburgh: University of Pittsburgh Press, 2019.

Krenz, Egon. *Herbst '89*. Berlin: Verlag Neues Leben, 1999.

———. *Wenn Mauern fallen*. Vienna: Neff, 1990.〔エゴン・クレンツ『インサイド・ドキュメント 国家消滅──「ベルリンの壁」を崩壊させた男 50 日の真実』佐々木秀訳, 徳間書店, 1990 年〕

Kupchan, Charles. "Strategic Visions." *World Policy Journal* 11, no. 3 (1994): 112–22.

Kwizinskij, J. A. *Vor dem Sturm: Erinnerungen eines Diplomaten*. Berlin: Siedler, 1993.

Major, John. *The Autobiography*. New York: HarperCollins, 2000.

Matlock, Jack F., Jr. *Autopsy on an Empire: The American Ambassador's Account of the Collapse of the Soviet Union*. New York: Random House, 1995.

———. *Reagan and Gorbachev: How the Cold War Ended*. New York: Random House, 2004.

Maximytschew, Igor, and Hans-Hermann Hertle. *Der Fall der Mauer: Vorgeschichte und Hintergründe, eine russisch-deutsche Trilogie*. 2 vols. Berlin: Freie Universität, Zentralinstitut für Sozialwissenschaftliche Forschung, 1994.

McFaul, Michael. *From Cold War to Hot Peace: The Inside Story of Russia and America*. New York: Houghton Mifflin Harcourt, 2018.〔マイケル・マクフォール『冷たい戦争から熱い平和へ——プーチンとオバマ，トランプの米露外交』（上・下），松島芳彦訳，白水社，2020 年〕

———. "Putin, Putinism, and the Domestic Determinants of Russian Foreign Policy." *International Security* 45, no. 2 (Fall 2020): 95–139.

Meckel, Markus. *Selbstbewußt in die deutsche Einheit: Rückblicke und Reflexion*. Berlin: Berlin Verlag, 2001.

Mitterrand, Francois. *De l'Allemagne, de la France*. Paris: Odile Jacob, 1996.

———. *Ma part de vérité: De la rupture à l'unité*. Paris: Fayard, 1969.

Modrow, Hans, ed. *Das Große Haus: Insider berichten aus dem ZK der SED*. Berlin: edition ost, 1994.

Momper, Walter. *Grenzfall: Berlin im Brennpunkt deutscher Geschichte*. Munich: Bertelsmann, 1991.

Morozov, Kostiantyn P. *Above and Beyond: From Soviet General to Ukrainian State Builder*. Cambridge, MA: Harvard University Press, 2000.

Palazchenko, Pavel. *My Years with Gorbachev and Shevardnadze: The Memoir of a Soviet Interpreter*. University Park: Pennsylvania State University Press, 1997.

Perry, William J. *My Journey at the Nuclear Brink*. Stanford, CA: Stanford University Press, 2015.〔ウィリアム・J. ペリー『核戦争の瀬戸際で』松谷基和訳，東京堂出版，2018 年〕

Perry, William J., and Tom Z. Collina. *The Button: The New Nuclear Arms Race and Presidential Power from Truman to Trump*. Dallas, TX: BenBella Books, 2020.〔ウィリアム・ペリー，トム・コリーナ『核のボタン——新たな核開発競争とトルーマンからトランプまでの大統領権力』田井中雅人訳，朝日新聞出版，2020 年〕

Pifer, Steven. *The Eagle and the Trident: US-Ukraine Relations in Turbulent Times*. Washington, DC: Brookings Institution Press, 2017.

———. *The Trilateral Process: The United States, Ukraine, Russia and Nuclear Weapons*. Washington, DC: Brookings Institution Press, 2011.

Primakow, Jewgenij. *Im Schatten der Macht: Politik für Russland*. Translated by Feodor B. Poljakov. Munich: Herbig, 2001.

———. *Встречи на перекрестках*. Москва: Центрполиграф, 2015.

Putin, Vladimir, with Nataliya Gevorkyan, Natalya Timakova, and Andrei Kolesnikov. *First Person: An Astonishingly Frank Self-Portrait by Russia's President Vladimir Putin*. Translated by Catherine A. Fitzpatrick. New York: PublicAffairs, 2000.〔ナタリア・ゲヴォルクヤン，アンドレイ・コレスニコフ，ナタリア・チマコワ『プーチン，自らを語る』高橋則明訳，扶桑社，2000年〕

Rühe, Volker. *Betr.: Bundeswehr: Sicherheitspolitik und Streitkräfte im Wandel*. Berlin: Verlag E. S. Mittler & Sohn, 1993.

———. "Shaping Euro-Atlantic Policies: A Grand Strategy for a New Era." *Survival* 35, no. 2 (Summer 1993): 129–37.

Sagladin, Vadim. *Und Jetzt Welt-Innen Politik: Die Außenpolitik der Perestroika*. Rosenheim: Horizonte, 1990.

Schabowski, Günter, and Frank Sieren. *Wir haben fast alles falsch gemacht: Die letzten Tage der DDR*. 2nd ed. Berlin: Ullstein, 2009.

Schachnasarow, Georgi. *Preis der Freiheit: Eine Bilanz von Gorbatschows Berater*. Bonn: Bouvier Verlag, 1996.

Schäuble, Wolfgang. *Der Vertrag: Wie ich über die deutsche Einheit verhandelte*. Munich: Knaur, 1993.

Shevardnadze, Eduard. *The Future Belongs to Freedom*. London: Sinclair-Stevenson, 1991.〔エドアルド・シェワルナゼ『希望』朝日新聞外報部訳，朝日新聞社，1991年〕

Shultz, George P., Sidney D. Drell, Henry A. Kissinger, and Sam Nunn. *Nuclear Security: The Problems and the Road Ahead*. Stanford, CA: Hoover Institution Press, 2014.

Solomon, Gerald B. *The NATO Enlargement Debate, 1990–1997*. Westport, CT: Praeger, 1998.

Stavridis, James. *The Accidental Admiral: A Sailor Takes Command at NATO*. Annapolis, MD: Naval Institute Press, 2014.

Steinberg, James B. "A Perfect Polemic: Blind to Reality on Kosovo." *Foreign Affairs* 78, no. 6 (November/December 1999): 128–33.

Talbott, Strobe. *Deadly Gambits*. New York: Knopf, 1984.

———, ed. and trans. *Khrushchev Remembers: The Last Testament*. New York: Little, Brown, 1974.〔ストローブ・タルボット編『フルシチョフ回想録』タイ

ムライフブックス編集部訳，タイムライフインターナショナル，1972年〕
———. *The Russia Hand: A Memoir of Presidential Diplomacy*. New York: Random House, 2003.
Teltschik, Horst. *329 Tage: Innenansichten der Einigung*. Berlin: Siedler, 1991.〔ホルスト・テルチク『歴史を変えた329日——ドイツ統一舞台裏』三輪晴啓・宗宮好和監訳，日本放送出版協会，1992年〕
———. *Russisches Roulette: Vom Kalten Krieg zum Kalten Frieden*. Munich: Beck, 2019.
Védrine, Hubert. *Les mondes de François Mitterrand*. Paris: Fayard, 1996.
Von Arnim, Joachim. *Zeitnot: Moskau, Deutschland und der weltpolitische Umbruch*. 2nd ed. Bonn: Bouvier, 2013.
Walters, Vernon A. *Die Vereinigung war voraussehbar*. Berlin: Siedler, 1994.
Wolf, Markus. *Die Troika*. Berlin: Aufbau-Verlag, 1989.
———. *Im Eigenem Auftrag: Bekenntnisse und Einsichten*. Munich: Schneekluth, 1991.
———. *Spionagechef im geheimen Krieg: Erinnerungen*. Munich: List, 1997.
Wolf, Markus, and Anne McElvoy. *Man without a Face: The Autobiography of Communism's Greatest Spymaster*. New York: Random House, 1997.
Yeltsin, Boris. *Midnight Diaries*. New York: PublicAffairs, 2000.〔ボリス・エリツィン『ボリス・エリツィン最後の証言』網屋慎哉・桃井健司訳，NCコミュニケーションズ，2004年〕
Zelikow, Philip, and Condoleezza Rice. *Germany Unified and Europe Transformed : A Study in Statecraft*. Cambridge, MA: Harvard University Press, 1995.
———. *To Build a Better World: Choices to End the Cold War and Create a Global Commonwealth*. New York: Twelve Books, 2019.
Zoellick, Robert. *America in the World: A History of U.S. Diplomacy and Foreign Policy*. New York: Twelve Books, 2020.〔ロバート・B. ゼーリック『アメリカ・イン・ザ・ワールド——合衆国の外交と対外政策の歴史』(上・下)，旭英昭訳，日本経済新聞出版，2023年〕

二次文献

注：引用頻度の高い出典は略称とし，原注の冒頭部分および以下のブラケット内に記した．分量の都合により，調査したすべての二次文献を引くことはできなかった．以下のリストは，広く参照したか，注で言及したもののいずれか，あるいはその両方である．

Adomeit, Hannes. *Imperial Overstretch: Germany in Soviet Policy from Stalin to Gorbachev*. Baden-Baden: Nomos, 1998.

Ahonen, Pertti. *After the Expulsion: West Germany and Eastern Europe 1945–1990*. Oxford: Oxford University Press, 2003.

Applebaum, Anne. *Iron Curtain: The Crushing of Eastern Europe, 1944–1956*. New York: Doubleday, 2012.〔アン・アプルボーム『鉄のカーテン――東欧の壊滅 1944–56』(上・下), 山崎博康訳, 白水社, 2019年〕

———. *Twilight of Democracy: The Seductive Lure of Authoritarianism*. New York: Doubleday, 2020.〔アン・アプルボーム『権威主義の誘惑――民主政治の黄昏』三浦元博訳, 白水社, 2021年〕

Aron, Leon. *Yeltsin: A Revolutionary Life*. New York: St. Martin's Press, 2000.

Åslund, Anders. "Russia's Collapse." *Foreign Affairs* 78, no. 5 (September/October 1999): 64–77.

———. *Russia's Crony Capitalism: The Path from Market Economy to Kleptocracy*. New Haven, CT: Yale University Press, 2019.

Baker, Peter, and Susan Glasser. *Kremlin Rising: Vladimir Putin's Russia and the End of Revolution*. New York: Scribner, 2005.

———. *The Man Who Ran Washington: The Life and Times of James A. Baker III*. New York: Doubleday, 2020.

Balmaceda, Margarita, ed. *On the Edge: Ukrainian-Central European-Russian Security Triangle*. Budapest: Central European University Press, 2000.

Barany, Zoltan. *The Future of NATO Expansion: Four Case Studies*. Cambridge: Cambridge University Press, 2003.

Beckley, Michael. "The Myth of Entangling Alliances." *International Security* 39, no. 4 (Spring 2015): 7–48.

Beissinger, Mark R. *Nationalist Mobilization and the Collapse of the Soviet State*. Cambridge: Cambridge University Press, 2002.

Bell, David. *François Mitterrand*. Cambridge: Polity Press, 2005.

Belton, Catherine. *Putin's People: How the KGB Took Back Russia and Then Took on the West*. New York: Farrar, Straus and Giroux, 2020.〔キャサリン・ベルトン『プーチン――ロシアを乗っ取ったKGBたち』(上・下), 藤井清美訳, 日経BP, 2022年〕

Bergmane, Una. "'Is This the End of Perestroika?' International Reactions to the Soviet Use of Force in the Baltic Republics in January 1991." *Journal of Cold War Studies* 22, no. 2 (Spring 2020): 26–57.

Bernauer, Thomas, and Dieter Ruloff, eds. *The Politics of Positive Incentives in Arms Control*. Columbia: University of South Carolina Press, 1999.

Beschloss, Michael, and Strobe Talbott. *At the Highest Levels: The Inside Story of the end of the Cold War*. Boston: Little, Brown, 1993.〔ストローブ・タルボット，マイケル・R. ベシュロス『最高首脳交渉——ドキュメント・冷戦終結の内幕』(上・下)，浅野輔訳，同文書院インターナショナル，1993年〕

Betts, Richard. "The Three Faces of NATO." *The National Interest*, no. 100 (March/April 2009): 31–38.

Borkovec, Zdeněk. *Naše cesta do NATO*. Praha: Ministerstvo obrany České republiky, 2019.

Bozo, Frédéric. "The Failure of a Grand Design: Mitterrand's European Confederation, 1989–1991." *Contemporary European History* 17, no. 3 (2008): 391–412.

———. *A History of the Iraq Crisis: France, the United States, and Iraq, 1991–2003*. Washington, DC: Wilson Center Press, 2016.

———. "'I Feel More Comfortable with You': France, the Soviet Union, and German Reunification." *Journal of Cold War Studies* 17, no. 3 (Summer 2015): 116–58.

———. *Mitterrand, the End of the Cold War, and German Unification*. Translated by Susan Emanuel. London: Berghahn Books, 2009.

———. *Mitterrand, la fin de la guerre froide et l'unification allemande: De Yalta à Maastricht*. Paris: Odile Jacob, 2005.

———. "Mitterrand's France, the End of the Cold War, and German Unification: A Reappraisal." *Cold War History* 7, no. 4 (2007): 455–78.

———. "The Sanctuary and the Glacis: France, the Federal Republic of Germany, and Nuclear Weapons in the 1980s (Part 1)." *Journal of Cold War Studies* 22, no. 3 (Summer 2020): 119–79.

———. "The Sanctuary and the Glacis: France, the Federal Republic of Germany, and the Nuclear Factor in the 1980s (Part 2)." *Journal of Cold War Studies* 22, no. 4 (Fall 2020): 175–228.

———. "'We Don't Need You': France, the United States, and Iraq, 1991–2003." *Diplomatic History* 41, no. 1 (2017): 183–208.

———. "'Winners' and 'Losers': France, the United States, and the End of the Cold War." *Diplomatic History* 33, no. 5 (2009): 927–56.

Bozo, Frédéric, Marie-Pierre Rey, N. Piers Ludlow, and Leopoldo Nuti, eds. *Europe and the End of the Cold War*. London: Routledge, 2008.

Bozo, Frédéric, Andreas Rödder, and M. E. Sarotte, eds. *German Reunification: A Multinational History*. London: Routledge, 2017.

Bozo, Frédéric, and Christian Wenkel, eds. *France and the German Question, 1945–1990*. New York: Berghahn Books, 2019.

Branch, Taylor. *The Clinton Tapes: Conversations with a President, 1993-2001.* New York: Simon and Schuster, 2009.

Brands, Hal. *Making the Unipolar Moment: U.S. Foreign Policy and the Rise of the Post-Cold War Order.* Ithaca, NY: Cornell University Press, 2016.

———. *What Good Is Grand Strategy? Power and Purpose in American Statecraft from Harry S. Truman to George W. Bush.* Ithaca, NY: Cornell University Press, 2014.

Brauckhoff, Kerstin, and Irmgard Schwaetzer, eds. *Hans-Dietrich Genschers Außenpolitik.* Wiesbaden: Springer, 2015.

Brinkmann, Peter. *Die NATO-Expansion: Deutsche Einheit und Ost-Erweiterung.* Berlin: edition ost, 2015.

Brooks, Stephen G., and William Wohlforth. "From Old Thinking to New Thinking." *International Security* 26, no. 4 (Spring 2002): 93-111.

———. "Power, Globalization, and the End of the Cold War." *International Security* 25, no. 3 (Winter 2000-2001): 5-53.

———. *America Abroad: Why the Sole Superpower Should Not Pull Back from the World.* Oxford: Oxford University Press, 2016.

Brudny, Yitzhak M. "In Pursuit of the Russian Presidency: Why and How Yeltsin Won the 1996 Presidential Election." *Communist and Post-Communist Studies* 30, no. 3 (1997): 255-75.

Budjeryn, Mariana. *Inheriting the Bomb:* The Collapse of the USSR *and the Nuclear Disarmament of Ukraine.* Baltimore: Johns Hopkins University Press, 2022.

———. "The Power of the NPT: International Norms and Ukraine's Nuclear Disarmament." *The Nonproliferation Review* 22, no. 2 (2015): 203-37.

Burg, Steven L., and Paul S. Shoup. *The War in Bosnia-Herzegovina: Ethnic Conflict and International Intervention.* New ed. London: Routledge, 2000.

Clover, Charles. *Black Wind, White Snow: The Rise of Russia's New Nationalism.* New Haven, CT: Yale University Press, 2016.

Cohen, Stephen F. *Failed Crusade: America and the Tragedy of Post-Communist Russia.* New York: Norton, 2001.

———. *Soviet Fates and Lost Alternatives: From Stalinism to the New Cold War.* New York: Columbia University Press, 2009.

Colbourn, Susan. "NATO as a Political Alliance: Continuities and Legacies in the Enlargement Debates of the 1990s." *International Politics* 57, no. 3 (June 2020): 491-508.

Colton, Timothy J. *Yeltsin: A Life.* New York: Basic Books, 2008.

Connelly, Matthew, et al. "'General, I Have Fought Just as Many Nuclear Wars as You Have': Forecasts, Future Scenarios, and the Politics of Armageddon." *The American Historical Review* 117, no. 5 (December 2012): 1431–60.

Conradi, Peter. *Who Lost Russia? How the World Entered a New Cold War*. London: Oneworld, 2017.

D'Anieri, Paul. *Economic Interdependence in Ukrainian-Russian Relations*. Albany: State University of New York Press, 1999.

Dawisha, Karen. *Putin's Kleptocracy: Who Owns Russia?* New York: Simon and Schuster, 2015.

Dębski, Sławomir, and Daniel S. Hamilton, eds. *Europe Whole and Free: Vision and Reality*. Warsaw: Polish Institute of International Affairs, 2019.

Delbruck, Max. *Mind from Matter? An Essay on Evolutionary Epistemology*. Edited by Gunther S. Stent et al. Palo Alto, CA: Blackwell Scientific Publications, 1986.

Domber, Gregory F. *Empowering Revolution: America, Poland, and the End of the Cold War*. Chapel Hill: University of North Carolina Press, 2014.

———. "Skepticism and Stability: Reevaluating U.S. Policy during Poland's Democratic Transformation in 1989." *Journal of Cold War Studies* 13, no. 3 (2011): 52–82.

Drew, Elizabeth. *On the Edge: The Clinton Presidency*. New York: Simon and Schuster, 1994.

Edwards, Chris, and John Samples, eds. *The Republican Revolution 10 Years Later: Smaller Government or Business as Usual?*. Washington, DC: Cato Institute, 2005.

Ekiert, Grzegorz. *The State against Society: Political Crises and Their Aftermath in East Central Europe*. Princeton, NJ: Princeton University Press, 1996.

Engel, Jeffrey A. *When the World Seemed New: George H. W. Bush and the End of the Cold War*. New York: Houghton Mifflin Harcourt, 2017.

Epstein, Rachel A. "NATO Enlargement and the Spread of Democracy: Evidence and Expectations." *Security Studies* 14, no. 1 (2005): 63–105.

———. "When Legacies Meet Policies: NATO and the Refashioning of Polish Military Tradition." *East European Politics and Societies* 20, no. 2 (2006): 254–85.

Falkenrath, Richard A. *Shaping Europe's Military Order: The Origins and Consequences of the CFE Treaty*. Cambridge, MA: MIT Press, 1995.

Филитов, А. М. *Германия в советском внешнеполитическом планировании 1941–1990*. Москва: Наука, 2009.

Frühling, Stephan, and Guillaume Lasconjarias. "NATO, A2/AD and the Kaliningrad Challenge." *Survival* 58, no. 2 (2016): 95–116.

Frye, Timothy. *Weak Strongman: The Limits of Power in Putin's Russia*. Princeton, NJ: Princeton University Press, 2021.

Fukuyama, Francis. *The End of History and the Last Man*. New York: Penguin, 1992.〔フランシス・フクヤマ『新版 歴史の終わり』(上・下)，渡部昇一訳，三笠書房，2020年〕

Gaddis, John Lewis. *The Cold War*. New York: Penguin, 2006.〔ジョン・L. ガディス『冷戦――その歴史と問題点』河合秀和・鈴木健人訳，彩流社，2007年〕

———. *George F. Kennan: An American Life*. Paperback ed. New York: Penguin, 2011.

———. "History, Grand Strategy and NATO Enlargement." *Survival* 40, no. 1 (Spring 1998): 145–51.

———. "History, Theory and Common Ground." *International Security* 22, no. 1 (Summer 1997): 84.

———. *The Landscape of History: How Historians Map the Past*. Oxford: Oxford University Press, 2002.〔ジョン・L. ギャディス『歴史の風景――歴史家はどのように過去を描くのか』浜林正夫・柴田知薫子訳，大月書店，2004年〕

———. *Strategies of Containment: A Critical Appraisal of Postwar American National Security Policy*. Oxford: Oxford University Press, 1982; also rev. ed., 2005.

———. *We Now Know: Rethinking Cold War History*. Oxford: Clarendon Press, 1997.〔ジョン・L. ギャディス『歴史としての冷戦――力と平和の追求』赤木完爾・齊藤祐介訳，慶應義塾大学出版会，2004年〕

Gall, Carlotta, and Thomas de Waal. *Chechnya: Calamity in the Caucasus*. New York: New York University Press, 1998.

Gall, Lothar. *Bismarck*. Berlin: Ullstein, 1980.〔ロタール・ガル『ビスマルク――白色革命家』大内宏一訳，創文社，1988年〕

Gans, John. *White House Warriors: How the National Security Council Transformed the American Way of War*. New York: Liveright, 2019.

Garton Ash, Timothy. *In Europe's Name: Germany and the Divided Continent*. New York: Vintage Books, 1993.〔ティモシー・ガートン・アッシュ『ヨーロッパに架ける橋――東西冷戦とドイツ外交』(上・下)，杉浦茂樹訳，みすず書房，2009年〕

Gati, Charles. *The Bloc That Failed*. Bloomington: Indiana University Press, 1990.

———. *Failed Illusions: Moscow, Washington, Budapest, and the 1956 Hungarian Revolt*. Stanford, CA: Stanford University Press, 2006.

Gavin, Francis J. "Blasts from the Past: Proliferation Lessons from the 1960s." *International Security* 29, no. 3 (Winter 2004/2005): 100–135.

———. *Nuclear Statecraft: History and Strategy in America's Atomic Age*. Ithaca, NY: Cornell University Press, 2012.

———. "Strategies of Inhibition: US Grand Strategy, the Nuclear Revolution, and Nonproliferation." *International Security* 40, no. 1 (Summer 2015): 9–46.

Gehler, Michael and Wilfried Loth, eds. *Reshaping Europe: Towards a Political, Economic, and Monetary Union, 1984–1989*. Baden-Baden: Nomos, 2020.

George, Alexander. "The 'Operational Code': A Neglected Approach to the Study of Political Decision-Making." *International Studies Quarterly* 12 (June 1969): 190–222.

Gheciu, Alexandra. "Security Institutions as Agents of Socialization? NATO and the 'New Europe.'" *International Organization* 59 (Fall 2005): 973–1012.

Gibler, Douglas M., and Jamil A. Sewell. "External Threat and Democracy: The Role of NATO." *Journal of Peace Research* 43, no. 4 (July 2006): 413–31.

Glaurdić, Josip. *The Hour of Europe: Western Powers and the Breakup of Yugoslavia*. New Haven, CT: Yale University Press, 2011.

Grayson, George W. *Strange Bedfellows: NATO Marches East*. Lanham, MD: University Press of America, 1999.

Grzymala-Busse, Anna M. *Redeeming the Communist Past: The Regeneration of Communist Parties in East Central Europe*. Cambridge: Cambridge University Press, 2002.

Handelman, Stephen. "The Russian 'Mafiya.'" *Foreign Affairs* 73, no. 2 (March/April 1994): 83–96.

Hanhimäki, Jussi M., Benedikt Schoenborn, and Barbara Zanchetta. *Transatlantic Relations since 1945: An Introduction*. New York: Routledge, 2012.

Harrison, Hope. *After the Berlin Wall: Memory and the Making of the New Germany, 1989 to the Present*. Cambridge: Cambridge University Press, 2019.

———. *Driving the Soviets Up the Wall*. Princeton, NJ: Princeton University Press, 2003.

Haslam, Jonathan. *Russia's Cold War*. New Haven, CT: Yale University Press, 2011.

———. "Russia's Seat at the Table: A Place Denied or a Place Delayed?" *International Affairs* 74, no. 1 (1998): 119–30.

Herrmann, Richard K., and Richard Ned Lebow, eds. *Ending the Cold War*. New York: Palgrave Macmillan, 2004.

Hertle, Hans-Hermann. *Chronik des Mauerfalls: Die dramatischen Ereignisse um*

den 9. November 1989. 12th ed. Berlin: Links, 2009.

———. *Der Fall der Mauer: Die unbeabsichtigte Selbstauflösung des SED-Staates*. Opladen: Westdeutscher Verlag, 1996.

Hill, Fiona, and Clifford G. Gaddy. *Mr. Putin: Operative in the Kremlin*. New ed. Washington, DC: Brookings Institution Press, 2015.〔フィオナ・ヒル，クリフォード・G. ガディ『プーチンの世界――「皇帝」になった工作員』濱野大道・千葉敏生訳，新潮社，2016 年〕

Hill, William H. *No Place for Russia: European Security Institutions since 1989*. New York: Columbia University Press, 2018.

Hitchcock, William I. *The Bitter Road to Freedom: A New History of the Liberation of Europe*. New York: Free Press, 2008.

Hoffman, David E. *The Dead Hand: The Untold Story of the Cold War Arms Race and Its Dangerous Legacy*. New York: Doubleday, 2009.

Horovitz, Liviu, and Elias Götz. "The Overlooked Importance of Economics: Why the Bush Administration Wanted NATO Enlargement." *Journal of Strategic Studies* 43, nos. 6–7 (December 2020): 847–68.

Hosking, Geoffrey. *Rulers and Victims: The Russians in the Soviet Union*. Cambridge, MA: Harvard University Press, 2006.

Hymans, Jacques. *Achieving Nuclear Ambitions: Scientists, Politicians, and Proliferation*. Cambridge: Cambridge University Press, 2012.

Ikenberry, G. John. *A World Safe for Democracy: Liberal Internationalism and the Crises of Global Order*. New Haven, CT: Yale University Press, 2020.〔G. ジョン・アイケンベリー『民主主義にとって安全な世界とは何か――国際主義と秩序の危機』猪口孝監訳，岩崎良行訳，西村書店，2021 年〕

Jacoby, Wade. *The Enlargement of the European Union and NATO: Ordering from the Menu in Central Europe*. Cambridge: Cambridge University Press, 2006.

Johnston, Seth. *How NATO Adapts: Strategy and Organization in the Atlantic Alliance since 1950*. Baltimore: Johns Hopkins University Press, 2017.

Kaplan, Lawrence S. *NATO before the Korean War: April 1949–June 1950*. Kent, OH: Kent State University Press, 2013.

———. *NATO Divided, NATO United: The Evolution of the Alliance*. Westport, CT: Praeger, 2004.

———. *NATO 1948: The Birth of the Transatlantic Alliance*. Lanham, MD: Rowman and Littlefield, 2007.

———. *The United States and NATO: The Formative Years*. Lexington: University Press of Kentucky, 1984.

Kasekamp, Andres. "An Uncertain Journey to the Promised Land: The Baltic States' Road to NATO Membership." *Journal of Strategic Studies* 43, nos. 6–7 (December 2020): 869–97.

Kay, Sean. *NATO and the Future of European Security*. Oxford: Rowman and Littlefield, 1998.

Kelemen, R. Daniel. "The European Union's Authoritarian Equilibrium." *Journal of European Public Policy* 27, no. 3 (2020): 481–99.

Keohane, Robert O., and Lisa L. Martin. "The Promise of Institutionalist Theory. *International Security* 20, no. 1 (Summer 1995): 39–51.

Keohane, Robert O., Joseph S. Nye, and Stanley Hoffmann, eds. *After the Cold War: International Institutions and State Strategies in Europe, 1989–1991*. Cambridge, MA: Harvard University Press, 1993.

Kieninger, Stephan. "The 1999 Kosovo War and the Crisis in U.S.-Russia Relations." *International History Review* (December 20, 2020, online), https://doi.org/10.1080/07075332.2020.1848899.

Kirchner, Emil J. "Genscher and What Lies behind 'Genscherism.'" *West European Politics* 13 (April 1990): 159–77.

Korb, Lawrence J. "Who's in Charge Here? National Security and the Contract with America." *The Brookings Review* 13, no. 4 (Fall 1995): 4–7.

Korte, Karl-Rudolf. *Deutschlandpolitik in Helmut Kohls Kanzlerschaft: Regierungsstil und Entscheidungen 1982–1989. Geschichte der deutschen Einheit* [GDE], vol. 1. Stuttgart: Deutsche Verlags-Anstalt, 1998.

Kotkin, Stephen. *Armageddon Averted: The Soviet Collapse, 1970–2000*. New York: Oxford University Press, 2001.

———. "The Resistible Rise of Vladimir Putin." *Foreign Affairs* 94, no. 2 (March/April 2015): 140–53.

Kramer, Mark. "The Myth of a No-NATO-Enlargement Pledge to Russia." *Washington Quarterly* 32, no. 2 (April 2009): 39–61.

Kramer, Mark, and M. E. Sarotte. "Correspondence: No Such Promise." *Foreign Affairs* 93, no. 6 (November/December 2014): 208–9.

Kramer, Mark, and Joshua R. Itzkowitz Shifrinson. "Correspondence: NATO Enlargement—Was There a Promise?" *International Security* 42, no. 1 (Summer 2017): 186–92.

Kramer, Mark, and Vit Smetana, eds. *Imposing, Maintaining, and Tearing Open the Iron Curtain: The Cold War and East-Central Europe, 1945–1989*. Lanham, MD: Lexington Books, 2013.

Krasner, Stephen. *Sovereignty: Organized Hypocrisy*. Princeton, NJ: Princeton Uni-

versity Press, 1999.

Küsters, Hanns Jurgen. *Der Integrationsfriede: Viermächte-Verhandlungen über die Friedensregelung mit Deutschland 1945–1990*. Munich: Oldenbourg, 2000.

———, ed. *Der Zerfall des Sowjetimperiums und Deutschlands Wiedervereinigung*. Köln: Böhlau Verlag, 2016.

———. "The Kohl-Gorbachev Meetings in Moscow and in the Caucasus, 1990." *Cold War History* 2, no. 2 (January 2002): 195–235.

Larrabee, F. Stephen. "Ukraine's Balancing Act." *Survival* 38, no. 2 (1996): 143–65.

Lašas, Ainius. *European Union and NATO Expansion: Central and Eastern Europe*. New York: Palgrave Macmillan, 2010.

Leffler, Melvyn P. *Safeguarding Democratic Capitalism*. Princeton, NJ: Princeton University Press, 2017.

Legvold, Robert. *Return to Cold War*. Malden, MA: Polity Press, 2016.

———, ed. *Russian Foreign Policy in the Twenty-First Century and the Shadow of the Past*. New York: Columbia University Press, 2007.

Lever, Paul. "The Cold War: The Golden Age of Arms Control." *Cold War History* 14, no. 4 (2014): 501–13.

Lieven, Anatol. *Chechnya: Tombstone of Russian Power*. New Haven, CT: Yale University Press, 1999.

Lindsay, James M. *Congress and the Politics of U.S. Foreign Policy*. Baltimore: Johns Hopkins University Press, 1994.

Locatelli, Catherine. "The Russian Oil Industry between Public and Private Governance." *Energy Policy* 34, no. 9 (2006): 1075–85.

Lockwood, Dunbar. "Administration Moves Unilaterally to Begin Testing THAAD System." *Arms Control Today* 25, no. 1 (January/February 1995): 21.

Logevall, Fredrik. "A Critique of Containment." *Diplomatic History* 28, no. 4 (September 2004): 473–99.

Lüthi, Lorenz. *Cold Wars: Asia, the Middle East, Europe*. Cambridge: Cambridge University Press, 2020.

Mälksoo, Maria. *The Politics of Becoming European: A Study of Polish and Baltic Post-Cold War Security Imaginaries*. London: Routledge, 2010.

Manela, Erez. "International Society as a Historical Subject." *Diplomatic History* 44, no. 2 (2020): 184–209.

Mann, James. *The Great Rift: Dick Cheney, Colin Powell, and the Broken Friendship That Defined an Era*. New York: Henry Holt, 2019.

Marten, Kimberly. "NATO Enlargement: Evaluating Its Consequences in Russia."

International Politics 57, no. 3 (June 2020): 401–26.

———. "Reconsidering NATO Expansion: A Counterfactual Analysis of Russia and the West in the 1990s." *European Journal of International Security* 3, no. 2 (November 2017): 135–61.

Matthijs, Matthias. "The Three Faces of German Leadership." *Survival* 58, no. 2 (2016): 135–54.

McCauley, Martin. *Bandits, Gangsters and the Mafia: Russia, the Baltic States and the CIS since 1991*. London: Routledge, 2016.

McGwire, Michael. "NATO Expansion: 'A Policy Error of Historic Importance.'" *Review of International Studies* 24 (1998): 23–42.

McGarr, Kathryn J. *The Whole Damn Deal: Robert Strauss and the Art of Politics*. New York: PublicAffairs, 2011.

Mearsheimer, John. "The Case for a Ukrainian Nuclear Deterrent." *Foreign Affairs* 72, no. 3 (Summer 1993): 50–66.

———. "The False Promise of International Institutions." *International Security* 19, no. 3 (Winter 1994/95): 5–49.

———. *The Great Delusion: Liberal Dreams and International Realities*. New Haven, CT: Yale University Press, 2018.

Meijer, Hugo, and Stephen G. Brooks. "Illusions of Autonomy: Why Europe Cannot Provide for Its Security If the United States Pulls Back." *International Security* 45, no. 4 (Spring 2021): 7–43.

Miles, Simon. *Engaging the Evil Empire: Washington, Moscow, and the Beginning of the End of the Cold War*. Ithaca, NY: Cornell University Press, 2020.

Miller, Chris. *Putinomics: Power and Money in Resurgent Russia*. Chapel Hill: University of North Carolina Press, 2018.

———. *The Struggle to Save the Soviet Economy*. Chapel Hill: University of North Carolina Press, 2016.

Milne, David. *Worldmaking: The Art and Science of American Diplomacy*. New York: Farrar Strauss, 2015.

Moller, Sara Bjerg. "Twenty Years After: Assessing the Consequences of Enlargement for the NATO Military Alliance." *International Politics* 57, no. 3 (June 2020): 509–29.

Moravcsik, Andrew. *The Choice for Europe: Social Purpose and State Power from Messina to Maastricht*. Ithaca, NY: Cornell University Press, 1998.

Morgan, Michael Cotey. *The Final Act: The Helsinki Accords and the Transformation of the Cold War*. Princeton, NJ: Princeton University Press, 2018.

Morton, Andrew. *Monica's Story*. New York: St. Martin's Press, 1999. 〔アンドリュ

ー・モートン『モニカの真実』河合衿子訳，徳間書店，1999 年．同『クリントンとモニカ――わたしが愛した大統領』同訳，徳間文庫，2004 年〕

Myers, Steven Lee. *The New Tsar: The Rise and Reign of Vladimir Putin*. New York: Vintage Books, 2015.

Naftali, Timothy. *George H. W. Bush*. New York: Times Books, 2007.

Naimark, Norman M. *The Russians in Germany: A History of the Soviet Zone of Occupation, 1945–1949*. Cambridge, MA: Harvard University Press, 1995.

Njølstad, Olav, ed. *The Last Decade of the Cold War: From Conflict Escalation to Conflict Transformation*. London: Frank Cass, 2004.

Nuti, Leopoldo, ed. *The Crisis of Détente in Europe: From Helsinki to Gorbachev, 1975–1985*. New York: Routledge, 2009.

Nuti, Leopoldo, Frédéric Bozo, Marie-Pierre Rey, and Bernd Rother, eds. *The Euromissile Crisis and the End of the Cold War*. Washington, DC: Woodrow Wilson Center Press, 2015.

O'Hanlon, Michael. *Beyond NATO: A New Security Architecture for Eastern Europe*. Washington, DC: Brookings Institution Press, 2017.

Olesen, Mikkel Runge. "To Balance or Not to Balance: How Denmark Almost Stayed Out of NATO." *Journal of Cold War Studies* 20, no. 2 (Spring 2018): 63–98.

Oplatka, Andreas. *Der erste Riss in der Mauer*. Vienna: Paul Zsolnay Verlag, 2009.

Ostermann, Christian F. *Between Containment and Rollback: The United States and the Cold War in Germany*. Stanford, CA: Stanford University Press, 2021.

Packer, George. *Our Man: Richard Holbrooke and the End of the American Century*. New York: Knopf, 2019.

Paczkowski, Andrzej. *The Spring Will Be Ours: Poland and the Poles from Occupation to Freedom*. Translated by Jane Cave. University Park: Pennsylvania State University Press, 2003.

Patel, Kiran Klaus, and Kenneth Weisbrode, eds. *European Integration and the Atlantic Community in the 1980s*. New York: Cambridge University Press, 2013.

Perrow, Charles. *Normal Accidents: Living with High-Risk Technologies*. Princeton, NJ: Princeton University Press, 1999.

Plokhy, Serhii. *Chernobyl: The History of a Nuclear Catastrophe*. New York: Basic Books, 2018.

———. *The Gates of Europe: A History of Ukraine*. New York: Basic Books, 2015. 〔セルヒー・プロヒー『ウクライナ全史――ゲート・オブ・ヨーロッパ』(上・下)，鶴見太郎監訳，桃井緑美子訳，明石書店，2024 年〕

———. *The Last Empire: The Final Days of the Soviet Union*. New York: Basic Books, 2014.

Plokhy, Serhii, and M. E. Sarotte. "The Shoals of Ukraine: Where American Illusions and Great-Power Politics Collide." *Foreign Affairs* 99, no. 1 (January/February 2020): 81–95.

Poast, Paul, and Alexandra Chinchilla. "Good for Democracy? Evidence from the 2004 NATO Expansion." *International Politics* 57, no. 3 (June 2020): 471–90.

Poast, Paul, and Johannes Urpelainen. *Organizing Democracy: How International Organizations Assist New Democracies*. Chicago: University of Chicago Press, 2018.

Podvig, Pavel, ed. *Russian Strategic Nuclear Forces*. Cambridge, MA: MIT Press, 2004.

Porter, Patrick. "Why America's Grand Strategy Has Not Changed: Power, Habit, and the U.S. Foreign Policy Establishment." *International Security* 42, no. 4 (Spring 2018): 9–46.

Posen, Barry R. *Restraint: A New Foundation for U.S. Grand Strategy*. Ithaca, NY: Cornell University Press, 2014.

Radchenko, Sergey. *To Run the World: The Kremlin's Cold War Bid for Global Power*. Cambridge: Cambridge University Press, 2024.

———. "'Nothing but Humiliation for Russia': Moscow and NATO's Eastern Enlargement, 1993–1995." *Journal of Strategic Studies* 43, nos. 6–7 (December 2020): 769–815.

Radchenko, Sergey, Timothy Andrews Sayle, and Christian Ostermann. "Introduction to the Special Issue, NATO: Past and Present." *Journal of Strategic Studies* 43, nos. 6–7 (December 2020): 763–68.

Rainer, Janos. *Imre Nagy: A Biography*. London: I. B. Tauris, 2008.

Ratti, Luca. *A Not-So-Special Relationship: The US, the UK and German Unification, 1945–1990*. Edinburgh: Edinburgh University Press, 2017.

Reichart, John F., and Steven R. Sturm, eds. *American Defense Policy*. 5th ed. Baltimore: Johns Hopkins University Press, 1982.

Reiss, Mitchell. *Bridled Ambition: Why Countries Constrain Their Nuclear Capabilities*. Washington, DC: Wilson Center Press, 1995.

Reiter, Dan. "Why NATO Enlargement Does Not Spread Democracy." *International Security* 25, no. 4 (Spring 2001): 41–67.

Rid, Thomas. *Active Measures: The Secret History of Disinformation and Political Warfare*. New York: Farrar, Straus and Giroux, 2020.

Ritter, Gerhard A. *Der Preis der deutschen Einheit: Die Wiedervereinigung und*

die Krise des Sozialstaats. Munich: Beck, 2006.

Rödder, Andreas. "'Breakthrough in the Caucasus'? German Reunification as a Challenge to Contemporary Historiography." *German Historical Institute London Bulletin* 24, no. 2 (November 2002): 7–34.

———. *Deutschland Einig Vaterland.* Munich: Beck, 2009.

———. *Die Bundesrepublik Deutschland 1969–1990.* Munich: Oldenbourg, 2004.

———. *Geschichte der deutschen Wiedervereinigung.* Munich: Beck, 2011.〔アンドレアス・レダー『ドイツ統一』板橋拓己訳，岩波新書，2020 年〕

———. "Zeitgeschichte als Herausforderung: Die deutsche Einheit." *Historische Zeitschrift* 270 (2000): 669–87.

Roth, Philip. *The Human Stain.* New York: Houghton Mifflin, 2000.〔フィリップ・ロス『ヒューマン・ステイン』上岡伸雄訳，集英社，2004 年〕

Rozental, S., ed. *Niels Bohr: His Life and Work as Seen by Friends and Colleagues.* New York: Wiley, 1967.〔S. ローゼンタール編『ニールス・ボーア——その友と同僚より見た生涯と業績』豊田利幸訳，岩波書店，1970 年〕

Sagan, Scott. *The Limits of Safety: Organizations, Accidents, and Nuclear Weapons.* Princeton, NJ: Princeton University Press, 1993.〔スコット・セーガン『核 安全性の限界——組織・事故・核兵器』山口祐弘訳，藤原書店，2024 年〕

Sarotte, Mary Elise. "A Broken Promise? What the West Really Told Moscow about NATO Expansion." *Foreign Affairs* 93, no. 5 (September/October 2014): 90–97.

———. "China's Fear of Contagion: Tiananmen Square and the Power of the European Example." *International Security* 37, no. 2 (Fall 2012): 156–82.

———. *The Collapse: The Accidental Opening of the Berlin Wall.* New York: Basic Books, 2014.

———. *Dealing with the Devil: East Germany, Détente, and Ostpolitik, 1969–1973.* Chapel Hill: University of North Carolina Press, 2001.

———. "Deciding to Be Mars." *Policy Review* 172 (April-May 2012): 71–83.

———. "Die US-Außenpolitik und das Ende der deutschen Teilung: Eine Fallstudie zur Demokratisierung." *Jahrbuch für Historische Kommunismusforschung* (2009): 251–68.

———. "Eine Föderalismusdebatte anderer Art." *Internationale Politik*, April 2005: 106–15.

———. "Elite Intransigence and the End of the Berlin Wall." *German Politics* 2 (August 1993): 270–87.

———. "Eurozone Crisis as Historical Legacy." *Foreign Affairs*, September 29, 2010. https://www.foreignaffairs.com/articles/western-europe/2010-09-29/eu

rozone-crisis-historical-legacy.
———. "Führungsduo? Spannungen zwischen den USA und der Bundesrepublik bei der Herstellung der deutschen Einheit 1990." *Zwei-plus-Vier: Die internationale Gründungsgeschichte der Berliner Republik*, edited by Tim Geiger, Jürgen Lillteicher, and Hermann Wentker. Berlin: DeGruyter, 2022.
———. *German Military Reform and European Security*. Oxford: Oxford University Press, 2001.
———. "How Did Political Leaders Experience the Fall of the Berlin Wall on November 9, 1989?" *Passport: The Newsletter of the Society for Historians of American Foreign Relations* 41 (April 2010): 18–21.
———. "How to Enlarge NATO: The Debate inside the Clinton Administration, 1993–95." *International Security* 44, no. 1 (July-September 2019): 7–41.
———. "In Victory, Magnanimity: US Foreign Policy, 1989–1991, and the Legacy of Prefabricated Multilateralism." *International Politics* 48 (August 2011): 482–95.
———. *1989: The Struggle to Create Post-Cold War Europe*. Princeton, NJ: Princeton University Press, 2009.〔メアリー・エリス・サロッティ『1989――ベルリンの壁崩壊後のヨーロッパをめぐる闘争』(上・下)，奥田博子訳，慶應義塾大学出版会，2019 年〕
———. "Not One Inch Eastward? Bush, Baker, Kohl, Genscher, Gorbachev, and the Origin of Russian Resentment toward NATO Enlargement in February 1990." *Diplomatic History* 34 (January 2010): 119–40.
———. "Perpetuating U.S. Preeminence: The 1990 Deals to 'Bribe the Soviets Out' and Move NATO In." *International Security* 35 (July 2010): 110–37.
———. "A Small Town in (East) Germany: The Erfurt Meeting of 1970 and the Dynamics of Cold War Détente." *Diplomatic History* 25, no. 1 (Winter 2001): 85–104.
———. "Spying Not Only on Strangers: Documenting Stasi Involvement in Cold War German-German Negotiations." *Intelligence and National Security* 11 (October 1996): 765–79. Also published in translation as "Nicht nur Fremde ausspioniert." *Deutschland Archiv* 3 (May/June 1997): 407–11.
———. "Under Cover of Boredom: Recent Publications on the 'Stasi', the East German Ministry for State Security." *Intelligence and National Security* 12, no. 4 (October 1997): 196–210.
———. "Vor 25 Jahren: Verhandlungen über den Grundlagenvertrag; Zum internationalen Kontext der deutsch-deutschen Gespräche." *Deutschland Archiv* 6 (November/December 1997): 901–11.

———. "The Worst Allies, Except for All the Others: US-European Relations in the Age of George W. Bush." *International Politics* 45, no. 3 (May 2008): 310–24.

Satter, David. *The Less You Know, the Better You Sleep: Russia's Road to Terror and Dictatorship under Yeltsin and Putin*. New Haven, CT: Yale University Press, 2016.

Sayle, Timothy Andrews. *Enduring Alliance: A History of NATO and the Postwar Global Order*. Ithaca, NY: Cornell University Press, 2019.

———. "A Nuclear Education: The Origins of NATO's Nuclear Planning Group." *Journal of Strategic Studies* 43, nos. 6–7 (December 2020): 920–56.

Sestanovich, Stephen. *Maximalist: America in the World from Truman to Obama*. New York: Knopf, 2014.

———. "What Has Moscow Done? Rebuilding U.S.-Russian Relations." *Foreign Affairs*, November/December 2008. https://www.foreignaffairs.com/articles/russia-fsu/2008-11-01/what-has-moscow-done.

Shapiro, Ian, and Adam Tooze, eds. *Charter of the North Atlantic Treaty Organization*. New Haven, CT: Yale University Press, 2018.

Shields, John M., and William C. Potter, eds. *Dismantling the Cold War: US and NIS Perspectives on the Nunn-Lugar Cooperative Threat Reduction Program*. Cambridge, MA: MIT Press, 1997.

Shifrinson, Joshua R. Itzkowitz. "Deal or No Deal? The End of the Cold War and the U.S. Offer to Limit NATO Expansion." *International Security* 40, no. 4 (Spring 2016): 7–44.

———. "Eastbound and Down: The United States, NATO Enlargement, and Suppressing the Soviet and Western European Alternatives, 1990–1992." *Journal of Strategic Studies* 43, nos. 6–7 (December 2020): 816–46.

———. *Rising Titans, Falling Giants: How Great Powers Exploit Power Shifts*. Ithaca, NY: Cornell University Press, 2018.

Siegel, Jennifer. *For Peace and Money: French and British Finance in the Service of Tsars and Commissars*. Oxford: Oxford University Press, 2014.

Simms, Brendan. *Unfinest Hour: Britain and the Destruction of Bosnia*. London: Allen Lane, 2001.

Simon, Jeffrey. *NATO and the Czech and Slovak Republics: A Comparative Study in Civil-Military Relations*. Lanham, MD: Rowman & Littlefield, 2004.

Sinovets, Polina, and Marian Budjeryn. "Interpreting the Bomb: Ownership and Deterrence in Ukraine's Nuclear Discourse." Woodrow Wilson International Center for Scholars, Nuclear Proliferation International History Project,

Working Paper No. 12, December 2017.

Slaughter, Anne-Marie. *The Chessboard and the Web: Strategies of Connection in a Networked World*. New Haven, CT: Yale University Press, 2017.

Sloan, Stanley. *Defense of the West: NATO, the European Union and the Transatlantic Bargain*. Manchester: Manchester University Press, 2016.

Sorokowski, Andrew D. "Treaty on Friendship, Cooperation and Partnership between Ukraine and the Russian Federation." *Harvard Ukrainian Studies* 20 (1996): 319–29.

Sparrow, Bartholomew H. "Realism's Practitioner: Brent Scowcroft and the Making of the New World Order, 1989–1993." *Diplomatic History* 34, no. 1 (2010): 141–75.

———. *The Strategist: Brent Scowcroft and the Call of National Security*. New York: PublicAffairs, 2015.

Spohr, Kristina. "Germany, America and the Shaping of Post-Cold War Europe: A Story of German International Emancipation through Political Unification, 1989–90." *Cold War History* 15, no. 2 (2015): 221–43.

———. *Post Wall, Post Square: Rebuilding the World after 1989*. London: William Collins, 2019.

———. "Precluded or Precedent-Setting? The 'NATO Enlargement Question' in the Triangular Bonn-Washington-Moscow Diplomacy of 1990–1991." *Journal of Cold War Studies* 14, no. 4 (Fall 2012): 4–54.

Steil, Benn. *The Marshall Plan: Dawn of the Cold War*. New York: Simon and Schuster, 2018.〔ベン・ステイル『マーシャル・プラン——新世界秩序の誕生』小坂恵理訳，みすず書房，2020 年〕

Stent, Angela. *The Limits of Partnership: U.S.-Russian Relations in the Twenty-First Century*. Princeton, NJ: Princeton University Press, 2014.

———. *Putin's World: Russia against the West and with the Rest*. New York: Twelve Books, 2019.

———. *Russia and Germany Reborn: Unification, the Soviet Collapse, and the New Europe*. Princeton, NJ: Princeton University Press, 1999.

Stoner, Kathryn. *Russia Resurrected: Its Power and Purpose in a New Global Order*. Oxford: Oxford University Press, 2021.

Suny, Ronald Grigor. *The Revenge of the Past: Nationalism, Revolution, and the Collapse of the Soviet Union*. Stanford, CA: Stanford University Press, 1993.

Suri, Jeremi. *Liberty's Surest Guardian: American Nation-Building from the Founders to Obama*. New York: Free Press, 2011.

Szabo, Stephen. *The Diplomacy of German Unification*. New York: St. Martin's

Press, 1992.
——. *Germany, Russia and the Rise of Geo-Economics*. London: Bloomsbury Academic, 2015.
Taubman, William. *Gorbachev: His Life and Times*. New York: Norton, 2017.〔ウィリアム・トーブマン『ゴルバチョフ——その人生と時代』(上・下), 松島芳彦訳, 白水社, 2019年〕
Ther, Philipp. *Europe since 1989: A History*. Translated by Charlotte Hughes-Kreutzmuller. Princeton, NJ: Princeton University Press, 2016.
Trachtenberg, Marc. *A Constructed Peace: The Making of the European Settlement 1945–1963*. Princeton, NJ: Princeton University Press, 1999.
——. "The United States and the NATO Non-extension Assurance of 1990." *International Security* 45, no. 3 (Winter 2020/21): 162–203.
Treisman, Daniel. *The Return: Russia's Journey from Gorbachev to Medvedev*. New York: Free Press, 2011.
Trenin, Dmitri. *Post-Imperium: A Eurasian Story*. Washington, DC: Carnegie Endowment for International Peace, 2011.
Turner, Henry Ashby, Jr. *Germany from Partition to Reunification*. 2nd ed. New Haven, CT: Yale University Press, 1992.
Uelzmann, Jan. "Building Domestic Support for West Germany's Integration into NATO, 1953–1955." *Journal of Cold War Studies* 22, no. 2 (Spring 2020): 133–62.
Vachudova, Milada Anna. *Europe Undivided: Democracy, Leverage, and Integration after Communism*. Oxford: Oxford University Press, 2005.
Van Hooft, Paul. "Land Rush: American Grand Strategy, NATO Enlargement, and European Fragmentation." *International Politics* 57, no. 3 (June 2020): 530–53.
Ven Bruusgaard, Kristin. "Russian Nuclear Strategy and Conventional Inferiority." *Journal of Strategic Studies*, October 14, 2020. https://doi.org/10.1080/01402390.2020.1818070.
Von Borzyskowski, Inken, and Felicity Vabulas. "Credible Commitments? Explaining IGO Suspensions to Sanction Political Backsliding." *International Studies Quarterly* 63, no. 1 (2019): 139–52.
Wallander, Celeste. "NATO's Price: Shape Up or Ship Out." *Foreign Affairs* 81, no. 6 (November/December 2002): 2–8.
Waltz, Kenneth N. "Structural Realism after the Cold War." *International Security* 25, no. 1 (Summer 2000): 5–41.
Weidenfeld, Werner, Peter M. Wagner, and Elke Bruck. *Außenpolitik für die*

deutsche Einheit: Die Entscheidungsjahre 1989/90. Geschichte der deutschen Einheit [GDE], vol. 4. Stuttgart: Deutsche Verlags-Anstalt, 1998.

Weiner, Tim. *The Folly and the Glory: America, Russia, and Political Warfare 1945–2020*. New York: Henry Holt, 2020.〔ティム・ワイナー『米露諜報秘録 1945–2020——冷戦からプーチンの謀略まで』村上和久訳，白水社，2022 年〕

Weisbrode, Kenneth. *The Atlanticists: A Story of American Diplomacy*. Minneapolis: Nortia, 2017.

Wells, Samuel F. *Fearing the Worst: How Korea Transformed the Cold War*. New York: Columbia University Press, 2019.

———. *The Helsinki Process and the Future of Europe*. Washington, DC: Wilson Center Press, 1990.

Wentker, Hermann. *Die Deutschen und Gorbatschow: Der Gorbatschow-Diskurs im doppelten Deutschland 1985–1991*. Berlin: Metropol, 2020.

Westad, Odd Arne. *The Cold War: A World History*. New York: Basic Books, 2017.〔O. A. ウェスタッド『冷戦——ワールド・ヒストリー』(上・下)，益田実監訳，山本健・小川浩之訳，岩波書店，2020 年〕

Wirsching, Andreas. *Abschied vom Provisorium: Geschichte der Bundesrepublik Deutschland 1982–1990*. Stuttgart: Deutsche Verlags-Anstalt, 2006.

Wohlforth, William. *The Elusive Balance: Power and Perceptions during the Cold War*. Ithaca, NY: Cornell University Press, 1993.

Wohlforth, William, and Vladislav M. Zubok. "An Abiding Antagonism: Realism, Idealism and the Mirage of Western-Russian Partnership after the Cold War." *International Politics* 54, no. 4 (May 2017): 405–19.

Wolff, David. "Stalin's Postwar Border-Making Tactics." *Cahiers du monde russe* 52, no. 2–3 (2011): 273–91. https://journals.openedition.org/monderusse/9334.

Wright, Robert. *Nonzero: The Logic of Human Destiny*. New York: Vintage Books, 2000.

Wright, Thomas J. *All Measures Short of War: The Contest for the Twenty-First Century and the Future of American Power*. New Haven, CT: Yale University Press, 2017.

Yost, David S. *NATO Transformed: The Alliance's New Roles in International Security*. Washington, DC: United States Institute of Peace Press, 1998.

Žantovsky, Michael. *Havel: A Life*. New York: Grove Press, 2014.

Zubok, Vladislav. *Collapse: The Fall of the Soviet Union*. New Haven, CT: Yale University Press, 2021.

———. *A Failed Empire: The Soviet Union in the Cold War from Stalin to Gorbachev*. Chapel Hill: University of North Carolina Press, 2007.

———. "With His Back against the Wall: Gorbachev, Soviet Demise, and German Reunification." *Cold War History* 14, no. 4 (2014): 619–45.

原　注

注の凡例

断りのない限り，すべての強調は原文によるものであり，すべての翻訳は著者〔サロッティ〕によるものである．スペルミスのような些細な誤りは断りなく修正した．より重要な誤りは[*sic*]と記した．多くの引用は外交公電などからであり，もともとはすべて大文字で記されているが，読みやすさのために断りなく小文字に変換するなどしている．とくに注釈のない限り，注や参照文献一覧での名称は原資料で用いられている言語で記しており，そのため本書のなかでスペリングが一致していないものもある．たとえば，注や参照文献一覧における特定の名詞のスペリングが本文中のスペリングと異なることがある．開示請求番号は，関連する資料を検索するのに有益な場合については記した．もし開示請求を複数回している場合，単一の資料でも複数の開示請求番号が振られている可能性があることに留意してほしい．冒頭に "my" が付されている開示請求番号〔たとえば my 2015-0782-M, CL〕は，著者による開示請求に対して当該の機関が割り当てた番号を示している．そうした情報を付したのは，著者がしばしば関連するファイル群のなかから資料を開示請求したからである．個々に引用されている資料が，著者が開示請求した資料群の一部であることを示すことで，個々の資料の出所にそれ以上の資料があることを示唆している．つまり，"my" が付された開示請求番号によって，将来の研究者たちは，個別の資料だけでなく，より広範な関連資料の一群に辿りつくことができるだろう．それに対して，著者が個人で開示したけれども，広範な資料群に結びついていない文書については，注を適切な長さに保つため，開示請求番号を省略した．提供された情報だけで，個々の資料を見つけることができるだろうからである．また，注の紙幅を抑えるため，ひとつの段落で当該資料から複数の引用がある場合でも，その資料を注に記すのは一段落につき一回までとした(ただし，一段落に複数の資料を用いた場合は，それぞれの資料を個別に記載している)．しかしながら，そのやり方では特定が難しい場合には，当該資料を一段落に複数回引用することもある．

注および参照文献一覧内の略語表

以下の略語のうち一部は編纂・公刊された資料集を指しており，これらの資料集に関するより詳細な書誌情報は参照文献一覧に記してある．いくつかのマイナーな略語は文書館の分類法によるものであり，注にほとんど登場しない場合は，以下にも記さなかった．

AAP-89, -90 *Akten zur Auswärtigen Politik der Bundesrepublik Deutschland 1989* or *1990*（概ね毎年刊行される，西ドイツ外務省の公刊文書）
ADDR *Die Außenpolitik der DDR 1989/1990*（東ドイツの公刊文書）
ADGD Asmus declassified government documents（ロン・アスムスが彼の著書 *Opening NATO's Door* のために開示した文書）
AIW Author's interview with（著者によるインタビュー．AIW のあとにインタビュイーのラストネームを付す．インタビューの日付と場所の一覧は参照文献一覧に記した）
AN Archives Nationales（フランス）
AP Associated Press（アメリカの通信社）
APBD-49-94 *Aussenpolitik der Bundesrepublik Deutschland: Dokumente von 1949 bis 1994*（西ドイツ外務省の公刊文書）
APP-UCSB American Presidency Project, University of California, Santa Barbara（オンラインの政府資料）
BDGD Burns declassified government documents（ウィリアム・バーンズが彼の著書 *The Back Channel* のために開示した文書コレクション）
BPL George H. W. Bush Presidential Library
BPL online George H. W. Bush Presidential Library online archive of memcons and telcons, https://bush41library.tamu.edu/archives/memcons-telcons
BRD Bundesrepublik Deutschland（ドイツ連邦共和国．西ドイツ，および統一ドイツ）
BST timeline Timeline edited by Mariana Budjeryn, Simon Saradzhyan, and William Tobey: "25 Years of Nuclear Security Cooperation by the US, Russia, and Other Newly Independent States," June 16, 2017, https://www.belfercenter.org/publication/25-years-nuclear-security-cooperation-us-russia-and-other-newly-independent-states
BStU Bundesbeauftragte(r) für die Unterlagen des Staatssicherheitsdienstes der ehemaligen Deutschen Demokratischen Republik（シュタージのアーカイブ）
BzL *Berichte zur Lage 1989-1998*（(西)ドイツ CDU の公刊文書）
CAB Cabinet Office（イギリス）
CFPR *The Clinton Foreign Policy Reader*（アメリカの公刊文書）
CFR Council on Foreign Relations（アメリカ）
CL William J. Clinton Presidential Library
CWIHPPC Cold War International History Project Paris Conference
DA-90-91 *Deutsche Aussenpolitik 1990/91*（ドイツの公刊文書）
DBPO *Documents on British Policy Overseas*, series III, vol. 7, *German Unification, 1989-1990*（イギリスの公刊文書）

DCI　Director of Central Intelligence（アメリカ）
DDR　Deutsche Demokratische Republik（ドイツ民主共和国，東ドイツ）
DE (unpub)　*Die Einheit*（東ドイツおよび西ドイツ外務省の公刊文書集．紙幅の都合上，公刊文書集に含まれなかった開示文書のコレクションも存在し，それらはドイツ外務省政治文書館(PA-AA)で閲覧可能である．そこからの資料は，*Die Einheit* の未公刊コレクションの略語として，DE unpub と記す）
DESE　*Deutsche Einheit Sonderedition*（西ドイツ連邦首相府の公刊文書）
DFUA　*La diplomatie française face à l'unification allemande*（フランスの公刊文書）
DS　Department of State（アメリカ）
DS-ERR　Department of State, Electronic Reading Room（オンラインのアメリカの文書）
DS-OIPS　Department of State, Office of Information Programs and Services（情報自由法(FOIA)および強制的審査(MR)によって公開された文書）
EBB　Electronic Briefing Book（NSA によるオンライン資料．EBB のあとに識別番号がつく）
FAZ　*Frankfurter Allgemeine Zeitung*（ドイツの新聞）
FCO　Foreign and Commonwealth Office（イギリス）
FOI, FOIA　Freedom of Information（イギリス），Freedom of Information Act（アメリカ）
GBOHP　George H. W. Bush Oral History Project, Miller Center, University of Virginia
GC　Georgia Conference（ジョージア州セント・サイモン島マスグローブで NSA が 1998 年 5 月 1 日から 3 日にかけて開催したカンファレンス "End of the Cold War in Europe, 1989" で配布された原資料）
GDE　*Geschichte der deutschen Einheit*（4 巻本のドイツ統一史）
GFA　Gorbachev Foundation Archive
HIA　Hoover Institution Archive, Stanford University
ISCAP　Interagency Security Classification Appeals Panel（アメリカ）
IWG　Interagency Working Group（アメリカ）
JAB　James A. Baker III
KADE　Kabinettausschuß Deutsche Einheit（ドイツ統一に関する西ドイツの内閣委員会）
KASPA　Konrad Adenauer Stiftung Pressearchiv（ドイツのコンラート・アデナウアー財団のプレスアーカイブ）
LSS　*Last Superpower Summits*（NSA による公刊文書）
MC　Miedzeszyn-Warsaw Conference（ポーランドのワルシャワ，ミエジェシン

で NSA が 1999 年 10 月 20 日から 24 日にかけて開催したカンファレンス "Poland 1986-1989: The End of the System" で配布された機密解除政府資料)

MDB *Mein Deutsches Tagebuch* (ドイツで刊行されたチェルニャーエフ日記からの抜粋)

Memcon Memorandum of conversation

MfAA Ministerium für Auswärtige Angelegenheiten (東ドイツの外務省)

MfS Ministerium für Staatssicherheit (東ドイツの国家保安省, 略称シュタージ)

МГ Михаил Горбачев и германский вопрос (ソ連の公刊文書)

MGDF *Michail Gorbatschow und die deutsche Frage* (МГの注釈付きドイツ語訳)

MOD Minister (or Ministry) of Defense

MR Mandatory Review (強制的審査. アメリカにおける機密文書解除プロセスの一部)

NIC National Intelligence Council (アメリカ)

NSA National Security Archive

Овв *Отвечая на вызов времени* (ソ連の公刊文書)

OD *Open Door* (回顧談を編纂し刊行したもの)

ÖDF *Österreich und die deutsche Frage* (オーストリアの公刊文書)

PA-AA Politisches Archiv, Auswärtiges Amt (西ドイツ外務省および統一後のドイツ外務省の政治文書館)

PC Prague Conference (プラハで NSA が 1999 年 10 月 14 日から 16 日にかけて開催したカンファレンス "The Democratic Revolution in Czechoslovakia" で配布された原資料)

PPPWC *Public Papers of the President, William Clinton* (アメリカの公刊文書)

ППР (1 or 2) ***Переписка Президента Российской Федерации Бориса Николаевича Ельцина... 1996-1999, в двух томах*** (ロシアの公刊文書)

PREM Prime Minister's Office (イギリス)

PRO-NA Public Record Office, National Archives (イギリス)

RHG Robert-Havemann-Gesellschaft (ローベルト・ハーヴェマン財団による, 旧東ドイツの反体制運動のアーカイブ)

SAPMO Stiftung/Archiv der Parteien und Massenorganisationen der DDR (旧東ドイツの政党や大衆運動に関するアーカイブ)

SDC State Department cable (アメリカの文書. 年—発信者—番号が続く. 断りのない限り, DS-OIPS からのもの)

SMML Seeley Mudd Manuscript Library, Collection of Documents from James A. Baker III, Princeton University

SSSN Scowcroft Special Separate Notes (BPL designation)

Telcon　Memorandum of telephone conversation（アメリカ．Memcon というより一般的な語も同様に電話会談に用いられることに留意せよ）
TOIW　Transcript of interview with（著者によるものではないインタビューで公刊されているもの）
TSM　Teimuraz Stepanov-Mamaladze Collection, HIA
WCPHP　William J. Clinton Presidential History Project, Miller Center, University of Virginia

序 章

(1)　1990 年 2 月 10 日付のコール宛書簡のなかで，ベーカーは自らが 1990 年 2 月 9 日にゴルバチョフに述べた言葉を再現している．「あなたにとって，独立し，米軍が駐留しない，NATO の外にある統一ドイツが望ましいですか．それとも，NATO の管轄が現在の位置から 1 インチたりとも東へ移動しないという約束のもとで，NATO に結びつけられた統一ドイツのほうが望ましいですか？ ("Would you prefer to see a unified Germany outside of NATO, independent and with no US forces or would you prefer a unified Germany to be tied to NATO, with assurances that NATO's jurisdiction would not shift one inch eastward from its present position?")」．DESE 794. 以下も参照．Weiner, *Folly and the Glory*, 170–71.
(2)　民族浄化という概念について詳しくは以下を参照．Andrew Bell-Fialkoff, "A Brief History of Ethnic Cleansing," *Foreign Affairs*, Summer 1993, https://www.foreignaffairs.com/articles/1993-06-01/brief-history-ethnic-cleansing.
(3)　その国防長官はビル・ペリーである．彼の発言の文脈については，第 5 章〔の注(33)〕を参照のこと．ロシア側の選択肢の喪失については，Haslam, "Russia's Seat," 130 を参照．1990 年代を物語るにあたって，本書とは別の主題――新自由主義の普及――を採用した洞察に満ちた一例としては，Ther, *Europe* がある．
(4)　同盟設立条約〔北大西洋条約〕の全文は NATO のウェブサイトを参照．https://www.nato.int/cps/en/natolive/official_texts_17120.htm. NATO によってカバーされる市民が 10 億人という計算については以下を参照．"Brussels Summit Communiqué," June 14, 2021, https://www.nato.int/cps/en/natohq/news_185000.htm. 以下も参照．Hal Brands, "If NATO Expansion Was a Mistake, Why Hasn't Putin Invaded?," *Bloomberg Opinion*, May 14, 2019, https://www.bloomberg.com/opinion/articles/2019-05-14/nato-expansion-if-it-was-a-mistake-why-hasn-t-putin-invaded; Nicholas Burns and Douglas Lute, "NATO at Seventy: An Alliance in Crisis," Belfer Center for Science and International Affairs, February 2019, https://www.belfercenter.org/publication/nato-seventy-alliance-crisis;

and Michael Kofman, "Fixing NATO Deterrence in the East," *War on the Rocks*, May 12, 2016, https://warontherocks.com/2016/05/fixing-nato-deterrence-in-the-east-or-how-i-learned-to-stop-worrying-and-love-natos-crushing-defeat-by-russia/.

(5) これら二つの引用については，第2章と第7章で詳細に議論する．フランス大統領フランソワ・ミッテランは，ヨーロッパ国家連合(European confederation)という，さらに別のオルタナティブを推進していた．以下を参照．Bozo, "Failure"; Bozo, "'I Feel More Comfortable.'"

(6) ロバート・レグヴォルドが述べるように，あらゆるヨーロッパの安全保障システムの試金石はウクライナである．Legvold, *Return*, 99–100.

(7) デルブリュックは1969年にノーベル生理学・医学賞を受賞している．引用は以下から．Delbrück, *Mind from Matter?*, 167. ニールス・ボーアも同様な考えを示しているが，それについては以下を参照．Legvold, *Return*, 99; Rozental, *Niels Bohr*, 328. ポスト冷戦の戦略的な選択については以下を参照．Bozo, "Failure," 393–94; Lašas, *European Union*, 1.

(8) この問題についてはさらに結論で討究するが，さしあたり以下を参照．Poast and Chinchilla, "Good for Democracy?"; Vachudova, *Europe Undivided*, 134–36. 東欧，国際組織，そして民主化全般については，以下を参照．Applebaum, *Twilight*; Epstein, "NATO Enlargement"; Epstein, "When Legacies"; Gheciu, "Security Institutions"; Gibler and Sewell, "External Threat"; Ikenberry, *World*; Jacoby, *Enlargement*; Von Borzyskowski and Vabulas, "Credible Commitments?"

(9) ペンタゴンの不満は以下で要約されている．"Memorandum for Brent Scowcroft, from Condoleezza Rice, Preparing for the German Peace Conference," February 14, 1990, in my 2008-0655-MR, BPL; AIW Zoellick.

(10) George Kennan, "A Fateful Error," *New York Times*, February 5, 1997; Talbott, *Russia Hand*, 232. この点については，ロシアの大統領府長官アナトリー・チュバイスとタルボットのやり取りを参照．そこでは，タルボットが，NATO拡大に反対する主たる論拠は「ロシアがひっくり返ってしまうかもしれない」というものだと述べると，チュバイスは「違う，拡大に反対する主たる論拠は，すべての関係者の安全保障(security for everyone)を減ずるからであったし，いまもそうだ」と返している．Memcon, Chubais-Talbott, January 23, 1997, DS-ERR.

(11) Baker, *Politics*, 84.

(12) 核弾頭数については以下を参照．"Global Nuclear Arsenals Grow as States Continue to Modernize," Stockholm International Peace Research Institute, June 14, 2021, https://www.sipri.org/media/press-release/2021/global-nuclear-arsen

als-grow-states-continue-modernize-new-sipri-yearbook-out-now「短命」については，Legvold, *Return*, 121 を参照.

(13) 以下を参照. Robert Kuttner, “Was Putin Inevitable?,” *American Prospect*, January 30, 2020, https://prospect.org/world/was-putin-inevitable/; Anika Binnendijk et al., “At the Vanguard,” RAND RR-A311-1, 2020, October 2020, https://doi.org/10.7249/RRA311-1; Kofman, “Fixing NATO”; Bruce McClintock, Jeffrey W. Hornung, and Katherine Costello, “Russia's Global Interests and Actions,” RAND PE-327-A, June 2021, https://doi.org/10.7249/PE327; Kori Schake et al., “Defense in Depth,” *Foreign Affairs*, November 23, 2020, https://www.foreignaffairs.com/articles/united-states/2020-11-23/defense-depth; Ven Bruusgaard, “Russian Nuclear Strategy”; Alexander Vershbow and Daniel Fried, “How the West Should Deal with Russia,” Atlantic Council, November 23, 2020, https://www.atlanticcouncil.org/in-depth-research-reports/report/russia-in-the-world/.

(14) Adam Tooze, “Whose Century?,” *London Review of Books*, July 30, 2020. 以下も参照. McFaul, “Putin,” 103; Stoner, *Russia*, 3. ストーナーは「多くのアナリストたちに共通した議論は，ロシアは国際政治において持ち札は弱いが，巧みにプレイするというものだ．それに対して本書は，ロシアの持ち札はわれわれ西側が考えているほど弱くはないかもしれないと論じる」と述べている.

(15) クリントンとエリツィンの発言の引用については Memcon, Clinton-Yeltsin, March 21, 1997, 8:30–9:45 p.m., DS-ERR を参照．この会談で彼らは，映画『クリムゾン・タイド』の筋書きが「実際に起こる」可能性についても議論していた．クローチェについては以下を参照. Vernon Bogdanor, “I Believe in Yesterday,” *New Statesman*, December 17, 2009. エリツィンによるベーカーへの暴露は，ソ連を破壊するための「平和的クーデター」を遂行し，「その結果を追認する」ひとつの方法としてベーカーや他のアメリカ人たちを味方に引入れようとする自覚的なプロセスの一部であるという興味深い解釈として，以下を参照. Baker and Glasser, *The Man*, 475. 著者たちはその洞察をデニス・ロスのものだとしている.

(16) Vershbow and Fried, “How the West.”

(17) “Talbott-Chirac Meeting in Paris,” January 14, 1997, DS-ERR; Margaret MacMillan, “1989: The Year of Unfulfilled Hopes,” *Wall Street Journal*, December 28, 2018; Carter and Perry, *Preventive Defense*, 64. 経済的イシューと新自由主義の問題については，Ther, *Europe* を参照. 1989 年後の暗い未来については以下を参照. John Mearsheimer, “Why We Will Soon Miss the Cold War,” *The Atlantic*, August 1990, https://www.mearsheimer.com/wp-content/uploads/2019/07/A0014.pdf.

(18) こうした資料に依拠した私の最初の研究論文は 1993 年に公刊された(Sarotte, “Elite Intransigence”)．その後に続く私の研究については，参照文献一覧を

参照のこと.

(19) とりわけ，NSA (ナショナル・セキュリティ・アーカイブ)とトマス・ブラントンとスヴェトラーナ・サフランスカヤの尽力により，膨大な数の貴重な文書が機密解除された．同様に重要なのが，ロナルド・アスムス，コンドリーザ・ライス，フィリップ・ゼリコウが彼らの回顧録で用いた機密文書について典拠の全文を提供する決定をしたことである(Asmus, *Opening*; Zelikow and Rice, *Germany Unified*)．これはNSAや私たちによる機密解除をおおいに助けた．以下も参照．William Burr, "Trapped in the Archives," *Foreign Affairs*, November 29, 2019, https://www.foreignaffairs.com/articles/2019-11-29/trapped-archives.

(20) これらの資料に依拠した私の2010年の論文を参照．Sarotte, "Not One Inch Eastward?"

(21) ブッシュ・ライブラリーへの訪問につき，ジェフリー・エンジェルと，休みなく働いてくれた彼の学生ニック・リーヴスに感謝する．

(22) これらの資料を用いた最初の私の研究は，2010年のSarotte, "Perpetuating U.S. Preeminence"と2011年のSarotte, "In Victory, Magnanimity"である．

(23) Directive on the Public Disclosure of NATO Informationについて詳しくは以下を参照．https://www.nato.int/nato_static_fl2014/assets/pdf/pdf_archives/AC_324-D_2014_0010.pdf.

(24) "Kremlin Chides US for Bypassing Russia When Declassifying Yeltsin-Clinton Dialogue," TASS, August 31, 2018, https://tass.com/politics/1019409. 私がクリントン大統領図書館や他のコレクションに開示申請した申し立ては公式に記録されている．アメリカ国立公文書館記録管理局(NARA)のウェブサイトにある省庁間機密指定審査委員会(ISCAP)のアピールログ(appeals log on the ISCAP)を参照のこと．https://www.archives.gov/declassification/iscap.(注：本書執筆時点で，不服申し立てをしていた文書のいくつかはまだ開示されず，またいくつかの不服申し立て番号はまだログに記録されていない)クリントン大統領図書館に対して私が請求している文書で最も重要なものは以下である(以下の番号の前者は私がクリントン大統領図書館に請求したmandatory review request case numberで2015-xxxxとなる．後者はそれに対応したISCAP appeal numberで2016-xxxとなる．-0755/-140; -0756/-141; -0768/-142; -0769/-143; -0770/-144; -0771/-145; -0772/-146; -0773/-147; -0774/-148; -0775/-149; -0776/-150; -0777/-151; -0778/-152; -0779/-153; -0780/-154; -0781/-155; -0782/-156; -0783/-157; -0788/-158; -0789/-159; -0791/-160; -0792/-161; -0793/-162; -0807/-163; -0808/-164; -0809/-165; -0810/-166; -0811/-167; -0812/-168; -0813/-169; -0814/-170; -0815/-171; -0816/-172. クリントン大統領図書館に請求して，省庁間機密指定審査委員会への不服申し立てなしに開示されたものは以下．M-2016-0215, -0216, -0217, -0218, -0219, -0220, -0222, -0223,

-0224, -0225, -0226.

(25) Gaddis, *Landscape*, 4.

(26) Maxim Kórshunov, “Mikhail Gorbachev: I Am against All Walls,” *Russia Beyond*, October 16, 2014, https://www.rbth.com/international/2014/10/16/mikhail_gorbachev_i_am_against_all_walls_40673.html.

(27) NATO拡大は一度も議題にのぼらなかった，あるいはドイツにのみ関することであったという見解の主要な擁護者のなかには，ジェームズ・ゴールドガイアーやマーク・クレイマーがいる．ゴールドガイアーは，2020年秋の論文“NATO Enlargement”の154頁で，「ゴルバチョフ自身がのちに述べたように，1990年に彼らが行った諸会談は，東欧全体についてではなく，もっぱらドイツに関するものだった」と無批判に受け入れている．ゴールドガイアーによると，彼と「クレイマーは文書史料を徹底的に調べ」，「ポーランドやハンガリーといった国に関する約束はなかったし，それどころか議論さえなかった」という．以下からの引用．James Goldgeier, “Promises Made, Promises Broken?,” *War on the Rocks*, July 12, 2016, https://warontherocks.com/2016/07/promises-made-promises-broken-what-yeltsin-was-told-about-nato-in-1993-and-why-it-matters/. クレイマーは「その問題はドイツ統一交渉のあいだ，一度も議題にならなかった」と述べている．Kramer, “Myth,” 41を参照．フィリップ・ゼリコウとコンドリーザ・ライスは，ゴールドガイアーやクレイマーに同調し，1990年2月には「ポーランドやハンガリー，あるいはまだ現存している同盟〔ワルシャワ条約機構〕の加盟国がNATOに加わるという考えは，まだ議題となっていなかった」と2019年に書いている．Zelikow and Rice, *To Build*, 233.「ロシアはNATO拡大問題を決して取り上げなかった」という同様の言明は以下にもある．Christopher Clark and Kristina Spohr, “Moscow's Account of Nato Expansion is a Case of False Memory Syndrome,” *The Guardian*, May 24, 2015, https://www.theguardian.com/commentisfree/2015/may/24/russia-nato-expansion-memory-grievances. Spohr, “Precluded or Precedent-Setting?,” 18, 39, 52-53は「NATO拡大問題は決して独立したトピックとしては議題にならなかった」と述べている．本書が提示する証拠に従えば，これらの見解は支持されえない．以下のNATO自身の声明も参照．“NATO Enlargement and Russia: Myths and Realities,” https://www.nato.int/docu/review/2014/russia-ukraine-nato-crisis/nato-enlargement-russia/en/index.htm.

(28) ゴルバチョフの発言の引用はミッテランとの会談記録からである．ソ連の指導者は，彼がベーカーに述べたことをフランス大統領に説明していた．“**Из беседы М. С. Горбачева с Ф. Миттераном один на один,**” May 25, 1990, МГ, 458. 以下も参照．MGDF 425.

(29) Memcon, Bush-Thatcher, November 24, 1989, BPL online; “Prime Minister's

Meeting with President Bush at Camp David on Friday 24 November" [1989], my FOI 0884-07, UK Cabinet Office. イギリス側の記録ではブッシュの次の発言が加わっている. ブッシュは「ワルシャワ条約の存続を支えるべきかどうか悩んでいる. 西側がワルシャワ条約を解体するようないかなるイニシアティブも取るべきではないということには同意する. しかし, もし脱退への圧力が内側から来たらどうなるだろうか？ 西側はそうした国々に, 自らの意志に反してワルシャワ条約に留まるよう指示することはできないだろう」. ワルシャワ条約を「維持すること」というサッチャーの発言の引用は 11 月 24 日の閣議の要約から. "Speaking Note for Cabinet on 30 November [1989]," PREM 19/2892, Thatcher Foundation. サッチャー財団は, 複数の国の資料を収集した便利なオンラインコレクションを提供している. 「無花果の葉」というワルシャワ条約の描写は 1990 年 7 月の資料からである. そこでサッチャーとブッシュはもういちど「亡霊のようになりつつあるワルシャワ条約を存続させる賢明さないし望ましさ」について議論している. 「英首相は, それ〔ワルシャワ条約〕はゴルバチョフにとっての無花果の葉になりうると示唆した. 米大統領は, ゴルバチョフが少なくとも 1 年か 2 年の保護を必要としていることは受け入れたが, ワルシャワ条約の存続を促すような何かをしたり言ったりすることには彼の魂が抵抗すると述べた. 英首相は, もしワルシャワ条約が正式に解散したら, 人びとが NATO の必要性を疑問視するようになるというリスクを指摘した」. "Prime Minister's Meeting with President Bush," July 6, 1990, PREM 19/3466, Thatcher Foundation.

(30) 2 月 2 日から 4 日については第 2 章で詳細に分析する. 2 月 6 日については Sarotte, "Perpetuating U.S. Preeminence," 116-17 を参照. 2 月 8 日については "Memorandum for the President, from: James A. Baker, III," February 8, 1990, SDC 1990-SECTO-01009, SSSN USSR 91126-003, BPL を参照. ベーカーはブッシュに伝えたように, チェコの指導者たちの「主たる目標はソ連の軍隊を追い出すこと」であり, 彼らは「NATO がワルシャワ条約を正当化する」ことを心配しており, ワルシャワ条約を厄介払いするひとつの方法として NATO が去ることを提案した. その返答としてベーカーは, 二つの同盟は等価ではなく, ヨーロッパにおける「NATO の継続的な役割を強く主張した」という. 2 月 20 日から 27 日については, "Memorandum for the Secretary, Impressions from Hungary, Poland, Austria, and Yugoslavia," March 1, 1990, Hutchings Files, CF01502-005, BPL. 以下も参照. Shifrinson, "Eastbound," 823. 3 月 3 日のチェコ外相訪問については, "Summary of Diplomatic Liaison Activities," SERPMP 2124, n.d., but from context circa July 1991, Barry Lowenkron files, FOIA 2000-0233-F, BPL. 3 月 12 日については Sarotte, "Not One Inch Eastward?," 137 を参照. 3 月 17 日については, 同日のワルシャワ条約の外相会議の記録を参照. そこではチェコスロヴァキア, ハンガリー, ポーランドが, NATO が東西ドイツの分断ラインを

越えて東ドイツの領域まで東方に移動することをソ連外相が阻止しようとしたことに反対していた. “Drahtbericht des Botschafters Blech, Moskau,” March 21, 1990, DE 378n3; “Vorlage des Ministerialdirektors Teltschik an Bundeskanzler Kohl,” March 23, 1990, DESE 972, also note 5 on same page. 3月21日のポーランド外相の訪問については “Vorlage des Ministerialdirektors Teltschik an Bundeskanzler Kohl,” 972n7. 1990年の夏から秋にかけてのNATO訪問(6月29日にハンガリー外相, 7月18日にハンガリー首相, 10月23日にルーマニア首相, 11月15日にブルガリア外相. またここでは列挙しなかったが, 代表使節も訪問していた. NATO事務総長も外国訪問をしており, たとえば5月5日にプラハ, 7月17日から19日にモスクワ, 9月5日から8日に再びプラハ, 9月13日から15日までワルシャワ, 11月22日から23日にブダペストを訪問した)については以下を参照. “Summary of Diplomatic Liaison Activities”; Borkovec, *Naše cesta do NATO*, 8; and Kecskés, *View*, 21-22 and 22n5. 後者はハンガリーの研究所によるこのトピックの注目すべきかつ有益な資料である. 以下も参照. Stephan Kieninger, “Opening NATO,” OD 58-59.

(31) NATOとバルト諸国との連携可能性に関するブッシュの議論については第4章を参照. 正式な「ハンガリーの欧州評議会加盟提案(Antrag Ungarns auf Mitgliedschaft im EUR)」については以下を参照. “Botschafter von Schubert, Straßburg (Europarat), an das Auswärtige Amt,” November 16, 1989, AAP-89, 1558. ワルシャワ条約加盟国が直ちに条約を破壊したいわけではないという引用については, “Aufzeichnung... Dreher,” AAP-89, 1801.

(32) Baker and Glasser, *The Man*, 526-28. カーペンデールの書簡のオリジナルはSMMLに所蔵されている. ベーカーとカーペンデールの関係についてはBaker, *Politics*, 11, 524, 648を参照.

(33) Michiko Kakutani, “A Political Insider with Bush Tells of the Outside,” *New York Times*, October 6, 1995.

(34) チャーチルのこの発言は, 以下の1948年1月23日の下院での演説のもの. https://www.oxfordreference.com/view/10.1093/acref/9780191843730.001.0001/q-oro-ed5-00002969. モスクワとの交渉で(拡大に関するロシアの容認を得ようとして)示された, NATO拡大に関する政策決定についてタルボット自らが描いた歴史については以下を参照. Memcon, Chubais-Talbott, January 23, 1997, DS-ERR. この談話記録でタルボットは, 一連の二者択一の戦略的問題に対するクリントンの回答がもっぱら拡大を導いたのだとしている(つまり, 同様の問題に対するそれ以前のブッシュの回答には言及されないのだ).

(35) “The Bolshevik Goetterdaemmerung,” SDC 1991-Moscow-32811, November 15, 1991, CF01652-12, John A. Gordon Files, FOIA 2000-1202-F, BPL.

(36) McFaul, “Putin,” 134-35. 以下も参照. Rid, *Active Measures*, 387-422; Ver-

shbow and Fried, "How the West."

(37) "Address by President of the Russian Federation: Vladimir Putin Addressed State Duma Deputies, Federation Council Members, Heads of Russian Regions and Civil Society Representatives in the Kremlin," March 18, 2014, http://en.kremlin.ru/events/president/news/20603. 以下も参照. Vladimir Putin, "The Real Lessons of the 75th Anniversary of World War II," *National Interest*, June 18, 2020, https://nationalinterest.org/feature/vladimir-putin-real-lessons-75th-anniversary-world-war-ii-162982.

第1章

(1) Putin et al., *First Person*, 78–79.

(2) Putin et al., *First Person*, 69 (主たる敵), 78 (文書); Belton, *Putin's People*, 27, 33, 40, 50–54; Sarotte, *Collapse*, 10, 30. 広範囲に及ぶ「役所への突撃(Sturm auf die Dienststellungen)」の一部としてのドレスデンでの出来事については「シュタージ・オフィシャル・オンライン・ヒストリー」を参照. https://www.bstu.de/geschichten/die-stasi-im-jahr-1989/dezember-1989/ 以下も参照. https://stasibesetzung.de/bezirk.

(3) 引用は以下. Putin et al., *First Person*, 79; Myers, *New Tsar*, 50–51. 目撃者の名はジークフリート・ダナートであり, マイアーズが彼にインタビューしている.

(4) Putin et al., *First Person*, 76 (破壊, 文書, 焼却炉 destroyed, papers, furnace), 81 (性急 hasty), 168 (攻撃 hit). 以下も参照. Belton, *Putin's People*, 44–45; Myers, *New Tsar*, 50–52〔「このような状況で〜」は, チェチェン紛争に関する文脈での発言〕.

(5) ドルトンの引用は Kaplan, *United States*, 120 から. トルーマンの引用は以下. Kerri Lawrence, "National Archives Presents Rare Chance to View NATO Treaty," *National Archives News*, March 26, 2019, https://www.archives.gov/news/articles/national-archives-presents-rare-chance-to-view-nato-treaty 以下も参照. Hill, *No Place*, 16–18; Kaplan, *NATO 1948*, 218–19; Kaplan, *NATO Divided*, 15–17.

(6) Gaddis, *Strategies*, rev. ed., 9 をパラフレーズした. ギャディスはこれ〔ローズヴェルトの構想〕を「統合による封じ込め(containment by integration)」と呼んだ.

(7) トルーマンは「この[強硬派の]助言を, それを提供した者たちでさえ不安になるほど, 即座に受け入れたのである」. Gaddis, *Strategies*, rev. ed., 15–16.

(8) Gaddis, *We Now Know*, 115. より詳しくは, Applebaum, *Iron Curtain* を参照.

(9) Henrikson, "The Creation of the North Atlantic Alliance," in Reichart and Sturm, *American Defense Policy*, 300–302; Kay, *NATO*, 16–17; Ratti, *Not-So-Special*, 29–31; Sloan, *Defense of the West*, 21. マーシャル・プランについて詳細

は次を参照．the George C. Marshall Foundation Collection, Lexington, VA.

(10) ヴァンデンバーグ決議のテキストについては以下．https://www.nato.int/ebookshop/video/declassified/doc_files/Vandenberg%20resolution.pdf ヴァンデンバーグの描写については以下．Kaplan, *NATO 1948*, 93–94; Sloan, *Defense of the West*, 22.

(11) Gaddis, *Strategies*, rev. ed., 71–72; Sloan, *Defense of the West*, 21–22. 新たなベルリンの「空の架け橋」計画は1990年まで更新されていたらしい．以下を参照．B130-13. 525E, PA-AA.

(12) ケナンの引用はGaddis, *Strategies*, rev. ed., 72から．アメリカの選択肢が狭まっていくことについては，Logevall, "Critique of Containment," 474.

(13) Olesen, "To Balance," 63; Henrikson, "Creation," 306–7. その後，加盟国となったのち，スペインも同盟への軍事統合を制限し，フランスは1966年に統合軍事機構から離脱した．カスタマイズされた加盟条件については，NATOのウェブサイトにある概略史を参照．"Denmark and NATO," https://www.nato.int/cps/en/natohq/declassified_162357.htm?selectedLocale=en; "France and NATO," https://www.diplomatie.gouv.fr/en/french-foreign-policy/defence-security/france-and-nato/; "Norway and NATO," https://www.nato.int/cps/en/natohq/declassified_162353.htm; and "Short History of NATO," https://www.nato.int/cps/ie/natohq/declassified_139339.htm その文脈については以下を参照．Grzymala-Busse, *Redeeming*; Hill, *No Place*; Jacoby, *Enlargement*; Kaplan, *NATO Divided*, 24–26; Kay, *NATO*, 43; Sayle, *Enduring Alliance*; Shapiro and Tooze, *Charter*, xi; Sloan, *Defense*; Solomon, *NATO*, 22.

(14) ワシントン条約のテキストについてはNATOのウェブサイトを参照．https://www.nato.int/cps/en/natolive/official_texts_17120.htm. Kaplan, *United States*, 41–43も参照．

(15) Grayson, *Strange Bedfellows*, 16–18; "SHAPE in France," https://shape.nato.int/page134353332. ソ連の師団についてはShapiro and Tooze, *Charter*, ixを参照．NACについてはKecskés, *View*, 12を参照．

(16) Kaplan, *NATO before the Korean War*; Kaplan, *NATO Divided*, 9–10; Wells, *Fearing the Worst*.

(17) この表現はKaplan, *United States*, 8から．Ratti, *Not-So-Special*, 41–47も参照．朝鮮戦争について詳細はWells, *Fearing the Worst*を，強硬路線の政策文書，すなわちNSC-68についての詳細はGaddis, *Strategies*を参照．

(18) Grayson, *Strange Bedfellows*, 17–19; "Short History of NATO"; Sloan, *Defense of the West*, 26–33. タフトについては以下を参照．United States Senate, "Robert A. Taft: More than 'Mr. Republican,'" https://www.senate.gov/artandhistory/history/common/generic/People_Leaders_Taft.htm. 第二次世界大戦後

の欧州再建におけるアメリカの役割についてより全般的には Suri, *Liberty's Surest Guardian* を参照.

(19) "Short History of NATO"; Kay, *NATO*, 36.

(20) ギリシャとトルコの加盟については, 以下の NATO のウェブサイトを参照. https://www.nato.int/docu/review/2012/Turkey-Greece/EN/index.htm.

(21) Uelzmann, "Building Domestic Support," 147; European Defence Agency, "Our History," https://eda.europa.eu/our-history/our-history.html.

(22) この歴史に関する NATO 自身の説明は以下. https://www.nato.int/docu/update/50-59/1954e.htm. 外国軍のドイツ領土駐留に関わる法的問題の概略史についてはドイツ外務省のウェブサイトを参照. https://www.auswaertiges-amt.de/en/aussenpolitik/themen/internatrecht/-/231364. 以下も参照. Michael Creswell, "France, German Rearmament, and the German Question," in Bozo and Wenkel, *France and the German Question*, 55–71.

(23) 法的には 1948 年のブリュッセル条約が西ドイツを加盟させるために 1954 年 10 月に修正・拡大され, そのうえで西ドイツは 1955 年 5 月に NATO に加盟した. DBPO, 313n2 を参照. その後の二つのドイツ間の軍事的な対立については Nübel, *Dokumente* を参照.

(24) William Burr, ed., "U.S. Cold War Nuclear Target Lists Declassified for First Time," December 22, 2015, EBB-538, NSA. 本文献は「東ベルリンやその郊外への核爆弾の投下は, ファイアーストームをはじめとするさまざまな現象を引き起こし, 西ベルリンにも破滅的な影響を与える可能性が高い. 東ベルリンないし他の東ドイツを目標とした核攻撃に対する西ベルリンの脆弱性について, 戦略航空軍団が研究したかどうかは不明である」と記している. 冷戦期のベルリンについて詳しくは Hamilton, *Documents* を参照.

(25) ヨーロッパにおける核兵器をめぐる闘争について詳細は以下を参照. Colbourn, "NATO as a Political Alliance"; Nuti et al., *Euromissile Crisis*.

(26) ゴルバチョフの引用は以下. Gorbachev, *Memoirs*, 59. 以下も参照. Baker, *Politics*, 79–80; Kotkin, *Armageddon Averted*; Sarotte, "Not One Inch Eastward?," 125; Taubman, *Gorbachev*. 1989 年の東欧革命についてイギリスの視点からのものとして, Smith, *Documents* を参照.

(27) このときオルバーンはナジを称賛したが, 30 年後にオルバーンはナジの像をブダペストの目立つ場所から撤去している. 以下を参照. Rainer, *Imre Nagy*; "Hungarians Remember Imre Nagy, Hero of '56, as Orbán Tightens Grip," *The Guardian*, June 16, 2019; Valerie Hopkins, "Hungary's Viktor Orban and the Rewriting of History," *Financial Times*, July 24, 2019; Henry Kamm, "Hungarian Who Led '56 Revolt Is Buried as Hero," *New York Times*, June 17, 1989.

(28) 以下からの引用. Gorbachev-Németh conversation, March 3, 1989, GFA,

translation in GC.

(29) その協定は以下. “Abkommen vom 20. Juni 1969 zwischen der Regierung der Deutschen Demokratischen Republik und der Regierung der Ungarischen Volksrepublik über den visafreien grenzüberschreitenden Verkehr nebst Protokoll,” in BStU, MfS, Rechtsstelle 101, 70. ホーネッカーの発言は次からの引用. “Aus den Darlegungen Erich Honeckers,” June 15, 1989, Politbüro-Sitzungen im Büro Krenz, DY 30/IV 2/2. 039/74, SAPMO. ゴルバチョフの部下については以下から引用. Grachev, *Gorbachev's Gamble*, 173. 次のブカレスト・サミットの記録も参照. Bucharest Warsaw Pact meeting, July 11, 1989, DY 30/J IV/2/2A/3229, SAPMO.

(30) Engel, *When the World*, 26–29; Sarotte, *1989*, 24–25. ブッシュの競争心と用心深さの結びつきについては, Zoellick, *America*, 420 を参照.

(31) スコウクロフトの経歴の概観として次を参照. Robert D. McFadden, “Brent Scowcroft, a Force on Foreign Policy for 40 Years, Dies at 95,” *New York Times*, August 7, 2020. 以下も参照. Sparrow, *Strategist*. ベーカーについては, 彼の回顧録 *Politics* を参照.

(32) Gates, *From the Shadows*, 460. ベーカーのチームはロバート・ゼーリックが中心人物であり, ベーカーは, 送られてくる「文書のすべて」について, まず最初にゼーリックを通すようにした. Baker, *Politics*, 34.

(33) TOIW Robert Gates, July 23–24, 2000, GBOHP.

(34) Memcon, Bush-Mitterrand, July 13, 1989, 4:00–4:35pm, BPL online.

(35) Memcon, Baker-Shevardnadze (on plane to Jackson Hole, Wyoming), September 21, 1989, MR-2009-1030, BPL. ポーランドの変化のペースを緩めようとするブッシュ政権の努力については次を参照. Domber, “Skepticism and Stability,” 54.

(36) “Sowjetische Haltung zu Ungarn,” August 18, 1989, 213–322 UNG, Ref. 214, ZA139.937E, PA-AA (痛覚の閾値); “Mein Gespräch mit dem ungarischen AM Horn am 14.08.1989, 09.00–11.15 Uhr,” Staatssekretär Dr. Sudhoff, August 18, 1989, ZA178.925E, PA-AA (“危険な状況”). 以下も参照. “Gespräch des Bundesministers Seiters mit Botschafter Horváth, Bonn, 19. September 1989,” DESE 405; Hanns Jürgen Küsters, “Entscheidung für die deutsche Einheit,” DESE 44. ハンガリーと西ドイツの関係について詳細は次を参照. Schmidt-Schweizer, *Die politisch-diplomatischen Beziehungen*.

(37) 二つのほぼ同一のドイツ語での記録が残っている. “Vermerk des Bundesministers Genscher über das Gespräch des Bundeskanzlers Kohl mit Ministerpräsident Németh und Außenminister Horn, Schloß Gymnich, 25. August 1989,” DESE 377–80; and “Vermerk über das Gespräch am 25. August 1989 von 10.30

Uhr bis 13.00 Uhr in Schloß Gymnich," ZA 178.925E, PA-AA.

(38) ベーカーとシェワルナゼもまた，ハンガリーとポーランドのモスクワへの負債について協議していた．Memcon, Baker-Shevardnadze, September 21, 1989. コールの涙が溢れたという回想と，ハンガリーのモスクワへの従属については，Kohl, *Erinnerungen 1982-1990*, 922. ハンガリーの債務については，Spohr, *Post Wall*, 309.

(39) "Gespräch des Außenminister Fischer mit dem ungarischen Außenminister Horn in Ost-Berlin," August 31, 1989, DE 75-79; "Drahtbericht des Leiters der Zentralabteilung, Jansen, z. Z. Budapest, an den Leiter des Ministerbüros, Elbe, persönlich, 7. September 1989," DE 81-82.

(40) 駐モスクワのフランス大使は「ブダペストはこの問題についてモスクワから「青信号」をもらっていなかった」と報告している．"Télégramme de Jean-Marie Mérillon, ambassadeur de France à Moscou, à Roland Dumas," September 21, 1989, DFUA 67.

(41) Telcon, Bush-Thatcher, February 24, 1990, BPL online; "Drahtbericht des Leiters der Zentralabteilung, Jansen." 党大会については次を参照．Küsters, "Entscheidung," DESE 44-45.

(42) コールはハンガリーの意図についてブッシュに秘密裏に通告していた．Telcon, Bush-Kohl, September 5, 1989, BPL online. モスクワが事前に承認していなかった点については次を参照．"Télégramme de Jean-Marie Mérillon," September 21, 1989, 67.

(43) 1989年9月11日から11月13日にかけて流出した市民が約5万人(正確には49,338人)という統計値については，1989年11月16日の次の覚書を参照．Hilfe für Deutsche aus der DDR und Ostberlin, ab November 1989 bis 30.04.90, B85-1993, PA-AA.

(44) "Gespräch des Bundesministers Seiters mit Botschafter Horváth, Bonn, 19. September 1989," DESE 405.

(45) "Bürgerinitiativen in der DDR," October 12, 1989, Ref. 210, Az.: 210-320. 10, RL: VLR I Dr. Lambach, ZA140.684E, PA-AA.

(46) Telegram, Kohl-Németh, September 12, 1989, DESE 404 (コールの書簡); "9. Oktober 1989," BzL 13 (借款の上限); "27. November 1989," BzL 55-56 (ネーメトを自宅に招く).

(47) 「ハンガリーの欧州評議会加盟提案(Antrag Ungarns auf Mitgliedschaft im EUR)」，およびポーランドやユーゴスラヴィアによる加盟申請の意向のシグナルについては以下で議論されている．"Botschafter von Schubert, Straßburg (Europarat), an das Auswärtige Amt," November 16, 1989, AAP-89, 1558-61.

(48) "Aufzeichnung des Vortragenden Legationsrats I. Klasse Dreher," Decem-

ber 21, 1989, AAP-89, 1801. この史料は，改革に関心をもつすべてのソ連の衛星国が「ソ連にとってワルシャワ条約機構の存続が実存的な問題であること」を承知していたと説明する．「ワルシャワ条約機構が解体すれば，おそらくゴルバチョフの地位はもたず，ソ連を含む中・東欧全体の改革プロセスが危機に晒されるだろう．したがって，国内改革の拡充と防衛は，東側の同盟の安定性に左右されているのだ」．NATO に加盟しない理由として「ソ連への配慮」があることについては AAP-90, 1717 を参照．にもかかわらず，ハンガリー議会のすべての政党がワルシャワ条約を去る希望を表明していたことについては AAP-90, 786 を参照．

(49) ソ連の外相がブリュッセルの NATO を初めて訪問し，温かく迎えられたという歴史的な出来事については以下．"Botschafter von Ploetz, Brüssel (NATO), an das Auswärtige Amt," December 19, 1989, AAP-89, 1784, 1788. モスクワ駐在西ドイツ大使の引用は以下．"Botschafter Blech, Moskau, an das Auswärtige Amt," November 28, 1989, AAP-89, 1631. 以下も参照．Kecskés, *View*, 21.

(50) "GDR Crisis Contingencies," November 6, 1989, with handwritten cover note to Brent Scowcroft from Robert Blackwill, November 7, 1989, my 2008-0655-MR, BPL.

(51) "Schreiben von Alexander Schalck an Egon Krenz, 6.11.1989, mit der Anlage 'Vermerk über ein informelles Gespräch des Genossen Alexander Schalck mit dem Bundesminister und Chef des Bundeskanzleramtes der BRD, Rudolf Seiters, und dem Mitglied des Vorstandes [*sic*] der CDU, Wolfgang Schäuble, am 06.11.1989,'" in Hertle, *Fall der Mauer*, 484.

(52) 2週間後に作成された西ドイツの内部報告では，400万の人びとがもはや分断されていないベルリンを訪問したと計算されている．"Auswirkungen des 9. November auf die Lage in und um Berlin," November 24, 1989, in ZA140.685E, PA-AA. 全体像については，Sarotte, *Collapse* を参照．

(53) TOIW Brent Scowcroft, November 12-13, 1999, GBOHP.

(54) ドイツ連邦議会議長リタ・ジュースムートが訪問した際のゴルバチョフの発言．"Botschafter Blech, Moskau, an das Auswärtige Amt," November 18, 1989, AAP-89, 1571-72.

(55) "Handed over by the Soviet Ambassador at 2200 on 10 November," in file "Internal Situation in East Germany," Series "Germany," Part 1, PREM 19-2696_191.jpg, PRO-NA. 以下も参照．"Letter from Mr. Powell (No. 10) to Mr. Wall," November 10, 1989, DBPO 103-4.

(56) Sir R. Braithwaite (Moscow) to Mr. Hurd, November 11, 1989, DBPO 108.

(57) 東ベルリン駐在のイギリス大使が以下でブレイスウェイトのコメントを要約している．"Mr. Broomfield (East Berlin) to Mr. Hurd," December 6, 1989,

DBPO 152.

(58) "Minute from Sir P. Wright to Mr Wall, Secret and Personal," November 10, 1989, DBPO 105.

(59) "Vorlage an Bundeskanzler Kohl," n.d., but from context after November 10, 1989, DESE 548-49. 以下も参照. Letter from Mr. Powell to Mr. Wall, November 14, 1989, DBPO 120-22.

(60) ベーカーとその妻の発言については以下. Marjorie Williams, "He Doesn't Waste a Lot of Time on Guilt," *Washington Post*, January 29, 1989. 動物のリストは Baker, *Politics*, 217. ブッシュとベーカーの関係については, Sarotte, "Not One Inch Eastward?," 126.

(61) ベーカーの引用は Baker, *Politics*, 134, 213. ブッシュの引用は telcon, Bush-Kohl, November 17, 1989, 7:55-8:15am, BPL online. この会談のドイツ側の記録は DESE 538-40.

(62) コールが以下で 110 という数字を挙げている. "Gespräch des Bundeskanzlers Kohl mit Präsident Bush, Camp David, 24. Februar 1990," DESE 863.

(63) Memcon, Genscher-Scowcroft, November 21, 1989, Hutchings Files, FRG Memcons and Telcons, CF01413-019, BPL; 以下も参照. "Telegram aus Washington, Nr. 4743 vom 22.11.1989, 1337 OZ, An: Bonn AA," in ZA178.931E, PA-AA; "Gespräch des BM Genschers mit dem amerikanischen Außenminister Baker in Washington," November 21, 1989, AAP-89, 1590-94.

(64) "Vorlage des Leiters des Planungsstabs, Citron, für Bundesminister Genscher," February 23, 1990, DE 301-303. この文書の副題は「講和条約は不要」であった.

(65) Memcon, Bush-Genscher, November 21, 1989, 10:10-10:45am, BPL online. ここでブッシュは「われわれはベルリンの壁の上でジャンプしたり乾杯しなかったために批判されている」と述べている. "Gespräch des BM mit Scowcroft am 21.11.1989," ZA178.931E, PA-AA. DE unpub に収録されたこの文書にヤルタに関する加筆がある.

(66) Telcon, Bush-Mulroney, November 17, 1989, 9:49-10:05am, BPL online.

(67) Memcon, Bush-Mulroney, "Working Dinner with Canadian Prime Minister Brian Mulroney," November 29, 1989, BPL online.

(68) フィリップ・ゼリコウとコンドリーザ・ライスは, 共著の回顧録のなかで,「マルルーニーの警告は, ソ連はマルタで強硬な立場をとるだろうということを示唆していた」と述べている. Zelikow and Rice, *Germany Unified*, 125.

(69) バックチャネルの存在は以下の冒頭で言及されている. "Vorlage des Ministerialdirektors Teltschik an Bundeskanzler Kohl," December 6, 1989, DESE 616.

(70) おそらくは, ファリンはドイツの専門家であり, ポルトゥガロフとテルチク

は互いに知り合いだったため，彼らがソ連側のチャネルを管理するよう選ばれたと思われる．ファリンとポルトゥガロフについては，“SU und ‘deutsche Frage,’” DESE 616-18, especially 616n1. 以下も参照．Belton, *Putin's People*, 50-52; Teltschik, *329 Tage*, 42-43; Sarotte, *1989*, 70-72; Vladislav Zubok, “Gorbachev, German Reunification, and Soviet Demise,” in Bozo, Rödder, and Sarotte, *German Reunification*, 91. ファリンについての情報は以下のヴィリー・ブラント連邦首相財団のウェブサイトも参照．https://www.willy-brandt-biografie.de/wegbegleiter/e-g/falin-valentin/.

(71) Belton, *Putin's People*, 53.

(72) Teltschik, *329 Tage*, 43-44.

(73) “SU und ‘deutsche Frage,’” DESE 616-17. 回顧録でテルチクは，この公式文書の著者について，当時彼が書いた記録とは異なる記述をしている．すなわち，Teltschik, *329 Tage*, 43 ではテルチクは，公式文書はチェルニャーエフとファリンによるもので，ゴルバチョフの承認を得ていると思われると記している．対照的に，1989年12月6日付のコールへの覚書(DESE 616)では，テルチクは，ゴルバチョフからの明確なメッセージを含む文書を受け取ったと述べている．

(74) “SU und ‘deutsche Frage,’” DESE 617-18.

(75) “SU und ‘deutsche Frage,’” DESE 618nn2-3.

(76) 「不可欠な条件」は “SU und ‘deutsche Frage,’” DESE 618 に所収．のちにファリンは，彼がいかにして1990年にゴルバチョフとともに，ドイツにおける核兵器の問題を提起したかを述べている．Falin, *Konflikte*, 198-99 (84パーセントという数字もここから), and Falin, *Politische Erinnerungen*, 494-95; and also with the East German foreign minister, Rainer Eppelmann, in “8.5.1990 Gespräch zwischen DDR-Minister für Abrüstung und Verteidigung, Rainer Eppelmann, und Falin in Moskau. Bericht,” May 14, 1990, ADDR 618 (ここでファリンは，ゲンシャーによる「ドイツはフランスのようにNATOに帰属するべきである」という提案を引用している). 以下も参照．Küsters, “Einführung,” DESE 189. 冷戦期のヨーロッパおよびドイツにおける核兵器については以下を参照．William Burr, “The U.S. Nuclear Presence in Western Europe, 1954-1962, Part I,” July 21, 2020, EBB-714, NSA; Turner, *Germany*, 174.

(77) Kohl, Diekmann, and Reuth, *Ich wollte Deutschlands Einheit*, 254.

(78) Letter from Stephen Wall (FCO) to Charles Powell (No. 10), March 2, 1990, first attachment, “German Unification: Security Implications,” March 1, 1990, paragraph 35, released by my FOI request, ref. IC 258 724.

(79) そのメッセージは，おそらく東ドイツとも一緒にと付け足していた．“SU und ‘deutsche Frage,’” DESE 618.

(80) この問題については Von Plato, *Vereinigung*, 113-15. 以下も参照．Sarotte,

1989, 71

(81) 西ドイツの諜報機関は，1989年11月24日に東ベルリンのソ連大使館でファリンがおこなった会談のトランスクリプトを入手していたと報じられている．Dirk Banse and Michael Behrendt, “BND-Akte: So drängte Moskau die DDR-Führung zur deutschen Einheit,” *WELTplus*, February 18, 2020, https://www.welt.de/politik/deutschland/plus205949935/BND-Akte-So-draengte-Moskau-die-DDR-Fuehrung-zur-deutschen-Einheit.html.

(82) 誰が書いたかは不明のままだが，覚書のきわめて衝撃的な部分は，複数の人びとの仕事であるかもしれない．ファリンがチャネルを調整し，「非公式の」ほうの覚書のテキストは彼が自らの名前でゴルバチョフに与えたアドバイスを繰り返しているため，少なくともファリンが著者のひとりという可能性は高い．当時，ポルトゥガロフはその文書を，ゴルバチョフの支持者で政治局のメンバーであるアレクサンドル・ヤコヴレフの関与のもと，ファリンの部署から来たものだと見なしていた．以下を参照．“Vorlage des Ministerialdirektors Teltschik an Bundeskanzler Kohl,” December 6, 1989, DESE 616. 以下によれば，ボン駐在のソ連大使ユーリイ・クヴィチンスキも作成にかかわっていたかもしれない．Zubok, “Gorbachev, German Reunification, and Soviet Demise,” 91. この覚書を書いたとは認めていないものの，1993年の回顧録でクヴィチンスキは，壁が崩壊したのちにモスクワがドイツに統一かNATOかを選ぶことをもっと強硬に強いなかったことを嘆いている．Kwinzinskij, *Vor dem Sturm*, 22. 以下も参照．Bozo and Wenkel, *France and the German Question*, 223; Stent, *Russia*, 59; and Teltschik, *329 Tage*, 44.

(83) Teltschik, *329 Tage*, 45; Sarotte, *1989*, 72. コールはその覚書に本当にトップレベルの保証があるのか疑ったかもしれないが，その最後通牒の暗示が自らの劇的な動きを正当化できると認識したのである．

(84) AIW Blackwill; “Gespräch des Bundeskanzlers Kohls mit Außenminister Baker, Berlin (West),” December 12, 1989, DESE 639. ここでコールは，これらの事態を振り返って，次のようにベーカーに報告している．「もし私が10項目を提示していなかったら，私自身や貴方は，ある朝起きると，ゴルバチョフがそうした提案を示しているのを見ることになったでしょう．その提案は，連邦共和国はNATOから脱退しなければならないという条件を含んでいたでしょう．そうしたことがいまにも起こりそうだったことを理解しなければなりません」．それに対しベーカーは，「実際にゴルバチョフは，アメリカでの会談のなかで，似たような考えを提起していました」と答えた．

(85) テルチクがのちにボン駐在のイギリス大使に語るように，コールは「モスクワで明らかに進行していた考えに介入するために，明確なドイツの見解を示しておく必要性を感じていた」．Sir C. Mallaby (Bonn) to Mr. Hurd, November

28, 1989, DBPO 140. 以下も参照. Sarotte, *1989*, 70-72. 演説自体は以下. "Zehn-Punkte-Programm zur Überwindung der Teilung Deutschlands und Europas: Rede von Bundeskanzler Kohl vor dem Deutschen Bundestag am 28. November 1989 (Auszüge)," APBD-49-94, 632-38.

(86) "Schreiben des Bundeskanzlers Kohl mit Präsident Bush," November 28, 1989, DESE 567-73. ボン駐在のアメリカ大使ヴァーノン・ウォルターズは, コール首相が「ソ連と東ドイツに対して, 彼が何を言おうとしているか事前に明らかにしていた」と国務省に電報を送っているが, それは演説のテキストを送ることとは若干異なるだろう. SDC 1994-Bonn-37206, November 28, 1989, F-2015-10823, DS-ERR (この電報のコピーについてベルント・ローターーに感謝する). ヒトラーへの言及とその文脈についてはSarotte, *1989*, 72-76 を参照.

(87) "Из беседы М. С. Горбачева с Ф. Миттераном," December 6, 1989, МГ, 286-91. のちにコールは, 11月28日の計画を公表した動機についての詳細な書簡をゴルバチョフに送付している. "Bundeskanzler Kohl an den Generalsekretär des ZK der KPdSU, Gorbatschow," December 14, 1989, AAP-89, 1733-41. 以下も参照. Bozo, "'I Feel More Comfortable.'"

(88) フランスがEC議長国だった1989年11月末から12月にかけての決定的な時期については次を参照. Frédéric Bozo, "In Search of the Holy Grail," in Gehler and Loth, *Reshaping Europe*, 324-25.

(89) Betts, "Three Faces," 33.

(90) "Gespräch Mock-Hurd," December 20, 1989, ÖDF, 439-40. オーストリアは1989年7月17日にECに加盟申請していた. AAP-90, 67n3.

(91) Memorandum for the Secretary of State, from Lawrence Eagleburger, "Impressions from Hungary, Poland, Austria and Yugoslavia," March 1, 1990, Robert L. Hutchings Files, Eastern European Coordination, CF01502-005, BPL. 同様のコメントとして以下を参照. Memorandum for Brent Scowcroft, from Adrian Basora, "Impressions from Warsaw, Budapest, Vienna, and Belgrade," in the same file.

(92) 四原則に関する議論については以下を参照. Rödder, *Die Bundesrepublik Deutschland*, 149-51; Von Arnim, *Zeitnot*, 286.

(93) "Kohl's Ten-Point Program—Silence on the Role of the Four Powers," SDC 1989-Bonn-37736, December 1, 1989, CWIHPPC. 本資料は続けて, コールは「他の主要政党の指導者とそれ〔演説〕を共有もしなかった」と述べている. 以下も参照. "Vorlage des Ministerialdirektors Teltschik an Bundeskanzler Kohl, Bonn, 30. November, 1989, Betr.: Reaktionen aus den wichtigsten Hauptstädten auf Ihren 10-Punkte-Plan," DESE 574-77.

(94) 西ドイツ政治におけるゲンシャーの役割について詳しくは以下を参照.

Kirchner, "Genscher and What Lies behind 'Genscherism,'" 159-77.

(95) また，東ドイツとの関係は外交関係と見なされなかったため，東西ドイツ間関係の多くについては首相府が規定上担当していた．ボンのアメリカ大使館は，この西ドイツの首相府と外務省の分業について，以下のメモで説明しようとしている．"Inner-German Decisionmaking," SDC 1989-Bonn-25528, August 11, 1989, received by NSC August 12, 1989, Robert Hutchings Files, FRG Cables, CF 01413-012, BPL. 以下も参照．"Schreiben des Bundeskanzlers Kohl an Bundesminister Genscher," February 19, 1990, AAP-90, 190; and Telcon, Bush-Kohl, November 29, 1989, BPL online.

(96) 1989年12月3日，ベーカーは，マルタ会談の進め方についてはそうした考えがアメリカの原則であるとゲンシャーに説明した．"Vorlage des Ministerialdirektors Teltschik an Bundeskanzler Kohl," December 7, 1989, DESE 622.

(97) Memo for Brent Scowcroft, from Arnold Kanter and Robert Blackwill, "Possible Initiatives in the Context of Malta," November 24, 1989, sent to the author by BPL.

(98) スコウクロフトの引用は以下．TOIW Brent Scowcroft, November 12-13, 1999, GBOHP. ブッシュの伝記を執筆したジェフリー・エンジェルは「マルタ会談がもたらした米ソ関係の変化と呼べるようなものはほとんどない」と述べ，同意している．Engel, *When the World*, 304.

(99) いまやマルタ会談の記録はさまざまなかたちで閲覧できる．なかでもBPLはアメリカ側のメモを日付順でオンライン化しているし，ゴルバチョフはOBBでソ連版を公刊している．ベーカーはSMMLに記録を保管している．本文の引用は以下から．"Used by G. B. at initial session, 10am to 11am on board Soviet Cruise Ship MAXIM GORKI," December 2, 1989, folder 9, box 176, 12c/12, SMML. Sarotte, *1989*, 78も参照.

(100) "10:10am 12/3—2nd Extended Session (as yesterday-on board the Maxim Gorki)," copy sent to author by SMML.

(101) Beschloss and Talbott, *At the Highest Levels*, 159-61.

(102) とはいえ，問題もあった．ECのアピールはいささか成功しすぎてしまったのだ．いまや東ドイツ人も加盟を望んだが，「もう1700万人[のドイツ人]は多すぎた」のである．コールのコメントは以下．"Gespräch des Bundeskanzlers Kohl mit Präsident Bush, Laeken bei Brüssel, 3. Dezember 1989," DESE 603. 米側の記録はBush-Kohl, December 3, 1989, BPL online. 関連して，ブッシュがG7のアジェンダとして東欧諸国，および欧州復興開発銀行の創設の検討を進めようとしたことについては，Zoellick, *America*, 437を参照.

(103) NATOサミット自体については以下を参照．"Botschafter von Ploetz, Brüssel (NATO), an das Auswärtige Amt," December 4, 1989, AAP-89, 1672-

76. 米独協調について詳しくは Spohr, *Post Wall*, 5 を参照.

(104) スコウクロフトの引用は, TOIW Brent Scowcroft, November 12–13, 1999, GBOHP. 共著の回顧録の引用は, Bush and Scowcroft, *World Transformed*, 199. スコウクロフトの驚きに関する回想については, AIW Scowcroft.

(105) "Gespräch des Bundeskanzlers Kohl mit Präsident Bush, Laeken bei Brüssel, 3. Dezember 1989," DESE 604; note 9 on same page も参照.

(106) "Dresdner Kohl-Besuch, Rede bei Kundgebung vor der Frauenkirche," December 19, 1989, copy available under the month of December in http://www.chronik-der-mauer.de/chronik/#anchoryear1989. プーチンの引用については, Putin et al., *First Person*, 76.

(107) コールの演説は「他の利害に関わるところでは敬意を表した沈黙で満たされ, ドイツ統一に言及したところでは……熱狂的な喝采を巻き起こした」. Cable from East Berlin to FCO, Telno 488, December 20, 1989, ref. PREM-19-2696_006.jpg, PREM 19/2696 Part 1, PRO-NA.

(108) Kohl, *Erinnerungen 1982–1990*, 1020 からの引用. この過程でコールは突如として「条約共同体という構想を投げ捨て, できる限り迅速な, 連邦国家という形式での再統一を追求した」. Hanns Jürgen Küsters, "Helmut Kohl, der Mauerfall, und die Wiedervereinigung 1989/90," in Küsters, *Zerfall*, 231.

第2章

(1) 1990年代におけるヨーロッパのNATO諸国に配備された核兵器の正確な数は開示されていないが, 1960年代には約8000発あったことは明らかになっている. William Burr, "The U.S. Nuclear Presence in Western Europe, 1954–1962, Part I," July 21, 2020, EBB-714, NSA を参照. 以下も参照. Turner, *Germany*, 174. ドイツにおける核兵器をめぐる論争については, Trachtenberg, *Constructed Peace*, 399 を参照.「限定核戦争」の「Wintex」戦争ゲームについては, Spohr, *Post Wall*, 1 を参照.

(2) スコウクロフトの引用は, TOIW Brent Scowcroft, August 10–11, 2000, GBOHP にある. ゼーリックの引用は, Engel, *When the World*, 327 にある.

(3) これらのテーマに関する私のこれまでの研究については, Sarotte, *1989*; Sarotte, "Broken Promise?"; Sarotte, "Perpetuating U.S. Preeminence"; and Kramer and Sarotte, "Correspondence" を参照. 以下も参照. Marten, "Reconsidering"; Shifrinson, "Deal or No Deal?"; Trachtenberg, "United States"; Westad, *Cold War*, 606–7. 以下も参照. Klaus von Dohnanyi, "Russland im Visier," *Die Zeit*, June 18, 2019, https://www.zeit.de/2019/26/nato-osterweiterung-russland-horst-teltschik-william-burns/komplettansicht?print; and Horst Teltschik, "Die Legende vom gebrochenen Versprechen," *Die Zeit*, July 11, 2019, https://

www.zeit.de/2019/29/nato-osterweiterung-versprechen-1990-usa-sowjetunion.

(4) Baker, *Politics*, 32; AIW Blackwill; AIW Zoellick.

(5) "Letter from Mr Powell (No. 10) to Mr Wall [PREM: Internal Situation in East Germany]," January 31, 1990, DBPO 235-36.

(6) Memcon, Bush-Thatcher, November 24, 1989, BPL online.

(7) 1990年1月12日に，ゲンシャーのために準備された〔西ドイツ外務省による〕ソ連政治の分析では，ソ連政府は次に何をするのかについて未決定であり，「政治的可能性について幅」がある，と結論づけている．"Vorlage des Referatsleiters 213, Neubert, für Bundesminister Genscher, Haltung der Sowjetunion zur deutschen Frage," January 12, 1990, DE 210を参照．

(8) 彼は当初，ワシントンとボンの関係が緊密化していることに気づかず，1990年初頭には，4か国協議をもっと開催しようと不毛な努力を続けていた．以下にある，この問題に関する1989年12月と1990年1月のいくつものやり取りを参照．B130-13.524E, PA-AA. ベーカーは1990年1月，イギリス側に，「四大国の枠組みは，ドイツ全体に関する協議のためには適切ではない」とアメリカ政府は決定したと伝えた．"Secretary of State's Visit to Washington: Meeting with Baker," in Sir A. Acland (Washington) to FCO, January 30, 1990, DBPO 232.

(9) 引用は以下にある．"Vorlage des Referatsleiters 213, Neubert, für Bundesminister Genscher," January 12, 1990, DE 210, 213.

(10) "The Direction of Change in the Warsaw Pact," National Intelligence Council, 21 NIC M-90-100002, April 1990 (この報告は，1990年3月1日時点で利用可能な情報に基づくものであると記されている), CWIHPPC.

(11) ゴルバチョフの容認はポーランドや東ドイツには影響を与えなかったが(ソ連軍の両国への駐留は，1945年からの協定に基づくか，あるいは占領権に基づいていた)，ハンガリーとチェコスロヴァキアには，抗議の出発点を形成することになった．"BM-Vorlage des RL 201, VLR I Dreher, Betr.: Sowjetische Streitkräfte in den nichtsowjetischen Warschauer-Pakt-Staaten, hier: Stationierungsgrundlagen und Perspektiven," Ref. 213, Bd. 151690, January 23, 1990, DE unpub, PA-AAを参照．以下も参照．"Vorlage des Referatsleiters 201, Dreher, für Bundesminister Genscher," February 7, 1990, DE 239-42; "Agreement Concerning the Withdrawal of Soviet Troops Temporarily Stationed on the Territory of the Hungarian Republic, 11th March 1990," in Freedman, *Europe Transformed*, 510-12.

(12) Kwizinskij, *Vor dem Sturm*, 24.

(13) Baker discussion with Soviet finance minister, Memcon, March 14, 1990, folder 15, box 108, 8/8c, SMML; Zubok, "With His Back," 627-29.

(14) 補助金については，"Gespräch des Bundeskanzlers Kohl mit Botschafter

Kwizinskij," February 2, 1990, DESE 747n4 を参照. 以下も参照. "Vorlage des Ministerialdirektors Teltschik an Bundeskanzler Kohl," January 29, 1990, DESE 722-24; Küsters, "Entscheidung," DESE 79-81. ズボクが述べているように, シェワルナゼは「彼の西側のパートナーたち, 特にジェームズ・ベーカー米国務長官のことを, ソ連国内の「反動」勢力や「独裁」に対抗するために決定的に重要な同盟相手であると見なし始めていた」. 民族的にジョージア人であった彼は, 食料不足といった危機に直面した際に,「当然のごとく, ソ連・ロシア人の強硬派たちのスケープゴート」にされるだろうと懸念しており, 危機が悪化するのを阻止したいと思っていたのである. Zubok, "With His Back," 627.

(15) Hanns Jürgen Küsters, "Helmut Kohl, der Mauerfall, und die Wiedervereinigung 1989/90," in Küsters, *Zerfall*, 231-32. すべての外遊をキャンセルしたことについては, Zubok, "With His Back," 626 を参照.

(16) Falin, *Politische Erinnerungen*, 466, argued "die Außenpolitik wurde zur geheiligten Zone Gorbatschows, in allen Erfolgen und Miserfolgen trägt sie seine Handschrift." 以下も参照. Küsters, "Entscheidung," in DESE 86-87.

(17) チェルニャーエフの覚書の実物は, ゴルバチョフ財団のアーカイブ(GFA)にある. それらは, いくつもの形で出版されている. CNN は, その手書きの覚書の画像を, 以下のなかで, 頭に "GDR-FRG" とつけ, 日付は "27.1.90" という形で再録している. *Confidential CNN Cold War Briefing Book*. これは, CNN が1998年のテレビ・シリーズ *Cold War* のガイドブックとして独自に出版, 配信したものである. 手書きの覚書をタイプし直したものは, 以下で利用可能である(のちに, 日付が明確にされないまま, 追加のテキストが付け加えられており, 誰がそれを書いたのかも記されてはいない). "Обсуждение германского вопроса на узком совещании в кабинете Генерального секретаря ЦК КПСС," МГ, 307-11. また, "Diskussion der deutschen Frage im Beraterstab von Generalsekretär Gorbačev," MGDF 286-90. どちらも日付は1990年1月26日となっている. しかし後日, アレクサンダー・フォン・プラトーとのインタビューのなかで, チェルニャーエフは, 正しい日付は1990年1月25日だと述べている. Von Plato, *Vereinigung*, 188. CNN の本では, チェルニャーエフの覚書の写しはゴルバチョフ財団から直接入手したものだと注記されている. ゴルバチョフ財団は CNN に, 次のように伝えている.「これらは, ゴルバチョフの側近 A. チェルニャーエフの覚書です. それらは, その会合が終わった直後に書き留められました. その会合は, それ以外の形では記録されていません」. ゴルバチョフ財団は, 次のようにも付記している.「これらの覚書は決して完全なものではありません. 覚書の現物もそうです. 覚書の著者は, 自分自身の発言を含めていませんし, ファリンやアフロメーエフ, [そして]シャフナザーロフの発言もです」. ドイツ語の翻訳(MGDF 291)には, 以下のようなほぼ同様の注記が含まれている. "im

Verlaufe der Erörterung äußerten sich auch ausführlich Falin, Šachnazarov, Fedorov, Achromeev und Černjaev. Die Aufzeichnung wurde unmittelbar nach der Sitzung angefertigt, bei der kein Stenogramm (und selbst kein Protokoll) geführt wurde. Die Aufzeichnung ist unvollständig." つまりは，ファリンの発言はどこにも見当たらないということである．当時，他の場所で彼が発言したり書いたりしたものから考えると，彼はおそらく，議論されていることに反対したのだろう．チェルニャーエフが，ファリンや他の強硬派(彼やゴルバチョフの親西側的発言に反対する者)の発言を省いたことによって，おそらくは，彼の覚書がより親西側寄りへとゆがめられることになった．ファリンの回顧録，*Politische Erinnerungen*, 490 のなかでのこの会合の説明によると，会合は何らかの結論を出したのではなく，問題はまだ開かれたものであるという形で締めくくられたのだった．"Die Vereinigung Deutschlands soll die NATO nicht an unsere Grenze bringen. Wie ist das zu bewerkstelligen? Man muß darüber nachdenken. Die Sitzung des Krisenstabs endet in dem Tenor: Alles haben sich gründlich Gedanken zu machen." この問題については，Sarotte, "Führungsduo?" 参照．より大きな文脈に関しては，Stent, *Russia*, 104-6 参照.

(18) Chernyaev notes, GFA; MGDF 286-91. 以下も参照．"Vorlage des Ministerialdirektors Teltschik an Bundeskanzler Kohl," January 29, 1990, DESE 722-24; Küsters, "Entscheidung," DESE 86-87.

(19) MGDF 287. これらの動きのひとつとして，政治局のある委員会は軍の撤退について検討を開始した．ただしゴルバチョフは，米軍が西ドイツに留まり続ける限り，ソ連軍も駐留し続けると考えるべきであることを認めていた．Zubok, "With His Back," 634.

(20) Chernyaev notes, GFA. 以下も参照．MGDF 289. 当時のドイツ統一に関するゴルバチョフの考えについてのさらなる情報は，"За Германию, единое отечество," МГ 325-26 を参照．

(21) "Die 'Vereinigung der Deutschen' wird nicht 'in Zweifel gezogen,'" MDR. de, https://www.mdr.de/zeitreise/gorbatschow-deutsche-einheit-100.html; 西ドイツ外務省は，ゴルバチョフが言及したタイミングについて特別の注意を払っていた．"Der Zeitpunkt von Gorbatschows Äußerungen (Bildtermin vor Beginn des Gesprächs mit Modrow) macht deutlich, daß der Besuch des DDR-Ministerpräsidenten zwar den Anlaß gegeben, Ihren Inhalt jedoch nicht beeinflußt hat": "Aufzeichnung...Lambach," January 31, 1990, AAP-90, 89. 以下も参照．"Botschaft von Michail Gorbatschow," November 24, 1989, in Nakath, Neugebauer, and Stephan, "*Im Kreml*," 69-72.

(22) "Vorlage des Referatsleiters 213, Neubert, für Bundesminister Genscher," January 31, 1990, DE 225. ノイベルトについてのさらなる情報は，以下を参照.

AAP-1989, 1904; Sarotte, "Führungsduo?" 1990年2月2日にゴルバチョフがコールをモスクワに招待した際，その招待はノイベルトの言葉が正しかったことを示したようであった．"Schreiben des Generalsekretärs Gorbatschow an Bundeskanzler Kohl," February 2, 1990, DESE 748-49.

(23) ゲンシャーの引用は以下にある．"Botschafter von Ploetz, Brüssel (NATO), an das Auswärtige Amt," December 15, 1989, AAP-89, 1758.

(24) フォン・アルニムによると，ゲンシャーは1990年1月初頭に開催されたFDPの公現祭集会〔年次党大会〕の場でそれを行った．*Zeitnot*, 265. 当時，西ドイツ外務省内でもたれていた前提は「ソ連が東ドイツをNATOに含めることに同意するなど考えられない」というものだった．"Aufzeichnung des Staatssekretärs Sudhoff," January 11, 1990, AAP-90, 32.

(25) "Rede in der Markt-Kirche in Halle," December 17, 1989, in Genscher, *Unterwegs*, 238.

(26) "Rede des Bundesministers des Auswärtigen, Hans-Dietrich Genscher, zum Thema 'Zur deutschen Einheit im europäischen Rahmen,' bei einer Tagung der Evangelischen Akademie Tutzing, am 31. Januar 1990," reprinted in Kiessler and Elbe, *Ein runder Tisch*, 245-46. 英語版は以下にある．Freedman, *Europe Transformed*, 436-45. アメリカの反応については，以下を参照．SDC 1990-Bonn-03400, February 1, 1990, EBB-613, NSA; Sarotte, *1989*, 104.

(27) Bush and Scowcroft, *World Transformed*, 237. サッチャーもまた驚いた．以下，参照．Letter from Mr. Powell (No. 10) to Mr Wall, January 31, 1990, DBPO 233; AIW Zoellick; Zelikow and Rice, *To Build*, 228.

(28) "Memorandum for Brent Scowcroft," January 26, 1990, my 2008-0655-MR, BPL. ネーメトの動機に関するブッシュと彼の側近らの推測については，以下を参照．"Notes from Jim Cicconi [notetaker] re: 7/3/90 pre-NATO Summit briefing at Kennebunkport," and "Briefing of Pres on NATO summit at Walker's Pt," folder 3, box 109, 8/8c, SMML. ハンガリーが，できる限り早く，理想的には1990年が終わる前までに，全ソ連軍が撤退することを望んでいたことについては，以下を参照．"Gespräch des Bundesministers Genscher mit dem ungarischen Außenminister Horn in Budapest," November 23, 1989, AAP-89, 1602.

(29) SDC 1990-Bonn-14094, May 4, 1990, DS-ERR. ソ連軍のハンガリーからの撤退についてのさらなる情報は，以下を参照．"Agreement Concerning the Withdrawal of Soviet Troops," 510-12. ソ連軍のチェコスロヴァキアからの撤退についてのさらなる情報は，以下を参照．"Из беседы М. С. Горбачева с А. Дубчеком," May 21, 1990, МГ 446-47.

(30) "55. Deutsch-französischen Konsultationen, Paris," April 26, 1990, DESE 1057. 数年後，エストニアは同じようなことをクリントン政権に報告している．

すなわち，エストニア領内に駐留していたかつてのソ連軍は，「国内の安全保障上の脅威」であった．「というのもソ連軍は，核弾頭装備ミサイルを含むあらゆる種類の兵器を密輸し，組織犯罪と緊密な関係にあったからである」．"Estonian PM Laar's Meeting with Depsec Talbott and U/S Tarnoff," April 18, 1994, DS-ERR.

(31) Genscher, *Erinnerungen*, 715.

(32) 以下からの引用．SDC 1990-State-036191, February 3, 1990, "Subject: Baker/Genscher Meeting February 2," 2008-0620-MR, BPL. 関連する文書は以下にある．folder 14, box 108, 8/8c, SMML; イギリスの反応については，以下を参照．Sir A. Acland (Washington) to Mr. Hurd, February 5, 1990, on the subject of "Genscher's Visit to Washington: 2 February," DBPO 254-55. 以下も参照．Al Kamen, "West German Meets Privately with Baker," *Washington Post*, February 3, 1990; Al Kamen and R. Jeffrey Smith, "Baker Carrying Crowded Agenda to Moscow Talks," *Washington Post*, February 4, 1990; Genscher, *Erinnerungen*, 716-19.

(33) 最終的にサッチャーは，四大国によるこれ以上のやり取りを「アメリカとフランスが同意することはおそらくありえないだろう」ことを受け入れた．Letter from Mr. Powell (No. 10) to Mr. Wall, February 6, 1990, DBPO 264.

(34) 以下を参照．Falin, *Politische Erinnerungen*, 491-92.

(35) ベーカーらの側近は，彼らが会合を行う前に，すぐに6か国という構想について話し始めた．Genscher, *Erinnerungen*, 716-19; Zelikow and Rice, *Germany Unified*, 174-77. 会合自体については，以下を参照．"JAB notes from 2/2/90 press briefing following 2. hr meeting w/FRG FM Genscher, WDC," folder 14, box 108, 8/8c, SMML.

(36) ブッシュの見方についてのゲンシャーの要約は，以下にある．Genscher, *Erinnerungen*, 718-19. ゲンシャーは，彼が1990年2月2日の金曜日にベーカーと会い，その後，ホワイトハウスでブッシュに迎えられ，その際ブッシュは，彼とベーカーが話し合った内容に祝福を与え，さらに同日中に，西ドイツに戻ったと述べている．SMMLにあるベーカーの日程カレンダーでは，彼とゲンシャーが午後5時15分に会談を開始し，7時45分頃にそろって記者会見を開いたことが確認できる(それについては，多くの報道もある)．しかしブッシュは，ノースカロライナ州とテネシー州でのイベントのために，その日の午前8時28分に出発し，ホワイトハウスには戻らず，週末のためにキャンプ・デーヴィッドへそのまま向かった．それゆえ，1990年2月2日にゲンシャーがベーカーと話した後，ブッシュがホワイトハウスで彼を出迎えたというゲンシャーの回想は不正確である．ゲンシャーが行ったと言っているブッシュとの会話がいつだったのかは定かではない．1990年2月2・3日のブッシュのスケジュールを提供してくれたBPL

のザッチャリー・ロバーツに感謝する.

(37) SDC 1990-State-036191, February 3, 1990. SDC 1990-State-036191, February 3, 1990.

(38) "Gespräch des Ministerialdirektors Teltschik mit Botschafter Walters, Bonn, 4. Februar 1990," DESE 756-57 は, "Zentraleuropa" について論じている.

(39) Hutchings, *American Diplomacy*, 114.

(40) Küsters, "Entscheidung," DESE 91 のなかにある, ゲンシャーに対するアメリカ政府の不信感についての要約を参照. 短距離核戦力に関する論争のなかで用いられた「ゲンシャリズム」という概念については, Kirchner, "Genscher and What Lies behind 'Genscherism,'" 159-77 を参照.

(41) Mr. Hurd to Sir C. Mallaby, Bonn, February 6, 1990, "Secretary of State's Call on Herr Genscher: German Unification," DBPO 261-62. 以下も参照. Sarotte, "Perpetuating."

(42) "Ministerbüro, Bonn, den 07.02.1990, Vermerk, Betr.: Gespräch BM mit britischem AM Hurd am 06. Februar 1990," in ZA 178.927E, PA-AA. 以下も参照. Spohr, "Germany, America," 237n69.

(43) イギリス外相は, ボンに滞在するあいだに, この不満をコールに個人的に伝える機会があった. Letter from Mr. Wall to Mr. Powell (No. 10), "Foreign Secretary's Call on Chancellor Kohl: 6 February," February 7, 1990, DBPO 270 を参照.

(44) "Ministerbüro, Bonn, den 07.02.1990, Vermerk, Betr.: Gespräch BM mit britischem AM Hurd am 06. Februar 1990"; Mary E. Sarotte, "Diplomatie in der Grauzone," *Süddeutsche Zeitung*, November 7-8, 2009. また, Sarotte, "Enlarging NATO, Expanding Confusion," *New York Times*, November 29, 2009.

(45) 1週間後の訪問のための日程調整に関する1990年2月2日に行われた会議については, Teltschik, *329 Tage*, 124 を参照.

(46) "Memorandum for the President, From: Brent Scowcroft, Subject: Trip Report: Wehrkunde Conference in Munich, FRG, Feb. 3-4, 1990," in my 2008-0655-MR, BPL.

(47) "Trip Report: Wehrkunde Conference". 以下も参照. Küsters, "Entscheidung," DESE 90-92; Teltschik, *329 Tage*, 127.

(48) AIW Zoellick. ドイツ首相へのメッセージの草稿については, Memorandum for Brent Scowcroft, from Philip Zelikow, "Message to Kohl," February 8, 1990, my 2008-0655-MR, BPL を参照.

(49) "Trip Report."

(50) "Rede von Hans-Dietrich Genscher vor der SIPRI-IPW-Konferenz in Potsdam," February 9, 1990, ADDR 457.

(51) 引用は以下にある．“Deutsch-französische Direktorenkonsultation in Bonn,” February 8, 1990, DE 253.
(52) Von Arnim, *Zeitnot*, 265.
(53) “DB Nr. 551 des Botschafters Blech (Verf.: v. Arnim), Moskau, an AA, Erörterung der dt. Frage im Plenum des ZK der KPdSU vom 05.02-07.02,” DE unpub, PA-AA. ゲンシャーに対するフォン・アルニムの反発については，Gerhard A. Ritter, “Deutschland und Europa,” in Brauckhoff and Schwaetzer, *Genschers Außenpolitik*, 224-25 を参照．モスクワにおけるフォン・アルニムの同業者であったフランス大使も同様に，ソ連政府の指導者たちはドイツ統一問題について両極端な意見のあいだで，とりわけ「二つの戦略(ブロック戦略と駆け引き戦略)」のあいだで揺れ動いているとフランス本国へ報告した．“Télégramme de Jean-Marie Mérillon, ambassadeur de France à Moscou, à Roland Dumas,” February 8, 1990, DFUA 209-12 を参照．
(54) テルチクは，フォン・アルニムの回顧録に序文を寄稿し，彼らのあいだに接触があったことを認めている．“Vorwort von Horst Teltschik,” in von Arnim, *Zeitnot*, 7-10. 引用は，266-67 にある．AIW Teltschik.
(55) Von Arnim, *Zeitnot*, 268.
(56) “Aufzeichnug des Ministerialdirigenten Hartmann,” January 29, 1990, DESE 733-34.
(57) Sir C. Mallaby (Bonn) to Mr Hurd, February 5, 1990, DBPO, 254.
(58) “Vorlage des Ministerialdirektors Teltschik an Bundeskanzler Kohl,” n.d., but from context between February 7 and 9, 1990, DESE 772.
(59) AIW Ross; AIW Zoellick.
(60) Sarotte, “How to Enlarge NATO,” 7.
(61) “The Beginning of the Big Game,” Memorandum for Brent Scowcroft, from Robert Blackwill, February 7, 1990, my 2008-0655-MR, BPL. 以下も参照．“Vorlage des Referatsleiters 201, Dreher, für Bundesminister Genscher,” February 7, 1990, DE 242-43.
(62) “Speech by NATO Secretary General Manfred Wörner [*sic*], Hamburg, 8 February 1990,” in Freedman, *Europe Transformed*, 466; Zelikow and Rice, *To Build*, 233-34.
(63) 1990年2月のベーカーの訪ソは，1989年5月に続き二度目であった．Baker, *Politics*, 72-83.
(64) David Remnick, “Protesters Throng Moscow Streets to Demand Democracy,” *Washington Post*, February 5, 1990. 当時ソ連政府が直面していた諸問題についてより詳しくは，Beissinger, *Nationalist Mobilization*; Kotkin, *Armageddon Averted*; Suny, *Revenge of the Past* を参照．本書の序章で述べたように，ベーカ

ーはモスクワに向かう途中，チェコスロヴァキアの指導者らと会談をし，ソ連の権威がどれほど弱まっているかを聞かされていた．この会談についての彼の要約をもう少し詳しく引用しておくことは有益だろう．モスクワへ移動する途中ベーカーは，ブッシュに内々に，当時のチェコスロヴァキア指導部の主な目標が「ソヴィエトを追い出すこと」であると報告した．「1969年の際はソ連は1日でやって来たのに，出て行くときはどうしてこれほど時間がかかるのか」と，チェコスロヴァキア側はベーカーに述べていた．チェコスロヴァキアは，「NATOが(ワルシャワ)条約機構を正当化し，それと関わろうとしないことを懸念しているようである．彼らにとって，〔NATOとワルシャワ条約機構という〕複数の同盟があることは，ヨーロッパの分裂を意味するのである」．つまり，チェコスロヴァキアの指導者らはベーカーと，NATOの将来について，ゲンシャーと同じ言葉で論じたのである．すなわち，ヨーロッパの統一のためにNATOは，その役割の縮小を受け入れるべきである．というのも，それがソ連の撤退を容易にするからであると．ゴルバチョフとの会談の前日，ベーカーは，ドイツの統一と中・東欧の将来がつながっているとの理解を示しつつ，こう記していた．「ドイツの統一をNATO内で管理することが，これらの中欧諸国にとって非常に重要であるかもしれない」．SDC 1990-SECTO-01009, Memorandum for the President, from James Baker, "My Visit to Czechoslovakia," February 8, 1990, SSSN USSR 91126-003, BPL.

(65) この会談ではまた，「ドイツ統一問題についての全ヨーロッパ規模の国民投票」などといったあまり要領を得ない話も持ち出された．Memcon, Baker-Shevardnadze, Obsobuyak Guest House, February 9, 1990, 9:00-10:00am, EBB-613, NSA.

(66) "JAB notes from 2/7-9/90 Ministerial Mtgs., w/ USSR FM Shevardnadze, Moscow USSR," note "GERMANY 2/8/90," in folder 14, box 108, 8/8c, SMML; 以下にある写しも参照．folder 13, box 176, 12/12b, また，Baker, *Politics*, 202-6.

(67) この会談については，いくつもの公表されている記録がある．英文で書かれたベーカーの要約は，次のドイツ語のタイトルで出版されている．"Schreiben des Außenministers Baker an Bundeskanzler Kohl, 10. Februar 1990," DESE 793-94. ゴルバチョフは，まず以下で部分的に会談を再現している．"Из беседы М. С. Горбачева с Дж. Бейкером, 9 февраля 1990 года," МГ, 332-38. また以下では，会談の異なった部分が別々になっている．"Из беседы с Джеймсом Бейкером Москва, 9 февраля 1990 года," Овв 250-54, 349-50, 377-80. 他にもいくつかの翻訳や抜粋が存在するが，これらの資料が最も有用である．

(68) "Nuclear potential". Овв 378-80からの引用．ベーカーの質問は以下のどちらにもある．DESE 794とМГ 338. "zone"と"we agree"の引用は以下にある．МГ 338.

(69) のちにゴルバチョフはそれを，ドイツに関する「妥協のための道が開かれた」瞬間であったと表現している．Gorbachev, *Memoirs*, 529. 以下も参照．**Филитов, *Германия*,** esp. chap. 8.
(70) Von Arnim, *Zeitnot*, 286.
(71) Gates, *From the Shadows*, 476-77 (on an earlier meeting in May 1989), 491-92 (on February 1990). 以下も参照．Engel, *When the World*, 330-32; Shifrinson, "Deal or No Deal?," 24.
(72) Memcon, Gates-Kryuchkov, KGB Headquarters (New Building), Dzerzhinskaya Square, Moscow, February 9, 1990, 1500-1715, EBB-691, NSA.
(73) 「ゴルバチョフは，用心した方が良い」というのがゲーツの考えだった．Gates, *From the Shadows*, 491.
(74) Baker, *Politics*, 206; Teltschik, *329 Tage*, 137.
(75) "Schreiben des Außenministers Baker an Bundeskanzler Kohl," DESE 794.
(76) Teltschik, *329 Tage*, 135-36.
(77) 1990年2月8日に調印された食糧に関する合意についての覚書は，以下を参照．"Gespräch des Bundeskanzlers Kohl mit Botschafter Kwizinskij," February 2, 1990, DESE 747n4.
(78) 「自分自身のもの」という引用は，以下にある．Zelikow and Rice, *Germany Unified*, 187. 以下も参照．423n62.
(79) "Schreiben des Präsidenten Bush an Bundeskanzler Kohl, 9. Februar 1990," DESE 784-85; "Speech by NATO Secretary General Manfred Wörner [*sic*], Hamburg," February 8, 1990, 466.
(80) Von Arnim, *Zeitnot*, 287. 会場については以下を参照．Myers, *New Tsar*, 188.
(81) "8. Februar 1990," BzL 95-96.
(82) "**Из беседы М. С. Горбачева с Г. Колем один на один,**" February 10, 1990, МГ 345; and "Gespräch des Bundeskanzlers Kohl mit Generalsekretär Gorbatschow, Moskau, 10. Februar 1990," DESE 799. 以下にある議論も参照．Teltschik, *329 Tage*, 137-43.
(83) "Gespräch BM mit AM Schewardnadse am 10.02.1990 im Kreml (16.00 bis 18.30 Uhr)," February 11, 1990, ZA178.928E, PA-AA.
(84) "Gespräch des Bundeskanzlers Kohl mit Generalsekretär Gorbatschow, Moskau, 10. Februar 1990," DESE 799-800. 以下も参照．DE 226n8.
(85) "**Из беседы М. С. Горбачева с Г. Колем один на один,**" 10 February 1990, МГ 351. この文言〔非同盟国(nonaligned state)〕は元々，ファリンが準備したブリーフィングペーパーのなかにあった．ファリンは，もしドイツがひとつの国家を形成するならば，それが「陣営に属さない(bloc-free)」ものでなければならな

いとする条件を加えていた．ファリンは回顧録で，「陣営に属さない」という言葉を慎重に選んだのは，「中立(neutral)」よりも受け入れやすい響きがあると考えたからだと記している．Falin, *Konflikte*, 159.

(86) "Gespräch des Bundeskanzlers Kohl mit Generalsekretär Gorbatschow, Moskau, 10. Februar 1990," DESE 801-5.

(87) テルチクは彼の本のなかで，これらの出来事について記述した部分に，以下のような表題を付けている．"Grünes Licht in Moskau〔モスクワにおける青信号〕." Teltschik, *329 Tage*, 137-46.

(88) "Gespräch des Bundeskanzlers Kohl mit Generalsekretär Gorbatschow, Moskau, 10. Februar 1990," DESE 807.

(89) のちのロシアの指導者のひとりは，2月10日の独ソ首脳会談の結論が文字にして書き留められなかったことをとりわけ後悔することになる．Примаков, *Встречи*, 211.

(90) "Delegationsgespräch des Bundeskanzlers Kohl mit Generalsekretär Gorbatschow," February 10, 1990, DESE 809.

(91) Von Arnim, *Zeitnot*, 288.

(92) 2月10日の記者会見を含むテレビ放送の抜粋はオンラインで視聴できる．https://www.youtube.com/watch? v=AWPecuWX7Pg; "Erklärung des Bundeskanzlers Kohl vor der Presse am 10. Februar 1990 in Moskau," DESE 812-13.

(93) Genscher, *Erinnerungen*, 724; Teltschik, *329 Tage*, 142.

(94) 彼らは二人で執筆した回顧録で，以下のように追想している．「コールは会談後すぐにブッシュ大統領に電話しなかったので，……コールの記者会見でのコメントを聞いて胸をなで下ろした」．Bush and Scowcroft, *World Transformed*, 241.

(95) Falin, *Konflikte*, 162.

(96) TSM Collection, HIA. これらの史料は，次の二つの形で存在する．おそらく同時進行的にとられた簡易の覚書と，日記である．上記の情報は，1990年2月12-13日付の日記から(331-32頁)．また，以下に翻訳されたものがある．EBB-613, NSA. NSA版の日付は，1990年2月12日になっている．以下も参照．Zubok, "With His Back," 631.

(97) たとえば，サッチャーとの会話．"Gespräch des Bundesministers Genscher mit der britischen Premierministerin Thatcher in London," February 14, 1990, DE 268を参照．以下も参照．Mr. Fall (Ottawa) to FCO, February 13, 1990, DBPO 288. また，"Gespräch der Außenminister Genscher, Baker, Dumas und Hurd in Ottawa," February 11, 1990, DE 254-56.

(98) ゲンシャーの言葉は以下にある．von Arnim, *Zeitnot*, 288-90.

(99) Teltschik, *329 Tage*, 143.

(100) GDE, vol. 4, 247.

(101) Telegramm aus Moskau, Nr. 602 vom 11.02.1990, 1028 OZ, An: Bonn AA, and “Meeting between Mikhail Gorbachev and Helmut Kohl” (document in English in German archive). どちらも以下にある. Reisen, Konsultationen BK, ZA 151.638E, PA-AA; von Arnim, *Zeitnot*, 289.

(102) たとえば以下にある, 懐疑的なソ連の交渉相手に対して, ディーター・カストルップがタス通信の発表を利用しているのを参照. “Gespräch des Leiters der Politischen Abteilung, Kastrup, mit dem sowjetischen stellvertretenden Außenminister Adamischin in Genf,” March 2, 1990, DE 324–25. 同頁の, 注32も参照.

(103) これらの引用はゴルバチョフとモドロウの1990年2月12日の電話会談からのものであり, 以下のどちらにもある. MГ 362とMGDF 339.

(104) ドイツ語の元々の言葉は, “betont unspektakulaer.” Telegramm aus Moskau, Verfasser: Haller, No. 629 vom 13.02.1990, 1415 OZ, in Reisen, Konsultationen BK, ZA151.638E, PA-AA.

(105) Letter from Mr. Powell (No. 10) to Mr. Wall, February 10, 1990, DBPO 282.

(106) 以下の記録からの引用. AIW Hurd, SMML. 以下も参照. Hurd, *Memoirs*, 384. このなかでハード外相は以下のように付言している.「私は一度も, 彼[コール]ができる限り早くドイツ統一を進めようとしたことを非難したことはありません. それは指導者として正しいものでした. 彼と同じ立場になれば, マーガレット・サッチャーも同じことをしたでしょう. ……窓は狭かったが, 彼はそれを潜り抜けました. 途中でガラスを少し割ったが, 思っていたほどではありませんでした」.

(107) Zelikow and Rice, *Germany Unified*, 190.

(108) Baker, *Politics*, 208. ベーカーの旅程は以下を参照. https://history.state.gov/departmenthistory/travels/secretary/baker-james-addison.

(109) Hutchings, *American Diplomacy*, 114.

(110) “NATO-Ministerratstagung in Ottawa,” February 13, 1990, DE 263. 以下も参照. “Drahtbericht des Botschafters von Ploetz, Brüssel (NATO),” February 17, 1990, DE 271–76, on “zunehmende Zeichen der Verstimmung bei kleineren Bündnispartnern.”

(111) “Drahtbericht des Botschafters Knackstedt, Warschau,” February 19, 1990, DE 276.

(112) TSM Collection, Diary, February 13, 1990, HIA.

(113) Baker, *Politics*, 209, 213.

(114) スコウクロフトとベーカーの引用は以下にある. Baker, *Politics*, 213.

(115) 米東部時間で, 1990年2月13日の, それぞれ午後1時49分と午後3時1

分に始まったブッシュとコールの電話会談は，どちらも英語で以下の史料集で利用可能．“End of the Cold War,” NSA. またドイツ語は，DESE 826-28. 特に828頁参照．Sarotte, *1989*, 121-23 と以下の関連する日付も参照．the TSM Collection, HIA.

(116) Baker, *Politics*, 215.

(117) 後日カナダ政府は西ドイツ外務省に直接抗議している．“Drahtbericht des Botschafters Behrends, Ottawa,” February 23, 1990, DE 304 を参照．

(118) Memcon, Bush-Mulroney, April 10, 1990, BPL online.

(119) “To: Secretary Baker,” March 20, 1995, and attachments, in folder 2, box 184, SMML; Baker, *Politics*, 11, 524, 648. 以下も参照．Baker and Glasser, *The Man*, 526-28.

(120) 引用は以下にある．Gates, *From the Shadows*, 456. 以下も参照．Bush and Scowcroft, *World Transformed*, 243-35. ベーカーとゲーツの緊張関係については，AIW Zoellick を参照．ゲーツとスコウクロフトとの関係，そしてゲーツがどのように，「私〔スコウクロフト〕の側に密着しようとした」のかについては，TOIW Brent Scowcroft, August 10-11, 2000, GBOHP を参照．

(121) Robert Blackwill, “Six Power Conference,” February 13, 1990, my 2008-0655-MR, BPL.

(122) Memorandum for Brent Scowcroft, from Condoleezza Rice, “Preparing for the German Peace Conference,” February 14, 1990, my 2008-0655-MR, BPL.

(123) TOIW Richard B. Cheney, March 16-17, 2000, GBOHP.

(124) “Proposed Agenda for Meeting with the President, Friday, February 16, 1990, 1:30pm,” folder 7, box 115, 8/8e, SMML.

(125) 引用は，ゼーリックが語ったことをサボが要約したものであり，以下にある．Szabo, *Diplomacy*, 59.

(126) “Proposed Agenda for Meeting with the President, Friday, February 16, 1990, 1:30pm”; “Our Objectives for Chancellor Kohl's Visit,” n.d., but appears to be an attachment to “Note for Bob Blackwill,” from the Counselor [Robert Zoellick], Dept. of State, February 22, 1990, my 2008-0656-MR, BPL.

(127) “Two Plus Four: Advantages, Possible Concerns and Rebuttal Points,” February 21, 1990, EBB-613, NSA; Shifrinson, “Deal or No Deal?,” 35.

(128) コンドリーザ・ライスからのブレント・スコウクロフトのための覚書．“German-Soviet Diplomacy,” February 23, 1990, my 2008-0759-MR, BPL. スコウクロフトは手書きのメモを残している．“Good start but needs second half: effect in more detail of Germany's relationship with Fr/UK, rest of Allies, US, of such a deal.”

(129) “Our Objectives for Chancellor Kohl's Visit,” n.d., but from context mid-

February 1990, in 2008-0654-MR, BPL. この文書には以下のような不満が付け加えられている.「われわれは，西ドイツのソ連との議論に関する完全な説明を受けているとは感じていません．たとえば，西ドイツ首相が訪ソすることをソ連のほうから聞かされるはずがありません」.

(130) “Note for Bob Blackwill,” from the Counselor [Robert Zoellick], Dept. of State, February 22, 1990, and attachments, my 2008-0656-MR, BPL.

(131) Memorandum for Brent Scowcroft, from Robert Blackwill, “State Department Papers on Two Plus Four Talks,” February 23, 1990, MR-2008-0656-MR. 以下も参照. my 2008-0654-MR, BPL.

(132) “Konstituierende Sitzung der Arbeitsgruppe Außen- und Sicherheitspolitik des KADE, Bonn, 14. Feb. 1990,” DESE 830-31. 以下も参照. “Runderlass des Referatsleiters 200, von Jagow,” February 21, 1990, DE 283-84n14. この文書は，1990年2月17日付の*FAZ*に掲載された“Stoltenberg will ein Deutschland in der NATO”と題された新聞記事中にあるシュトルテンベルクの見解と，同じ日のラジオでのインタビューでなされたゲンシャーの対応について言及している．以下にある，1990年2月14日に行われた内閣委員会会合の報告も参照. AAP-90, 157-63. 以下も参照. Hanns Jürgen Küsters, “Helmut Kohl,” in Küsters, *Zerfall*, 234; and Stent, *Russia*, 117-19.

(133) 彼らの共同声明を参照. “Sicherheitspolitische Fragen eines künftigen geeinten Deutschlands—Erklärung des Bundesministers des Auswärtigen und des Bundesministers der Verteidigung,” February 19, 1990. 以下に再掲されている. *Die Bundesregierung Bulletin*, no. 28/90, February 21, 1990. 以下の電報のなかにある，ゲンシャーがシュトルテンベルクに勝利したことに関する分析も参照. “Sir A. Acland (Washington) to FCO,” February 24, 1990, DBPO 307n6.

(134) 「拡大することはない」は以下に引用されている. “Runderlass des Referatsleiters 200, von Jagow,” February 21, 1990, DE 283. ホルンの言葉についての引用は以下にある. “Gespräch des Bundesministers Genscher mit dem italienischen Ministerpräsidenten Andreotti und Außenminister de Michelis in Rom,” February 21, 1990, DE 289. NATO内部におけるホルンの言及への反応，すなわちそれが重要なものかどうかという疑義，については以下を参照. Kecskés, *View from Brussels*, 15.

(135) Memorandum for the Secretary, from Lawrence Eagleburger, “Impressions from Hungary, Poland, Austria and Yugoslavia,” March 1, 1990, Robert L. Hutchings Files, Eastern European Collection, CF01502-005, BPL. この覚書は，序章で言及したように，イーグルバーガーの1990年2月20〜27日の出張旅行について書き記している.

(136) ホワイトハウスとしては当初，コールとゲンシャーとの対立があったにも

かかわらず，ゲンシャーにもキャンプ・デーヴィッドに来てもらいたいと考えていた．ベーカーは西ドイツ政府と二度手間の対応をするのにうんざりしており，コールとゲンシャー二人まとめて話をしたいと望んでいたが，どうもコールがゲンシャーをキャンプ・デーヴィッドに連れてくることを認めようとしなかったらしい．以下の文書にベーカーが手書きで記したこの問題についての彼の見立てを参照．"Proposed Agenda for Meeting with the President, Friday, February 16, 1990, 1:30p.m". 以下も参照．Sarotte, *1989*, 126. また，Hutchings, *American Diplomacy*, 121-22. コールの説明については，以下を参照．Kohl, *Erinnerungen 1982-1990*, 1080.

(137) "Meetings with Chancellor Helmut Kohl, Date: February 24-25, 1990, Location: Camp David" (preparatory papers), n.d., but from context just before February 24, 1990, in my 2008-0618-MR, BPL. 対外政策における議会の役割についてさらに詳しくは以下参照．Lindsay, *Congress*.

(138) この会談記録のイギリス版とアメリカ版は，どちらも公開されている．イギリス版は，Letter from Mr. Powell (No. 10) to Mr. Wall, February 24, 1990, DBPO 312. そしてアメリカ版はオンラインで閲覧できる．Telcon, Bush-Thatcher, February 24, 1990, BPL online.

(139) Telcon, Bush-Thatcher, February 24, 1990, BPL online. ハヴェルの 1990 年 2 月 22 日の米議会での演説については，ヴァーツラフ・ハヴェル図書館基金のウェブサイトを参照．https://www.vhlf.org/havel-quotes/speech-to-the-u-s-congress/.

(140) Telcon, Bush-Thatcher, February 24, 1990, BPL online.

(141) Letter from Mr. Powell (No. 10) to Mr. Wall, February 24, 1990, DBPO 312.

(142) 両首脳は，ゴルバチョフがいかに困難に直面しているかについて確認し会談を締めくくった．Telcon, Bush-Thatcher, February 24, 1990, BPL online; Letter from Mr. Powell (No. 10) to Mr. Wall, February 24, 1990, DBPO 314.

(143) Teltschik, *329 Tage*, 158.

(144) この会談がいつ行われたのかについては定かではない．(1) Memcon, Bush-Wörner, February 24, 1990, 1:15-3:15pm, BPL online. この文書は，もし正しければ，おそらくコールのキャンプ・デーヴィッド訪問とバッティングしてしまう日付と時間を示している．そして，(2) ブラックウィルは，ヴェルナーがブッシュと会談したのは，2 月 24 日ではなく，1 月下旬か 2 月上旬だと記憶している (AIW Blackwill)．しかしながら，おそらく不正確かもしれないが，以下では (1) の会談記録の日付を用いている．というのも，それが記載されている記録だからである．

(145) Memcon, Bush-Wörner, February 24, 1990, BPL online.

(146) Memcon, Bush-Wörner, February 24, 1990, BPL online.
(147) Memcon, Bush-Wörner, February 24, 1990, BPL online.
(148) Teltschik, *329 Tage*, 158-59; AIW Blackwill.
(149) Memcon, Bush-Kohl, February 24, 1990, 2:37-4:50pm, my 2008-0613-MR, BPL. ドイツ語版は以下で見ることができる．DESE 860-73.
(150) DESE 863 を参照．ポーランド領から逃れてきたドイツ人たちの歴史については，以下を参照．Ahonen, *After the Expulsion*.
(151) この 1990 年 4 月 9 日付けの手紙は以下にある．B 43 (Ref. 214), Bd. 156374, DE unpub. 3 月中旬に作成された概観には，3 月 5 日から 13 日までに届いたものだけで，ゲンシャーがドイツ統一後も東ドイツとポーランドの国境を維持しようと考えていることを批判する手紙が 307 通あり，外務省がそれに返信したと記してある．この報告書の作成者は「反ポーランド感情の危険性」と，ベルリンの壁が開いたことは，「ドイツを東方へと「再調整する」好機」であるとの前提に驚愕した．"Vorlage des Referatsleiters 214 i.V., Schrömbgens, für Bundesminister Genscher...Auswertung von Privatbriefen zur Westgrenze Polens," March 14, 1990, DE 364-65.
(152) Memcon, Bush-Kohl, February 24, 1990, 2:37-4:50pm, my 2008-0613-MR, BPL. ベーカーの伝記を書くために集められた人びとは，この台詞〔"To Hell with That"〕を載せるかどうか議論した．"MDT" (おそらくマーガレット・タトワイラー)は，「GB (ジョージ・ブッシュ)がそれを問題視するだろう」と考え，電話するよう提案した．しかし，手書きの覚書が，その引用は問題ないと記している．すなわち，「4/26/[95] POTUS [アメリカ大統領]は，これについて問題ないとのこと」．実際のところ，ブッシュは自分自身でその台詞を公表しただけでなく，会談記録の原本にはなかった感嘆符まで付け加えた．Bush and Scowcroft, *World Transformed*, 253 を参照．ベーカーからカーペンデールへの覚書を参照．folder 6, box 184, Chapter 14 General Files, SMML.
(153) DESE 869. 以下も参照．Spohr, *Post Wall*, 231.
(154) 「フランス政府との協働関係は，西ドイツ政府やイギリス政府ほどには確立されていなかった」と，のちにゼーリックは回顧している．以下に採録されているゼーリックのコメント参照．Dufourcq, *Retour*, 110-11. コールが上げた観測気球については，コブレンツのドイツ連邦公文書館にある拡大版公文書集を参照．それには DESE には収録されていない文書が含まれている(私はその拡大版公文書集の閲覧を許可された．だが，文書を特定できるような形で掲載することは認められなかった)．たとえば，コールが準備した書類のなかには，ドイツ統一へのプロセス全体のなかで，NATO の軍事機構や NATO の軍隊が 1989 年の東西ドイツ間の分断線を越えて移動することを，西ドイツが積極的に阻止するといった内容のものが含まれている．

(155) Bozo, "The Sanctuary (Part 1)," 120.

(156) Bush and Scowcroft, *World Transformed*, 252.

(157) AIW Blackwill; Teltschik, *329 Tage*, 161.

(158) ブッシュ大統領が,「NATOにおけるフランス型のドイツの役割」というものを却下したことに関しては, Bush and Scowcroft, *World Transformed*, 255-56; AIW Blackwill参照. 以下も参照. Teltschik, *329 Tage*, 162.

(159) 最初のベーカーの引用は以下から. Memcon, Bush-Kohl, February 25, 1990, 9:22-10:30am EST, BPL. 第二の引用は以下から. Letter from Baker to Genscher, February 28, 1990, quoted in AAP-90, 254n10. 後者に関する情報提供について, ティム・ガイガーに感謝する. かねてよりゲンシャーは, NATOの管轄は東ドイツには拡張されないというベーカーの台詞を繰り返していた. Memcon, Genscher-Mulroney, February 13, 1990, AAP-90, 169を参照. ゲンシャーも, 駐米西ドイツ大使もキャンプ・デーヴィッドに招待されていなかったため, ゲンシャーと彼の部下は後になって, ベーカーの書簡と米独首脳会談の記者会見が何を意味しているのかを理解しなければならなかった. 以下を参照. AAP-90, 207-10, 235, 254.

(160) 記者会見でブッシュ大統領は〔米独〕協調の精神を強調しようとしたが, 記者らが注目したのは, ポーランドとの国境についてコールが相変わらずはっきりとした声明を出そうとしないことであった. R. W. Apple Jr., "Upheaval in the East," *New York Times*, February 26, 1990. ブッシュとスコウクロフトは, のちに二人で執筆した回顧録のなかで, コールが記者会見でポーランドに関する質問を避けたことに失望したと記している. *World Transformed*, 255-56参照.

(161) 実際, 予定されていたゴルバチョフとの電話会談でその問題を持ち出すことに反対であるとの助言をブラックウィルが行ったのは, それが悪い知らせだったからである. 電話では他の誰が聞いているか分からず, クリュチコフや他の人びとが彼に対して抱いている反感に鑑みれば, それが「ゴルバチョフに恥をかかせようとする計算高い, あるいは無神経な試み」と見なされかねなかった. Memorandum for Brent Scowcroft, from Robert D. Blackwill, Subject: Call to Gorbachev, February 26, 1990, my 2008-0654-MR, BPL.

(162) Baker, *Politics*, 231.

第3章

(1) Gates, *From the Shadows*, 492-93. アメリカに対してソ連が融資を求めていた点については以下を参照. Memcon, Baker-Pavlov, March 14, 1990, folder 15, box 108, 8/8c, SMML.

(2) Gates, *From the Shadows*, 492; Cable, Fm Rome, telno 347, 160715Z MAY 90, "Following from Private Secretary, Secretary of State's Call on Chancellor Kohl:

15 May," May 16, 1990, 3-4, released to author via UK FOI, CAB Ref. IC 258 724. 以下も参照. "Gespräch des Bundeskanzlers Kohl mit Außenminister Hurd, Bonn, 15. Mai 1990," DESE 1119-20.

(3) 1990年春, サッチャーとの会談を控えたベーカーは, 「(西ドイツはまだ決定を下していないが)北大西洋条約が完全に適用される」ことに「コールはおそらく同意する」と手書きで記した. そしてベーカーは, 「完全に適用する(applies fully)」という表現を明確にするためと思われるが, 次のように付け加えた. 「第5条+第6条-ドイツ民主共和国の領域の防衛を保証(guarantee)する」. 以下を参照. "JAB Notes from 4/13/90 mtgs. w/POTUS & UK PM Thatcher, Pembroke, Bermuda," briefing paper, and "Thatcher Meeting—Key Points," April 11, 1990, folder 16, box 108, 8/8c, SMML.

(4) "Two-Plus-Four Preparatory Paper," no author, n.d., but from context late February or early March 1990, my 2008-0763-MR, BPL. 妥協できない問題のリストは2頁に掲載されている.

(5) Memcon, Bush-Andreotti, March 6, 1990, BPL online.

(6) Memorandum for Brent Scowcroft, Robert Gates, from Philip Zelikow, March 12, 1990, Subject: "The Two Plus Four Agenda," and attached matrix, my 2008-0832-MR, BPL.

(7) イギリス, フランス, そして西ドイツはより多くのテーマを取り上げたいと考えていた. これに対してゼーリックは同盟国に反論したが, 西ドイツの代表からは「何の支持も得られなかった」. これはおそらくゲンシャーの指示と考えられる. Memorandum for Brent Scowcroft, from Philip Zelikow, "Readout on March 13 Meeting between US, UK, French and FRG Representatives for March 14 Two Plus Four Discussion," March 13, 1990, my 2008-0755-MR, BPL.

(8) "JAB Notes from 4/13/90 mtgs. w/POTUS & UK PM Thatcher, Pembroke, Bermuda," briefing paper, "Thatcher Meeting—Key Points," April 11, 1990, Baker Papers, folder 16, box 108, 8/8c, SMML.

(9) Letter from Charles Powell (No. 10) to Stephen Wall (FCO), March 5, 1990, "German Unification: NATO and Security Aspects," released by my FOI to CAB, COFOI-05-846 (IR254728), IC258724. 以下も参照. Letter from Mr Hurd to Mrs Thatcher, March 13, 1990, DBPO 338-39. その後のコールとサッチャーの会談については以下を参照. "20. Deutsch-britische Konsultationen," London, March 30, 1990, DESE 996-1001.

(10) Fax from British embassy, Washington, DC, to P. J. Weston, FCO, February 26, 1990, PREM 19/3000, PRO-NA. 引用はブラックウィルの発言をイギリス大使が要約したものである. 同ファイル内の以下の文書も参照. (1) an untitled cover note from Stephen Wall of the FCO, sending information about this fax to

Charles Powell on March 5, 1990, (2) note from Powell, further passing this news on to Thatcher (in "Secret and Personal, Prime Minister, Relations with President Bush: German Unification," March 5, 1990). このなかでパウエルは「ホワイトハウスがそこまで混迷するというのは危険です」とコメントしている. 彼はサッチャーに,「ブッシュ大統領と電話で話すときは, 自分の主張を非常に簡単な言葉で説明し, それを繰り返すべきです」とアドバイスした(下線は手書きで, ほぼサッチャーのものと推定される). パウエルは, 明らかにコールがイギリスの悪口を言ったとし, ドイツ人との関係において「大きな問題がある」と付け加えている.

(11) この発言の原文は, "Kohl est capable de tout": "Télégramme de Luc de La Barre de Nanteuil, ambassadeur de France à Londres, à Roland Dumas," London, March 13, 1990, DFUA 258.

(12) このフランス外務省の見解の要約は, Bozo, *Mitterrand*, 177 を, また同書の 213 も参照.

(13) "Fm White House," April 17, 1990 (original in English), Antenne Speciale, Teletype Bleu, 5 AG 4 / EG 170, O 171642Z APR 90, Entretiens officiels, AN. なお原文には下線が引かれているが, その出所がはっきりしないため再録していない. ブッシュとミッテランの関係については以下を参照. TOIW Brent Scowcroft, November 12–13, 1999, GBOHP.

(14) ハードはゲンシャーの行動を懸念し, 彼にそれを問いただした. ハードによると, ゲンシャーは「最終的な判断として」第5条(と第6条)は旧東ドイツ領に適用されるものの,「ロシア人がまだ駐留しているあいだは」慎重に行動したいと答えた. これにハードは,「もし万が一, ゴルバチョフが軍部によって失脚させられたら」と付け加えた. 以下を参照. Mr Hurd to Sir C. Mallaby (Bonn), March 12, 1990, DBPO 332.

(15) "Fm White House," April 17, 1990. その背景は以下を参照. Mary Elise Sarotte, "The Contest over NATO's Future," in Shapiro and Tooze, *Charter*, 212–28.

(16) "Интервью М. С. Горбачева газете «Правда» 7 марта 1990 года," МГ 381. 以下も参照. MGDF 354.

(17) "Memorandum for the Secretary, Impressions from Hungary, Poland, Austria, and Yugoslavia," March 1, 1990, Hutchings Files, CF01502-005, BPL. 以下も参照. Shifrinson, "Eastbound," 823.

(18) Memorandum from Harvey Sicherman to S/P-Dennis Ross, and C-Robert Zoellick, March 12, 1990, folder 14, box 176, 12/12b, SMML; Sarotte, *1989*, 139.

(19) ミッテラン, ハヴェル, そしていわゆるプラハの最終局面(endgame)の失敗については, Bozo, "Failure", 408–11 を参照.

(20) Memcon, Bush-Kohl, March 15, 1990, BPL online. 以下も参照. "Telefongespräch des Bundeskanzlers Kohl mit Bush, 15. März 1990," DESE 952-55.

(21) Memorandum from Harvey Sicherman to S/P-Dennis Ross, and C-Robert Zoellick, March 12, 1990.

(22) シッカーマンは「ポーランドなど中・東欧諸国に，ロシアやドイツによって支配されるという選択肢以外のものを提示できなければ，われわれは完全に失敗するでしょう」と注意を促している．Memorandum from Harvey Sicherman to S/P-Dennis Ross, and C-Robert Zoellick, March 12, 1990; AIW Ross.

(23) To the Secretary, from S/P-Dennis Ross, Subject, "Warsaw Scene Setter," n.d., but from context circa April/May 1990, my 2008-0718-MR, BPL. 1990年4月10日までに，国務省高官のビル・バーンズは，シッカーマンと同様に，「東欧諸国の安全保障上の懸念」について検討するべきと上官に進言していた．東欧諸国が「汎ヨーロッパ集団安全保障体制」のようなアメリカ政府にとって不都合な方策を講じないようにするためである．以下を参照．Information Memorandum, to the Deputy Secretary, from S/P Bill Burns, Acting, "Deepening US-East European Relations," April 10, 1990, BDGD.

(24) 中・東欧諸国の参加に関する以下の説明を参照．"Außerordentliche Tagung des (Außen-) Ministerkomitees des Europarats am 23./24.03. in Lissabon," March 26, 1990, DE unpub, PA-AA.

(25) ミッテランの引用と国家連合の議論は以下を参照．Memcon, Bush-Mitterrand, April 19, 1990, BPL online. スコウクロフトの引用は以下を参照．TOIW Brent Scowcroft, November 12-13, 1999, GBOHP; AIW Sikorski. 西ヨーロッパ諸国が東ヨーロッパ諸国を受け入れることに乗り気でない現象については以下を参照．Mälksoo, *Politics*.

(26) 引用は，"Vorlage des Ministerialdirektors Teltschik an Bundeskanzler Kohl," March 23, 1990, DESE 972n7. そこでは，ポーランドの外交官によるNATO本部の訪問についての記述がある．同月，ワルシャワ条約機構の外相会議で，チェコスロヴァキア，ハンガリー，ポーランドは，東ドイツ領へのNATOの拡大(expanding)を邪魔しているとしてシェワルナゼを批判した．"Drahtbericht des Botschafters Blech, Moskau, Sowjetische Haltung zur DDR-Volkskammerwahl am 18. März," March 21, 1990, DE 378n3.

(27) これらの訪問については本書の序章で紹介した議論や以下を参照．"Summary of Diplomatic Liaison Activities," SERPMP 2124, n.d., but from context circa July 1991, Barry Lowenkron files, FOIA 2000-0233-F, BPL; Kecskés, *View*, 21-22.

(28) "Gespräch des Ministerialdirektors Teltschik mit dem Berater der Abteilung für internationale Beziehungen des Zentralkomitees der KPdSU, Portu-

galow," March 28, 1990, DESE 982.

(29) モスクワの西ドイツ大使館は，ファリンの腹心の部下がこの情報を伝えてきたと報告している．"Aus: Moskau, Nr. 1666 vom 26.04.1990, 1334 OZ, An: Bonn AA," B130-13.524E, PA-AA.

(30) "Telefongespräch des Bundeskanzlers Kohl mit Bush," DESE 952.

(31) "Gespräch des Ministerialdirektors Teltschik mit Botschafter Karski und dem stellvertretenden Abteilungsleiter Sulek," March 19, 1990, DESE 956n1. 以下も参照．Rödder, *Deutschland einig Vaterland*, 223-25.

(32) Kwizinskij, *Vor dem Sturm*, 39.

(33) "Drahtbericht des Botschafters Blech, Moskau, Sowjetische Haltung zur DDR-Volkskammerwahl am 18. März," March 21, 1990, DE 377.

(34) "19. März 1990," BzL 107 (good day), 118 (mistake, poker).

(35) "Gespräch des Bundeskanzlers Kohl mit Botschafter Kwizinskij," March 22, 1990, DESE 966-70.

(36) "Rede vor der Westeuropäischen Union (WEU) in Luxemburg," March 23, 1990, in Genscher, *Unterwegs*, 265-66; Spohr, *Post Wall*, 227-28.

(37) "Schreiben des Bundeskanzlers Kohl an Bundesminister Genscher," March 23, 1990, DE 380-81. このコールからの即時停止命令書簡のすぐ後，ベーカーは「第5条と第6条の安全保障を東ドイツへと拡大することの重要性に注意」というアドバイスに下線を引き，手書きで「体制内に変わり者は必要ない」と付け加えている．"Point Genscher May Raise," April 4, 1990, folder 16, box 108, 8/8c, SMML.

(38) ドイツ統一を実現するために必要な実際の手順の概要については以下も参照．"Information Memorandum," to C-Mr. Zoellick, from EURR. G. H. Seitz, "Four-Power Rights and Three-Power Responsibilities in Berlin," April 6, 1990, in my 2008-0658-MR, BPL.

(39) Minute from Sir C. Mallaby (Bonn) to Mr Budd, Bonn, April 2, 1990, DBPO, 366; Zubok, "With His Back," 645.

(40) 引用は，Minute from Mr Cooper (Policy Planning Staff) to Mr Weston, April 6, 1990, DBPO 372. 軍備管理交渉に関しては，Lever, "Cold War," 509-10.

(41) ファリンが示した国民投票の構想については，"Записка В. М. Фалина М. С. Горбачеву," April 18, 1990, МГ 404-5. のちに同構想についてファリンが展開した議論に関しては以下も参照．Falin, *Konflikte*, 173. ゴルバチョフには他にほとんど代案がなかった点は，Zubok, "With His Back," 635 を参照．アメリカ人とヨーロッパ人のあいだに楔を打ち込み，「NATO を破壊する」というこれまでの試みについては，Miles, *Engaging*, 49 を参照．ゴルバチョフをめぐる言説とその西側での人気については，Wentker, *Die Deutschen* を参照．

(42) ファリンがこのことを思いついたのは，その年の後半のようである．回顧録のなかでファリンは，1990年7月にゴルバチョフとドイツにおける核兵器の不人気について話し合ったことを回想し，その会話の記録と思われるものを再録した．そのなかでファリンは，「84パーセントのドイツ人」が「ドイツの非核化」を支持していると強調している．再録されている以下の二つの回顧録を参照．Falin, *Konflikte*, 198; Falin, *Politische Erinnerungen*, 494. 以下も参照．Hanns Jürgen Küsters, "Einführung," DESE 189. Szabo, *Diplomacy*, 56では，壁が開放された直後の時期について次のように記述されている．「両ドイツでは統一の陶酔感が依然として続いていた．NATOに対する国民の支持は脆弱で，もし統一と外国軍の撤退のためにNATOの存在が障害になると見なされれば，その支持も崩壊しかねなかった．西ドイツを含む西側諸国の人びとに広く懸念されていたのが，NATOに関する国民投票が行われ否定的な結果が出ることであった」．

(43) 冷戦時代の西ヨーロッパ防衛計画や「10日で10個師団」の構想については以下を参照．Tom Donnelly, "Rethinking NATO," *NATO Review*, June 1, 2008, https://www.nato.int/docu/review/articles/2003/06/01/rethinking-nato/index.html.

(44) "Gespräch des Bundeskanzlers Kohl mit Präsident Bush in erweitertem Kreise Bonn, 30. Mai 1989," DESE 272.

(45) ドイツに駐留するソ連軍兵士とその関係者の正確な人数をめぐっては，1989年から90年にかけていくつかの論争があった．"Zum Vertrag zwischen der Bundesrepublik Deutschland und der UdSSR über die Bedingungen des befristeten Aufenthalts und die Modalitäten des planmäßigen Abzugs der sowjetischen Truppen aus dem Gebiet der Bundesrepublik Deutschland, Informationserlaß des Auswärtigen Amts vom 18.10.1990 (Auszug)," DA-90-91, 231-32. このなかでは，軍隊は38万人，家族と合わせて60万人のソ連国民がいると推計されている．Charles T. Powers, "Soviet Troops Begin Czech Pullout," *Los Angeles Times*, February 27, 1990では，東ドイツに37万人，東ヨーロッパに合計59万人のソ連軍が駐留していると推定している．西ドイツ外務省は，東ドイツに38万8000人，チェコスロヴァキアに8万人，ハンガリーに5万5000人，ポーランドに4万人と推定している．"Aufzeichnung...Dreher," January 23, 1990, AAP-90, 60. 東ドイツ軍(国家人民軍)の詳細は以下を参照．Ehlert, *Armee*; Rüdiger Wenzke, "Die Nationale Volksarmee der DDR," https://www.bpb.de/politik/grundfragen/deutsche-verteidigungspolitik/223787/militaer-der-ddr. その兵器類は，Turner, *Germany*, 174を参照．

(46) "Записка В. М. Фалина М. С. Горбачеву," April 18, 1990, МГ 400-403. 以下も参照．MGDF, 370-71, 373. ファリンはこの1990年4月18日の文書で，ゴルバチョフにNATOの東ドイツ領土への拡大は「北大西洋同盟のさらなる東方

拡大に向けた通過点に過ぎない」と警告しようとしたと説明している．Falin, *Konflikte*, 179.

(47) チェルニャーエフは，ファリンが重要な文書の起草から外され，その結果激怒したことを1990年5月5日の日記に記している．なおチェルニャーエフが，時期によって日記の異なる部分を出版していることには注意を要する．ロシア語版は ***Совместный исход***, ドイツ語版は *Mein Deutsches Tagebuch* (*1972–1991*) [以下 MDB]，そして英語版の抜粋は NSA が翻訳して以下のサイトに掲載されている．www2.gwu.edu/~nsarchiv/NSAEBB/NSAEBB192. これらの出版物は同一ではないため，引用の正確な出典は以下の注を参照．ドイツ語版にはロシア語版にも英語訳にもない文章(当時ゴルバチョフに渡したメモであることが判明)が追加されているので，ここでの引用はドイツ語版の MDB257 からとなる．同様に，*Konflikte*, 187 のなかでファリンは，1990年6月頃には重要な書類を受け取ることができなくなったと述べている．

(48) "Из докладной записки А. С. Черняева М. С. Горбачеву," May 4, 1990, МГ 424. 以下も参照．MGDF 394. ブレイスウェイトの著作によると (Braithwaite, *Across the Moscow River*, 144)，チェルニャーエフは1990年2月，イギリスの外交官に「ロシアは核兵器さえ持っていれば，自分のことは自分で面倒を見られます」と発言していた．さらにチェルニャーエフは独特の笑みを浮かべながら，「核兵器を放棄すれば，政治的，経済的に困難な状況にあるロシアを誰も相手にしてくれなくなりますね」と付け加えた．

(49) Bush and Scowcroft, *World Transformed*, 286.

(50) "Vorlage des Ministerialdirektors Teltschik an Bundeskanzler Kohl, Bonn, 3. Mai 1990," DESE 1076. 西ドイツ外務省によると，レイ・ザイツ米国務次官補は，統一の詳細をめぐる下位レベルでのソ連代表団との協議が「2月とは比べものにならないほど，タフで困難になっている」と発言しており，首脳会談のような上層部からのシグナルによって，問題が少しでも解決に向かって前進することが期待されていた．"Vermerk des RL 204, VLR I von Moltke, Betr.: Unterrichtung (Assistant Secretary Seitz bei D2 Kastrup am 21.05.) über...Außenministertreffen Baker-Schewardnadse vom 16.–19.05. in Moskau," May 22, 1990, DE unpub. これに対しコール首相は，ゴルバチョフが党大会を乗り切った後でなければ首脳会談を実施すべきではないと考えていた．"Gespräch des Bundeskanzlers Kohl mit Außenminister Baker, Bonn, 4. Mai 1990," DESE 1079.

(51) "Address by Secretary General Manfred Wörner to the Bremer Tabaks Collegium," NATO Online Library, May 17, 1990, https://www.nato.int/docu/speech/1990/s900517a_e.htm.

(52) ハッチングスは，アメリカ人と西ドイツ人のあいだには本当に仲間意識が強かったと回想している．あるミーティングの後，彼が指摘したように「雰囲気，

これ以上ないほどにいい雰囲気だった．特にコール首相はそうだが，ドイツ人全員がアメリカの支援に感謝の意を表していた．相互の信頼と信用がひどく低下していた1年前とは，なんと対照的なことだろう」. Hutchings, *American Diplomacy*, 130.

(53) Memorandum for the President, from Lawrence S. Eagleburger, Acting Secretary of State, "Your Meeting with Chancellor Kohl, May 17, 1990," n.d., but from context on or just before May 17, 1990, my 2008-0797-MR, BPL.

(54) Memcon, Bush-Kohl, May 17, 1990, BPL online; Sarotte, "'His East European Allies Say They Want to Be in NATO," in Bozo, Rödder, and Sarotte, *German Reunification*, 69-87.

(55) "11. Juni 1990," BzL 144 (Poland in NATO, praise, destroy), 145 (catastrophic, possession).

(56) SDC 1990-SECTO-07015, May 19, 1990.

(57) "Из беседы М. С. Горбачева с А. Дубчеком," May 21, 1990, МГ 447; MGDF 414. ポーランドとの国境に関する協議に消極的なコール首相については以下を参照. "Vermerk des Staatssekretärs Sudhoff für Bundesminister Genscher," May 25, 1990, DE 517.

(58) "Из беседы М. С. Горбачева с Ф. Миттераном один на один," May 25, 1990, МГ 458-59, 464; MGDF 425, 430. 以下も参照. EBB-613, NSA; Bozo, "'I Feel More Comfortable.'" ハンガリーがワルシャワ条約機構への軍事的統合を解消しようとしていることについては，ゲンシャーとメッケルのあいだで別途議論された. "Gespräch zwischen Bundesminister Genscher und Außenminister Meckel in Ost-Berlin," June 1, 1990, DE 524.

(59) "Rede des Präsidenten der Union der Sozialistischen Sowjetrepubliken, M. S. Gorbatschow, Moskau," June 7, 1990, MfAA, DE unpub の24-25頁を参照．以下も参照. Nakath and Stephan, *Countdown*, 336-41.

(60) SDC 1990-SECTO-07015, May 19, 1990.

(61) ブッシュの演説は，"A Europe Whole and Free: Remarks to the Citizens in Mainz, President George Bush, May 31, 1989," https://usa.usembassy.de/etexts/ga6-890531.htm. ベーカーのコメントは，"Из беседы М. С. Горбачева с Дж. Бейкером," May 18, 1990, МГ 438; "Gorby Kremlin 5/18/90," handwritten notes, folder 1, box 109, 8/8c, SMML.

(62) "Из беседы М. С. Горбачева с Дж. Бейкером," May 18, 1990, МГ 442-44; "Gorby Kremlin 5/18/90."

(63) Bozo, "'I Feel More Comfortable,'" 150. 欧州安全保障協力会議(CSCE)に関して詳細は以下を参照. Morgan, *Final Act.* ゼーリックは，この頃にヘルシンキ原則がいかに有用であったかを(保守派の一部がヘルシンキ・プロセスに好意的

だったという副産物とともに)実感したとのちに語っており，できるだけ多くの情報を集め交渉に役立てたという．AIW Zoellick.

(64) "Delegationsgespräch des Bundeskanzlers Kohl mit Präsident Bush, Washington, 17. Mai 1990," DESE 1130. 以下も参照．"Schreiben des Bundeskanzlers Kohl an Staatspräsident Mitterrand, Bonn, 23. Mai 1990," DESE 1143-45.

(65) Memcon, "Telephone Call from Chancellor Helmut Kohl of West Germany," May 30, 1990, BPL online; "Telefongespräch des Bundeskanzlers Kohl mit Präsident Bush, 30. Mai 1990," DESE 1161.

(66) Sarotte, *1989*, 166-67.

(67) "Из второй беседы М. С. Горбачева с Дж. Бушем," May 31, 1990, МГ 466-76. ベーカーによる首脳会談の記録は，folder 1, box 109, 8/8c, SMML; Beschloss and Talbott, *At the Highest Levels*, 219-21; Gates, *From the Shadows*, 493; Zelikow and Rice, *Germany Unified*, 278.

(68) Falin, *Konflikte*, 183.

(69) "Из второй беседы М. С. Горбачева с Дж. Бушем," May 31, 1990, МГ 473-74. ブッシュは1990年6月1日のコールとの電話で，この「二つの錨」構想を「詭弁(a screwy idea)」と呼んでいる．Telcon, Bush-Kohl, June 1, 1990, 2000-0429-F, BPL. 以下も参照．"Fernschreiben des Präsidenten Bush an Bundeskanzler Kohl," June 4, 1990, DESE 1178.

(70) Falin, *Konflikte*, 183.

(71) "Из второй беседы М. С. Горбачева с Дж. Бушем," May 31, 1990, МГ 474-75; "The Washington/Camp David Summit," EBB-320 and EBB-707, NSA.

(72) ブッシュ大統領はミラー・センターとのインタビューで「それまで参加した首脳会談のなかで，この首脳会談は最も特筆すべきものとなった」とも述べている．TOIW Brent Scowcroft, November 12-13, 1999, GBOHP.

(73) Bush and Scowcroft, *World Transformed*, 283.

(74) Falin, *Konflikte*, 183.

(75) Küsters, "Einführung," DESE 177.

(76) 以下より抜粋．Colton, *Yeltsin*, 110. 以下も参照．Aron, *Yeltsin*, 4-9, 132-34.

(77) Talbott, *Russia Hand*, 20.

(78) Aron, *Yeltsin*, 202-21; Colton, *Yeltsin*, 110, 132-50.

(79) Colton, *Yeltsin*, 178-86. コルトンが言うように，エリツィンのロシア主義は彼の権力欲の「隠れ蓑」であったというのがゴルバチョフ・グループの見解であった(184頁)．しかし，チェルニャーエフは日記に「エリツィンが離党したのは正しかった」と綴り，「ゴルバチョフも同じことをすべきだった」と考えていた．1990年7月12日のチェルニャーエフの日記を参照．*Совместный исход*, 864.

(80) スコウクロフトの引用は，Goldgeier and McFaul, *Power*, 22.

(81) Marilyn Berger, “Boris N. Yeltsin, Reformer Who Broke Up the USSR, Dies at 76,” *New York Times*, April 24, 2007. ドイツ外務省は1990年5月，エリツィンに関する調査報告書を作成し，エリツィンを次のように印象的に表現している.「エリツィンという人物のなかでは，非常に勇気ある部分と図太さが結びついているようです．……ロシアでは「スケールの大きな性格」と呼ばれるように，予測不可能でありながら大胆さをあわせ持ち，また力強さと脆さが同居し，男らしさ，負けず嫌い，そしていたずらっ子といった要素がひとつのカリスマ性を構成しています」. AAP-90, 686.

(82) Memorandum for the President, from Robert M. Gates, “Boris Yeltsin,” June 6, 1990, and attachment, my 2008-0759-MR, BPL. 飛行機事故と脊椎手術に関しての詳細は不明で，資料によって異なるが，1980年代後半に起こったようである．*Midnight Diaries*, xii; McCauley, *Bandits*, 117-18.

(83) ゲーツは，ゴルバチョフが「選挙によって選出されたわけでもなく自らの正統性を欠いており，ますます孤立している」ことから，権力の座に留まる期間は短くなりつつあるのではないかと考えていた．Memorandum for the President, from Robert M. Gates, “Gorbachev—Moses, not Joshua,” July 13, 1990, SSSN, 91126-0004, BPL. この抜粋は以下にも再録されている．Gates, *From the Shadows*, 495-96. のちにゼーリックが述懐しているように，ベーカーもゴルバチョフのスター性が薄れつつあることは感じていたが，エリツィンがトップに立ったとしても，彼の方が逆にアメリカを必要とすることが想定されるため，急ぐ必要はないと考えていた．AIW Zoellick.

(84) Küsters, “Einführung,” DESE 178.

(85) コールはさらに新たな試練に直面していた．東ドイツ外相のマルクス・メッケルが「東ドイツ，チェコスロヴァキア，ポーランド，ハンガリーの領土からなる非武装地帯」を提唱し始めていたからである．アメリカの外交官が，その構想がNATOにもたらす影響についてメッケルに尋ねたところ，メッケルは「NATOの安全保障がそうした地帯にまで適用されるべきかについては曖昧なままであった」. SDC 1990-STATE-190169, June 12, 1990, “Secretary's Meeting with GDR Foreign Minister, June 5, 1990,” in 2008-0670-MR, BPL. ハンガリーもワルシャワ条約機構からの離脱を公然と口にしており，その提案はブッシュ大統領の耳にも届いていた．そのため，ワルシャワ条約機構からの離脱後に何が待っているのかという問題に取り組むことが急務となっていたが，メッケルの提案はそうした問題に対する歓迎できない答えであった．ワルシャワ条約機構の離脱に関するハンガリーの希望をめぐる，ブッシュ大統領とコール首相による議論は，Memcon, Bush-Kohl, June 8, 1990, BPL online. ブッシュ大統領はハンガリー首相とも直接会談を行っている．Memcon, Antall-Bush, October 18, 1990, BPL on-

line.

(86) "Fernschreiben des Staatssekretärs Bertele an den Chef des Bundeskanzleramtes, Berlin (Ost), 25. Mai 1990," DESE 1146-47.

(87) Zubok, "With His Back," 641. 以下も参照. Sarotte, *1989*, 170.

(88) スコウクロフトが部下とともに報道発表の最初の草案を作成し，それをテルチクや彼の顧問たちと相談しながら編集していった．DESE にはこのトピックに関連する次の文書をはじめとした多くの文書が所収されている．"Vorlage des Oberstleutnants i.G. Ludwigs und des vortragenden Legationsrats Westdickenberg an Ministerialdirektor Teltschik, Bonn, 25. Juni 1990," DESE 1256-61; "Schreiben des Ministerialdirektors Teltschik an Sicherheitsberater Scowcroft, Bonn, 28. Juni 1990," DESE 1276; "Entwurf NATO Gipfelerklärung," DESE 1276-80.

(89) Sarotte, *1989*, 173-76; "Notes from Jim Cicconi [notetaker] re: 7/3/90 pre-NATO Summit briefing at Kennebunkport," and "Briefing of Pres on NATO summit at Walker's Pt," folder 3, box 109, 8/8c, SMML. Original: "JAB: we resisted sending decl. thru NATO bureaucracy = Woerner, others worry re this." 以下も参照. Zelikow and Rice, *To Build*, 284-85.

(90) "Notes from Jim Cicconi," July 3, 1990. チェイニーはまた，将来の NATO の「域外」活動のあり方について「再考」するよう求めている．

(91) "Schreiben des Sicherheitsberaters Scowcroft an Ministerialdirektor Teltschik, 30. Juni 1990," DESE 1285. 以下も参照. "Gesprächsunterlagen des Bundeskanzlers Kohl für das Gipfeltreffen der Staats-und Regierungschefs der Mitgliedstaaten der NATO, London, 5./6. Juli 1990," DESE 1309-23.

(92) "Notes from Jim Cicconi," July 3, 1990.

(93) "Fernschreiben des Präsidenten Bush an Bundeskanzler Kohl, 21. Juni 1990," DESE 1235; "Entwurf Gipfelerklärung," DESE 1237-41. 以下も参照. Baker, *Politics*, 258; Sparrow, *Strategist*, 378-79.

(94) 「シャンパン」の引用は，"Fm Manfred Worner 003 To White House for President, Brussels," June 25, 1990, my 2008-0657-MR, BPL. ヴェルナーの懸念は，"Notes from Jim Cicconi," July 3, 1990. 以下のサッチャーの反応も参照. "Note from Bob Blackwill to Brent Scowcroft and Bob Gates," June 25, 1990, in my 2008-0657-MR, BPL.

(95) "Drahtbericht des Botschafters Knackstedt, Warschau...Entschließung des Deutschen Bundestages vom 21. Juni 1990," June 22, 1990, DE 585n1. ゼーリックもポーランドを安心させるため幾度にも渡るアメリカの努力に言及している．AIW Zoellick.

(96) Baker notes from NATO summit, London, July 5-6, 1990, folder 3, box 109,

8/8c, SMML. 外交訪問や常設の大使館開設の招待は，NSC が要求したように，ワルシャワ条約機構全体ではなく，個々の国家に限定された．最終コミュニケのコピーは，たとえば次の NATO のウェブサイトなど，さまざまな言語や場所で入手できる．“Declaration on a Transformed North Atlantic Alliance,” July 5–6, 1990, https://www.nato.int/cps/ie/natohq/official_texts_23693.htm.

(97) “Your July 6 Message to Ambassador Matlock,” July 7, 1990, confirmation and repetition of Bush message as delivered by the embassy to Chernyaev for Gorbachev, in SSSN USSR 91128-002, BPL. 以下も参照．Kieninger, “Opening NATO,” OD 58.

(98) Sarotte, *1989*, 176; “Vorlage Ministerialdirektors Teltschik an Bundeskanzler Kohl, Bonn, 4. Juli 1990, Betr.: Innere Lage in der Sowjetunion nach Beginn des 28. KPdSU-Parteitages,” DESE 1297–99. 以下も参照．Stent, *Russia*, 123–34.

(99) “Rede von Michail Gorbatschow, Präsident der UdSSR, auf dem Gipfeltreffen der Warschauer Vertragsstaaten am 7. Juni 1990,” in Nakath and Stephan, *Countdown*, 341. そこでゴルバチョフは「NATO のなかだけでも，少なくとも 5〜6 種類の加盟国のタイプがあることを想起してほしい」と述べている．このような NATO への加盟の異なるモデルについて，ゴルバチョフはサッチャーとも議論していた．“Из беседы М. С. Горбачева с М. Тэтчер,” June 8, 1990, МГ 482. 以下も参照．Jacoby, *Enlargement*.

(100) この訪問の手配に関する実務上の問題については以下を参照．Klein, *Es begann*.

(101) Kohl, *Erinnerungen 1990–1994*, 164; Teltschik, *329 Tage*, 318–19. さらにコール首相は，東西ドイツの通貨統合に伴うソ連兵への寛大な為替レートの提供や，東ドイツが締結していたソ連とのさまざまな物品供出に関する契約の履行を約束し，その準備を整えていた．Küsters, “Kohl-Gorbachev,” 198.

(102) Falin, *Konflikte*, 198; Falin, *Politische Erinnerungen*, 494. この電話のタイミングについては，Küsters, “Einführung,” DESE 189.

(103) ゴルバチョフの引用は，Falin, *Konflikte*, 199 や以下も参照．Falin, *Politische Erinnerungen*, 494.

(104) 以上の 7 月 15 日の会談に関する記述は，この会談の内容を伝える次の三つの第一次資料に基づく．(1)西ドイツ側の議事録．“Gespräch des Bundeskanzlers Kohl mit Präsident Gorbatschow, Moskau, 15. Juli 1990,” DESE 1340–48, (2)ソ連側の議事録．“Из беседы Горбачева с Г. Колем один на один,” July 15, 1990, МГ 495–503, (3)当日のチェルニャーエフによるロシア語版の日記．*Совместный исход*, 864–65. 以下も参照．MDB, 269–70. 具体的な引用箇所については以降の脚注に記載．

(105) 第二次世界大戦の勝利を売り飛ばしているという罵声の引用は，“Ge-

spräch des Bundeskanzlers Kohl mit Präsident Gorbatschow, 15. Juli 1990," DESE 1344. NATO 加盟国および領土についての引用は，DESE 1346.

(106) "Delegationsgespräch des Bundeskanzlers Kohl mit Präsident Gorbatschow, Moskau, 15. Juli 1990," DESE 1354.

(107) Von Arnim, *Zeitnot*, 386.

(108) "Gespräch des Bundeskanzlers Kohl mit Präsident Gorbatschow im erweiterten Kreis, Archys/Bezirk Stawropol, 16. Juli 1990," DESE 1361; "Из беседы М. С. Горбачева с Г. Колем," July 16, 1990, МГ 516. もしソ連軍が 1990 年秋からさらに 10 年駐留していたら，プーチン大統領就任後の 2000 年秋にもまだドイツにロシア兵がいたかもしれない.

(109) 以下の日記を参照. *Совместный исход*, 864–65; MDB, 269–70.

(110) ゲンシャーは，「統一後のドイツは NATO に参加しないことを選ぶかもしれない」というブッシュのレトリックに，ゴルバチョフがいまだに固執していることも懸念しているようであった. ゲンシャーはこの点を明確にするために，統一ドイツは NATO に加盟すると明言している. "Gespräch des Bundeskanzlers Kohl mit Präsident Gorbatschow im erweiterten Kreis, Archys/Bezirk Stawropol, 16. Juli 1990," DESE 1357; "Из беседы М. С. Горбачева с Г. Колем," July 16, 1990, МГ 510.

(111) 前出の引用した会談の議事録に加えて以下を参照. Kohl, *Erinnerungen 1990–1994*, 175–83. この数字は，最終的に CFE 条約の付帯文書において成文化されることになる. 以下を参照. "Rede des Bundesministers des Auswärtigen, Genscher, vor dem VKSE-Plenum in Wien am 30. August 1990 (Auszüge)," APBD-49-94, 687; Falkenrath, *Shaping Europe's Military Order*, 74–75.

(112) たとえば『焦点(Im Brennpunkt)』でのテレビ報道を参照. Video, July 17, 1990, KASPA. ゴルバチョフは，アルヒズでの成果を書面で発表することをためらっていた. ゲンシャーは，統一ドイツが NATO に加盟することを明確に文書で表明するように要請したが，これに対してゴルバチョフは「NATO への明確な言及は避けたい」と応じている. ゴルバチョフがそのように応じた理由は明らかではないが，自らの譲歩を証明するような文書をソ連国内の政敵に与えたくなかったのかもしれないし，あるいは内容をのちに変更する可能性を残しておきたかったのかもしれない. しかしこのゴルバチョフの判断が，のちに NATO に関する合意文書を求める際に，彼の後継者の手元には何も残されていないという問題を生むことになる. "Gespräch des Bundeskanzlers Kohl mit Präsident Gorbatschow im erweiterten Kreis, Archys/Bezirk Stawropol, 16. Juli 1990," DESE 1357; "Из беседы М. С. Горбачева с Г. Колем," July 16, 1990, МГ 510.

(113) Telcon, Bush-Kohl, July 17, 1990, my 2008-0608-MR, BPL; "Stavrapallo" in Stent, *Russia*, 137.

(114) モスクワ駐在のオーストリア大使による報告を参照. “Bericht: Erste Wertung des Kohl-Besuchs in Moskau, 17.7.1990,” ÖDF 656-67. 西ドイツの報道関係者も，ソ連のメディアがこの会談の開催について「際立って遅れて(mit auffälligem Verzug)」伝えたことを指摘している. 以下を参照. “Drahtbericht des Botschafters von Ploetz, Brüssel(NATO),” July 18, 1990, DE622n6. この文書にはアルヒズの合意内容に関する要約も含まれており，前述したように書面による記録がほとんど残されていない理由に鑑みると，この文書は有用である. アルヒズでの会談後には，次のステップをめぐって東西ドイツの指導者のあいだで対立が生じた. たとえば，その後すぐに行われた「2+4」会合では，東ドイツ外相のマルクス・メッケルが(東ドイツ地域だけでなく)統一ドイツ全域においてすべての核兵器を撤去し，また外国軍の駐留を禁止することを要求した. “Presseerklärung des Außenministers Meckel, z. Z. Paris,” July 17, 1990, DE 614-15. 以下も参照. “Erklärung des Außenministers der DDR auf dem 2+4-Ministertreffen am 17.7.90 in Paris” (preparatory paper), July 16, 1990, ZR 3269-94, MfAA, PA-AA. メッケルと西側指導者のあいだの相違点については以下を参照. Ritter, *Der Preis*, 45-46.

(115) 「激怒」は以下を参照. Falin, *Konflikte*, 204. 以下のファリン・コレクションからの彼の二つ目および三つ目の引用についてノーマン・ナイマーク氏に感謝する. Falin Collection, box 1, 29, HIA. また別の顧問は，ゴルバチョフの振る舞いがまるで皇帝のようであると考えていた. 以下を参照. Boldin, *Ten Years*.

(116) Falin, *Konflikte*, 199. 以下を参照. Stent, *Russia*, 135.

(117) モスクワとアルヒズでの会談は，期待に反して重要な問題をすべて解決したわけではなく，また整理すべきは細部だけではないという西ドイツ側の認識については以下を参照. GDE, 4: 593. 以下も参照. AAP-90, 1068-80.

(118) 西ドイツ交渉団のマルティン・ネイによる記録は以下を参照. Dufourcq, *Retour*, 255.

(119) “Vermerk des Dg 20, MDg Hofstetter, Bonn, 22.08.1990, Sprechzettel, Betr.: Gespräch BM mit BM Waigel am 23.08.1990,” DE unpub; “To: The Secretary, From: EUR-James F. Dobbins, Acting; Subject: August 23 One-Plus-Three Political Directors Meeting in London,” n.d., my 2008-0705-MR, BPL. 少なくともあるソ連の外交官が西ドイツの担当者に打ち明けたように，ソ連の交渉担当者が公然とこの交渉を妨害しようとしたことについては以下を参照. “Vorlage des Leiters der Unterabteilung 20, Hofstetter, für Bundesminister Genscher…Verhandlungen in Moskau 24./25.08.1990,” August 27, 1990, DE 672.

(120) こうしたスケジュールをめぐる議論については以下を参照. “Telefongespräch des Bundesministers Genscher mit dem sowjetischen Außenminister Schewardnadse,” August 7, 1990, DE 645; “Beschluß der Volkskammer,” Au-

gust 23, 1990, DESE 1498. 以下も参照. Zelikow and Rice, *Germany Unified*, 351. 1990年3月の東ドイツの選挙での成功とは対照的に, 1990年5月の西ドイツの州議会選の結果はCDUにとって芳しくなかったため, コールは国政選挙に東ドイツの有権者を加えることに特に熱心であった. 州議会選の詳細は以下を参照. AAP-90, 597n2.

(121) 西ドイツ側に向けられたいくつかの要求の詳細は以下を参照. "Aufzeichnung des Vier-Augen-Gesprächs zwischen Bundesminister Genscher (BM) und dem sowjetischen Außenminister Schewardnadse (SAM) am 17. August 1990 in Moskau," in Hilger, *Diplomatie*, 224–25.

(122) シェワルナゼ外相とソ連軍部の緊張をめぐる議論については以下を参照. "Gespräch des Ministerialdirektors Teltschik mit dem stellvertretenden Außenminister Kwizinskij, Bonn, 28. August 1990," DESE 1505. 以下も参照. AAP-90, 1222. シェワルナゼは直接ブッシュ大統領に対しても, 彼やゴルバチョフが「保守的な勢力」から受けている圧力を説明している. Memcon, Bush-Shevardnadze, April 6, 1990, 11:50am–12:20pm EST, 2009-1024-MR, BPL (これは同日午前10時に行われた代表団との大規模なセッションとは別の小規模な会談である. 本書執筆の時点では, 前者の会談はBPLオンラインに掲載されているが, 後者のセッションは掲載されていない).

(123) イラクのクウェート侵攻へのアメリカの対応に関する有用な一次資料集は以下を参照. EBB-720, NSA. 以下も参照. *When the World*, 376–94; Bozo, *History of the Iraq Crisis*, 25.

(124) 1990年8月以降, ブッシュとゴルバチョフやコールの会談ではヨーロッパよりむしろイラクにしばしば優先順位が置かれるようになった. たとえば以下を参照. "Telefongespräch des Bundeskanzlers Kohl mit Präsident Bush, 22. August 1990," DESE 1484–86.

(125) Stent, *Russia*, 145. ゴルバチョフ財団のアーカイブから無断で持ち出された湾岸戦争に関する文書については以下を参照. Stroilov, *Behind the Desert Storm*.

(126) Žantovský, *Havel*, 359.

(127) Memorandum for Brent Scowcroft, from Robert L. Hutchings, "Military Exchanges with Eastern Europe," August 16, 1990, stamped "Nat Sec Advisor has seen," Hutchings files, CF01502-002, BPL. 以下を参照. Liviu Horovitz, "The George H. W. Bush Administration's Policies vis-à-vis Central Europe," OD 78.

(128) 1991年6月の会議まで持ち込まれたものの, その後頓挫してしまったミッテランの構想については以下を参照. Bozo, "Failure."

(129) 先に引用した "Military Exchanges with Eastern Europe," August 16, 1990 の付属文書 "Draft: Military-to-Military Contacts with Eastern Europe," n.d. を参

照．それに関連してより切実な問題は，名目上まだ存在しているワルシャワ条約機構から，東ドイツが正式にどのように離脱するかということであった．そこで考えられた解決策のひとつは，東ドイツが他の同盟国に加盟の解消を申し入れるというものであった．“Außenpolitische Sonderinformation des MfAA,” September 11, 1990, DE 696n1.

(130) Memorandum for Brent Scowcroft, from Robert Hutchings, August 27, 1990, “German Unification: New Problem at End-Game,” my 2008-0816-MR, BPL.

(131) ゲンシャーによる以下の記録を参照．AIW Genscher, transcript and recording in SMML.

(132) “German Unification: New Problem at End-Game,” August 27, 1990. ハッチングスによると，西ドイツ側は次のような文言を提案した．ドイツ軍以外の軍隊は「ベルリンとのあいだの移動を除き，ドイツ連邦共和国とドイツ民主共和国のあいだの現在のドイツ内国境に相当する境界線(line)を越えてはならない」．ハッチングスはその後1990年9月5日にも，この問題はまだ解決できていないとして，次のように警鐘を鳴らしていた．「ドイツ統一後に米英仏の軍隊が現在のドイツ民主共和国領の「境界線を越える(crossing the line)」ことを禁止する(条約の)条項をめぐる攻防に敗れる可能性は十分にある」．Memorandum for Brent Scowcroft, from Robert Hutchings, “Telephone Call from Chancellor Kohl of the Federal Republic of Germany, September 6, 1990,” September 5, 1990 (preparatory document), my 2008-0690-MR, BPL.

(133) “Two Plus Four: State of Play in Preparation for Ministerial Meeting in Moscow,” September 6, 1990, PREM-19-3002_73.jpg, PRO-NA; Zelikow and Rice, *Germany Unified*, 357-63, especially 358.

(134) Message from US ambassador in SDC 1990-Bonn-27370, “FRG-GDR Unification Treaty—Recommendation for High-Level Message to the FRG,” n.d., but with handwritten date and time “8/29/90 1730” at top, in my 2008-0716-MR, BPL. ハッチングスはその冒頭に直筆で次のように書き込んでいる．「ブレント，これは私が確認した問題のひとつです……ボブ・ゼーリックはきょう西ドイツ側の交渉相手に電話したので，西ドイツ側の態度が変わることを期待しています．もし何も成果を得られないなら，大統領がコールに個人的な交渉チャンネルを通じてメッセージを送り，事態の収拾を図るよう私たちは進言するつもりです．ボブ・ハッチングス」．これに対しスコウクロフトは手書きで次のように返信している．「引き続き報告を．B.」．ベーカーが1990年8月16日にゲンシャーに宛てた書簡と，この議論が公になることへの危惧については以下を参照．GDE, 4: 591-92. 以下のドイツ外務省のサイトも参照．“The right of precence [*sic*]: The Convention on the Presence of Foreign Forces in the Federal Repub-

lic of Germany of 1954," https://www.auswaertiges-amt.de/en/aussenpolitik/themen/internatrecht/-/231364.〔現在は，https://www.auswaertiges-amt.de/en/aussenpolitik/themen/uebersicht/248494〕このサイトでは，駐留協定に基づくドイツに駐留するNATO軍の具体的な「権利と義務」が，1951年6月19日の地位協定(SOFA)と1959年8月3日のSOFA補足協定(SA)で規定されていると説明されている．外務省のホームページには，この問題が最終的にどのように法的に解決されたのかに関する詳細が掲載されている(本文中にも要約が記載されている)．すなわち，SOFAとSAは東ドイツの領土にまでは及ばないが(言い換えれば，東ドイツの領土は公式に「両者の適用から除外される」が)，ドイツ政府は旧東ドイツ領において「派遣国の軍隊に一時的に駐留する権利を認めるかどうか」を個々のケースで決定し，その決定は冷戦時代の諸協定の規定に沿ったものでなければならない．そして外務省は「期限が定められていない条約は「2+4」条約の締結後も有効であるが……(そうした条約は)1990年9月25日の交換公文に基づき，2年前に通知することで終了させることができる」と付け加えた．西ドイツ側の内情は以下を参照．AAP-90, 1023-25.

(135) "For: The President, From: Brent Scowcroft, Subject: Telephone call from Chancellor Kohl, Federal Republic of Germany, Date: September 6, 1990," September 5, 1990 (preparatory paper, with appendix "Points to be Made for Telephone Call from Chancellor Kohl"), my 2008-0690-MR, BPL. これによるとアメリカ政府は「ジム・ベーカーからゲンシャーへの書簡を含む，度重なる抗議の文書」を西ドイツ政府に送付した．西ドイツの首都ボンに駐在するアメリカ大使も，テルチクにアメリカ側の不満を伝えている．以下を参照．"Schreiben des Ministerialdirektors Teltschik an Staatssekretär Sudhoff, Bonn, 30. August 1990," DESE 1515.

(136) SDC 1990-State-297622, "Secretary's Letter to Genscher: Bilateral Issue," September 5, 1990, my 2008-0716-MR, BPL; "Schreiben BM Genscher an amerik. AM Baker," August 31, 1990, DE unpub; GDE, 4: 591-93. 以下も参照．"Vorlage des Leiters der Rechtsabteilung, Oesterhelt, an Bundesminister Genscher...Stationierungsverhandlungen mit den westlichen Verbündeten," September 18, 1990, DE 722-25, esp. 722n1. この文書には，統一ドイツが西側諸国の軍隊のために「駐留協定」に対する「解約権」を模索していたことが記されている．この西ドイツ側が模索していた解約権を含む最終決定の詳細については，本章の注(134)に引用したドイツ外務省のサイトの以下の文書を参照．"The right of precence [*sic*]" on the German foreign ministry website.

(137) 引用箇所は以下を参照．"For: The President, From: Brent Scowcroft, Subject: Telephone Call from Chancellor Kohl," September 5, 1990. スコウクロフトは，アメリカ政府が「コールに数か月も何も働きかけていない」ことを考慮し，

ソ連に対する譲歩を打ち消すためにも「コールに同意を求めること」を提言した. また添付資料のなかでスコウクロフトは, コールに対して次のように伝えることで, 10月3日のドイツ統一記念式典への出席を辞退するようブッシュに助言している.「ご招待は感謝致しますが, その時間帯はどうしても不可能なのです. 歴史的なイベントであるにもかかわらず, まったくどうにも都合が付きかねるのです. しかし心のなかではあなたと一緒にお祝いするつもりです」. ハッチングスの懸念は次の文書に示されている. Memorandum for Brent Scowcroft, From: Robert L. Hutchings, "Subject: Telephone Call from Chancellor Kohl of the Federal Republic of Germany, September 6, 1990," September 5, 1990. 以下も参照. Küsters, "Einführung," DESE 224.

(138) Telcon, Bush-Kohl, September 6, 1990, BPL online.

(139) 引用は以下を参照. Telcon, Bush-Kohl, September 6, 1990, BPL online. 以下も参照. Zelikow and Rice, *Germany Unified*, 351. より広い文脈は以下を参照. Adomeit, *Imperial Overstretch*.

(140) "DB Nr. 3551/3552 des Gesandten Heyken, Moskau, an AA, Betr.: dt-sowjetische Verhandlungen am 30./31. 08.," September 1, 1990, B 63 (Ref. 421); Bd. 163593, DE unpub.

(141) "Schreiben des Bundesministers Waigel an Bundeskanzler Kohl, Bonn, 6. September 1990," DESE 1525. 以下も参照. AAP-90, 1233-34.

(142) "Telefongespräch des Bundeskanzlers Kohl mit Präsident Gorbatschow, 7. September 1990," DESE 1529. ドイツの記録担当者は, ゴルバチョフが次のように述べたと記録している.「まるで罠にはまったような気分です」. ロシア側ではゴルバチョフが次のように報告している.「「私」というよりよりむしろ「私たち」が「政治的な罠」にはまったようです」. "Телефонный разговор М. С. Горбачева с Г. Колем, 7 сентября 1990 года," МГ 557-58. 以下も参照. MGDF 516.

(143) "Message from the President to Chancellor Kohl of West Germany via White House Privacy Channels," n.d., but from content circa September 8 or 9, 1990, in my 2008-0691-MR, BPL. 以下も参照. "Vorlage des V. L. I Kaestner an Ministerialdirektor Teltschik," September 10, 1990, DESE 1538. この文書は, 1990年9月8日午後4時45分, スコウクロフトがヘルシンキから電話をかけ, アメリカの懸念に関するメッセージをテルチクに伝えるよう依頼したことを記述している. スコウクロフトは, ドイツ側の行っていることが「統一ドイツのNATOへの正式な加盟に関して疑問を投げかけることになりかねない」と懸念を抱いていた.

(144) Memcon, Bush-Gorbachev, September 9, 1990, BPL online.

(145) ゼリコウとライスがのちに回想したように, 西ドイツ側はこの資金が果た

して「ペレストロイカにどう役立つのか」に関して「真剣に分析していなかった．コールにとってそこは重要ではなかったのである」．実のところその最たる動機は，「政治的なもの，つまり力強くシンボリックな演出をする必要性」であったからである．Zelikow and Rice, *Germany Unified*, 326.

(146) これらの電話の詳細な分析については以下を参照．Sarotte, *1989*, 191–93. 以下も参照．Adomeit, *Imperial Overstretch*; Küsters, "Einführung," DESE 226–27.

(147) Letter from Mr Weston to Sir C. Mallaby (Bonn), Personal and Confidential, FCO, September 17, 1990, DBPO 467.

(148) "FCO to Sir R. Braithwaite (Moscow) ...for Weston and Secretary of State's Party," September 11, 1990, DBPO 464.

(149) この地位は現在も続いている．以下を参照．Dufourcq, *Retour*, 254.

(150) フランスはアメリカやイギリスほど懸念しておらず，西ドイツとのあいだの仲介役を務めた．以下を参照．Bozo, *Mitterrand*, 292–93.

(151) "Military Exchanges with Eastern Europe," August 16, 1990; Sarotte, *1989*, 174–75, 192.

(152) Letter from Mr Weston to Sir C. Mallaby (Bonn), September 17, 1990, DBPO 468.

(153) ゼーリックの引用や言い回しは，Letter from Mr Weston, September 17, 1990, DBPO, 468.

(154) "Gespräch BM Genscher mit AM Schewardnadse in Moskau am 11.09.90 (19–21.00h)," September 14, 1990, in Hilger, *Diplomatie*, 253–55. 両者が協定の文言に合意した後，元々はゲンシャーが「そのことは外相会議において述べるつもりだ」と言っていた．シェワルナゼは「そのような宣言が(公式に，交渉の議事録に記される形で)必要か」を尋ね，ゲンシャーは「これを否定したものの，もし記者会見で質問された際には同じ文言を使って答えると言明した」．以下も参照．"Sir R. Braithwaite (Moscow) to FCO," September 12, 1990, DBPO, 465.

(155) Letter from Mr Weston, September 17, 1990, DBPO 468.

(156) Kwizinskij, *Vor dem Sturm*, 61.

(157) ゲンシャーが抱いた危惧は以下に要約されている．Kwizinskij, *Vor dem Sturm*, 62.

(158) AIW Genscher, recording in SMML. ドイツ語の原文は次の通り．「私たちはもうこれ以上リスクを冒すことなどできません．いま，モスクワで突如として，何か新たな議論が起きないとも限らないのです」．

(159) Letter from Mr Weston, September 17, 1990, DBPO 469. この夜の出来事については以下のフランク・エルベとマルティン・ネイのコメントも参照．Dufourcq, *Retour*, 166–67, 253–54; Brinkmann, *NATO-Expansion*, 235–38; GDE

4: 594-602; Zelikow and Rice, *Germany Unified*, 361-33.

(160) 駐留も配備もしないという表現は，最終的に「2+4」条約の第5条第3項に明記されている．ドイツ政府による「配備(*deployed*)」という言葉の意味の解釈については，付属議定書に記載されている．最終的な条約の全文は複数の文書や言語で閲覧可能であり，たとえばドイツ語版は以下を参照．Presse- und Informationsamt der Bundesregierung, *Die Vereinigung Deutschlands*, 167-73. 後日レイモンド・ザイツからNATOの同盟国に伝えられた付属議定書の成果に関する報告については以下も参照．"Drahtbericht des Gesandten Bächmann, Brüssel (NATO) ...2+4-Ministertreffen am 12.09.90 in Moskau," September 14, 1990, DE 717-22.

(161) ロバート・ゼーリックのコメントは以下より．Dufourcq, *Retour*, 114.

(162) 条約から付属議定書が削除された例については，ドイツ歴史研究所の次のサイトなどを参照．http://ghdi.ghi-dc.org/sub_document.cfm?document_id=176; Dufourcq, *Retour*, 76.

(163) まったく同一のセットの署名がなされた二つの文書を伴う条約文の画像データは以下のドイツ外務省のサイトに掲載されている．https://archiv.diplo.de/arc-de/das-politische-archiv/-/1502282.

(164) 署名者が使用したペンを保管するという(東側からすれば)予想外の行為を含め，署名の儀式そのものについては以下の目撃者の証言を参照．Brinkmann, *NATO-Expansion*, 237. NATOを拡大しないという西側の約束があったというロシアの主張について，のちに著者〔サロッティ〕がベーカーに尋ねたところ，ロシア側は約束が存在すると考えるならば，なぜ1990年9月にNATOの外縁を東方へと拡大する正式な条約に署名したのか，という趣旨の回答がベーカーから届いた．AIW Baker.

(165) "**Из беседы М. С. Горбачева с Г-Д. Геншером,**" September 12, 1990, **МГ** 572. 調印式典の最終盤でのその他の演説の詳細は以下を参照．"Sept. 12 Two-Plus-Four Ministerial in Moscow: Detailed Account," EBB-613, NSA.

(166) "**Из беседы с...Дж. Бейкером,**" September 13, 1990, in **Горбачев, *Собрание сочинений,*** vol. 22, 94-97. 以下も参照．EBB-720, NSA. ハードの引用は，Hurd, *Memoirs*, 389.

(167) 1990年10月23日のチェルニャーエフの日記より．***Совместный исход,*** 883-84. 以下も参照．MDB 274-75.

(168) Letter from Mr Weston, September 17, 1990, DBPO 470. 以下も参照．"JAB's 1-on-1 mtg. w/FRG FM Kinkel@Dept. of State (First JAB-Kinkel mtg.)," June 30, 1992, folder 5, box 111, series 8, SMML, on replacing Elbe with Chrobog or Kastrup.

(169) 10月3日に直接参加するかどうかの問題をめぐる，初期のロシアでの議論

については以下を参照. "Докладная записка А. С. Черняева о предстоящем телефонном разговоре с Г. Колем и возможной поездке в Германию 3 октября," September 10, 1990, МГ 562. そこでチェルニャーエフは, ドイツをソ連側に引き込むために, 西側諸国が反対しても, ゴルバチョフは参加するべきであると提案した.

(170) 1990年10月3日のコールからブッシュへの書簡の英語版は, 以下に所収されている. my 2008-0783-MR, BPL.

(171) 統一が正式なものになるまでの過程には数多くの側面があり, いくつもの不確かな部分が残されていた. ドイツ領内に残存する旧ソ連の核兵器については以下を参照. Central Intelligence Agency, "German Military Forces in Eastern Germany after Unification," September 27, 1990, in my 2008-0642-MR, BPL. そのなかでは, 独ソ駐留協定においては「東ドイツ領内に配備されているソ連の核兵器には触れていない. **ソ連は東ドイツ領内から核兵器を撤去しつつあるが, おそらく最後のソ連軍兵士が撤退するまで, 少なくともいくつかの核兵器を東ドイツに置いておくだろう**」と一部太字で指摘していた. こうした(少なくともソ連軍通常兵器が)少量残存することを防ぐために, ドイツは「ドイツ連邦共和国領域内のソ連軍の期限付き駐留の条件, および計画的撤退の実施の態様に関するドイツ連邦共和国とソ連間の条約」において, ソ連軍は装備品を含めた完全な部隊として撤収すること, すなわち「撤退は部隊単位で行われ, すべての装備品を持ち帰る(つまり「少量残存」は起こらない)」ことが目指されたのである. APBD-49-94, 734. ソ連軍撤退のその他の側面については以下を参照. "Ortez des Referatsleiters 012, Bettzuege," October 18, 1990, DE 759-62; DE unpub の以下の三つの文書：(1) "Vermerk (Sachstand) des Referats 201, Betr.: Dt.-sowjet. Aufenthalts- und Abzugsvertrag," September 21, 1990; (2) "DE Nr. 23 des Dg 42, MDg Dieckmann an D2 Kastrup/LMB, Elbe, z. Z. New York (BM-Delegation), Betr.: dt.-sowjetisches Überleitungsabkommen," September 25, 1990; (3) "StS-Vorlage RL 201, VLR I Dreher, Betr.: Sowjetische Haltung zu offenen Punkten Aufenthalts- und Abzugsvertrag," October 4, 1990. 統一後のドイツにおける外国軍の地位については以下の外務省のサイトを参照. https://www.auswaertiges-amt.de/en/aussenpolitik/themen/internatrecht/-/231364. ソ連による速やかな資金提供の要請については以下を参照. "Vorlage des Ministerialdirektors Teltschik an Bundeskanzler Kohl, Bonn, 25. September 1990," DESE 1550. ドイツによる資金援助の内容については以下を参照. "Ortez Nr. 74 des Rl 012, VLR I Bettzuege Betr.: Deutsch-sowjetisches Überleitungsabkommen," October 8, 1990, DE unpub, PA-AA. 四大国の権利の失効(ドイツ統一を正式に決定するための必要事項)については以下を参照. "Erklärung der Vier Mächte über die Aussetzung ihrer Vorbehaltsrechte über Berlin und Deutsch-

land als Ganzes in New York vom 1. Oktober 1990," APBD-49-94, 715; "Gespräch des D2 Kastrup mit sowjetischem Botschafter Terechow (=Vermerk des VLR Pauls vom 21. 09) Betr.: Erklärung der vier Mächte zur Suspendierung der Vier-Mächte-Rechte am 01.10. in New York," September 21, 1990, DE unpub.

(172) "Schreiben des Präsidenten Gorbatschow an Bundeskanzler Kohl, 26. September 1990," DESE 1551. 事実この協定を最後に批准したのはソ連であり，それは1991年3月4日のことであった．1990年9月12日以降も残された数多くの未解決の問題については以下を参照．Teltschik, *329 Tage*, 7.

(173) 1991年3月と4月のソ連による批准については以下を参照．"Zeittafel," APBD-49-94, 119. 以下も参照．Stent, *Russia*, 142-44. そこでは批准をめぐる攻防が詳述されており，ファリンは依然として自分の意見を通そうとし，ドイツ側はすでにソ連に支払っていた額に加え，さらに増額することになった．

(174) この9月の闘争後のシェワルナゼの考えについては以下を参照．"**Выступление Э. А. Шеварднадзе на заседании комитета по международным делам ВС СССР**," September 20, 1990, МГ 575-81. 彼の辞任については以下を参照．Stent, *Russia*, 143.

(175) その交渉については以下を参照．Action Memorandum for Brent Scowcroft, From: Arnold Kanter/Condoleezza Rice, Subject: Arms Control Talks in Moscow, September 14, 1990. 同様の問題は，Letter from Gorbachev to Bush, September 17, 1990, both in SSSN, USSR, 91128-003, BPL.

(176) ゴルバチョフの発言は，Baker, *Politics*, 529. スコウクロフトの引用は，TOIW Brent Scowcroft, August 10-11, 2000, GBOHP.

(177) Letter from Mr Weston, September 17, 1990, DBPO, 470; Ratti, *Not-So-Special*, 326-27.

(178) US Department of State, Memorandum from S/P Harvey Sicherman, to S/P-Dennis Ross and C-Robert Zoellick, "A New Europe: Articulating the Common Interest," May 1, 1990. 機密扱いを解除してくれたシッカーマンに感謝する．

第4章

(1) 冒頭のストラウスの発言は以下からの引用．"The Bolshevik Goetterdaemmerung: End of Empire and Russian Rebirth," SDC 1991-Moscow-32811, November 15, 1991, 2011-0145-MR, BPL. ストラウス自身についての発言は，以下に引用されている．McGarr, *Whole Damn Deal*, 431. マクガーによれば，のちにストラウスは，モスクワに到着した際の感想を次のように語っている．「私は何を考えていたのだろう．……これはひとつの大きな大きな問題であり，自分はこの大混乱に対処するに適切な経歴や訓練をまったく欠いている」(445)．外交官と

してのキャリアがあり，ロシアの専門家であるジェームズ・コリンズを，ストラウスは仕事をする上で大いに頼りにしていた(445)．専門知識がないにもかかわらずストラウスを選んだことは，ブッシュ大統領が自分の友人を派遣して，エリツィンに対してロシアを重視しているということを示すという明らかな利点があった．他方で，ロシア専門家のジャック・マトロックが務めていたアメリカの駐ソ大使のポストの後任者が，ロシアをほとんど知らずホームシックになってしまうような人物であるというマイナス面もあった．マトロックは夕方になると，アメリカ大使館を改革派のロシア人たちのためのサロンにしていたが，ストラウスは，アメリカから友人たちが送ってくるビデオを見て夜を過ごすことを好んでいた．「財務長官のニック・ブレイディ〔ニコラス・ブレイディ〕が，ブリーダーズカップの3時間テープを送ってきた．トム・ブロコウは，法律ドラマ『マトロック』のエピソードを送ってきた．コロンビア・ピクチャーズの伝説的プロデューサーであるレイ・スタークや，ジャック・ヴァレンティ，ルー・ワッサーマンは映画を送ってきた．そしてジム・レーラーは『マクニール／レーラー・ニュースアワー(*MacNeil/Lehrer NewsHour*)』を送ってきた」(445)．ストラウスについては，テキサス大学オースティン校のロバート・S・ストラウス・センターのウェブページ(https://www.strausscenter.org/robert-s-strauss/)を参照．ソビエト連邦の崩壊については，以下を参照．Zubok, *Collapse*.

(2) ストラウスの発言は以下からの引用．“The Bolshevik Goetterdaemmerung.” チェイニーとベーカーの見解は，スコウクロフトによって以下に要約されている．TOIW Brent Scowcroft, August 10–11, 2000. ソ連経済の崩壊に関しては，以下を参照．Miller, *Struggle*, 4–9.

(3) ベーカーの発言は以下からの引用．James Baker, “Soviet Points for Meeting with the President,” December 10, 1991, folder 8, box 115, series 8, SMML. スコウクロフトの発言は以下からの引用．TOIW Brent Scowcroft, August 10–11, 2000.

(4) Memcon, Bush-Havel, November 18, 1990, BPL online. ハヴェルは阻止されることなく，1991年4月24日から26日にかけてプラハを訪れたアメリカ国防総省の代表団に，「今後10年間にはNATOとECという二つの可能性がある」と告げた．ハヴェルはこれを，訪問中のポール・ウォルフォウィッツに述べた．以下を参照．Memcon, Havel-Wolfowitz, April 27, 1991, and “USDP Wolfowitz's Report on the Trip to Prague,” n.d., but from context late April 1991, both in EBB-613, NSA.

(5) Memcon, Bush-Wałęsa, March 20, 1991, BPL online. 以下も参照．Stephen Flanagan, “NATO From Liaison to Enlargement,” OD 93–110; Stephan Kieninger, “Opening NATO,” OD 60.

(6) László Póti, “Hungarian-Ukrainian-Russian Triangle,” in Balmaceda, *On the*

Edge, 128-30.

(7) アンタルの発言は，以下でパラフレーズされている．Géza Jeszenszky, "NATO Enlargement," OD 121-22. また，外相が1990年6月28日から29日にかけてブリュッセルのNATOを訪問し，アンタルが「1990年7月17日から18日にかけてNATO本部でヴェルナーと最も友好的な会談を行った」とも記されている．Póti, "Hungarian-Ukrainian-Russian Triangle," 132は，「ソ連軍がほとんどの加盟国に駐留」しており，反発を招かないようにするために，ワルシャワ条約機構の解体を公に要求する以上の「過激な解決策を，ハンガリー政府は(どうしてもそうしたかったが)選ばなかった」と洞察的に述べている．1990年10月，アンタルがブッシュに訴えたように，ハンガリーにはまだ完全なソ連の師団が二つあり，それが「ブダペストの近くに駐留しているのは決して偶然ではなかった」．しかも彼らは，住宅不足で「ソ連に戻るところがない」ため，急いで出ていこうとはしていないようであった．また，アンタルは「チェコスロヴァキアの緊張は高く，ユーゴスラヴィアは危機的状況にあり，戦争もありうる」と警告していた．Memcon, Bush-Antall, October 18, 1990, BPL online.

(8) "Eastern Europe and NATO" の分析は，"Revised NATO Strategy Paper for Discussion at Sub-Ungroup Meeting, October 24," from: EUR James F. Dobbins, Acting, October 22, 1990, EBB-613, NSA の添付文書の3頁目に記載されている．

(9) Gates, *From the Shadows*, 493-94. 以下も参照．Shifrinson, "Eastbound," 819.

(10) Memorandum for Robert Gates, from: Philip Zelikow, "Subject: Your Meeting of the European Strategy Steering Group on, Monday, October 29," October 26, 1990, 2000-0233-F, BPL.

(11) From State/EUR-James F. Dobbins, Acting, to NSC-Mr. Gompert, "NATO Strategy and Review Paper for October 29 Discussion," October 25, 1990, EBB-613, NSA. 以下も参照．"USDP Wolfowitz's Report on the Trip to Prague," n.d., from context circa April 1991, EBB-613, NSA; Stephen Flanagan, "NATO from Liaison to Enlargement," OD 98-105; Sayle, *Enduring*, 233, 332n101; Shifrinson, "Eastbound," 825.

(12) 1990年7月のチェイニーのコメントは以下にある．"Notes from Jim Cicconi [notetaker] re: 7/3/90 pre-NATO Summit briefing at Kennebunkport," and "Briefing of Pres on NATO summit at Walker's Pt," folder 3, box 109, 8/8c, SMML. チェイニーの連携ステータス(associate status)に関する発言は，以下に引用されている．Solomon, *NATO*, 10. チェイニーについて詳しくは，以下を参照．Mann, *Great Rift*.

(13) Bozo, "Failure."

(14) アメリカの外交官ウィリアム・ヒルがのちに述べたように，1991年末には，アメリカが「ヨーロッパにおいて主導的な安全保障上の存在であり続ける」こと，

そしてヨーロッパの安全保障は「NATOに従属する」ことは明らかであった. Hill, *No Place*, 65.

(15) Elizabeth Shogren, “Gunman Reportedly Wanted to Kill Gorbachev,” *Los Angeles Times*, November 16, 1990.

(16) ハンガリー大統領はモスクワの安全保障協定案をブッシュに直接提起し(Memcon, Bush-Göncz, May 23, 1991, BPL online), ハヴェルは訪問中のポール・ウォルフォウィッツにこの展開を報告した(in Memcon, Havel-Wolfowitz, April 27, 1991, 前出). ワルシャワ条約機構の軍事活動の終了と, 軍事機構の破棄については, 以下を参照. Telcon, Bush-Havel, February 26, 1991, BPL online; “Agreement on the Cessation of the Military Provisions of the Warsaw Pact,” February 25, 1991, in Mastny and Byrne, eds., *Cardboard Castle*, 682–83.

(17) Marten, “Reconsidering,” 140–41; Póti, “Hungarian-Ukrainian-Russian Triangle,” 133.

(18) Jeszenszky, “NATO Enlargement,” OD 122; Asmus, *Opening*, 10; Solomon, *NATO*, 8.

(19) 以下の宣言を参照. “Partnership with the Countries of Central and Eastern Europe: Statement Issued by the North Atlantic Council Meeting in Ministerial Session,” June 6–7, 1991, https://www.nato.int/cps/ie/natohq/official_texts_23858.htm.

(20) Memcon, Quayle-Wörner, July 1, 1991, 2000-0233-F, BPL.

(21) Memcon, Bush-Mitterrand, March 14, 1991, BPL online. ミッテランの20という推測は, 正確な予測であった. 1991年6月から1992年6月にかけて, ユーゴスラヴィアとソ連の解体に伴い, ヨーロッパでは実際に20の新しい国家が誕生することになったのである. 以下も参照. Hill, *No Place*, 68.

(22) この金額は「生産的な投資を鈍らせる巨大な負担」であった. Szabo, *Germany*, 6. そのうえ, ミッテランは「ドイツには民族主義的な動きが残っており, ドイツ人がポーランドの領有権を放棄することを困難にしている」と指摘している. Memcon, Bush-Mitterrand, March 14, 1991, BPL online. コールはのちに, 撤退時期を12月から1994年8月31日にずらすため, モスクワに対して5億5000万ドルの追加援助を申し出ている. ドイツ連邦政府のウェブサイトを参照. https://www.bundesregierung.de/breg-de/service/bulletin/besuch-des-bundeskanzlers-in-der-russischen-foederation-vom-14-bis-16-dezember-1992-791660. ドイツが支出額について慎重になった点に関しては, 以下を参照. Spohr, *Post Wall*, 480. 以下も参照. Stent, *Russia*, 162.

(23) Bozo, “Failure,” 409.

(24) Memcon, Bush-Mitterrand, March 14, 1991, BPL online.

(25) ユーゴスラヴィア問題についての議論は, 以下を参照. Telcon, Bush-Kohl,

June 24, 1991, BPL online. 旧ユーゴスラヴィアでの戦争の勃発に関しては，以下を参照．Hill, *No Place*, 74–77.

(26) Memcon, Bush-Mitterrand, March 14, 1991, BPL online.

(27) コールは，ゴルバチョフやリトアニアの指導者カジミラ・プルンスキエネとの議論を回顧して，党の同僚にこれらのコメントを残している．“21. Januar 1991,” BzL 243. その1か月後に行われた同様の会話において，コールは「だから，ソ連の崩壊を夢見る者は，考えうるすべての帰結をも夢見なければならない」と付け加えた．“22–23. Februar 1991,” BzL 247.

(28) Chernyaev diary entry for August 26, 1990, ***Совместный исход,*** 869; MDB 271; Plokhy, *Last Empire*, 37–40.

(29) Bergmane, “‘Is This the End of Perestroika?’”; Plokhy, *Last Empire*, 195–96.

(30) Memcon, Baker-Shevardnadze, “On the Plane to Jackson Hole, Wyoming,” September 21, 1989, 6:30–8:30pm, 2009–1030–MR, BPL, 以下も参照．Bergmane, “‘Is This the End of Perestroika?’”

(31) ブッシュはゴルバチョフに，「バルト三国での暴力と少なくとも20人の死」について不満を述べた．以下を参照．Letter, Bush-Gorbachev, January 23, 1991, 2011–0857–MR (504), BPL. 以下も参照．LSS xxxiii; Plokhy, *Last Empire*, 38.

(32) マトロックがブッシュの苦情を届けた際に，ゴルバチョフは彼にこう言った．以下を参照．“From: Jack Matlock, For: General Scowcroft” (on Matlock’s meeting with Gorbachev), January 24, 1991, 2011–0857–MR, BPL.

(33) 壁の崩壊から1年後の1990年11月9日に署名された．“Vertrag über gute Nachbarschaft, Partnerschaft und Zusammenarbeit zwischen der Bundesrepublik Deutschland und der Union der Sozialistischen Sowjetrepubliken vom 9. November 1990,” APBD–49–94, 738–44. 締結されたすべての条約の概要については，以下を参照．“Sachstandsvermerk Ref. 213, Betr. Stand Vertragsverhandlungen D und SU,” November 12, 1990, DE unpub. 1991年3月，ゴルバチョフがコールとの電話会談でドイツに援助を求める勇気が奮い起こせなかったため，チェルニャーエフは，ドイツに援助を求める手紙を作成しなければならなくなった．その手紙はリークされて『シュピーゲル』誌に掲載された．以下を参照．Chernyaev diary entry for March 10, 1991, ***Совместный исход,*** 927.『シュピーゲル』版は，“Neue Milliarden aus Bonn?,” part of the article “‘Geld in die Müllgrube werfen,’” *Der Spiegel*, 23/1991, https://magazin.spiegel.de/EpubDelivery/spiegel/pdf/13487616.

(34) Hill, *No Place*, 21–23.

(35) そのサミットの成果である合意〔パリ憲章〕に関しては，以下を参照．“Gemeinsame Erklärung der 22 Staaten der NATO und der Warschauer Vertragsorganisation in Paris vom 19. November 1990 (Auszug),” and “Die ‘Charta von

Paris für ein neues Europa,' vom 21. November 1990, Erklärung des Pariser KSZE-Treffens der Staats-und Regierungschefs," APBD-49-94, 755-71.

(36) Daryl Kimball and Kingston Reif, "The Conventional Armed Forces in Europe (CFE) Treaty and the Adapted CFE Treaty at a Glance," Arms Control association, August 2017, https://www.armscontrol.org/factsheet/cfe.CFE に関しては，以下も参照．Falkenrath, *Shaping*, xv-xvii.

(37) この文章は Sloan, *Defense of the West*, 108 のパラフレーズである．

(38) Quentin Peel, "Moscow Report Tells How Thousands of Tanks Avoided CFE Count," *Financial Times*, January 10, 1991, reprinted in Mastny, *Helsinki Process*, 295-96. 以下も参照．Falkenrath, *Shaping Europe's Military Order*, xv-xvii, 117-19; Zelikow and Rice, *To Build*, 479n74. ウォーレン・クリストファー国務長官はのちに，ビル・クリントン大統領に対して，ロシアの軍事指導者たちが CFE を「悪い条約であり，ゴルバチョフが弱体化した瞬間に旧ソ連に「押し付けられた」冷戦の残滓であり，新しいロシアにはさらに不公平なもの」と見ていると助言した．Memo, Christopher to Clinton, "Your Meeting with Yeltsin in Halifax," June 12, 1995, DS-ERR. ソ連の生物兵器開発を止めようとする，ブッシュ政権の努力に対するゴルバチョフの反発については，以下を参照．Hoffman, *Dead Hand*, 361.

(39) Letter, Bush-Gorbachev, October 20, 1990, LSS 762-63. ゴルバチョフの国連安保理決議 675 号への支持(アメリカ国務省のウェブサイトに記載されている．https://2001-2009.state.gov/p/nea/rls/13456.htm)，およびその平和イニシアティブに関しては，"22-23. Februar 1991," BzL 247-67, および EBB-745, NSA の諸文書も参照．

(40) この文章は，以下の文献のパラフレーズである．Engel, Lawrence, and Preston, *America in the World*, 335.

(41) Engel, *When the World*, 467.

(42) LSS xxxiii.

(43) 戦争の勃発については，folder 9, box 109, series 8, SMML のなかにある，ベーカーの政府首脳等への電話に関するメモを参照．

(44) Bozo, *History of the Iraq Crisis*, 26-27; Bozo, "'We Don't Need You,'" 183-208; LSS xxxiii-xxxiv.

(45) TOIW Richard B. Cheney, March 16-17, 2000, Dallas, Texas, GBOHP. チェイニーの言葉を借りれば，輸送機によって，アメリカは「発射地点に到着する前に戦車をばらばらにする」ことを避けられた．ワシントンは輸送機に加え，「演習目的で」旧東ドイツの戦車，ヘリコプター，飛行機を入手することも要求していた．AAP-90, 1574-75.

(46) ブッシュとマルルーニーのコメントは，以下に記載されている．"Opening

Session of the London Economic Summit," July 15, 1991, 2:20-5:40pm, BPL online. 生物兵器計画に関するブッシュの不安に関しては，以下を参照．AIW Zoellick. その文脈に関しては，以下も参照．Hoffman, *Dead Hand*.

(47) Memcon, Bush-Gorbachev, July 17, 1991, London, BPL online.

(48) 1991年7月20日のチェルニャーエフの日記を参照．***Совместный исход,*** 963-65.

(49) Chernyaev's diary entry for March 20, 1991, in ***Совместный исход,*** 930.

(50) Memorandum for John Helgerson, DDCI, from David Gompert/Ed A. Hewett, April 10, 1991, "The Gorbachev Succession," and Directorate of Intelligence, April 29, 1991, also entitled "The Gorbachev Succession," both in EBB-544, NSA.

(51) Memcon, Quayle-Wörner, July 1, 1991, FOIA 2000-0233-F, BPL. 1991年5月にワシントンを訪れたプリマコフが「大規模な援助」を求めたとき，ブッシュはソ連の窮状を直接聞いていた．ゴルバチョフの生き残りを心配していたにもかかわらず，ブッシュは「われわれはまさにいま，多かれ少なかれ破産している」と答えた．Memcon, Bush-Primakov, May 31, 1991, BPL online. 以下も参照．Letter from Bush to Gorbachev, July 1991 (no exact day given), LSS 845-48; McFaul, *From Cold War*, 23-24.

(52) Memcon, Bush-Göncz, May 23, 1991, BPL online. 彼は，ウクライナは特に問題であると付け加えた．ゲンツの見解では，「絶対的主権」はおそらく「ウクライナには不可能」であり，「結局，彼らは新しい国家連合を形成することになると思う．それが唯一の道のように思われた」．

(53) 以下を参照．Matlock's account from June 20, 1991, PC.

(54) 彼は，1990年6月12日に6人の候補者のなかから57パーセントの票を獲得し，1991年7月10日にロシア大統領に就任した．David Remnick, "Yeltsin Sworn in as Russian President," *Washington Post*, July 10, 1991; Aron, *Yeltsin*, 740; LSS xxxiv.

(55) 1991年2月のことである．以下を参照．Aron, *Yeltsin*, 740.

(56) Kozyrev, *Firebird*, 8-12. この小説の発禁と，それを利用したCIAの動きに関しては，以下を参照．Peter Finn and Petra Couvée, "During Cold War, CIA Used 'Doctor Zhivago' as a Tool to Undermine Soviet Union," *Washington Post*, April 5, 2014.

(57) Memcon, Bush-Yeltsin, June 20, 1991, BPL online; Maureen Dowd, "Yeltsin Arrives in Washington with Conciliatory Words about Gorbachev," *New York Times*, June 19, 1991; Colton, *Yeltsin*, 189-90.

(58) Memcon, Bush-Yeltsin, June 20, 1991, BPL online.

(59) Marilyn Berger, "Boris N. Yeltsin, Reformer Who Broke Up the USSR, Dies

at 76," *New York Times*, April 24, 2007; Craig Hlavaty, "When Boris Yeltsin Went Grocery Shopping in Clear Lake," *Houston Chronicle*, September 13, 2017.
(60) Memcon, Bush-Yeltsin, June 20, 1991, BPL online.
(61) "The Bolshevik Goetterdaemmerung," SDC 1991-Moscow-32811, November 15, 1991.
(62) Memcon, Bush-Mulroney, August 19, 1991, FOIA 2000-1202-F, BPL online.
(63) 戦車に乗ったエリツィンの報道に関しては，以下を参照．https://www.youtube.com/watch?v=LsF4c06txHM.
(64) Colton, *Yeltsin*, 200.
(65) Memcon, Bush-Mulroney, August 19, 1991, BPL online.
(66) Memcon, Bush-Mulroney, August 19, 1991, BPL online; Ron Synovitz, "What Happened to the August 1991 Coup Plotters?," RadioFreeEurope/RadioLiberty, August 19, 2016, https://www.rferl.org/a/what-happened-to-the-august-1991-coup-plotters/27933729.html.
(67) Telcon, Bush-Yeltsin, August 21, 1991, 8:30-9:05am, BPL online.
(68) マトロックが述べるように，ゴルバチョフは「クリュチコフの忠誠心を信じていたが，それは完全に間違っていた」. Matlock, *Autopsy*, 665. マトロックをはじめとするアメリカの元駐ソ連・ロシア大使の興味深いインタビュー記録は，以下を参照．EBB-769, NSA.
(69) Kozyrev, *Firebird*, 34. コズイレフは，抗議者が主要な建物に入れないようにしたのは間違いだったと考えていた(抗議者がシュタージの建物に入場できた東ドイツとは対照的である).
(70) Arkady Ostrovsky, "Special Report Russia: Inside the Bear," *The Economist*, October 20, 2016.
(71) Telcon, Bush-Yeltsin, August 21, 1991, 8:30-9:05 am, BPL online; Plokhy, *Last Empire*, 118-19.
(72) Telcon, Bush-Yeltsin, August 21, 1991, 8:30-9:05 am, BPL online.
(73) Kozyrev, *Firebird*, 26-27.
(74) Kozyrev, *Firebird*, 36.
(75) Telcon, Bush-Yeltsin, August 21, 1991, 8:30-9:05 am, BPL online.
(76) TOIW Brent Scowcroft, November 12-13, 1999, GBOHP. クーデターに関する詳細な説明は，以下を参照．Plokhy, *Last Empire*, 95-109.
(77) Telcon, Bush-Yeltsin, August 21, 1991, 9:20-9:31pm, BPL online. アフロメーエフについては以下を参照．"Gorbachev's Top Military Advisor Commits Suicide," AP, August 25, 1991, https://apnews.com/article/0942b9518f893f69b3560c69ce0de7c2; Plokhy, *Last Empire*, 148.
(78) 以下からの引用．Falin, *Politische Erinnerungen*, 477.

(79) ブッシュは8月21日にようやく彼と話をした．以下を参照．Telcon, Bush-Gorbachev, August 21, 1991, BPL online.
(80) Plokhy, *Last Empire*, 143-45; Taubman, *Gorbachev*, 622.
(81) Taubman, *Gorbachev*, 622; Colton, *Yeltsin*, 202-3.
(82) これが Plokhy, *Last Empire* の "Part III, A Countercoup" における主たる主張である．
(83) Bozo, "Failure," 412.
(84) Colton, *Yeltsin*, 203.
(85) BST timeline.
(86) Memcon, Bush-Mulroney, August 19, 1991, BPL online.
(87) タルボットの発言は以下に引用されている．Plokhy, *Last Empire*, 15.
(88) この発言の背景は次のようなものであった．メージャー首相はブッシュへの書簡で，ゴルバチョフの立ち直りを支援するための策を検討するために G7 諸国の代表が集まることを提案した．しかし，NSC のデーヴィッド・ゴンペルトとエド・ヒューウェットはスコウクロフトにそのような会合を避けるように助言した．以下を参照．"From Prime Minister, to President Bush," August 22, 1991; and Memorandum for Brent Scowcroft, from David Gompert and Ed A. Hewett, "Message from John Major on the USSR," August 22, 1991, both in Burns Files, FOIA 2000-1202-F, BPL.
(89) Memcon, Bush-Mulroney, August 19, 1991, BPL online.
(90) Ashton B. Carter, "Statement before the Defense Policy Panel, House Armed Services Committee," December 13, 1991, Fax from Ashton Carter to General John Gordon on December 13, 1991, FOIA 2000-1202-F, BPL. 2012 年のハーバード大学の報告書では，1991 年末のソ連の核兵器の数は 3 万 5000 発であり，その多くはアメリカの領土を狙ったものだと推定されている．以下を参照．Graham Allison, "What Happened to the Soviet Superpower's Nuclear Arsenal?," Discussion Paper No. 2012-04, March 2012, Belfer Center for Science and International Affairs, Harvard University.
(91) "30. August 1991," BzL 298-300; Budjeryn, "Power," 207.
(92) Allison, "What Happened."
(93) Thomas L. Neff, "A Grand Uranium Bargain," *New York Times*, October 24, 1991.
(94) "The USSR Two Weeks after the Failed Coup," SDC 1991-Moscow-25359, September 6, 1991, FOIA 2000-0233-F, BPL.
(95) ベーカーとストラウスの発言は以下に引用されている．McGarr, *Whole Damn Deal*, 450. ストラウスは 1991 年 8 月下旬にアメリカに帰国していたが，9 月にベーカーとともに飛行機でモスクワに戻った．2 人は空港から街へ向かう車

中でこのやり取りをしたとされる．マクガーによれば，このやりとりの日付は9月10日で，ベーカーがゴルバチョフと会う前日だと説明している．この日付は，9月11日にベーカーとゴルバチョフが会ったことを示す文書と一致している(次の注を参照).

(96) "Из беседы с Джеймсом Бейкером, Москва," September 11, 1991, Овв 288-90.

(97) この1991年9月12日の夕食の設定に関する文書は，folder 7, box 110, series 8, SMML に収録されている．

(98) Baker, *Politics*, 559.

(99) ロバート・ゼーリックは，1991年10月7日，アンヌ・ロヴェルジョンに宛てた書簡で，この展開をフランスに知らせた．5 AG 4/CDM 48, AN.

(100) Goldgeier and McFaul, *Power*, 69.

(101) "JAB Notes from 10/2/91 mtg. w/Gen. Scowcroft, Sec. Cheney, The White House," folder 8, box 110, series 8, SMML. 訪米したデンマークのポール・シュルター首相に対するブッシュのコメントについては，以下も参照．Memcon, Bush-Schlueter, October 16, 1991, BPL online.

(102) SDC 1991-Moscow-28682, October 7, 1991, EBB-561, NSA.

(103) AIW Kozyrev.

(104) Hoffman, *Dead Hand*, 379-80; AIW Nunn.

(105) Plokhy, *Last Empire*, 81.

(106) 1992年度の国防総省予算から，ソ連の核・化学兵器の解体や人道支援のために5億ドルを計上することが認められた．BST timeline. 以下も参照．Hoffman, *Dead Hand*, 384-87; Statement by Senator Nunn, Congressional Record, Soviet Defense Conversion and Demilitarization, November 13, 1991, https://nsarchive2.gwu.edu/NSAEBB/NSAEBB447/1991-11-13%20Statement%20by%20Senator%20Nunn,%20Congressional%20Record,%20Soviet%20Defense%20Conversion%20and%20Demilitarization.PDF.

(107) 核拡散を抑制するというアメリカの戦略については，以下を参照．Gavin, "Strategies of Inhibition."

(108) スコウクロフトの引用，およびチェイニーに関するスコウクロフトによるパラフレーズに関しては，TOIW Brent Scowcroft, August 10-11, 2000, GBOHP, 戦術核兵器の数に関しては，Allison, "What Happened"; Allison, *Nuclear Terrorism*, 43-49. 以下も参照．Amy F. Woolf, "Nonstrategic Nuclear Weapons," updated March 16, 2021, Congressional Research Service 7-5700, https://crsreports.congress.gov/product/pdf/RL/RL32572.

(109) 以下からの引用．Bush and Scowcroft, *World Transformed*, 541-44. 彼らの共同回顧録における他の箇所での引用が，関連する他の会話の機密解除された

詳細な文書と一致しているため，この出来事での引用も正確であると考えるのが妥当である．スコウクロフトは，ブッシュの最高顧問のなかで，自分がソ連の核兵器の崩壊を「最も心配していなかった」と回想している．「われわれが直面するかもしれない攻撃の規模を薄めるのに役立つものは何でも，私の考えでは，核兵器に対する統一管理の悪化に見合うだけの利益がある」(544)．冷戦終結後のアメリカの核戦略については，以下も参照．Leffler, *Safeguarding*, 257-65.

(110) チェイニーの見解は，以下に引用され要約されている．Bush and Scowcroft, *World Transformed*, 541. 以下も参照．Plokhy, *Last Empire*, 199.

(111) その兵器は，推定2883個の戦術核，44機の長距離戦略爆撃機，176機のICBM，少なくとも1240個の戦略核弾頭，おそらくそれ以上から成っていた．Sinovets and Budjeryn, "Interpreting," 2. 以下も参照．Allison, "What Happened"; Budjeryn, "Power," 203.

(112) 以下に引用されている．Baker, *Politics*, 560. 以下も参照．Bush and Scowcroft, *World Transformed*, 540-42; and Plokhy, *Last Empire*, 262.

(113) 1991年7月31日，ブッシュはモスクワで署名した．以下を参照．BST timeline.

(114) 「チキン・キエフ」スピーチに関しては，以下を参照．Goldgeier and McFaul, *Power*, 28-29; Plokhy, *Last Empire*, 47-96; LSS xxxiv.

(115) Memcon, Bush-Kravchuk, September 25, 1991, BPL online. 国民投票の結果が出るまで疑問符がついたとはいえ，ウクライナの独立宣言はモスクワにとって大きな衝撃であった．バルト三国であればまだしも，ウクライナのような巨大なスラヴ系の共和国がこのような行動に出ることは，まったく別の話であった．Plokhy, *Last Empire*, 168-70. 以下も参照．Budjeryn, "Power," 210-11.

(116) Memcon, Bush-Kravchuk, September 25, 1991, BPL online; Plokhy, *Last Empire*, 206-7.

(117) Bush and Scowcroft, *World Transformed*, 545. チェイニーに関しては以下を参照．Leffler, *Safeguarding*, 261-65.

(118) Telcon, Scowcroft-Wörner, September 27, 1991, 2000-0233-F, BPL. ヴェルナーはまた，TASM(おそらく戦術空対地ミサイル(Tactical Air-to-Surface Missile))も同様にキャンセルされるのかと尋ねた．スコウクロフトは肯定的に答え，「われわれはTASMを中止する．これはひどいプログラムだ」と述べた．

(119) 彼はまた，「短距離攻撃ミサイル(SRAM)の中止」を発表し，「ICBMの移動基地の開発」，つまり「MIRV搭載型ピースキーパー(the MIRVed Peacekeeper)と単弾頭小型ICBMの両方」を打ち切った．以下を参照．"JAB notes from 9/27/91 mtgs. w/UK, France, Germany," on "POTUS Speech on Defense Strategy," Waldorf Astoria Hotel, New York, folder 7, box 110, series 8, SMML. 以下も参照．Secretary of Defense, Memorandum for Chairman of the Joint Chiefs

of Staff et al., "Reducing the United States Nuclear Arsenal," September 28, 1991, EBB-561, NSA. この文書には,「大統領の指示に従い,以下のことをできるだけ早く達成するよう指示する」とあり,その後,具体的な軍備管理措置が詳細に列挙されている.

(120) そのテレビ演説の結果の概要に関しては,以下を参照. Woolf, "Nonstrategic Nuclear Weapons."

(121) Telcon, Bush-Gorbachev, September 27, 1991, BPL online. ブッシュの演説の詳細に関しては,以下を参照. Daryl Kimball and Kingston Reif, "The Presidential Nuclear Initiatives (PNIs) on Tactical Nuclear Weapons at a Glance," Arms Control Association, https://www.armscontrol.org/factsheets/pniglance.

(122) Telcon, Bush-Yeltsin, September 27, 1991, BPL online. ブッシュは同じ日にコール,メージャー,ミッテラン,ヴェルナーにも電話をかけている. All memcons, BPL online. テレビ演説に関しては,以下を参照. https://www.youtube.com/watch?v=v7h3Razthc0. 1992年のブッシュの一般教書演説におけるさらなる核のイニシアティブに関しては,以下を参照. Baker, *Politics*, 658-59.

(123) Telcon, Bush-Gorbachev, October 5, 1991, BPL online; Hoffman, *Dead Hand*, 383-84; Kieninger, "Opening NATO," OD 61; Plokhy, *Last Empire*, 209-11.

(124) Woolf, "Nonstrategic Nuclear Weapons," 13-14. しかし,ゴルバチョフは,ソ連の国防大臣エフゲニー・シャポシニコフが元飛行士だったこともあり,核爆撃機(nuclear bombers)の解体に同意させることができなかった.しかし,チェルニャーエフが回顧するように,「われわれのTU-160[ソ連軍機]は空飛ぶ棺桶だ」と認めた.なぜなら,「もし神の思し召しでアメリカやカナダの海岸に着くことができたとしても,それは爆弾を落とすためだけのものだから」であり,「帰還することはまったく別の問題である!」Chernyaev diary entry for October 6, 1991, in ***Совместный исход***, 994; translation as published in EBB-345, NSA.

(125) "Scene Setter for Meeting with President Gorbachev," n.d., but from context late October 1991, LSS 936-37.

(126) Brent Scowcroft, "Meeting with SYG Manfred Wörner" (preparatory paper), October 11, 1991, CF01526, FOIA 2000-0233-F, Barry Lowenkron files, BPL. 以下の2000年の資料からの引用である. TOIW Brent Scowcroft, August 10-11, 2000, GBOHP.

(127) Memcon, Bush-Havel, October 22, 1991, BPL online.

(128) Brent Scowcroft, "Meeting with SYG Manfred Wörner," October 11, 1991. その代わりに,スコウクロフトは,NATOと旧ワルシャワ条約機構諸国とのあいだのリエゾン・プログラムの強化を提案した.

(129) Memcon, Bush-Wörner, October 11, 1991, BPL online.

(130) このアイデアを開発した主要な補佐官は，フランク・エルベとロバート・ゼーリックである．AIW Zoellick. 以下も参照．Flanagan, “NATO from Liaison to Enlargement,” OD 102; and Solomon, *NATO*, 13. この研究は，そのアイデアが着想された日付を1991年10月2日としている．

(131) “NATO Liaison: General Principles for Development,” n.d. この機密解除された文書のコピーを提供してくれたフラナガンに感謝する．

(132) Bozo, *Mitterrand*, 382.

(133) Memcon, Bush-Wörner, October 11, 1991, BPL online.

(134) SDC 1991-USNATO-04913, October 26, 1991, Lowenkron files, 2000-233-F, BPL. NACCについて，詳しくは以下を参照．Baker, *Politics*, 584; Kieninger, “Opening NATO,” OD 61-65; Solomon, *NATO*, 15; and the information on the NATO website, https://www.nato.int/cps/en/natolive/topics_69344.htm.

(135) 1990-91年の人口統計については以下の通りである．Ukraine, https://www.worldometers.info/world-population/ukraine-population/; Britain, https://countryeconomy.com/demography/population/uk?year=1991; France, https://www.population-pyramid.net/france/1991/.

(136) ロシア史とヨーロッパ史の両方の文脈におけるウクライナの歴史については，以下を参照．Plokhy, *Gates*. ここでプロヒーは，ウクライナを「ヨーロッパの門」と呼んでいる．議論の余地はあるが，1991-92年の時期には，ウクライナをヨーロッパの周辺にとどめるのではなく，内包する形でその境界を再定義することができたのかもしれない．以下も参照．Reiss, *Bridled Ambition*, 90-92.

(137) “The Bolshevik Goetterdaemmerung,” SDC 1991-Moscow-32811, November 15, 1991.

(138) ゴルバチョフの生い立ちに関しては，以下を参照．Plokhy, *Last Empire*, 258.

(139) ゴルバチョフは,「ボリシェヴィキがラーダで多数派を占めていなかったからこそ」このようなことを行ったと述べた．“Record of the Dinner Conversation between Gorbachev, Bush, Gonzalez, and King Juan Carlos of Spain,” October 29, 1991, EBB-576, NSA.

(140) 以下からの引用．“Draft Options Paper, US Relations with Russia and Ukraine,” n.d., but attached to Memorandum for Brent Scowcroft, From Nicholas Burns, “Your Meeting or Phone Discussions on November 25 with Secretaries Baker and Cheney and General Powell Concerning US Policy Toward Russia and Ukraine,” November 22, 1991, Burns files, CF01498-007, FOIA 2000-1202-F, BPL.

(141) 「われわれの関心は兵器である」と彼はヤコヴレフに語った．以下を参照．

Memcon, Bush-Yakovlev, November 19, 1991, BPL online. 25パーセントという統計は，以下の資料によるものである．“Nuclear Weapons in the Non-Russian Republics and Baltic States,” Defense Intelligence Brief, October 1991 [no specific date], EBB-691, NSA.

(142) Memcon, Bush-Yakovlev, November 19, 1991. ウクライナとロシアの敵対関係に関しては，以下も参照．Kostenko, *Ukraine's Nuclear Disarmament*, 24.

(143) “The Bolshevik Goetterdaemmerung,” SDC 1991-Moscow-32811, November 15, 1991.

(144) Unofficial Translation of Letter, Yeltsin-Bush, no typed date but handwritten at top “Handed to Pres by Russian FM Kozyrev during 11-26-91 mtg,” SSSN 91130-001, BPL.

(145) ベーカーとゲンシャーの発言は以下に引用されている．Kieninger, “Opening NATO,” OD 61-62; Frank T. Csongos, “Baker Sees Trans-Atlantic Community with Former Soviet Bloc,” UPI, June 18, 1991, https://www.upi.com/Archives/1991/06/18/Baker-sees-trans-Atlantic-community-with-former-Soviet-bloc/7164677217600/.

(146) “Handed to Pres by Russian FM Kozyrev during 11-26-91 mtg.”

(147) Telcon, Bush-Yeltsin, November 30, 1991, BPL online. 原文では小文字で表記されている．

(148) Telcon, Bush-Yeltsin, November 30, 1991, BPL online; Plokhy, *Last Empire*, 230 (ark), 292-93 (December 1 referendum), 387 (quitting the empire). ソ連内でのロシアの地位について，詳しくは以下を参照．Hosking, *Rulers and Victims*. ソ連崩壊をめぐるウクライナ独立の意義を軽視する異なる見解については，以下を参照．Zubok, *Collapse*.

(149) Telcon, Bush-Kravchuk, December 3, 1991, BPL online. 以下も参照．Plokhy, *Last Empire*, 304.

(150) William C. Potter, “Ukraine as a Nuclear Power,” *Wall Street Journal*, December 4, 1991. アメリカのウクライナ承認に関しては，以下を参照．US State Department, Office of the Historian, “A Guide to the United States'History of Recognition, Diplomatic, and Consular Relations, by Country, since 1776: Ukraine,” https://history.state.gov/countries/ukraine. より詳しい文脈に関しては，以下を参照．Shields and Potter, *Dismantling*.

(151) NPTについて，詳しくは以下を参照．Budjeryn, “Power,” 203-37; Lever, “Cold War,” 501-13.

(152) Potter, “Ukraine as a Nuclear Power.” 1991年12月25日に正式に行われたアメリカのウクライナ承認に関しては，以下を参照．“A Guide to the United States' History of Recognition, Diplomatic, and Consular Relations, by Country,

since 1776: Ukraine," https://history.state.gov/countries/ukraine.

(153) このプロセスのいくつかの重要な日付については，以下を参照．LSS xxxiii–xxxiv.

(154) Plokhy, *Last Empire*, 304–5.

(155) BST timeline. 指導者のファーストネームのベラルーシ語表記は Stanislau である．

(156) Telcon, Bush-Yeltsin, December 8, 1991, BPL online; Kozyrev, *Firebird*, 45–53; Plokhy, *Last Empire*, 300–310.

(157) Plokhy, *Last Empire*, 309–10. エリツィンと2人の指導者は，1922年にソ連の設立に貢献したザカフカース連邦が消滅したため，自分たちだけで進めることができると判断した．ソ連の成立と崩壊に関する年表は，以下のBBCのサイトを参照．https://www.bbc.com/news/world-europe-17858981. プーチンはのちに，この一連の流れを批判している．以下を参照．"Address by President of the Russian Federation," March 18, 2014, official website, http://en.kremlin.ru/events/president/news/20603. ここでプーチンは，次のように述べている．「主権のパレードを開始したことで，ロシア自身がソ連の崩壊を手助けしたことは認めざるをえない．そして，この崩壊が合法化されたことで，黒海艦隊の主要拠点であるクリミアとセヴァストポリのことを誰もが忘れてしまった．何百万人もの人びとがひとつの国で眠り，異なる国で目覚めた．彼らは一夜にして旧ソ連共和国において少数民族となった．ロシア民族は，国境によって分断された世界最大の，もしくは最大の民族集団のうちのひとつとなった」．

(158) Telcon, Bush-Yeltsin, December 8, 1991, BPL online.

(159) Plokhy, *Last Empire*, 314–27; Telcon, Bush-Gorbachev, December 13, 1991, BPL online.

(160) 彼は次のように付け加えた．「われわれは共同体の大統領(President of the Commonwealth)という役職を持たない．われわれはみな対等になる．すべてのソ連の機関はロシアに移される」．Telcon, Bush-Yeltsin, December 13, 1991, BPL online.

(161) James Baker, "Soviet Points for Meeting with the President," December 10, 1991, folder 8, box 115, series 8, SMML. スコウクロフトの発言は以下に引用されている．TOIW Brent Scowcroft, August 10–11, 2000, GBOHP.

(162) このプログラムはのちに，協力的脅威削減(CTR)と改名され，ナン＝ルーガー・プログラムとしても知られるようになった．ソ連の支援のために国防予算から10億ドルを捻出しようとしたレス・アスピン下院議員の失敗に始まり，1991年秋には，ナン上院議員とルーガー上院議員が，(ブッシュ政権の支持なしに)国防予算承認法案の上院・下院調整案に5億ドルを加えようとした．この歴史については，以下を参照．Allison and Zelikow, *Essence*, 281–82; Goldgeier

and Saunders, "Unconstrained," 144–56; Goldgeier and McFaul, *Power*, 51; BST timeline; and the Lugar Center's posting, http://www.thelugarcenter.org/blog-The-New-U-S-Russia-Nunn-Lugar-CTR-Agreement.

(163) ベーカーの発言は以下に引用されている．Thomas L. Friedman, "Soviet Disarray: Baker Presents Steps to Aid Transition by Soviets," *New York Times*, December 13, 1991. 以下も参照．BST timeline. 支援会議(ドナー会議とも呼ばれる)の背景となった考え方に関しては，以下に転載された文書を参照．Zelikow and Rice, *To Build*, 411.「アメリカのグローバルな関与のビジョン」に関しては，以下を参照．James Traub, "The Coming Crisis in International Affairs," *New York Times*, September 27, 2019.

(164) のちに「プロバイド・ホープ作戦」となる計画(および一部の初期納入)は，直ちに開始された．1992年2月，アメリカのC-141とC-5A貨物機が，湾岸戦争で残った約6000万ドル相当の物資(食糧，医薬品，医療機器など)を積んで，ドイツのラインマイン空軍基地から飛び立ち始めた．Thomas L. Friedman, "As Food Airlift Starts, Baker Hints US Might Agree to Role in a Ruble Fund," *New York Times*, February 11, 1992.

(165) Goldgeier and McFaul, *Power*, 77–78.

(166) BST timeline; Friedman, "Soviet Disarray."

(167) Baker, *Politics*, 564.

(168) "JAB Core Points Used during Trip to Moscow, Bishkek, Alma Ata, Minsk & Kiev, 12/15–18/91," and "Core Checklist for Republic Leaders," December 15, 1991, folder 10, box 110, series 8, SMML.

(169) アメリカは人道支援を実施することになるが，それは各国が「連絡窓口となる市や州の公的機関や任意団体のリストを提供」した場合にのみ行われることになっていた．"Core Checklist for Republic Leaders," December 15, 1991.

(170) "Security Issues Checklist," n.d., but from context December 1991, folder 10, box 110, series 8, SMML.

(171) "Core Checklist for Republic Leaders," December 15, 1991.

(172) ゴルバチョフはベーカーとの会話において，独立するウクライナ軍の数は47万人であり，ドイツ軍より約10万人多いという事実を強調した．"Record of Conversation between Gorbachev and Baker," December 16, 1991, LSS 989.

(173) "The Secretary's Meeting with Russian Federation President Yeltsin; St. Catherine's Hall," December 16, 1991, R. Nicholas Burns files, 2000–1202–F, BPL; "JAB notes from 12/16/91 mtg. w/Russian Pres. Yeltsin @ The Kremlin, St. Catherine's Hall, Moscow, USSR," folder 10, box 110, series 8, SMML; "JAB notes from 1-on-1 mtg. w/B. Yeltsin during which command & control of nuclear weapons was discussed 12/16/91," folder 10, box 110, series 8, SMML; Bak-

er, *Politics*, 571–73. この会談に関しては，以下も参照．Baker and Glasser, *The Man*, 475.

(174) “The Secretary's Meeting with Russian Federation President Yeltsin, St. Catherine's Hall, December 16, 1991.” コズイレフはのちに，何らかの形で連邦を維持することになる，緩やかな国家連合を好んでいたと回想している．以下を参照．Kozyrev, *Firebird*, 39.

(175) “The Secretary's Meeting with Russian Federation President Yeltsin, St. Catherine's Hall, December 16, 1991.” シャポシニコフに関しては，以下を参照．“Last Soviet Defense Minister Dies from Coronavirus,” *Moscow Times*, December 9, 2020, https://www.themoscowtimes.com/2020/12/09/last-soviet-defense-minister-dies-from-coronavirus-reports-a72286. 12月中旬にブリュッセルへ送られた書簡に関しては，以下を参照．Thomas Friedman, “Yeltsin Says Russia Seeks to Join NATO,” *New York Times*, December 21, 1991; Trenin, *Post-Imperium*, 102.

(176) “The Secretary's Meeting with Russian Federation President Yeltsin, St. Catherine's Hall, December 16, 1991.”

(177) “The Secretary's Meeting with Russian Federation President Yeltsin, St. Catherine's Hall, December 16, 1991.”

(178) “JAB notes from 1-on-1 mtg. w/B. Yeltsin during which command & control of nuclear weapons was discussed 12/16/91.”

(179) “The Secretary's Meeting with Russian Federation President Yeltsin, St. Catherine's Hall, December 16, 1991.”

(180) “JAB notes from 1-on-1 mtg. w/B. Yeltsin during which command & control of nuclear weapons was discussed 12/16/91.”

(181) “JAB notes from 12/18/91 mtg. w/Ukraine Pres. Kravchuk...in Kiev, Ukraine, ONE-ON-ONE POINTS,” folder 10, box 110, series 8, SMML. ベーカーは，ウクライナの指導者が最近，自らをいまや軍の司令官であると発表したことは「動揺を生む」と付け加えた．このような発言は不確実性を刺激し，不安定化させる可能性があるとベーカーは考えていた．以下も参照．SDC 1991-Frankfurt-15679, December 10, 1991, EBB-691, NSA. アメリカの外交官がキーウを訪れたが，1991年12月9日の会談で，ウクライナは核兵器を物理的には保有しているが，発射を管理するモスクワとの同盟関係にはないため，ウクライナ人は「中央当局と(核の)指揮系統が実際にどのように機能するのかを正確に説明することができない」ことが判明した．

(182) “NAC Ministerial 19 December: Restricted Session: US Secretary of State Baker's Intervention,” December 19, 1991, in file named “UK/Soviet Relations, Internal Situation,” PREM 19/3562, PRO-NA.

(183) "JAB notes from 12/21/91 telephone conversation w/Kazakh Pres. Nazarbayev re: Commonwealth mtg. in Alma-Ata (Aboard aircraft from Brussels to Andrews AFB)," December 21, 1991, folder 10, box 110, series 8, SMML. 以下も参照. Baker, *Politics*, 579, 584–86, 661–64.

(184) Plokhy, *Last Empire*, 356–65.

(185) "Readout on Alma Ata Meeting," December 21, 1991, in folder 10, box 110, series 8, SMML. 以下も参照. BST timeline.

(186) アメリカとカザフスタンの関係について詳しくは, 以下を参照. Budjeryn, *Inheriting*.

(187) 以下に引用されている. Baker, *Politics*, 539.

(188) ナザルバエフは, 12月8日にモスクワを訪問した際のこの話をベーカーに説明した. ベーカーはその会話を回顧録に引用している. Baker, *Politics*, 579. ベーカーによれば, カザフスタンの指導者は, その日のエリツィンの行動に対してさらに不満を述べた.「なぜ, 彼はこの取引を急いだのだろう. もし他に何もないのであれば, それは思いつきの取引のようなものである. 即席の取引であり, まったくの準備不足である」. ナザルバエフがエリツィンに, カザフスタンでのその後の会談を要求した経緯については, 以下を参照. The introduction to EBB-576, NSA. 以下も参照. Reiss, *Bridled Ambition*, 139–41.

(189) "JAB notes from 12/21/91 telephone conversation w/Kazakh Pres. Nazarbayev re: Commonwealth mtg. in Alma-Ata (Aboard aircraft from Brussels to Andrews AFB)," December 21, 1991, and "Readout on Alma Ata Meeting," December 21, 1991, both in folder 10, box 110, series 8, SMML. この取り決めは, エリツィンがベーカーに対して内密に話していたシステムと非常によく似ていた. 核を保有する四つの共和国は協議を行うことになるが, 実際に発射を開始できるブリーフケースを持つのはロシアだけとなる.

(190) Memcon, Bush-Yeltsin, December 23, 1991, BPL online. この秘密指令に関しては, 以下を参照. Sinovets and Budjeryn, "Interpreting," 6.

(191) Telno 2831, Fm Moscow to Deskby, "Prime Minister's Message to Yeltsin: Call on Kozyrev," December 24, 1991, in file "UK/Soviet Relations, Internal Situation," December 24, 1991, PREM 19/3562, PRO-NA; AIW Maximychev.

(192) Plokhy, *Last Empire*, 372–78; Zubok, "With His Back," 627.

(193) Telcon, Bush-Gorbachev, December 25, 1991, BPL online. ゴルバチョフが, ABCとCNNという西側のテレビの記者に会話の撮影を許可していたことを, ブッシュはのちになって知った. Plokhy, *Last Empire*, 371–74.

(194) Genscher, *Erinnerungen*, 837.

(195) ゲンシャーは最後に, ゴルバチョフにはドイツに友人がいることを強調した. おそらく国内にいる人よりもドイツ人の方が安全だと考えたのか, ゴルバチ

ョフはその日の夜，ドイツの出版社からモスクワへの送金を停止するよう側近に頼んだ．金銭はドイツに残しておいた方がいいと思われたのである．Plokhy, *Last Empire*, 378.

(196) Plokhy, *Last Empire*, 374. ジョンソンとストラウスの友好関係に関しては，以下を参照．McGarr, *Whole Damn Deal*, 454–55.

(197) 国連の席に関しては，以下を参照．Letter from Yeltsin to Bush, "Delivered by Amb. Kompletkov, 12/20/91" handwritten at top, SSSN 91130-0013, BPL; and BST timeline.

(198) Telno 2843, Fm Moscow to Deskby, "Gorbachev Goes: The End of an Era," December 25, 1991, in file "UK/Soviet Relations, Internal Situation," PREM 19/3562, PRO-NA.

(199) Plokhy, *Last Empire*, 375–77.

(200) Colton, *Yeltsin*, 207.

(201) Plokhy, *Last Empire*, 385–87. プロヒーは，この下劣な光景によって，エリツィンとゴルバチョフのあいだに生じた「不信と憎悪の深さが残酷なまでに鮮明になった」と考えている．ソ連解体のより詳しい文脈に関しては，以下を参照．Zubok, *Collapse*.

(202) 以下を参照．Connelly et al., "'General,'" 1434.「実務家たちは，冷戦が核戦争以外の方法で解決されるとは想像し難いと思うようになり，ソ連の権力が崩壊することへの備えが不十分であった」.

(203) BST timeline. エリツィンの軍備管理に関する考え方については，以下を参照．Allison, "What Happened." ブッシュの考え方については，以下を参照．Kimball and Reif, "The Presidential Nuclear Initiatives (PNIs) on Tactical Nuclear Weapons at a Glance."

(204) C-SPAN の映像が以下で視聴可能である．https://www.c-span.org/video/23944-1/international-aid-soviet-union; Baker's notes from this conference in folder 11, box 110, series 8, SMML. 以下に要約されている，1992年1月28日の一般教書演説において発表された，ブッシュのさらなる核のイニシアティブも参照のこと．BST timeline, and in Baker, *Politics*, 658–59.

(205) 帝政時代とその遺産に関しては，以下を参照．Siegel, *For Peace and Money*, 211. スコウクロフトの発言は，以下からの引用．TOIW Brent Scowcroft, August 10–11, 2000, GBOHP. パールの発言は以下に引用されている．Goldgeier and McFaul, *Power*, 71 (ベーカーとブレイディの争いに関しては，68–72 頁も参照).

(206) 国連安全保障理事会が，ブッシュ大統領を含む各国首脳の参加を得て，初めて首脳級で開催されたことなどがその例である．以下を参照．SDC 1992-USUN N-00454, February 1, 1992.

(207) 国連での首脳会談に関しては，以下を参照．“UN Security Council Summit Meeting,” January 31, 1992, SDC 1992–USUN N–00454, February 1, 1992; “Note by President of the Security Council,” January 31, 1992, https://www.securitycouncilreport.org/atf/cf/%7B65BFCF9B-6D27-4E9C-8CD3-CF6E4FF96FF9%7D/PKO%20S%2023500.pdf. 以下も参照．“JAB notes from 1/29/92 phone call w/POTUS—following JAB meeting w/Russian Pres. Yeltsin@Kremlin, Moscow, Russia,” folder 11, box 110, series 8, SMML.

(208) Memcon, Bush-Yeltsin, Camp David, February 1, 1992, EBB–447, NSA; Office of the Historian, Bureau of Public Affairs, US Dept. of State, “US-Russian Summits, 1992–2000,” July 2000, https://1997-2001. state.gov/regions/nis/chron_summits_russia_us.html. さまざまなハイレベル協議を取材した『ニューヨーク・タイムズ』紙は，アメリカが海外に375箇所の軍事施設を持ち，50万人の軍人がいることを指摘し，その巨大な装置をいまこそ撤収し始めることができるとしている．Joel Brinkley, “Bush and Yeltsin Declare Formal End to Cold War,” *New York Times*, February 2, 1992.

(209) 火星の共同撮影をはじめとする宇宙開発協力の問題は，以下で議論されている．Memcon, Bush-Yeltsin, first expanded meeting, June 16, 1992, 2:30–4:10 pm, EBB–447, NSA.

(210) Åslund, “Russia's Collapse.”

(211) Spohr, *Post Wall*, 478は，1992年10月，ブッシュが「アメリカ産食料の購入と連動した10億ドルの二国間援助」を与える法律に署名し，付随するIMFパッケージへのアメリカの拠出金を120億ドルに引き上げたと述べている．

(212) Goldgeier and McFaul, *Power*, 71.

(213) SDC 1991–Paris–32917, December 6, 1991, DS-ERR. 以下も参照．Matthijs, “Three Faces”; Sarotte, “Eurozone Crisis.”

(214) Memcon, Bush-Kohl, March 21, 1992, BPL online.

(215) SDC 1992–Bonn–10767, April 22, 1992, FOIA 2000–0233–F, BPL.

(216) 1992年5月27日の攻撃に関しては，以下を参照．John F. Burns, “Mortar Attack on Civilians Leaves 16 Dead in Bosnia,” *New York Times*, May 28, 1992. UNPROFORに関しては，以下を参照．Hill, *No Place*, 75.

(217) 1992年3月10日に関しては，以下を参照．“Fact Sheet: The North Atlantic Cooperation Council,” Bureau of European and Canadian Affairs, US Department of State, May 9, 1997, https://1997-2001.state.gov/regions/eur/nato_fsnacc.html. ここでは，ベーカーとゲンシャーが，当初は1991年10月3日の共同声明においてNACCを提案していたことにも注目している．以下も参照．“Aufnahme der GUS-Staaten in den Nordatlantischen Kooperationsrat: Erklärung der Außenminister des Nordatlantischen Kooperationsrates vom 10. März 1992

in Brüssel," APBD-49-94, 854-85.

(218) 以下のジェラルド・ソロモン議員の著書からの引用である. Solomon, *NATO*, 17. 1992年5月6日の会合と, 1992年2月にポーランドの上院で行われたポーランドのNATO加盟に関するズビグネフ・ブレジンスキーの証言に関連した議論については, 以下を参照. Asmus, *Opening*, 17.

(219) EUの安全保障部門である西欧同盟(WEU)を復活させるという議論も並行して行われ, 事態は複雑化した. Information Memorandum, EUR-Thomas M. T. Niles to E/C-Mr. Zoellick, "Security Implications of WEU Enlargement," n.d. on document itself, but stamped on top "THU 19MAR92 09:00," FOIA 2000-0233-F, BPL; and From EUR-Thomas M. T. Niles, to E/C-Mr. Zoellick, April 27, 1992, FOIA 2000-0233-F, BPL. ナイルズについて詳しくは, 以下を参照. Baker, *Politics*, 639. WEUについて詳しくは, 以下を参照. Hill, *No Place*, 55.

(220) "Security Implications of WEU Enlargement."

(221) インフレーションの統計は, 以下からのものである. Conradi, *Who Lost Russia?*, 27. 以下も参照. "Security Implications of WEU Enlargement"; Memorandum for the President, from Brent Scowcroft, "Overview for Your Upcoming Meetings with Boris Yeltsin," June 13, 1992, EBB-447, NSA.

(222) フラナガンは, 「たとえNACCを精力的に実施しても」, 中・東欧諸国の安全保障上のニーズを満たすことはできないであろうと考えた. Memorandum to S/P-Dennis Ross, E/C-Robert Zoellick, from S/P-Stephen Flanagan, "Developing Criteria for Future NATO Members: Now Is the Time," May 1, 1992, FOIA 2000-0233-F, BPL.

(223) Patrick E. Tyler, "US Strategy Plan Calls for Insuring No Rivals Develop," *New York Times*, March 8, 1992. 『ニューヨーク・タイムズ』紙は「国防政策指針(Defense Policy Guidance)」の抜粋を入手していた. 以下も参照. Leffler, *Safeguarding*; Shifrinson, "Eastbound."

(224) この主張は, 1992年から1998年までウクライナの環境保護・原子力安全大臣を務めたユーリー・コステンコのものである. 彼は, 1992年12月7日, 国際安全保障問題担当国務次官のフランク・ウィズナーが, ウクライナの駐米大使オレフ・ビロルスに接触し, ウクライナにNATO加盟を求めるように促したらしいと書いている. Kostenko, *Ukraine's Nuclear Disarmament*, 140.

(225) 彼らはのちに, 影響力のある拡大推進派の記事を『フォーリン・アフェアーズ』誌に書くことになる. Asmus, Kugler, and Larrabee, "Building a New NATO." 以下も参照. Asmus, *Opening*, 33-34; Grayson, *Strange Bedfellows*, 35-45.

(226) クグラーの発言は以下に引用されている. Keith Gessen, "The Quiet Americans behind the US-Russia Imbroglio," *New York Times*, May 8, 2018.

(227) ブッシュの警戒心の傾向に関しては，以下を参照．Spohr, *Post Wall*, 3, 586–90.

(228) SDC 1992-State-205400, June 4, 1992. 以下も参照．Shifrinson, "Eastbound," 838.

(229) 1992年7月5日の大統領演説のための草稿に記された文言とその不使用に関しては，以下を参照．Asmus, *Opening*, 17.

(230) これはSTART Iの付属文書となっていた．START Iの対象となるソ連の核兵器がいまや4か国に分散していたため，この変更を取り込むために，この4か国がいわゆるリスボン議定書に署名した．Baker, *Politics*, 658–65; Bernauer and Ruloff, *Politics*, 116–17; Goldgeier and McFaul, *Power*, 54–58; Pifer, *Trilateral Process*. 他の分野での軍備管理に関するエリツィンの大きな約束も，この当時失敗に帰していた．エリツィンは，ロシアの生物兵器プログラムの解体を2人の将軍に任せたが，彼らは「完全にオープンにするというエリツィンの約束を覆し」，プログラムを継続させることに成功した．Hoffman, *Dead Hand*, 428.

(231) Conradi, *Who Lost Russia?*, 34.

(232) 1992年7月25日のクリス・パッテンとの対談でのベーカーの言葉は，以下でパラフレーズされている．Telno 1972, Fm Hong Kong, To Immediate FCO, July 26, 1992, PREM 19/4496, PRO-NA. ベーカーは，再選挙キャンペーンを支援するために「彼にとって重要な人物(ゼーリック，ロス，マーガレット・タトワイラー)を連れて行きたい」と付け加えた．

(233) Baker, *Politics*, 671; Baker and Glasser, *The Man*, 493–94.

(234) "Prime Minister's Telephone Conversation with President Bush: Friday, 6 November," November 6, 1992, PREM 19/4496, PRO-NA.

(235) BST timeline. 1993年1月3日のアメリカ大統領の名前が，「クリントン大統領」と誤って記されている．

(236) Fm White House, To Cabinet Office, November 8, 1992, PREM 19/4496, PRO-NA.

(237) "The Bolshevik Goetterdaemmerung," SDC 1991-Moscow-32811, November 15, 1991.

(238) ケナンは1948年1月末の日記にこれを書き記した．その内容は，以下に引用されている．Gaddis, *Kennan*, 300.

第5章

(1) これらの戦略的課題については次の文献に基づいている．Gaddis, *Strategies*, rev. ed., ix.

(2) 核弾頭数については次を参照．Sinovets and Budjeryn, "Inheriting." 核弾頭除去の重要性については，以下を参照．Letter, Talbott to Gore, October 6, 1993,

DS-ERR. この書簡でタルボットはゴアに対して「本日，ウクライナ外相がトニー・レイクのオフィスにいた際，アポイントメントなしで立ち寄ってくださったこと，また，その後，〔クリントン〕大統領にも同じことを行うようにしてくださったこと」への賛意を示している．さらにタルボットは「〔核兵器撤去の〕大義を進める上で大きな助けとなりました．ウクライナからの核兵器撤去に成功した暁には，そのひとつをトロフィーとして副大統領閣下の壁に飾れるよう手配いたします」とも記している．なお，チェコスロヴァキアは，クリントン就任直前の1993年1月1日にチェコ共和国とスロヴァキアへと分離していた．

(3) 19世紀ドイツの宰相オットー・フォン・ビスマルクは「フリーハンドの政策」は危険な状況を克服して，強い立場を維持しようとするすべての国家にふさわしいと助言したものであった．Gall, *Bismarck*, 741. この「三角」概念の詳細については，以下を参照．Balmaceda, *On the Edge*.

(4) ブッシュとクリントンの伝記的事蹟については以下を参照．Branch, *Clinton Tapes*; Clinton, *My Life*; Drew, *On the Edge*; Engel, *When the World*; and Naftali, *George H. W. Bush*.

(5) これはアメリカの人気コメディ・ドラマ『ビバリーヒルズの田舎者(*The Beverly Hillbillies*)』〔日本では1960年代に『じゃじゃ馬億万長者』というタイトルで放映された〕のパロディである．キャリーはのちにその動画をフェイスブックに投稿している．https://www.facebook.com/jimcarrey online/videos/new-president-jim-carrey-as-bill-clintonthe-capital-hillbillies-a-parody-of-the-/10154794583868825/.

(6) ドイツではヘルムート・コール首相が「クリントンは，財源は枯渇しており，選択肢は限られているとすぐに思い知るだろう」と予言していた．Helmut Kohl predicted that “Clinton wird rasch erkennen, daß die Kasse leer ist und daß die Möglichkeiten begrenzt sind”; “14./15. Januar 1993,” BzL 414.

(7) コズイレフは，まもなく成立する新政権が，ボリス・エリツィン大統領とその側近たちを尊敬すべき改革者ではなく，単に「クリントン政権の直接的な利益を追求するために取引をおこなう見ず知らずの相手」にすぎないと誤解していると見ていた．Kozyrev, *Firebird*, 202.

(8) インフレに関する観測はロイド・ベンツェン米財務長官によるものである．ベンツェンは「ハイパーインフレすれすれのところにある」と述べている．Memcon, Clinton-Kohl, March 26, 1993, my 2015-0776-M, CL.

(9) “14./15. Januar 1993,” BzL 413. 以下も併せて参照のこと．David McClintick, “How Harvard Lost Russia,” *Institutional Investor*, January 12, 2006, https://www.institutionalinvestor.com/article/b150npp3q49x7w/how-harvard-lost-russia.

(10) “14./15. Januar 1993,” BzL 413.

(11) 以下を参照. Rodric Braithwaite, "Yeltsin and the Style of Russian Politics," n.d., but handwritten on document January 12, 1993, M-2013-0449, CL. このイギリス側の分析は, のちにクリントンのためのブリーフィングペーパーの内容にも影響を与えている(たとえば次の文書を参照. February 18, 1993, M-2013-0449, CL).

(12) ここでの議論は, ブレスウェイトとほぼ同様の議論を提示する, のちの時代の分析に依拠している. McGwire, "NATO Expansion," 34.

(13) Braithwaite, "Yeltsin and the Style of Russian Politics."

(14) Confidential, Mr Lyne, from Rodric Braithwaite, 24 March. 作成年は記されていないが, 文脈から1993年と推定できる. "Prime Minister's Talk with Clinton," PREM 19/4499, PRO-NA.

(15) 以下に引用されたクリントンの言葉を参照. Talbott, *Russia Hand*, 38.

(16) "14./15. Januar 1993," BzL 415.

(17) スタインバーグの言葉は以下の文献に引用されている. Packer, *Our Man*, 291; このNSCスタッフはジェノン・ウォーカーである; AIW Walker.

(18) レイクの経歴とホルブルックとの関係について詳細は以下を参照, Packer, *Our Man*, 42, 151.

(19) Roderic Lyne, "Meetings with the US National Security Adviser [*sic*], 18/19 May," May 20, 1993, in UK/USA Relations, PREM 19/4499, PRO-NA. 以下も併せて参照, Radchenko, "'Nothing but Humiliation.'"

(20) クリントンは, ジョージア州選出の民主党上院議員「サム・ナンが国防長官の指名を受けないことが明らかになった」後でアスピンを選んだ. Clinton, *My Life*, 455を参照.

(21) Douglas Hurd to the Prime Minister, "Washington, 24-25 March," March 26, 1993, in UK/USA Relations, PREM 19/4499, PRO-NA. ハードは次のように続けている.「再びイギリス側とクリントン政権のメンバーのあいだで容易に議論ができる状況となっています. これこそ「英米間の特別な関係」が正しく意味するところです(アメリカ側は私たちを喜ばせるためにこのフレーズを使いますが, 首相閣下がいつもなさっているように, 私たちとしては, 仮に用いるとしても, 慎重に使うべきフレーズです)」.

(22) Letter from Aspin to Major, February 25, 1993, in UK/USA Relations, PREM 19/4499, PRO-NA.

(23) John Barry, "The Collapse of Les Aspin," *Newsweek*, December 26, 1993; Grayson, *Strange Bedfellows*, 80-82; Korb, "Who's in Charge Here?," 5. ブラックホーク撃墜事件〔1993年10月, アメリカがソマリア内戦に介入した際に発生したモガディシュの戦いで, 軍用ヘリコプター「ブラックホーク」が撃墜された事件〕の詳細については, 以下を参照. EBB-511, NSA.

(24) Douglas Hurd to the Prime Minister, "Washington, 24-25 March," March 26, 1993.
(25) 以下に引用されたクリントンの発言. Packer, *Our Man*, 393; TOIW Samuel Berger, March 24-25, 2005, WCPHP.
(26) タルボットについて詳しくは次を参照. Keith Gessen, "The Quiet Americans behind the US-Russia Imbroglio," *New York Times*, May 8, 2018.
(27) Talbott, *Khrushchev Remembers*; Talbott, *Russia Hand*.
(28) Telcon, Clinton-Yeltsin, January 23, 1993, 2015-0782-M, CL. 非常に数が多く, 有益な情報公開法開示文書の集成である F-2017-13804, DS-ERR のなかに含まれている, 1993年初頭のタルボットの任命に関連する文書も参照のこと. これらの文書は, タルボットがバルト諸国についても自らの所轄範囲としようと試みていたことを示している. Clinton, *My Life*, 504-5 でクリントンは, 対ロ関係がきわめて重要な問題をはらむものであったがゆえ, どのように彼が「自身のロシア・ハンドになったか」を説明している. Talbott, *Russia Hand*, 5-10.
(29) 以下に引用されたドニロンの発言を参照. Steven Erlanger, "Russia Vote Is a Testing Time for a Key Friend of Clinton's," *New York Times*, June 8, 1996. 以下も参照. Goldgeier, *Not Whether*, 25. 結果として, タルボットにとって最も大きな懸念の対象となったのは国務省ではなく, 財務省であった. タルボットは, ラリー・サマーズ財務次官が独自の経済外交を展開することを恐れていた. タルボットは NSC スタッフに次のように助言している.「一番難しいのはサマーズに仕事をさせつつ, コントロールすることだ. それは, 撫でてやれるときにはそうするが, 必要ならば一発食らわせる(もしくはトニー[・レイク]にその役をやらせる)ということだ」. Memo, Strobe Talbott to Toby Gati and Nick Burns, "By Hand—Personal and Confidential," February 7, 1993, DS-ERR.
(30) SDC 1993-USNATO-01043, March 4, 1993.
(31) 以下に引用されたスコウクロフトの言葉. TOIW Brent Scowcroft, August 10-11, 2000, GBOHP. その結果, ロン・アスムスのようにこの問題に深く関わった者ですら, 次のような考えを抱き続けた. ブッシュ政権がドイツ再統一について交渉した際,「アメリカ政府内でもソ連政府内でも, 1990年の春と秋の時点において, NATO をさらに拡大することを考えている者はいませんでした. 中・東欧諸国からもこの問題は提起されていませんでした」. こうした発言は, 組織的な記憶が残る期間は短いという法則を裏付けている. Asmus, *Opening*, 6.
(32) "Hearing of the House Foreign Affairs Committee," Subject "US Aid to the Republics of the Former Soviet Union," September 21, 1993. この公聴会におけるアシュ・カーター証言のコピーをくださったマシュー・バンに感謝する. 兵員数および核弾頭数については, Talbott, *Russia Hand*, 26. また, 以下も参照. William J. Broad, "Russia Has 'Doomsday' Machine, US Expert Says," *New York*

Times, October 8, 1993; Wohlforth and Zubok, "Abiding Antagonism," 405–19. リチャード・ルーガー上院議員の助力を受けてサム・ナン上院議員が開始したプログラムにより，最終的には約7600個のソ連核弾頭の即応体制が解除された．この点は次を参照．"Former Sen. Richard Lugar, a GOP Foreign Policy Expert, Dies at 87," *Los Angeles Times*, April 28, 2019.

(33) かつてペリーの部下であり，のちに大使となったローラ・ホルゲイトの証言に基づくペリーの発言．AIW Holgate.

(34) その目的は「ウクライナによるSTART IおよびNPTの批准をめぐる意見対立を解消するためにあなた〔エリツィン〕と協力することで，START IIを進められるようにする」ことであった．Telcon, Clinton-Yeltsin, January 23, 1993, my 2015-0782-M, CL. ウクライナによるSTART IIおよびNPTの批准については，Sinovets and Budjeryn, "Interpreting."

(35) 1993年3月24日，クリントンは，START IとIIの批准を優先的課題に指定する大統領決定指令第3号(PDD-3)を発した．この分析はBST timelineに基づく．また以下も参照．"Cooperative Threat Reduction Timeline," Harvard Kennedy School Belfer Center for Science and International Affairs, https://www.russiamatters.org/facts/cooperative-threat-reduction-timeline. START IIの重要性，とくにペリーにとってのそれについては次を参照．Stent, *Limits*, 29.

(36) Carter and Perry, *Preventive Defense*, 26.

(37) Les Aspin diary entry, September 9, 1993, EBB-691, NSA. ペリーは，多くの面倒な作業を伴うにもかかわらず，可能な際にはなるべくロシアを訪問しようとした．単にホテルに宿泊するだけでも，盗撮を防ぐために壁を茶色の紙で覆う，暗号化されたファクスや電話，外部に音が漏れない電話ブースを設置する，機器を隠すための「テントを床の中央に」張る，「声を消すように設計された，密閉型のゴム製「酸素マスク」」を着用するといった作業が必要だったのだ．Carter and Perry, *Preventive Defense*, 37.

(38) 合計18回という会談の回数は以下に基づく．Talbott, *Russia Hand*, 8.

(39) コールはレーガンが挙げた理由については口外しなかった．Memcon, Clinton-Kohl, March 26, 1993, 2015-0776-M, CL.

(40) Memcon, Clinton-Kohl, March 26, 1993, 2015-0776-M, CL; また，次も参照．Letter, Chernomyrdin-Major, March 4, 1993, PREM 19/4420, PRO-NA（この文書のコピーをくださったセルゲイ・ラドチェンコに感謝する）

(41) "29. März 1993," BzL 443. 次の文書に記されている，クリントン政権に関するコールの考えも参照．"3. Mai 1993," BzL 449–50.

(42) Clinton, *My Life*, 527.

(43) SDC 1993-State-106512, April 9, 1993.

(44) Yeltsin, *Midnight Diaries*, 134.

(45) エリツィンに関するタルボットの見方については，Colton, *Yeltsin*, 7.
(46) Memcon, Clinton-Yeltsin, April 3, 1993, 2015-0782-M, CL; Clinton, *My Life*, 506-8; Talbott, *Russia Hand*, 64-65.
(47) Clinton, *My Life*, 20 (継父の発砲), 45-46 (ゴルフクラブのエピソード).
(48) 以下に引用されたクリントンの言葉．Talbott, *Russia Hand*, 65; Todd S. Purdum, "Virginia Clinton Kelley, 70, President's Mother, Is Dead," *New York Times*, January 7, 1994.
(49) クリントンはこの発言をイギリス首相のジョン・メージャーとの会談で行っている．Memcon, Clinton-Major, November 29, 1995, SDC 1996-State-018217, January 31, 1996.
(50) この一文は以下をまとめ直したものである．Wright, *All Measures*, 10.
(51) Memcon, Clinton-Major, November 29, 1995.
(52) この問題はクリントン訪ロの際のブリーフィング資料にて議論されている．January 12-15, 1994; "Strategic Deposturing/Detargeting," n.d., but from context December 1993, 2016-0134-M, CL.
(53) 以下に引用されたクリントンの言葉．Talbott, *Russia Hand*, 67.
(54) Telcon, Clinton-Kohl, April 12, 1993, my 2015-0776-M, CL.
(55) 以下の文書からの引用．Memcon, Clinton-Kohl, July 2, 1993, my 2015-0776-M, CL. 首脳会議については次を参照．"US-Russian Summits, 1992-2000," US Department of State, https://1997-2001.state.gov/regions/nis/chron_summits_russia_us.html.
(56) Pifer, *Trilateral Process*, 5によれば，ソ連崩壊の時点で「ベラルーシ領内には，81基の移動式単弾頭ICBMであるSS-25が配意されており，それは二つのミサイル基地で運用されていた」．「流出核」問題についてより詳しくは，Allison, *Nuclear Terrorism*.
(57) Telcon, Clinton-Kravchuk, January 26, 1993, my 2016-0215-M/2016-0122-M, CL.
(58) チェルノブイリに関する詳細は，Plokhy, *Chernobyl*; Reiss, *Bridled Ambition*, 129-30; Sinovets and Budjeryn, "Interpreting."
(59) Plokhy, *Chernobyl*, 339. およそ1.5パーセントのロシア領も同じく影響を受けている．
(60) ソ連政府によるチェルノブイリ事故への対応のまずさも，ウクライナ独立への支持を増大させることになった．反ロシア支配を唱えるグループに「それまでも存在していた政治的自由，人権，ウクライナの言語や文化の発展といった問題に加えて，さらに新しい大義」を与えたからである．Plokhy, *Chernobyl*, 299. 以下も併せて参照．Reiss, *Bridled Ambition*, 129-30.
(61) Andrew E. Kramer, "In Russia, Days of Fake News and Real Radiation af-

ter Deadly Explosion," *New York Times*, August 12, 2019. 原子力の民政利用のリスクについては, Perrow, *Normal Accidents*.

(62) 経済統計は以下に基づく. Pekka Sutela, "The Underachiever: Ukraine's Economy since 1991," Carnegie Endowment for International Peace, March 9, 2012, https://carnegieendowment.org/2012/03/09/underachiever-ukraine-s-economy-since-1991-pub-47451. また次の文献も参照のこと. D'Anieri, *Economic Interdependence*.

(63) この引用は, 次の文献にある1992年夏のラーダの態度についての要旨からのものである. Bernauer and Ruloff, *Politics*, 117.

(64) スペインのフェリペ・ゴンサレス首相は, ウクライナ大統領のこの発言について, クリントンに個人的に助言した. 以下を参照. Memcon of the working lunch, Clinton-González, December 6, 1993, 2015-0548-M, CL.

(65) Foreign Ministry of Ukraine, "Possible Consequences of Alternative Approaches to Implementation of Ukraine's Nuclear Policy," February 2, 1993, EBB-691, NSA.

(66) Reiss, *Bridled Ambition*, 126-27には次のように記されている.「ウクライナが核兵器に関する作戦上の指揮・統制機構をもったことがないというのは, 厳然たる技術的な事実であった. ……ICBMのSS-19に液体燃料が用いられていたことが, これらの兵器システムの運用を難しく, かつ, その維持を危険を伴うものとしたのである. SS-24もまた, ウクライナにとっては維持がやっかいなものであった」.

(67) この声明の起草者であるユーリー・コステンコは, 1992年から98年までウクライナの環境保護・原子力安全担当大臣であった. Kostenko, *Ukraine's Nuclear Disarmament*, 28.

(68) Reiss, *Bridled Ambition*, 126-27.

(69) 次の文書は, 核兵器の保持には「相当の資金」が必要となり, それは「社会および経済の改革のための努力を損なう」ことになると指摘している. Foreign Ministry of Ukraine, "Possible Consequences of Alternative Approaches to Implementation of Ukraine's Nuclear Policy," February 2, 1993. また, 次の文献も参照. Pifer, *Eagle*, 39-40. 言い換えれば, ウクライナの指導者たちは核兵器が反感をもたらす一方で, 交渉上のテコになりうるとも認識していたのだ. ジョン・ミアシャイマーが『フォーリン・アフェアーズ』誌の論文で展開したこうした議論は, 大きな影響力をもった. ウクライナ議会の議員たちが, この論文が掲載されてまもない時期に大量のコピーを求めた事実も明らかとなっている. Mearsheimer, "Case"; Sinovets and Budjeryn, "Interpreting," 15. ウクライナの議員たちと非核化問題については以下も参照. Report to Kravchuk, July 1, 1993, EBB-691, NSA. また, クラフチュクが200億ドル相当のアメリカ産穀物を購入するた

めに，アメリカ側に信用供与を求めたことを記す以下の文書も併せて参照．Letter from Kravchuk to Clinton, March 3, 1993, 2016-0128-M, CL.

(70) 以下からの引用．Memorandum for the Secretary of Defense, from John A. Gordon, "Trip Report on Strobe Talbott's Mission to the Former Soviet Union," May 19, 1993, EBB-691, NSA. シャポシニコフについては，次を参照．Richard Boudreaux, "Military Chief of CIS Defects to Russian Post," *Los Angeles Times*, June 12, 1993. この記事では，シャポシニコフの辞職は「旧ソ連構成共和国間でNATO型の統合防衛機構を設置するという夢の終わりの兆候」であったとされている．

(71) エリツィンの発言は，次の電文に記されたクリントン＝エリツィン会談の抜粋からのものである．White House to Amembassy Moscow, July 16, 1993. この文書は以下に掲載されている．"doc. 46," EBB-691, NSA.「病的なまでに恐れている」との指摘については，Talbott, *Russia Hand*, 79; Reiss, *Bridled Ambition*, 100. こうしたロシア側の動きが，ウクライナのナショナリストを刺激し，ロシアによる将来の動きに対する抑止力として核兵器の維持を主張させたのである．以下を参照．Memorandum for Anthony Lake, from Rose Gottemoeller, May 1, 1993, Tab I, Memorandum to the President, "US Policy toward Ukraine," 2016-0128-M, CL. この文書でゴットメーラーは，「この問題に関するウクライナ側の見方に主たる影響を与えているのは，アメリカの態度ではなく，ロシアは最終的にはウクライナに対する統制を再主張するというウクライナ側の確信です」と論じている．

(72) Les Aspin, diary entry for July 27, 1993, EBB-691, NSA.

(73) Memorandum for Anthony Lake, from Rose Gottemoeller, "US Policy toward Ukraine: Talbott-Gati Trip Preparations" and appendices, May 6, 1993, 2016-0128-M, CL.

(74) Memorandum for the Director for Russian and Ukrainian Affairs, NSC, "US Security Objectives vis-à-vis Russia and Ukraine," United States Arms Control and Disarmament Agency, March 3, 1993, 2016-0048-M, CL.

(75) Letter from Clinton to Kravchuk, SDC 1993-State-246255, August 12, 1993, 2016-0128-M, CL.

(76) "Note for the File: Meeting with US National Security Adviser [*sic*], 18 May: NATO." 文書に年号は付されていないが，同文書のカバーノートから推測できる．(R M J Lyne, "File Note") 1993. なお文書作成者の名前も記されていないが，リンによるものと推測される．この文書は次のフォルダにある．UK/USA Relations, PREM 19/4499.

(77) 中・東欧諸国の共通目的についてより詳しくは，以下の宣言を参照．"Declaration on Cooperation between the Czech and Slovak Federal Republic, the

Republic of Poland and the Republic of Hungary in Striving for European Integration," February 15, 1991, http://www.visegradgroup.eu/documents/visegrad-declarations/visegrad-declaration-110412.

(78) Talbott, *Russia Hand*, 95. 以下も併せて参照. Memorandum for Anthony Lake, from Charles Kupchan and Barry Lowenkron, "NACC Summit," July 16, 1993, my 2015-0755-M, CL.

(79) András Simonyi, "NATO Enlargement: Like Free Solo Climbing," OD 161.

(80) 二国間会談をめぐる政治的な駆け引きと, クリントン=ハヴェル会談の開催に向けた準備については, Memorandum for Anthony Lake, from Beth Sanner, "Holocaust Museum Opening," March 3, 1993, my 2015-0773-M, CL. 以下も参照. Žantovský, *Havel*, 435-37.

(81) SDC 1993-State-137029, May 5, 1993. この文書は1993年4月20日の会談の要旨である.

(82) SDC 1993-State-137029.

(83) SDC 1993-State-134465, May 4, 1993. この文書は1993年4月21日の会談の要旨である.

(84) "Ambassador Strobe Talbott's Visit to Estonia," SDC 1993-Tallinn-00886, May 17, 1993. 以下も参照. Talbott, *Russia Hand*, 93-94.

(85) 1993年6月26日の会談については, Memcon, Balladur-Clinton, June 26, 1993, SDC 1993-State-192834.

(86) Telno 957, Fm Washington To Immediate FCO, "The Clinton Administration: A Shaky Start," April 28, 1993, PREM 19/4496, PRO-NA.

(87) Clinton, *My Life*, 466-67, 513-14.

(88) "The Clinton Administration: A Shaky Start."

(89) 最初の特別検察官はロバート・フィスクであったが, のちにケネス・スターに交代した. 以下を参照. Susan Schmidt, "Judges Replace Fiske as Whitewater Counsel," *Washington Post*, August 6, 1994.

(90) Joe Conason, "The Vast Right-Wing Conspiracy Is Back," *Salon*, October 5, 2009, https://www.salon.com/test/2009/10/05/clinton_obama_17/. ラディは『ヴィンセント・フォスターの奇妙な死』という題名の本を執筆している. *The Strange Death of Vincent Foster* (New York: Free Press, 1997).

(91) トリップは, フォスターがオフィスを出て自殺する直前, オフィスにておそらくは彼にとって最後の食事を供したものと思われる. Jeff Leen and Gene Weingarten, "Linda's Trip," *Washington Post*, March 15, 1998.

(92) TOIW Linda Tripp, *Slate*, September 12, 2018, https://slate.com/podcasts/slow-burn/s2/clinton/e5/tell-all.

(93) レイクは次の文書で「ボスニアにメディアの注目のすべてが集まり, アメリ

カの対外政策機構からかなりの時間を奪っていること」への不満を漏らしている. Roderic Lyne, "Meetings with the US National Security Adviser [*sic*], 18/19 May," May 20, 1993, in UK/USA Relations, PREM 19/4499, PRO-NA.

(94) Elaine Sciolino, "Clinton Urges Stronger US Stand on Enforcing Bosnia Flight Ban," *New York Times*, December 12, 1992.

(95) この作戦は国連決議第816号に基づくものである. "NATO Launches 'Deny Flight' Operation over Bosnia," UPI, April 12, 1993, https://www.upi.com/Archives/1993/04/12/NATO-launches-Deny-Flight-operation-over-Bosnia/6962734587200/. また, 以下も併せて参照のこと. TOIW Madeleine K. Albright and as-sociated "Briefing Materials," August 30, 2006, WCPHP. このときアメリカは, イギリス, フランスとボスニアをめぐって対立していた. この点について以下を参照. Paul Lewis, "US Rejects British-French Bosnia Peace Step," *New York Times*, March 31, 1993. この記事では, クリントン政権が「英仏による新しい国連決議に関する提案を拒絶した」ことが詳細に説明されている. 「同決議案は, サイラス・ヴァンス元国務長官とオーウェン卿という, 二人の仲介者による和平案を国際社会が全面的に支持する」というものであり, 彼らの提案はヴァンス・オーウェン案の名で知られている.

(96) TOIW James Steinberg, April 1, 2008, WCPHP を参照. タルボットも 1994 年に同様の発言をクリストファーにおこなっている. タルボットによれば, 「NSC が政策の実施に過剰に関わるようになっている」が, それは「私たち国務省が, 長期的な政策立案にうまく対応できておらず」政策決定に「真空を残している」ことが大きな理由であった. そして, さらに悪いことには, 「NSC 内には国務省はもっと効率的であるべきだと考えている人びとがおり, 彼らのあいだには, 国務省は何をやっているか分かっているのかという不安感が存在しています」. こうした不安はクリントン政権内部にも存在しており, 「国務省やホワイトハウスでの会合に参加すると, 自信のなさから生じる重い空気をしばしば感じます」. 次を参照. "Sunday, August 21, 1994, Chris," DS-ERR.

(97) パウエルはこのような発言をジョン・メージャーとの会談で行っている. 以下を参照. "Prime Minister's Meeting with the Chairman of the Joint Chiefs of Staff: 24 May," from context May 24, 1993, in UK/USA Relations, PREM 19/4499, PRO-NA.

(98) "Strengthening Outreach to the East," with handwritten note on top: "Shali speaking notes," n.d., but from context August 3, 1993, DS-OIPS. また, 以下も参照. Asmus, *Opening*, 35. シャリカシュヴィリがパウエルの後任に抜擢された経緯については, Clinton, *My Life*, 539.

(99) US Department of State, Office of the Spokesman, "Intervention by Secretary of State Warren Christopher before the North Atlantic Council Min-

isterial Meeting, Nafsika Hotel, Thursday, June 10, 1993," DS-OIPS. また，以下も参照．Asmus, *Opening*, 29.

(100) "Talking Points," with handwritten note on top "used by S at NAC lunch," n.d., but from context, on or before June 10, 1993, DS-OIPS.

(101) Memcon, Clinton-Yeltsin, July 10, 1993, 2015-0782-M, CL. 以下も併せて参照．Pifer, *Trilateral Process*; Talbott, *Russia Hand*, 82-84.

(102) Memorandum, to EUR-Stephen A. Oxman, from EUR/P Jon Gunderson, "NATO Expansion to the East," July 20, 1993, DS-OIPS. アメリカによる民主化促進については，Milne, *Worldmaking*.

(103) SDC 1993-USNATO-003194, August 3, 1993. 以下も併せて参照．TOIW Robert Hunter, Association for Diplomatic Studies and Training: Foreign Affairs Oral Project, https://www.adst.org/OH%20TOCs/Hunter,%20Robert%20E.toc.pdf?_ga=2.218035477.2094530902.1590687336-1814181698.1590687336.

(104) "From T-Dr. Davis, to the Secretary, Expanding and Transforming NATO," August 12, 1993, DS-OIPS.

(105) Kozyrev, *Firebird*, 214-17.

(106) このような事態が「夕食会とカクテル・パーティーの際」に起きたことについては，SDC 1993-Warsaw-12734, September 1, 1993. エリツィンの発言は次の文書に一言一句引用されている．SDC 1993-Moscow-26972, August 26, 1993.

(107) コズイレフは，ロシアがポーランドの加盟を容認することはないとの姿勢を示し続けていた．SDC 1993-Warsaw-12390, August 25, 1993; Andrei Kozyrev, "Russia and NATO Enlargement," OD 453-55.

(108) SDC 1993-Warsaw-12734, September 1, 1993. 以下も併せて参照．Jane Perlez, "Yeltsin 'Understands' Polish Bid for a Role in NATO," *New York Times*, August 26, 1993.

(109) SDC 1993-Warsaw-12734, September 1, 1993.

(110) Memorandum for Anthony Lake, from Rose Gottemoeller, May 6, 1993. 引用は以下より．Appendix entitled "US Policy toward Ukraine," 2016-0128-M, CL.

(111) クリントンはこの点を，ホワイトハウス時代に関する音声日記の記録を支援したライターに告げている．Branch, *Clinton Tapes*, 168-69.

(112) "Memorandum for the President," from Anthony Lake, "Subject: Your Trip to Germany, July 10-12," plus attachments (preparatory papers), July 2, 1994, CL.

(113) Asmus, Kugler, and Larrabee, "Building a New NATO," 28.『フォーリン・アフェアーズ』論文の背景とRAND研究所でのアスムスの役割については，Asmus, *Opening*, 32-34. アスムスの追悼記事として以下を参照．Emma Brown,

"Ronald D. Asmus, Who Pushed for NATO Expansion, Dies at 53," *Washington Post*, May 3, 2011.

(114) Anthony Lake, "From Containment to Enlargement," remarks at the School of Advanced International Studies, Johns Hopkins University, Washington, DC, September 21, 1993, https://www.mtholyoke.edu/acad/intrel/lakedoc.html.

(115) Andrei Kozyrev, "Russia and NATO Enlargement," OD 454–56. 以下も併せて参照. Kozyrev, *Firebird*, 214–17. アメリカのメディアが報じたプリマコフの見解については次を参照. Steven Erlanger, "Russia Warns NATO on Expanding East," *New York Times*, November 26, 1993. コズイレフが抱いていたようなある種の親米的な見方が，モスクワで不利になっていったことについて，以下も参照. SDC 1994-Moscow-27484, September 22, 1994, DS-ERR.

(116) SDC 1993-USNATO-3568, September 3, 1993. 1993年9月にはNATOのスポークスマンのひとりであったジェイミー・シェイが，東欧諸国とのあいだで〔1982年に加盟した〕スペインと同じ形式の協力体制を開始することに言及し始めた. Solomon, *NATO*, 22に引用されたシェイの発言を参照.

(117) Memorandum for Anthony Lake and Samuel R. Berger, from Daniel Fried. この文書には1993年9月14日から22日にかけてウォルト・スローカム国防次官補代理筆頭(Principal Deputy Undersecretary of Defense)を団長とする省庁間横断の訪問団の様子が記されている. September 23, 1993, my 2015-0772-M, CL.

(118) SDC 1993-Ankara-14464, September 10, 1993.

(119) SDC 1993-State-03804, September 21, 1993.

(120) エリツィンには「それ以前の海外訪問の際にエリツィンが相手国首脳に対して行ったジェスチャーを，ロシア政府が慌てて引っ込めた」前科があった. SDC 1993-Moscow-26972, August 26, 1993; Talbott, *Russia Hand*, 95–96.

(121) コズイレフはまた，「ロシアを排除しつつ，旧ソ連ブロック諸国にNATOを拡大することへの警告を発した」. SDC 1993-Moscow-29067, September 13, 1993.

(122) Memcon, Clinton-Yeltsin, September 7, 1993, my 2015-0782-M, CL.

(123) 「撤回」の可能性があるとの警告は次の文書に記されている. SDC 1993-Moscow-28101, September 3, 1993. 以下も併せて参照. Strobe Talbott, "Bill, Boris and NATO," OD 410–12.

(124) SDC 1993-State-309943, October 9, 1993, EBB-621, NSA. この文書の余白には，「2+4」合意に関する次のような手書きの書き込みがある.「ST〔ストローブ・タルボットと推察される〕―「2+4」およびNATO拡大に関する部分に印がつけてあります.」この書簡の文言は『ニューヨーク・タイムズ』紙にリー

クされた．この点については，Roger Cohen, “Yeltsin Opposes Expansion of NATO in Eastern Europe,” *New York Times*, October 2, 1993. また，エリツィンが「2+4」に言及したことについては，次の文献も参照．Solomon, *NATO*, 24. エリツィン書簡と，その後たびたびロシアがこの問題をもち出したとする本章の議論とは対照的な見方を示す研究もある．Goldgeier, “NATO Enlargement,” 155 では「エリツィンが1990年の議論に触れたことはほとんどなかった」と指摘されている．

(125) 外相退任後もゲンシャーが，キンケルを通じて外務省への影響力を保持していたことについては，Volker Rühe, “Opening NATO's Door,” OD 222.

(126) SDC 1993-State-309312, October 8, 1993. 条約本文のうちヴェルナーの発言に最も関連の深い部分は第5条第3パラグラフである．付属議定書も併せて参照のこと：“Die Zwei-plus-Vier Regelung,” in Presse- und Informationsamt der Bundesregierung, *Vereinigung*, 171. この会合の国務省のサマリーは，付属議定書に関するヴェルナーの特定の発言を含んでいないが，彼の発言の完全なトランスクリプトではなく，彼が(付属議定書の主題である)外国軍の問題を明示的に提起したことは確認している．旧ソ連軍がドイツに駐留する間はドイツ東部に展開されることが許され，約5万人の兵力から構成されていた，ドイツ領土防衛部隊の性質について，より詳しくは以下の文書を参照．Memorandum from Philip Zelikow to Robert Zoellick, “Territorial Defense Forces in a United Germany,” September 26, 1990, my 2008-0642-MR, BPL. この文書を起草したゼリコウは，ドイツ領土防衛部隊は「それがつねに――州ではなく――連邦の指揮下にあることを除けば，わが国の州兵と同様である」と記している．

(127) SDC 1993-State-309312, October 8, 1993.

(128) Memorandum for Deputy Secretary Strobe Talbott, from Eric Edelman, “Phone Notes for Strobe on NATO Expansion,” n.d., but “Sept./Oct. 93” handwritten on document, DS-OIPS. 以下も併せて参照．Sarotte, “How to Enlarge NATO.”

(129) 1993年3月26日のロンドンでの重要な演説を含めて，リューエの考えについてより詳しくは，Rühe, *Betr.: Bundeswehr*; Rühe, “Opening NATO's Door,” OD 217-33. 次も併せて参照．Goldgeier, *Not Whether*, 34; Stent, *Russia*, 216-17. この演説に関する電子メールを送ってくださった元ポーランド外交官のイェジー・マルガニスキに感謝申し上げる．ドイツ政府の他の人びとよりもリューエがNATO拡大に前向きであったことについては，Memo to the Secretary from Robert L. Gallucci, “Your October 6 Lunch Meeting with Secretary Aspin and Mr. Lake,” subsection “NATO Expansion: Eastern and Allied Views,” October 5, 1993. この文書のコピーをくださったスヴェトラーナ・サフランスカヤに感謝する．

(130) Memo to the Secretary of State, from T-Dr. Davis, with attachment titled "Strategy for NATO's Expansion and Transformation" (quotation in attachment), September 7, 1993, https://assets.documentcloud.org/documents/4390816/Document-02-Strategy-for-NATO-s-Expansion-and.pdf.

(131) Branch, *Clinton Tapes*, 167; Solomon, *NATO*, 31.

(132) 以下に引用されたヴァイサーの発言. Goldgeier, *Not Whether*, 34. またリューエによる同様の発言は以下に引用されている. Solomon, *NATO*, 31. また以下も参照. Stent, *Russia*, 216-17. この文献でウルリッヒ・「ヴァイゼ("Weise")」とあるのは, おそらくヴァイサーの姓の印刷ミスと思われる.

(133) 〔注(130)で〕すでに引用した文書に記された西ドイツの見解. "Strategy for NATO's Expansion and Transformation," September 7, 1993.

(134) Hill and Gaddy, *Mr. Putin*, 22-24.

(135) Radchenko, "'Nothing but Humiliation,'" 778.

(136) エリツィンの引用は以下. Telcon, Clinton-Kohl, September 21, 1993, my 2015-0782-M, CL. ルツコイの臨時大統領就任については, Hill and Gaddy, *Mr. Putin*, 25. 以下も併せて参照. Marilyn Berger, "Boris N. Yeltsin, Reformer Who Broke Up the U.S.S.R., Dies at 76," *New York Times*, April 24, 2007.

(137) Telcon, Clinton-Kohl, September 21, 1993, my 2015-0776-M, CL. 米独の首脳は, 両国が協調してエリツィン支持の声明を出すことに合意している. アメリカのエリツィン支持についてより詳しくは, CFPR 45.

(138) Mark Bowden, "The Legacy of Black Hawk Down," *Smithsonian Magazine*, January/February 2019, https://www.smithsonianmag.com/history/legacy-black-hawk-down-180971000/.

(139) 以下の書籍に採録されたホルブルックの音声日記(audio diary)からの抜粋. Packer, *Our Man*, 290-95. また, 以下も参照. Perry, *My Journey*, 87.

(140) 死者・負傷者の統計については, Hill and Gaddy, *Mr. Putin*, 25. ルツコイの投獄と釈放については以下を参照. Radchenko, "'Nothing but Humiliation,'" 785-86.

(141) Carter and Perry, *Preventive Defense*, 26.

(142) Serge Schmemann, "Yeltsin Approves New Constitution Widening His Role," *New York Times*, November 9, 1993; Hill and Gaddy, *Mr. Putin*, 25-26.

(143) "1. /2. Oktober 1993," BzL 496. また 496n9 も参照.

(144) Serge Schmemann, "Russia's Military: A Shriveled and Volatile Legacy," *New York Times*, November 28, 1993.

(145) Stent, *Russia*, 163.

(146) Central Intelligence Agency, "German Military Forces in Eastern Germany after Unification," September 27, 1990, my 2008-0642-MR, BPL.

(147) 次の資料でコールは，彼とエリツィンは14日に1回電話で話していたと発言している．“Erklärung des Bundeskanzlers Helmut Kohl anläßlich einer gemeinsamen Pressekonferenz mit dem Präsidenten der Russischen Föderation, Boris Jelzin, am 11. Mai 1994 in Bonn,” APBD-49-94, 1058.

(148) “1. /2. Oktober 1993,” BzL 496.

(149) Radchenko, “‘Nothing but Humiliation,’” 14-15. アンタルの引用は以下の書簡から．Antall-Clinton, October 8, 1993, my 2015-0778-M, CL.

(150) “Copenhagen European Council (Copenhagen, 21-22 June 1993),” https://www.cvce.eu/en/obj/copenhagen_european_council_copenhagen_21_22_june_1993-en-ccf5d553-55c1-4e3a-99eb-8d88b09cfb24.html.

(151) “The President's Meeting with Chancellor Vranitzky,” April 20, 1994, summary in SDC 1994-State-114595, April 30, 1994. ブッシュ時代以来見られた同様の見解については，以下を参照．Memorandum for the Secretary of State, from Lawrence Eagleburger, “Impressions from Hungary, Poland, Austria and Yugoslavia,” March 1, 1990, Robert L. Hutchings Files, Eastern European Coordination, CF01502-005, BPL; and “Gespräch Mock-Hurd,” December 20, 1989, ÖDF, 439-42. 次の文献も併せて参照．Hill, *No Place*, 120.

(152) “Your October 6 Lunch Meeting with Secretary Aspin and Mr. Lake,” October 5, 1993 (preparatory paper). また，なるべく早く問題に対応せよというリン・デーヴィスの議論も参照．“NOTE TO: The Secretary,” from Lynn Davis, October 15, 1993, DS-OIPS; Asmus, *Opening*, 49-52; Christopher, *In the Stream*, 129-30.

(153) Memo to Peter Tarnoff from Stephen Oxman, “Your Deputies' Committee Meeting on the NATO Summit,” September 14, 1993, DS-OIPS.

(154) “OSD Option for Principals'Meeting, Partnership for Peace with General Link to Membership,” n.d., but “10/18/93” handwritten on document, State Department copy, DS-OIPS. また以下も参照．Talbott, *Russia Hand*, 97-98.

(155) Goldgeier, *Not Whether*, 27.

(156) PfPに関する基本的な情報については，https://www.nato.int/cps/en/natohq/topics_50349.htm.

(157) 以下の文献からの引用．Perry, *Journey*, 117. また125-28も参照のこと．

(158) “John Malchase David Shalikashvili,” JCS website, https://www.jcs.mil/About/The-Joint-Staff/Chairman/General-John-Malchase-David-Shalikashvili/.

(159) SDC 1993-USNATO-04194, October 16, 1993; AIW Hunter; AIW Nye; AIW Spero; AIW Townsend. シャリカシュヴィリの役割については，Solomon, *NATO*, 26-27. PfP構想を発展させるために貢献したのは，チャールズ・フリーマン，ロバート・ハンター，クラレンス・ジュール，ジョセフ・クルーゼル，チ

ャールズ・カプチャン，ジェームズ・マッカーシーといった人びとが含まれる(ただし，ここにあげた人びとがすべてではない)．以下を参照．Jenonne Walker, “Enlarging NATO,” OD 266–68; Kupchan, “Strategic Visions”; Robert Hunter, “Toward NATO Enlargement,” OD 304–6; Sloan, *Defense of the West*, 113–15.

(160) NATO の「泥をつける」ことの利点に関する初期の米政府内での議論については，Asmus, *Opening*, 35.

(161) SDC 1993-USNATO-04194, October 16, 1993; “OSD Option for Principals' Meeting”; AIW Hunter; AIW Nye; AIW Spero; AIW Townsend.

(162) このような柔軟性は，のちに各国が実際に「パートナー」となっていく過程において，それぞれの国の実情に合うかたちでより詳細に詰められた．このPfP の詳細が詰められる過程に関する，現在の情報は NATO のウェブサイトを参照．https://www.nato.int/cps/en/natohq/topics_80925.htm. および https://www.nato.int/cps/en/natohq/topics_49290.htm.

(163) Solomon, *NATO*, 26–29; AIW Flanagan.

(164) “OSD Option for Principals' Meeting.”

(165) シャリカシュヴィリの引用は以下．Goldgeier, *Not Whether*, 26. 以下も併せて参照．Sloan, *Defense of the West*, 113–14. PfP がどのように NACC の基礎の上に構築されるべきかをめぐる議論は，PfP の創設を手助けすることになった．この議論については，Robert Zoellick, “Strobe Talbott on NATO: An Answer,” *Washington Post*, January 5, 1994.

(166) こうした汎ヨーロッパ的な機構創設の構想については，M. E. Sarotte, “The Contest over NATO's Future,” in Shapiro and Tooze, *Charter*, 212–28.

(167) SDC 1993-Moscow-31886, October 8, 1993.

(168) ここまで指摘した多くの利点はアスピンの考えに端を発している．Solomon, *NATO*, 34–35. PfP の利点に関するより詳細な議論は，Sloan, *Defense of the West*, 113; Treisman, *Return*, 317.

(169) 次の文献に引用されたオルブライトの発言．Madeleine Albright, “Memorandum for the President, the Vice President, and the Secretary of State and the National Security Advisor, Subject: PfP and Central and Eastern Europe,” January 26, 1994, DS-OIPS. キッシンジャーの発言は次の文献に引用されている．Solomon, *NATO Enlargement*, 48. また以下も参照．SDC 1994-USNATO-1505, April 20, 1994, DS-ERR. この文献では，ポーランドが「分断線が存在しないヨーロッパというクリントン大統領の構想に懐疑的」であったとの指摘がなされている．

(170) Note to the Secretary, from Strobe Talbott, October 17, 1993, in SDC 1993-State-317538, October 19, 1993. これらの出来事に関するタルボットの見方

については，Talbott, *Russia Hand*, 99-101.

(171) SDC 1993-State-317538. 以下も参照．Talbott, *Russia Hand*, 78-80.

(172) "Summary of Conclusions, Principals Committee Meeting on the NATO Summit, October 18, 1993," October 27, 1993. この文書のコピーをくださったサフランスカヤに感謝したい．タルボットの介入がもった重要性については，のちにマスメディアにリークされることとなった．この点については次の文献を参照．Michael R. Gordon, "U.S. Opposes Move to Rapidly Expand NATO Membership," *New York Times*, January 2, 1994. 1993年10月18日の主要閣僚会議の詳細とその後の顛末については，Asmus, *Opening*, 51-57; Goldgeier, *Not Whether*, 39-44.

(173) レイクはクリントンに，主要閣僚が「ヨーロッパ東部の新しい民主国家になろうとしている国々に対して，どのようにNATOに関与させるのかについて意見の一致を見ました」と報告している．Memo from Lake to Clinton, October 19, 1993, stamped "The President has seen, 10.19.93," my 2015-0772-M, CL.

(174) SDC 1993-State-319425, October 20, 1993.

(175) ブレジンスキーの見解については，Asmus, *Opening*, 56-57.

(176) Brzezinski, "Premature Partnership," 67-82.

(177) Kozyrev, *Firebird*, 218-22.

(178) SDC 1993-Secto-17024, October 25, 1993.

(179) Talbott, *Russia Hand*, 100-102.

(180) SDC 1993-Secto-17027, October 25, 1993. クリストファー国務長官はクリントンに，エリツィンがPfP提案を「素晴らしい」と評価していたと知らせている．"Night Note from Moscow, October 23, 1993," SDC 1993-Secto-17011, October 23, 1993 (「レーニンを葬る」というエリツィンの発言もこの文書にある)．エリツィンがPfPを「本当に，本当に素晴らしい考えだ」と評したことについては，Kay, *NATO*, 71. クリントン＝エリツィン会談の概要については，次を参照．James Goldgeier, "Promises Made, Promises Broken? What Yeltsin Was Told about NATO in 1993 and Why It Matters," *War on the Rocks*, July 12, 2016, https://warontherocks.com/2016/07/promises-made-promises-broken-what-yeltsin-was-told-about-nato-in-1993-and-why-it-matters/; Solomon, *NATO*, 53; Talbott, *Russia Hand*, 101-2.

(181) SDC 1993-Secto-17027; Kozyrev, *Firebird*, 219-21. クリストファーとエリツィンの会話については，Asmus, *Opening*, 53-54.

(182) "To the Secretary from Strobe Talbott," n.d., but from context December 31, 1993, 2014-0905-M, CL.

(183) SDC 1993-USNATO-05209, December 9, 1993.

(184) SDC 1994-Moscow-00594, January 10, 1994.

(185) SDC 1993-USNATO-05209. NATO拡大に関する中国の見方については以下を参照. SDC 1997-Beijin-40078, November 13, 1997, DS-ERR.

(186) Christopher, *In the Stream*, 130-31. クリントンはコールに，PfPに対する「肯定的な反応」，とりわけNATO同盟国とエリツィンのそれには「勇気づけられた」と伝えている. Telcon, Clinton-Kohl, November 29, 1993, my 2015-0776-M, CL.

(187) 共和党はNATO拡大に関するクリントンのアプローチ，とりわけPfPを攻撃した. それは，ロシア国防相がアメリカの国防長官に対して「ロシアとアメリカ議会の政治家による「平和のためのパートナーシップ」への批判の高まりに懸念を抱いている」と伝えたほど激しいものであった. この米ロ国防相の会話は，「ロシア国防相グラチョフとのあいだで1月5日に実施された，「パートナーシップ回線」を用いた初めての電話会談」でのものである. この電話会談のなかで，アメリカの国防長官は「「パートナーシップ回線」がたびたび用いられ，米ロの国防エスタブリッシュメント間における接触拡大のシンボルとなることを望んでいる」と述べた. "Memcon of 05 January SecDef Call to Russian MOD Grachev," 2014-0905-M, CL. また，次の文献も参照. Goldgeier, "NATO Enlargement," 170.